KT-178-663

LES
ŒUVRES
COMPLETES
DE
VOLTAIRE

63A

THE VOLTAIRE FOUNDATION
TAYLOR INSTITUTION
OXFORD

1990

THE
COMPLETE
WORKS
OF
VOLTAIRE

63A

THE VOLTAIRE FOUNDATION
TAYLOR INSTITUTION
OXFORD

1990

BIRKBECK LIBRARY COLLEGE

© 1990 THE UNIVERSITY OF OXFORD

ISBN 0 7294 0361 0

The publications of the
Voltaire Foundation are printed
on durable acid-free paper

PRINTED IN ENGLAND
AT THE ALDEN PRESS
OXFORD

general editors / directeurs de l'édition

W. H. BARBER
ULLA KÖLVING

executive committee / comité exécutif

GILES BARBER	CHRISTIANE MERVAUD
ANDREW BROWN	RENÉ POMEAU
JEAN EHRARD	SAMUEL TAYLOR
DENNIS FLETCHER	JEROOM VERCRUYSSE
SYLVAIN MENANT	DAVID WILLIAMS

advisory committee / conseil consultatif

P. ALATRI	R. MAUZI
W. BAHNER	R. MORTIER
J. BALCOU	J.-M. MOUREAUX
A. BILLAZ	R. NIKLAUS
E. R. BRIGGS	A.-M. ROUSSEAU
HARCOURT BROWN	J. SCHLOBACH
J. H. BRUMFITT	D. W. SMITH
O. E. FELLOWS	J. VAN DEN HEUVEL
H. LAGRAVE	U. VAN RUNSET
J. LOUGH	P. VERNIÈRE
H. T. MASON	P. ZABOROV

under the sponsorship of
sous le haut patronage de

L'ACADÉMIE FRANÇAISE

L'ACADÉMIE ROYALE DE LANGUE ET DE
LITTÉRATURE FRANÇAISES DE BELGIQUE

THE AMERICAN COUNCIL OF LEARNED SOCIETIES

THE BRITISH ACADEMY

L'UNION ACADÉMIQUE INTERNATIONALE

prepared with the kind co-operation of
réalisée avec le concours gracieux de

THE SALTYKOV-SHCHEDRIN
STATE PUBLIC LIBRARY
OF LENINGRAD

this volume prepared for the press by
ce volume préparé pour la presse par

ULLA KÖLVING
ANDREW BROWN

1767

I

TABLE DES MATIÈRES

TABLE DES MATIÈRES

TABLE DES MATIÈRES

LISTE DES ILLUSTRATIONS

LISTE DES SIGLES ET ABRÉVIATIONS

Académie 62   *Dictionnaire de l'Académie française*, 1762

Arsenal   Bibliothèque de l'Arsenal, Paris

Austin   Humanities Research Center Library, University of Texas at Austin

Bachaumont   *Mémoires secrets*, 1777-1789

Bengesco   *Voltaire: bibliographie de ses œuvres*, 1882-1890

Best   *Voltaire's correspondence*, 1953-1965

Bh   Bibliothèque historique de la ville de Paris

BL   British Library, London

Bn   Bibliothèque nationale, Paris

BnC   *Catalogue général des livres imprimés de la Bibliothèque nationale: auteurs*, tome 214, Voltaire, 1978

Bn F   Bn, Manuscrits français

Bn N   Bn, Nouvelles acquisitions françaises

Bodleian   Bodleian Library, Oxford

Bpu   Bibliothèque publique et universitaire, Genève

Br   Bibliothèque royale, Brussels

BV   *Bibliothèque de Voltaire: catalogue des livres*, 1961

CLT   Grimm, *Correspondance littéraire*, 1877-1882

CN   *Corpus des notes marginales de Voltaire*, 1979-

D   Voltaire, *Correspondence and related documents*, Voltaire 85-135, 1968-1977

Desnoiresterres   *Voltaire et la société française*, 1867-1876

Dictionnaire de Trévoux   *Dictionnaire universel françois et latin*, 1743

Essai   Voltaire, *Essai sur les mœurs*, 1963

ICL   Kölving et Carriat, *Inventaire de la Correspondance littéraire de Grimm et Meister*, 1984

ImV   Institut et musée Voltaire, Geneva

Kehl   *Œuvres complètes de Voltaire*, 1784-1789

Lausanne   Bibliothèque cantonale et universitaire, Lausanne

Leigh   Rousseau, *Correspondance complète*, 1965-

Leningrad   Saltykov-Shchedrin State Public Library, Leningrad
M   *Œuvres complètes de Voltaire*, 1877-1885
Neuchâtel   Bibliothèque publique et universitaire, Neuchâtel
OH   Voltaire, *Œuvres historiques*, 1957
PL   Migne, *Patrologiae cursus, series latina*, 1844-1864
Roth-Varloot   Diderot, *Correspondance*, 1955-1970
Stockholm   Kungliga Biblioteket, Stockholm
Studies   *Studies on Voltaire and the eighteenth century*
Taylor   Taylor Institution, Oxford
Toronto   Thomas Fisher Rare Book Library, University of
Toronto
Uppsala   Universitetsbiblioteket, Uppsala
Voltaire   *Œuvres complètes de Voltaire / Complete works of Voltaire*,
1968- [la présente édition]

L'APPARAT CRITIQUE

L'apparat critique placé au bas des pages fournit les diverses leçons ou variantes offertes par les états manuscrits ou imprimés du texte (on en trouvera le relevé, p.36-56, 168-78, 199-200, 218-20, 234-35, 250-59, 322-34). Chaque note critique est composée du tout ou d'une partie des indications suivantes:

– Le ou les numéros de la ou des lignes auxquelles elle se rapporte; comme les titres ou sous-titres, les noms de personnages dans un dialogue ou une pièce de théâtre, et les indications scéniques échappent à cette numérotation, l'indication donne dans ce cas le numéro de la ligne précédente suivi des lettres a, b, c, etc. qui correspondent aux lignes de ces textes intercalaires.

– Les sigles désignant les états du texte, ou les sources, repris dans la variante (voir p.57, 178, 220, 235-36, 261). Des chiffres arabes, isolés ou accompagnés de lettres, désignent en général des éditions séparées de l'œuvre dont il est question; les lettres suivies des chiffres sont réservées aux recueils, w pour les éditions complètes, et т pour les œuvres dramatiques; après le sigle, l'astérisque signale un exemplaire particulier, qui d'ordinaire contient des corrections manuscrites.

– Des explications ou des commentaires de l'éditeur.

– Les deux points (:) marquant le début de la variante proprement dite, dont le texte, s'il en est besoin, est encadré par un ou plusieurs mots du texte de base. A l'intérieur de la variante, toute remarque de l'éditeur est placée entre crochets.

Les signes typographiques conventionnels suivants sont employés:

– La lettre grecque bêta β désigne le texte de base.

– Le signe de paragraphe ¶ marque l'alinéa.

– Deux traits obliques // indiquent la fin d'un paragraphe ou d'une partie du texte.

– Les mots supprimés sont placés entre crochets obliques ⟨ ⟩.

– Les mots ajoutés à la main par Voltaire ou Wagnière sont précédés, dans l'interligne supérieur, de la lettre ^{V} ou ^{W}, suivie d'une flèche verticale dirigée vers le haut $^\uparrow$ ou vers le bas $^\downarrow$, pour indiquer que l'addition est inscrite au-dessus ou au-dessous de la ligne. Le signe $^+$ marque la fin de l'addition, s'il y a lieu.

– Toute correction adoptée dans un imprimé est suivie d'une flèche horizontale → suivie du sigle désignant l'imprimé.

Exemple: 'il ⟨allait⟩ $^{W\uparrow}$⟨courait⟩ $^{V\downarrow}$β' signifie que 'allait' a été supprimé, que Wagnière a ajouté 'courait' au-dessus de la ligne, que 'courait' a été supprimé, et que Voltaire a inséré la leçon du texte de base au-dessous de la ligne. Une annotation du type 'w75G*, →κ' indique qu'une correction manuscrite sur l'édition encadrée a été adoptée dans les éditions de Kehl.

REMERCIEMENTS

La préparation des *Œuvres complètes de Voltaire* dépend de la compétence et de la patience du personnel de nombreuses bibliothèques de recherche partout dans le monde. Nous les remercions vivement de leur aide généreuse et dévouée.

Parmi eux, certains ont assumé une tâche plus lourde que d'autres, dont en particulier le personnel de la Bibliothèque nationale et de la Bibliothèque de l'Arsenal, Paris; de l'Institut et musée Voltaire, Genève; de la Taylor Institution Library, Oxford; et de la Bibliothèque d'Etat Saltykov-Schedrine, Leningrad.

Parmi les institutions qui ont bien voulu nous fournir des renseignements ou des matériaux pour le volume présent, nous citons: Bibliothèque royale Albert Ier, Bruxelles; Musée royal de Mariemont, Morlanwelz; Thomas Fisher Rare Book Library, Toronto; les bibliothèques municipales de Bordeaux, Dijon et Grenoble; Cambridge University Library; British Library, Londres; Bodleian Library, Oxford; Forschungsbibliothek, Gotha; Niedersächsische Staats- und Universitätsbibliothek, Göttingen; Gesamthochschule-bibliothek, Kassel; Bayerische Staatsbibliothek, München; Kungliga Biblioteket, Stockholm; Universitetsbiblioteket, Uppsala; Stadt- und Universitäts-Bibliothek, Bern; la Bibliothèque publique et universitaire et celle de la Compagnie des pasteurs de l'Eglise nationale protestante, Genève; Bibliothèque cantonale et universitaire, Lausanne; Bibliothèque publique et universitaire, Neuchâtel; Zentralbibliothek, Zürich; Lewis Walpole Library, Yale University; New York Historical Society, New York; University of Texas Library, Austin.

Nous avons également profité de l'aide et des conseils de nos collègues et amis: Mme Larissa Albina, Leningrad; M. Pierre Botineau, Bordeaux; M. Jean-Daniel Candaux, Genève; M. Sylvio Corsini, Lausanne; M. Robert L. Dawson, Austin; M. Graham Gargett, Coleraine; M. François Moureau, Paris; et M. Charles Wirz, Genève.

PRÉFACE

En janvier 1767, Voltaire a 73 ans. Encore en pleine activité, malgré une santé toujours précaire, il produit, corrige, publie, édite et réédite sans relâche. Nous restons stupéfaits devant cette puissance de travail. Notre édition consacre à l'année 1767 quatre volumes (62, 63A, 63B et 64), avec une trentaine de textes de longueur et contenu fort variés. Encore ne tiennent-ils qu'imparfaitement compte des multiples activités de Voltaire au cours de cette année qui a si mal commencé pour le patriarche de Ferney.

L'hiver était exceptionnellement rigoureux, le froid intense, les neiges abondantes – 'Voicy le temps où les nêges me rendent aveugle et où je souffre de la tête aux pieds' (D13821). Les troupes françaises, envoyées par Choiseul pour le blocus de Genève, lui semblent être là surtout pour couper Ferney et le pays de Gex de toutes provisions – 'Nous sommes bloqués et nous mourons de faim' (D13817). L'envoi et la réception de lettres et paquets posent des problèmes parfois insurmontables (D13892, D13946, etc.). Par surcroît, le 23 décembre, la femme Lejeune, domestique des d'Argental, avait été arrêtée près de Ferney pour contrebande de livres défendus, avec, dans ses bagages, 80 exemplaires du *Recueil nécessaire*. Elle voyageait dans le carrosse de Mme Denis, ce qui ne pouvait que souligner l'association avec Ferney et Voltaire. Ce dernier est pris de panique: 'de tous ces fléaux [maladies, rigueur du climat] la crainte est encor le pire. Elle glace le sang, elle m'a donné une espèce d'attaque d'apoplexie' (D13923). Il multiplie les démarches pour étouffer l'affaire, pour empêcher qu'elle ne soit traduite devant le parlement de Bourgogne. Elle n'aura pas de suites, mais Voltaire a eu peur: il a fait ses paquets, il a brûlé des papiers (D13843, D13856).

Ce début pénible va déteindre sur le reste de ses activités. Non pas qu'il se retire de la lutte contre l'infâme. Au contraire, elle deviendra de plus en plus intense sous toutes ses formes, comme en témoignent certains écrits publiés dans nos quatre volumes. Elle sera pourtant menée moins ouvertement, il prendra plus de précautions. Et il cherchera parallèlement à assurer ses arrières, à se créer une stratégie à l'égard de Versailles et des autorités françaises.

Un thème dominant de sa correspondance pendant les quatre premiers mois est la frustration ressentie devant les problèmes matériels. Le 24 mars, la situation n'a toujours pas changé: 'Toute communication avec Genève est interrompue. Il faut tout faire venir de Lyon, et les voitures de Lyon ne peuvent passer. Plus de carosses, plus de messageries, plus de rouliers. Nous faisions venir tout ce qui nous était nécessaire par le courier, et on vient de saisir ce courier' (D14065). Ferney n'est plus l'asile idéal. Non seulement l'hiver y est-il insupportable mais Voltaire ne s'y sent plus en sûreté. Pendant quelques mois, il a l'idée de vivre ailleurs: 'Il n'est pas impossible que j'aille achever ma vie en Hollande' (D13892). Le projet de s'installer à Lyon une partie de l'année pour éviter 'l'hiver barbare', pour 'fuir les loups [les commis de la douane] et les frimats' (D14126; cf. D14142), semble se concrétiser ('une jolie maison sur la Saone', D14122). Ce n'est que vers le 15 mai qu'il y renonce définitivement (D14181). Pour des raisons financières, dit-il (D14197). Une autre considération a également dû jouer. Comme le souligne d'Alembert, Lyon n'est pas dans le ressort du parlement de Bourgogne, 'dont vous avez lieu d'être content' (D14161). A Lyon il serait 'à la merci d'une race d'hommes aussi méchante que les jésuites, plus puissante et plus dangereuse, et plus déterminée à chercher les moyens de [lui] nuire' – Lyon dépend du parlement de Paris.

Ces soucis ne l'empêchent nullement de se vouer à ses activités littéraires. Son désir de voir représenter *Les Scythes*, pièce compo-sée en 1766 et sortie des presses de Cramer fin décembre-début janvier, constitue un autre *leitmotiv* de la correspondance pendant la première moitié de l'année. Ayant sollicité et obtenu la permis-sion de la dédier à deux ministres, les ducs de Choiseul et de Praslin, il souhaiterait vivement remporter un succès sur la scène de Paris. D'Argental et les acteurs demandent des changements. Voltaire se rend compte des défauts de sa pièce, il retranche, ajoute, remanie; ses corrections sont envoyées à d'Argental, à Thibouville, à Lekain (D13878, D13904, D13944, D13956, D13965, D13971, etc.). Il se dit content, mais prenant ses précautions il souligne que le succès dépendra entièrement du jeu des acteurs. *Les Scythes* aura finalement quatre représentations avant Pacques, mais malgré les instances de Voltaire (D14107, D14126, D14133, D14138, etc.), elle ne reparaîtra pas sur la scène de la Comédie-Française (à l'exception de 5 représentations en 1770). Il ne peut cacher sa déception devant le refus des comédiens de reprendre la pièce, ne fût-ce que pour deux représentations. Il exhorte, il cajole, il argumente: 'quand cela ne servirait qu'à faire crever Fréron, ce serait une très bonne affaire' (D14145; cf. D14107). Mais toute cette activité n'aboutit à rien.

Voltaire multiplie également les démarches pour faire jouer *Les Scythes* en province. Il la propose à Richelieu pour le théâtre de Bordeaux (D13825, D13935), y envoie des corrections aux acteurs (D14058, D14108). Elle est jouée à Lyon (D14029). A Lausanne, c'est Constant d'Hermenches qui reçoit les instructions pour le théâtre de Monrepos (D13985, D13991, etc.).

Parallèlement, il s'occupe personnellement des nombreuses éditions de la pièce: la première édition Cramer sera vite dépassée (D13897). Il propose à Lacombe d'en faire une à Paris, de 750 exemplaires (D13788); il le bombarde de corrections (D14046, D14057, D14075, D14094, etc.). Une autre se fait à Bordeaux (par Chappuis) à l'occasion de la représentation (D14108, D14208). Là aussi il envoie des corrections. Bordes, qui a recours aux frères Périsse pour une édition lyonnaise, en reçoit également (D14153, D14252, D14271, D14317). Il en va de même pour Rieu, qui fait travailler Pellet à une nouvelle édition genevoise (D14112, D14126, D14115). Une autre édition se fait en Hollande (D14133). La pièce fut également insérée dans le volume IV des *Nouveaux mélanges*, sorti au mois de mai (D14224), dans le *Théâtre français*, imprimé par Pellet sous la direction de Rieu, ainsi que dans la nouvelle édition du *Théâtre de M. de Voltaire* que publie la veuve Duchesne, cette fois-ci avec la permission et la collaboration de Voltaire (D14552). 'La tête me tourne de toutes ces éditions', écrit-il à Lacombe, 'Il y a pourtant cinquante ans que j'en use ainsi' (D14174).

Cette activité intense, voire frénétique, suscitée autour des *Scythes* sert surtout d'alibi. Comme il le déclare à d'Argental, son but est 'de faire connaître aux méchants, et à ceux qui écoutent les méchants, qu'un homme occupé d'une tragédie ne pouvait l'être de toutes les brochures qu'on [lui] attribuait' (D14099). Et à Chabanon: 'Les méchants m'attribuent tant d'ouvrages hétérodoxes que j'ai voulu leur faire voir que je ne fesais que de mauvaises Tragédies' (D14060). Le journal tenu par d'Hémery, inspecteur de la librairie, témoigne en effet de l'intérêt porté par les autorités à tout écrit émanant de Ferney. Non seulement attribue-t-il les *Homélies prononcées à Londres*, la *Défense de mon oncle* et les *Pièces relatives à Bélisaire* à Voltaire, en précisant qu'ils ont été imprimés à Genève et qu'ils sont distribués à Paris par d'Argental, d'Alembert et Damilaville (BN F22164, f.87r), mais l'annonce du *Christianisme dévoilé* est accompagnée du commentaire: 'on l'attribue à la boutique de M. de Voltaire' (f.48r, 5 février), et celle des *Etrennes aux désœuvrés ou lettres d'un quaker à ses frères* précise: 'Cet ouvrage qui traite de la querelle de M. Hume et de M. Rousseau a bien l'air d'être de M. de Voltaire' (f.53r, 3 mars). Voltaire a donc raison de se méfier.

Les rigueurs de l'hiver passées, la petite société de Ferney s'ouvre vers l'extérieur. Les visiteurs arrivent, les représentations théâtrales reprennent. En 1767, cette société est 'composée de cinq ou six personnes' (D13805): Mme Denis, Mlle Corneille et son mari M. Dupuits, son parent infirme Daumart, le père Adam et le fidèle Wagnière. Auxquels s'ajoutent cette année Gallien, un jeune homme que Richelieu lui a confié et qu'il finit par céder à Hennin se sentant incapable d'en faire quelque chose (D13825, D14142, D14345); un certain Bastian, ex-capucin, qui lui sert de secrétaire depuis deux ans, mais dont il finit par se débarrasser, car il a volé 'des manuscrits, de l'argent et des bijoux' (D14316); y figure aussi un jeune acteur de province, auquel il 'fait dégorger le ton provincial' (D14232). M. et Mme de La Harpe, qui séjournent à Ferney depuis l'automne dernier, ne partiront qu'au début du mois de novembre en compagnie de Chabanon, arrivé vers le 24 avril (D14138); Cramer, Rieu, M. et Mme Racle sont des hôtes réguliers; parmi les visiteurs occasionnels, citons Beauteville (D13782), probablement Paolo Frisi et Alessandro Verri (D14030a), Necker (D14157), Wargemont, Lady Holland (D14196, commentaire), Leriche (D14231), le comte de Coigny, le chevalier de Jaucourt, le duc de Melfort (D14375). M. et Mme Gallatin reçoivent une invitation pour la comédie (D14175), tout comme Mme Necker et Moultou (D14442).

Les fêtes et les représentations théâtrales sont nombreuses à Ferney. Y sont donnés entre autres *Adélaïde Du Guesclin* (D14159), *Les Scythes*, où il joue lui-même le rôle de Sozame (D14187), *Sémiramis* (D14232), *L'Orphelin de la Chine* (D14284). Voltaire s'occupe plus particulièrement des officiers du régiment de Conti en garnison à Ferney qui sont régulièrement invités aux représentations de Ferney. *Charlot* fut donné la première fois le 6 septembre avec les interprètes suivants: Mme Denis, Rieu, M. et Mme de La Harpe, Chabanon, Wagnière, M. et Mme Dupuits et M. et Mme Racle. Le spectacle fut suivi d'un souper de quatre-vingts couverts (D14401). Les réjouissances organisées à l'occasion de sa fête le 4 octobre sont rapportées dans de nombreux journaux et correspondances littéraires, avec les vers que lui adressent à cette occasion Chabanon et La Harpe, et sa réponse.

Voltaire n'oublie pas ses anciens amis et protégés; il alimente Thiriot de vers et d'anecdotes pour sa correspondance avec Frédéric II (D14079); il voudrait donner la moitié de sa pension à La Harpe (D13850, D14356), dont la situation financière est précaire; il s'occupe de placer Gaillard d'Etallonde, le survivant de l'affaire d'Abbeville, 'cette abominable aventure que j'ai toujours sur le cœur' (D14121); l'affaire Sirven avance avec beaucoup de peine, et Voltaire tente de la relancer à plusieurs reprises.

Si *Les Scythes* ne remporta pas le succès tant souhaité sur la scène de la Comédie-Française, Voltaire y resta néanmoins l'auteur moderne le plus joué: *Mérope* eut huit représentations pendant l'année, mais ce sont les comédies qui apparaissent le plus souvent sur le répertoire: *Nanine*, *L'Enfant prodigue*, et *L'Ecossaise* furent chacune jouées sept fois. On y donna également: *Tancrède* (4 fois), *Œdipe* (3), *Zaïre* (2), *Brutus* (1) et *Sémiramis* (1). Des auteurs plus jeunes prennent la relève. Le grand succès de l'année, *Eugénie*, la première pièce de Beaumarchais à être représentée sur la scène de la Comédie, obtinrent ainsi 23 représentations, *Hirza ou les Illinois*, de Sauvigny, en eurent 14 (ce que Voltaire accepte difficilement: D14339, D14401, D14406, etc.), et *Le Philosophe sans le savoir* de Sedaine 11. *Cosroès*, tragédie d'un jeune débutant, Le Fèvre, en eurent 10. Par contre, son vieux rival Crébillon semble bien oublié: il ne figure qu'une fois sur le répertoire avec *Rhadamiste et Zénobie*.

Dans un genre différent, l'opéra *Pandore*, composé en 1740 mais jamais représenté, retient son attention. Peut-on le faire jouer à la cour? La répétition, qui eut lieu le 14 février au théâtre des Menus-Plaisirs, fut un échec au dire du compositeur La Borde lui-même (D13958). Voltaire l'encourage à retravailler sa musique (D14214), se déclare prêt à modifier son texte, mais on le sent déconcerté devant les problèmes que pose le genre: 'il y a bien de l'arbitraire dans la musique', avoue-t-il à Chabanon (D14044; cf. D13924). *Pandore* ne sera pas représenté.

Voltaire continue a remanier et augmenter considérablement certaines œuvres qui lui tiennent à cœur et qui s'insèrent dans le cadre général de sa lutte contre l'infâme. Après les additions substantielles au *Dictionnaire philosophique* dans l'édition dite de Varberg de 1765, cet ouvrage, déjà en bonne route pour se transformer en ce fourre-tout que seront les *Questions sur l'Encyclopédie*, se voit augmenter de 18 articles nouveaux dans l'édition, la quatrième en ordre, qui sort des presses de Grasset en 1767 (mai-juin?): 'Adam', 'Antitrinitaires', 'Arius', 'Babel', 'Conciles', 'David', 'Des délits locaux', 'Divinité de Jésus', 'Evangile', 'Job', 'Judée', 'Julien le Philosophe', 'Maître', 'Morale', 'Sur le papisme', 'Péché originel', 'Prophètes', 'Transsubstantiation'. Les thèmes, on le voit, sont d'actualité, et ces articles reprennent souvent, tout en les condansant, d'autres textes publiés en 1767. 'Des délits locaux' résulte ainsi de la lecture de Beccaria en 1766; 'Adam', tout comme l'addition à l'article 'Abraham', reprend le thème des Juifs 'qui ont tout pris des autres nations', titre choisi pour un des chapitres ajoutés à *L'Examen important de milord Bolingbroke* dans l'édition de septembre 1767 (Voltaire 62, p.190-92). Un second chapitre ajouté à *L'Examen important* s'intitule 'Qui est l'auteur du Pentateuque?' et on en trouve trace entre autres dans *Le Dîner du comte de Boulainvilliers*.

Une lecture attentive de la correspondance fait ressortir les soins que prenait Voltaire pour perfectionner son système de distribution. Non seulement utilise-t-il les visiteurs de passage pour transporter certains écrits: Necker est ainsi chargé de la *Lettre à M**** de d'Alembert, que Voltaire a fait imprimer à Genève, et de quelques exemplaires des *Questions de Zapata* et des *Honnêtetés littéraires* (D14157, D14160); le chevalier de Wargemont, qui commandait la légion de Soubise, transporte quelques exemplaires de la *Lettre* de d'Alembert, le *Fragment des instructions pour le prince de **** et la seconde édition du *Commentaire sur le livre Des délits et des peines* (D14230, D14255). Mais il s'est surtout créé un réseau d'imprimeurs et de libraires qu'il alimente directement ou par personne interposée:

– Cramer est chargé de la grande édition in-quarto de ses *Œuvres*, du *Siècle de Louis XIV*, et des *Nouveaux mélanges*, série publiée en supplément aux éditions in-8° de 1756, 1757 et 1764. Comme nous l'avons vu, le volume IV, avec *Les Scythes* et *Octave* accompagné de ses notes, sort en mai 1767 (D14176, D14177, D14178, D14224). Au mois d'octobre le volume V, qui contient *Charlot*, est en préparation (D14483). Cramer imprime également *Les Scythes* et la *Réponse à M. l'abbé d'Olivet* (D13807; D13831), des textes peu controversiels.

– Lacombe imprime non seulement *Les Scythes* mais aussi *Le Triumvirat* et *L'Ingénu* (D14402, D14410). Voltaire lui propose aussi le *Mémoire présenté au ministère de France et qui doit être mis à la tête de la nouvelle édition qu'on prépare du Siècle de Louis XIV* (D14371), ainsi qu'une 'jolie édition avec des estampes, de tous les contes en vers et en prose' (D14423). Cette dernière ne semble pas avoir été réalisée.

– Gabriel Grasset fait la seconde édition du *Commentaire sur le livre Des délits et des peines* (D14068), le *Dictionnaire philosophique*, la nouvelle édition de *L'Examen important de milord Bolingbroke*, l'*Essai historique et critique sur les dissensions des Eglises de Pologne*, les *Lettres à S. A. Mgr le prince de *** sur Rabelais*, *Le Dîner du comte de Boulainvilliers*.

– Merlin semble lui servir de stockiste pour ses œuvres complètes, probablement la *Collection complette* de Cramer, de 1764 (D14018), mais Voltaire lui propose également sa *Lettre à M. Elie de Beaumont* (D14096) et sa réponse à Coger (D14464), et c'est Merlin qui fait l'édition parisienne de *Charlot* (D14428, D14449).

– Pellet de Genève imprime *Les Scythes*, et probablement *Charlot* (D14486).

– Il est en contact avec Charles-Joseph Panckoucke, qui lui a rendu visite à Ferney (D14000, D14441). Celui-ci est aussi en relations avec les Cramer (D14485) et devient par la suite coéditeur de l'édition in-quarto.

– La maison Duchesne, tant décriée par Voltaire, reprend contact. La veuve proteste de son innocence en ce qui concerne sa première édition du *Théâtre*, de 1764 (D14105); elle est en train de faire une belle édition de *La Henriade*, avec des gravures d'Eisen, dont Voltaire a lui-même dressé le plan (Voltaire 2, p.247), elle demande des instructions. Thiriot intervient en sa faveur, et Voltaire finit par envoyer des instructions et corrections pour la nouvelle édition du *Théâtre* qui sortira à la fin de l'année (D14552).

– Claude Philibert semble avoir imprimé les *Homélies prononcées à Londres* (D14117).

– Barthélemy Chirol (D14397) imprime 'le livre de mathématiques' de d'Alembert, c'est-à-dire *Sur la destruction des jésuites en France* (D14404), ainsi que la lettre à Elie de Beaumont que Cramer lui a donnée (D14082).

– Périsse de Lyon imprime *Les Scythes*.

– Jean-Baptiste-Hyacinthe Leclerc, de Nancy, qui fut emprisonné à Paris sur une dénonciation des jésuites et dont il est plusieurs fois question en janvier-mars, fut-il un imprimeur régulier de Voltaire? Jamet lui attribue une édition de *Saül* (BnC 1413) et Bengesco un *Dictionnaire philosophique* (BnC 3580).

– Fantet, imprimeur-libraire de Besançon, présente un cas spécial. Il avait été arrêté et emprisonné pour vente de 'livres philosophiques' à l'automne de 1766. On sait qu'il a fait une édition de *L'Ecossaise* en 1765 (Voltaire 50, p.313), mais a-t-il également imprimé ou distribué des ouvrages plus compromettants pour le compte de Voltaire? On l'ignore, mais cela expliquerait l'intérêt montré par Voltaire pour sa cause. De toute façon, il était le correspondant de Cramer (D13474), et à un certain moment il a eu en dépôt une caisse de livres appartenant à Voltaire (D13781, D13876).

Par ce relevé, qui est loin d'être exhaustif, on voit combien on aurait tort de penser que toute cette activité était centrée autour des seuls Cramer.

Dans *L'Evangile de la raison* (1764) et le *Recueil nécessaire* (1765), Voltaire s'était déjà constitué éditeur pour le compte d'autrui. Cette activité, qui se développera de plus en plus, est encore à ses débuts en 1767. Parmi les textes dont il n'est pas lui-même l'auteur mais dont il semble avoir était impliqué dans le processus de publication, citons les trois textes de d'Alembert sur l'expulsion des jésuites (D13897, D14019, D14157, D14160, etc.), les *Pièces relatives à Belisaire*, l'*Honnêteté théologique* que l'on attribue à Damilaville (BV, no.2731). Etait-il également, comme le prétend d'Hémery, à l'origine de la nouvelle édition du *Christianisme dévoilé* (BV, no.1650) dont Mme Lejeune transportait deux cents exemplaires quand elle a été arrêtée en décembre 1766 (D14061)? Cela semble probable. D'autre part, en écrivant à Charles Bordes, il se caractérise lui-même comme 'l'éditeur de votre charmante prose' (D14153). S'est-il occupé d'une édition du *Catéchumène*? Est-ce le 'mémoire' qu'il se dit prêt à imprimer après la nouvelle édition de Bolingbroke (D14245)?

Dans la stratégie générale de Voltaire, les œuvres historiques constituent un pivot essentiel, tout comme le théâtre: ces deux aspects de son œuvre le rendront respectable aux yeux des autorités de Paris. 'Je ne suis occupé que de la gloire de ma patrie', écrit-il à Damilaville (D14394), et à Lacombe il souligne qu'il regarde *Le Siècle de Louis XIV* 'comme un monument élevé à l'honneur de la France' (D14341). Aussi s'acharne-t-il contre toute atteinte à son autorité d'historien 'officiel'. D'où l'attaque impitoyable contre La Beaumelle (D14334, D14335, etc.). Si le travail sur les œuvres historiques continue pendant toute l'année, c'est pendant le seconde moitié qu'il s'intensifie. Voltaire travaille à la fois à l'*Essai sur les mœurs* pour l'édition in-quarto de Cramer, à l'édition séparée du *Siècle de Louis XIV* et au *Précis du siècle de Louis XV*, qui constituera désormais un ouvrage séparé. Ces éditions se préparent effectivement 'sous les yeux de l'auteur': 'Ma métode dont je n'ai jamais pu me départir, est de faire imprimer sous mes yeux, et de corriger à chaque feuille ce que je trouve défectueux dans le style. J'en use ainsi en vers et en prose. On voit mieux ses fautes quand elles sont imprimées' (D14341). Il se prononce sur la typographie ('Il faudrait de plus grands blancs, des lignes moins pressées, plus d'alinéa', D14453). Il se tient au courant des dernières publications, commande des livres à Cramer, et surtout à Lacombe: Lefebvre de Saint-Marc, *Abrégé chronologique de l'histoire générale d'Italie* (1761-1766, BV, no.1992; D13931, D14036), d'Aquin de Château-Lyon, *Siècle littéraire de Louis XV* (1753, BV, no.92), Méhégan, *Tableau de l'histoire moderne depuis la chute de l'empire d'Occident jusqu'à la paix de Westphalie* (Paris 1766, BV, no.2382), Anquetil, *L'Esprit de la Ligue* (Paris 1767, BV, no.78; dans D14283, avec beaucoup d'autres ouvrages). A Damilaville il demande les mémoires de La Porte (BV, no.1922), La Rochefoucauld (BV, no.1927) et Bassompierre (BV, no.1251; D14355). Il entretient une vaste correspondance pour recueillir des informations, des anecdotes: il remercie le baron de Tott d'en avoir fourni sur les Turcs (D14137), il demande des renseignements au chevalier de Taulès (D14353, D14540), à d'Olivet (D14403), à Malesherbes par l'intermédiaire de Morellet (D14541), au duc de Bouillon (D14551). Il continue à se documenter même quand son texte est sous presse: le 27 novembre l'impression du *Siècle de Louis XIV* en est 'aux batailles de Steinkerque, de Fleurus et de Nerwinde' (ch.16), mais il est obligé d'arrêter, car il n'a pas encore reçu 'les campagnes du maréchal de Luxembourg' (D14553).

Derrière un des textes composés en 1767 se cache un des épisodes les moins connus des multiples activités de Voltaire: nous parlons de l'article 'Propriété' publié en 1771 seulement dans les *Questions sur l'Encyclopédie*. En 1766 la Société libre d'économie de Saint-Pétersbourg avait annoncé un concours sur le thème de la propriété paysanne. Il ressort de la correspondance que, sous le couvert de l'anonymat, Voltaire a envoyé deux 'écrits' (D14091) ou 'deux paquets' à la Société, probablement au mois de mars. Ils seraient de 'deux Français qui demeurent entre la franche comté et l'état de Berne'. 'La devise de l'un est *ex tellura omnia*, et celle de l'autre *si populus dives, rex dives*' (D14199). On ignore qui est l'auteur du premier mémoire. Par contre le second, dont le texte, aujourd'hui disparu, se trouvait encore au début du siècle dans les archives de la Société, est bel et bien de Voltaire lui-même, car il constitue une version plus élaborée de l'article 'Propriété'. La correspondance avec Vorontsov et Catherine II révèle l'importance accordée par Voltaire à ces 'deux paquets', qui devaient transiter par Nuremberg et Riga, et son inquiétude sur leur sort (D14150, D14210, D14247, D14322, D14611). Voltaire a-t-il nourri l'espoir de jouer un rôle de premier plan dans l'élaboration des futures réformes de Catherine, s'est-il vu dans le rôle de 'conseiller privilégié' de la grande Catherine? Il composait, rappelons-le, vers la même époque, la *Lettre sur les panégyriques*, éloge dithyrambique de la tsarine. Quoi qu'il en soit, le mémoire avec la devise *si populus dives, rex dives*, dont Voltaire n'a jamais avoué la paternité, n'a obtenu ni le prix, ni l'*accessit*, ce qui aurait donné droit à une publication officielle. Tout ce qui nous en reste aujourd'hui est cette version condensée que constitue l'article 'Propriété'.

U.K.

La Guerre civile de Genève

édition critique

par

John Renwick

INTRODUCTION

Les curieux qui voudraient connaître l'histoire des troubles de la parvulissime (1762-1768) feraient bien de ne pas s'en rapporter au poème burlesque de Voltaire intitulé *La Guerre civile de Genève*. Car loin d'en être l'historique impartial, cet écrit, remarquable par sa hargne, n'est en vérité autre que le commentaire fort 'engagé' d'un vieillard et d'un voisin en tous points passablement déçu. En d'autres termes Voltaire n'est point ici Thucydide – lui qui savait toutefois l'être – mais bien plus son propre historien. Avant toute chose son poème de *La Guerre civile* renferme en un puissant raccourci (pour qui sait lire) presque toute l'histoire de sa propre vie genevoise pendant au moins dix ans.

Cela est vrai; mais il est non moins vrai qu'en arrivant à temps aux portes de Genève pour y être le témoin d'événements politiques exceptionnels, Voltaire avait conçu en même temps le plan de *partir à la conquête* de cette ville 'hargneuse'. Il devait donc fatalement se condamner à y jouer un rôle de moins en moins effacé. Et comme la vie du Maître était à ce point intimement, voire inextricablement mêlée à celle de la cité, nous nous trouvons contraint d'évoquer les grandes lignes des troubles qui agitèrent toutes les couches de la société genevoise à cette époque-là.[1] Sans

---

[1] Les troubles que connut Genève, et leurs diverses manifestations, sont si embrouillés et dépassent si largement les bornes de cette introduction que nous renvoyons le lecteur désireux de les étudier jusque dans les détails aux ouvrages suivants: F. d'Ivernois, *Tableau historique et politique des révolutions de Genève dans le dix-huitième siècle* (Genève 1782); J. Gaberel, *Voltaire et les Genevois* (Paris 1856); J. Cornuaud, *Mémoires sur Genève et la Révolution* (Genève 1912); P. Chaponnière, *Voltaire chez les calvinistes* (Genève 1932); Jane Ceitac, *Voltaire et l'affaire des natifs* (Genève 1956); consulter aussi Michel Launay, *Jean-Jacques Rousseau écrivain politique (1712-1762)* (Cannes; Grenoble 1972).

Les articles désignés ci-après sont aussi à consulter: J. Cherbuliez, 'Voltaire et les natifs de Genève', *Bibliothèque universelle de Genève* 23 (août 1853), p.441-62; F. Caussy, 'Voltaire pacificateur de Genève', *Revue bleue* (4 janvier 1908), p.9-15; d'autres articles plus spécialisés seront indiqués au fil des pages.

ce coup d'œil, la genèse, la signification et surtout le *ton* de ce poème assez hermétique et déroutant seraient peu s'en faut inexplicables.

1. *Genève*

Au milieu du dix-huitième siècle vivaient et surtout – détail de mauvais augure à une époque où les esprits s'émancipaient – se querellaient à Genève quatre classes de sujets communément désignés: Citoyens, Bourgeois, Habitants et Natifs. A la lumière de cette nomenclature assez révélatrice, on devine sans peine quatre rangs au 'mérite' social décroissant. En effet, des quatre, les Citoyens étaient les plus favorisés: ce n'étaient ni plus ni moins que les aristocrates de la république, nés à Genève et issus de Citoyens, ou de Bourgeois. Quant à ces derniers c'étaient des Habitants, ou bien des Natifs, qui avaient réussi à acquérir la bourgeoisie par la naturalisation, privilège assez rarement accordé. Signalons aussi que seules ces deux castes, qui restaient très fermées, jouissaient de droits politiques.

D'autre part il y avait les défavorisés: les Habitants, qui étaient des étrangers agrégés à la république, et leurs fils ou descendants, les Natifs, qui tous les deux n'avaient en somme que le droit d'exercer assez précairement leur industrie.

Une division nette se dessine donc dans la société genevoise, division égoïste, d'ailleurs amèrement ressentie parmi les nombreux Natifs, enfants de Genève tout aussi authentiques que les Citoyens ou les Bourgeois, cependant exclus de tout avantage politique, et de plus subissant maintes vexations d'ordre économique. Bref, leur vie était une suite ininterrompue de brimades dont ils n'avaient même pas la possibilité de se plaindre: le droit de représentation étant (aussi) exclusivement réservé aux Citoyens et Bourgeois, les Natifs n'avaient en conséquence nul droit de réclamer.

Au milieu des années 1760 nous arrivons pourtant au moment

4

où ces fils d'Habitants, depuis si longtemps partie intégrante mais non intégrée de la population, vont se révolter.

D'où leur vint toutefois la leçon, ou l'aspiration vers la liberté et l'émancipation? Les sources en sont nombreuses. Mais n'invoquons pas – quoique ce soit légitime – l'atmosphère du siècle, le souvenir exaltant de tentatives passées ou l'intelligence de quelques meneurs déterminés. La grande leçon pratique, d'autant moins équivoque qu'elle était maintes fois renouvelée, d'autant plus persuasive qu'elle était imposante, leur venait des privilégiés mêmes: des Citoyens et des Bourgeois.

Cela n'est pas, comme on serait tenté de le croire, paradoxal. Tous les Genevois, sauf une poignée de patriciens favorisés, trouvaient à redire avec plus ou moins d'aigreur à la structure sociale ou politique ou politico-religieuse de leur république. Les Natifs ne faisaient donc que participer à la fermentation générale. Quoique assez tardivement. Car la manifestation de leur propre mécontentement ne se fait remarquer qu'en 1766, quatre ans après que le feu eut été mis aux poudres par le Citoyen de Genève par excellence: Jean-Jacques Rousseau.

C'est en effet à la lumière de l'enseignement contenu dans le *Contrat social* et l'*Emile*, et puis de sa condamnation, que les Citoyens et surtout les Bourgeois comprirent qu'ils vivaient sous un règne qu'ils qualifiaient volontiers et avec raison de tyrannique. Les *Lettres écrites de la montagne* ne devaient que les renforcer un peu plus tard dans leur conviction intime que les lois étaient violées, que malgré l'appareil démocratique, la république était menée par une oligarchie: le Conseil des CC et celui, encore plus puissant, des XXV.[2]

---

[2] Voici le vocabulaire auquel il faut se référer en lisant l'introduction ou le poème: le *Conseil Général*, réunion de tous les Citoyens et Bourgeois qui nommait les magistrats; le *Conseil des CC* et le *Conseil des XXV* présentaient les candidats à ces magistratures. Quatre *Syndics*, pris dans le *Petit Conseil*, administraient la ville. Les *Représentants* étaient ceux des Citoyens et des Bourgeois qui réclamaient contre les injustices et les abus; les *Négatifs* étaient ceux dans les Conseils qui refusaient d'agréer ces réclamations, et ceux qui demeuraient attachés aux Conseils et plus généralement à la réaction.

Le pouvoir à Genève était en effet concentré entre les mains de cette aristocratie qui le détenait depuis si longtemps et qui entendait surtout le conserver. Dès 1763, devant cette oppression, les Citoyens et les Bourgeois – usant de leur droit de représentation – ne cessaient de formuler leurs revendications et de repartir à la conquête de leur ancienne souveraineté tombée en 'désuétude'.

Comme l'a résumé si limpidement Jane Ceitac (p.8): 'C'est à ce mouvement de libération de ceux qui luttent pour recouvrer leurs droits et de ceux qui, hésitants, s'essaient à les conquérir, que Voltaire va assister. Genève revêt pour lui un des aspects de l'émancipation humaine, et ce rêve touche de trop près à l'idéal de toute sa vie, répond trop bien à son tempérament fougueux, pour qu'il y reste impassible; le spectateur – prédestiné, eût-on dit, à un tel spectacle – se mue aussitôt en acteur.'

2. *Covelle et la génuflexion*[3]

Une des premières manifestations marquantes d'insoumission, ou de combativité si l'on préfère, à laquelle Voltaire devait assister de près, et qu'il ne tarda pas à rendre encore plus éclatante, est restée célèbre. Et qu'on ne se laisse pas induire en erreur parce que l'affaire dont il s'agit paraît n'être qu'une vulgaire affaire de mœurs du ressort du Consistoire. La signification profonde de l'action de Robert Covelle est, malgré les apparences, tout aussi politique que religieuse. Et d'une certaine façon – bien que nous ayons des réserves – Voltaire ne se trompait pas complètement en faisant de ce fait divers, hautement symptomatique de l'élan général vers l'émancipation, le pivot de *La Guerre civile de Genève*.

---

[3] Bien que Covelle soit, avec Jean-Jacques, le personnage principal du poème, ce n'est pas pour cette raison que nous plaçons ici la *parenthèse* de la génuflexion, (car ce n'est en vérité qu'une parenthèse dans les troubles, et non des plus importantes d'ailleurs). Nous jugeons bon d'en parler ici, et non à sa place chronologique (1764), afin de ne pas briser tout à fait le rythme et la direction du récit des troubles à proprement parler qui se trouve plus loin.

Par l'action du père fondateur, la vie politique à Genève était inséparable de la vie religieuse. En jetant les bases de son Etat, Calvin le législateur força chaque citoyen d'être chrétien. Les lois qu'il laissa à une postérité de moins en moins reconnaissante, dites *lois somptuaires*, avaient introduit dans la vie quotidienne de la république une surveillance générale qui s'accompagnait de *l'action des tribunaux*. 'Non seulement', s'exclame Gaberel (p.30), 'au point de vue social, elles punissaient par l'amende, l'exil ou la prison, les violations des commandements de Dieu (et par conséquent plus d'un délit que ne prévoit pas la législation civile), mais encore elles pénétraient fort avant dans l'existence privée: logement, nourriture, vêtements, divertissements, la dépense en général, étaient déterminés par des règlements inflexibles.'

Ce fut, pour être plus précis, dans ses divertissements, et en oubliant les commandements de Dieu, que Robert Covelle, *Bourgeois* de Genève (et sa qualité mérite toute notre attention), réussit à attirer l'attention du Consistoire: célibataire, il fit un enfant à Catherine Ferboz.

A la date du 2 février 1764, on lit dans le registre des séances du Consistoire: 'M. le pasteur Dentand a rapporté que Catherine Ferboz, native de cette ville, a accouché pour la seconde fois, que c'est le 30 décembre qu'elle a accouché à Veigy en Savoie et le premier janvier dernier son enfant a été baptisé à Gy par M. De La Porte, pasteur dudit lieu, et ladite Ferboz n'a pas encore fait de cours de justice. Dont opiné, l'avis a été d'en faire un renvoi au Magnifique Conseil.'[4] Autrement dit, Catherine Ferboz avait été dénoncée au Consistoire, pour être par celui-ci dénoncée au magistrat pour qu'il instruisît son procès sous l'inculpation de paillardise.

Au dix-huitième siècle la punition de ce délit de fornication n'avait rien d'effrayant: quelques jours de prison de part et d'autre, et la condamnation du père à assumer ses responsabilités. Mais très souvent le Petit Conseil jugeait bon de renvoyer les fautifs

---

[4] Cité par J.-P. Ferrier, 'Covelle, Voltaire et l'affaire de la génuflexion', *Bull. de la Soc. d'hist. et d'arch. de Genève* 8 (juillet 1945-juin 1946), p.218.

devant le Consistoire pour y subir les humiliantes censures ecclésiastiques: le couple devait demander pardon à Dieu à genoux, et ensuite entendre prononcer sur sa tête l'interdiction de la Sainte Cène.

Covelle, dûment dénoncé par sa 'complice', comparut donc une première fois devant le Consistoire le 1er mars 1764, journée mémorable où celui-ci vit mépriser son autorité un peu excessive, pour ne pas dire vieillie. Au seuil de la formalité mortifiante de la génuflexion, le coupable refusa net d'obtempérer, et informa l'assistance qu'il demandait 'huit jours pour se réfléchir s'il se mettrait à genoux'. Les motifs du Bourgeois Covelle, comme nous le comprendrons un peu plus loin, n'avaient rien de bien mystérieux. Et on a dû deviner que cette obstination d'un mécréant orgueilleux n'était pas sans doute sans rapport avec les troubles politiques. Le terme demandé lui fut toutefois accordé.

Le 15 mars, Covelle comparut de nouveau devant le Consistoire. Or si la vénérable compagnie avait été surprise par le comportement de l'impénitent lors de leur première rencontre, elle devait être cette fois-ci consternée: il remit au modérateur un mémoire circonstancié, déclarant que, pour les raisons qui y étaient exposées, il refusait *catégoriquement* de s'agenouiller.

Son factum était subtil et bien écrit. En somme trop bien écrit pour être l'ouvrage de son prétendu auteur, assez inculte, dont on connaissait d'ailleurs les capacités intellectuelles. Covelle était en fait le dernier homme auquel on eût attribué un tel mémoire: ce n'était qu'un libertin vulgaire, doublé d'un libre penseur de bas étage.

Pour le moins intrigués, les membres de la vénérable assemblée pressèrent Robert de questions. Il finit par avouer. Des amis, (qui se servaient de lui peut-être dès le début), l'avaient conduit à Ferney, et, présents à l'entrevue, n'avaient pas peu contribué à la présente scène en l'affermissant dans son projet de résistance et en procurant au patriarche tous les éléments pour la confection du ténébreux mémoire. Mais, déterminé à ne pas faiblir, ce fut là tout ce qu'il consentit à révéler.

On s'attendait peu, écrit Desnoiresterres (vii.78), à une 'telle opiniâtreté. La génuflexion n'était en somme qu'une simple mesure disciplinaire contre laquelle jusque-là on ne s'était pas avisé de se révolter, et qui ne parut excessive que le jour où un esprit résolu déclara audacieusement qu'il n'obéirait point'. Covelle avait d'abord invoqué pour motif de son refus la composition illégale du Consistoire, donc son incompétence. Il avait ensuite établi que la génuflexion était une peine purement civile. Et comme l'édit sur lequel l'autorité du Consistoire était fondée ne lui attribuait aucune juridiction civile, celui-ci était doublement incompétent.

Saisi de l'affaire, le Magnifique Conseil, menacé déjà depuis neuf mois de sérieux troubles politiques (qui retiendront un peu plus loin notre attention), se serait volontiers passé de l'embarras supplémentaire que le rigorisme du Consistoire lui occasionnait.[5] Car Genève, qui allait finir par voir plus de cent brochures pour ou contre la génuflexion (elles ne forment pas moins de trois gros et bien indigestes volumes) s'était divisée sur cette question en deux camps où les castes se confondaient: une 'droite' traditionnaliste fortement attachée aux coutumes d'antan et favorable aux privilèges du Consistoire, et une 'gauche' naissante qui voyait dans Covelle un champion des droits du citoyen.

Il faut surtout reconnaître que les castes s'y confondaient. L'hostilité envers le pouvoir des pasteurs et leur immixtion dans la vie civile ne se bornait point, comme il se devait, à une seule d'entre elles en particulier.[6] Les ennemis et les tenants du dogme des 'deux pouvoirs' (pour faire appel à une notion politique française bien connue des dix-huitiémistes), comme les indécis, les tièdes ou les indifférents, se trouvaient dans toutes les couches de la société genevoise.

---

[5] N'oublions pas que, dans l'ancienne Genève, le Consistoire et le Conseil étaient en communauté de principes et d'action.

[6] Les opinions politiques et les opinions socio-religieuses ne se recoupent pas forcément dans l'ancienne Genève. Autrement dit les alliés de Covelle pouvaient fort bien se trouver en désaccord entre eux sur le terrain purement politique. Il est vrai sans doute que la plupart de ses alliés risquaient d'être Citoyens-Bourgeois et Représentants; mais pas forcément.

Il y a par ailleurs une autre certitude: ce Covelle était venu à point nommé. Son impudence, son audace servaient les inimitiés et les haines de ceux-là mêmes qui, placés sous l'influence immédiate de l'encyclopédisme ou plus généralement de la civilisation française dans ses manifestations les plus aimables et poliment sceptiques, supportaient mal les sévérités ou les prétentions de ces dogmatistes imprudents qui refusaient de reconnaître l'esprit du siècle.

Trouver Voltaire en compagnie précisément de tels gens ne devrait pas trop nous surprendre. Malgré son ardeur à le soutenir, malgré son intérêt bénévole, il ne fait guère de doute qu'il voyait en ce Covelle beaucoup moins un cas humain méritoire et beaucoup plus un prétexte, une nouvelle occasion de poursuivre, à travers lui, une campagne de libération générale depuis longtemps conçue.

3. *Les troubles*

Dans les troubles de Genève à proprement parler, Voltaire ne prit pas position aussi rapidement toutefois que lors de l'affaire de la génuflexion; son itinéraire spirituel est d'ailleurs plus laborieux, et certainement plus compliqué.

Il est difficile d'assigner un point de départ aux troubles de 1762-1768. Comme ils sévissaient périodiquement, emboîtés les uns dans les autres depuis le début du dix-huitième siècle, se complétant et se propageant, contentons-nous de rappeler l'avis d'un témoin privilégié. Au mois de février 1766 le résident de France à Genève, Pierre-Michel Hennin, expédiait au ministre des affaires étrangères, le duc de Praslin, l'appréciation suivante:

Je vois clairement que l'origine de ces divisions est du temps de la médiation, que de Luc le père, Marc Chapuis, un nommé Desarts et deux ou trois autres s'occupaient depuis ce temps à chicaner les Conseils, à aigrir les citoyens contre le Gouvernement, que J.-J. Rousseau en mettant en système dans le *Contrat social* et dans les *Lettres de la montagne* les idées de Micheli et de Deluc a donné à la Bourgeoisie de Genève l'espérance et les moyens d'atteindre à la forme de gouvernement qui est proposée dans le premier de ces ouvrages; qu'on a profité de la circonstance de la condamnation des livres de Rousseau pour échauffer les esprits.[7]

Les confidences de Hennin sont importantes. La première plus que toutes. Venant de quitter un poste en Pologne où il avait acquis une certaine expérience des oligarchies, c'est avec raison qu'il commence par rechercher la principale cause des dissensions dans la précédente médiation du 8 mai 1738. La possibilité toujours présente de discorde, le fond même du dossier des Représentants réside en effet dans la notion de *droit négatif* tel qu'il se trouve énoncé dans l'*Extrait des registres du Conseil du 31 août 1763*, basé sur l'article 6 du règlement de 1738: 'Rien ne pourra être porté au Conseil des Deux-Cent qu'auparavant il n'ait été traité et approuvé dans le Conseil des Vingt-Cinq'.[8]

Le *droit de représentation*, si essentiel dans une république qui se voulait démocratique, devenait par là tout à fait illusoire, et le Petit Conseil le seul interprète des lois. Par ailleurs, comme l'écrit Eugène Rovillain, deux articles du règlement de 1738 se contredisent, l'article 3 et l'article 2. Le premier donne le *droit de contrôle* au Conseil Général en lui permettant de n'élire pour les principales magistratures que des candidats qui lui soient agréables. Le second article enlève ce droit au Conseil Général en l'obligeant à choisir les magistrats dans le seul Conseil des XXV.[9]

La signification de ces deux points n'échappera à personne: la médiation de 1738 avait rendu possible à un gouvernement – fondé théoriquement sur les droits du peuple – d'exercer le pouvoir comme une oligarchie.

---

[7] Affaires étrangères, Genève, Correspondance politique, tome 71, f.227.

[8] *Représentations et écrits des années 1763 et 1765, et du mois de janvier 1766 et les réponses du Conseil* (Genève, les Frères de Tournes, 1766), p.61.

[9] 'L'Angleterre et les troubles de Genève en 1766-1767, d'après les papiers du comte de Shelburne', *Revue d'histoire suisse* 8 (1927), p.169.

Poursuivant sa censure, Hennin n'avait pas tort non plus (du moins en ce qui concerne les *faits*) de stigmatiser De Luc, Chappuis et Jean-Jacques Rousseau. La responsabilité du dernier, qui ne recherchait en pratique que la justice et, partant, le bonheur du peuple, et qui assura pourtant le contraire, n'a jamais été remise en question. Tous ceux qui se sont penchés sur le problème, comme ceux qui y étaient mêlés, s'accordent pour faire de lui le grand 'coupable'. En effet, le 26 mai 1763, évoquant la persécution dont il était l'objet, Rousseau avait écrit à Marc Chappuis une lettre (Leigh 2726) que Moultou caractérisait comme 'le tocsin de l'émeute'. Dans le quatrième paragraphe, il écrivait notamment:

Je ne dois pas seulement compte de moi aux Genevois, je le dois encore à moi-même, au public dont j'ai le malheur d'être connu, à la postérité de qui je le serai peut-être. Si j'étois assés sot pour vouloir persuader au reste de l'Europe que les Genevois ont desaprouvé la conduite de leurs Magistrats, ne s'y moqueroit-on pas de moi? Ne Savons-nous pas, me diroit-on, que la bourgeoisie a droit de faire des réprésentations dans toutes les occasions où elle croit les loix lesées et où elle improuve la conduite des magistrats. Qu'a-t-elle fait dans celle-cy depuis près d'un an que vous avez attendu? Si cinq ou six bourgeois seulement eussent protesté on pourroit vous croire Sur les sentimens que vous leur prêtés. Cette démarche étoit facile, legitime, elle ne troubloit point l'ordre public: pourquoi donc ne l'a-t-on pas faite? Le silence de tous ne dement-il pas vos assertions? Montrez-nous les signes du desaveu que vous leur prêtez. Voila, Monsieur, ce qu'on me diroit et qu'on auroit raison de me dire: on ne juge pas des hommes sur leurs pensées, on les juge sur leurs actions.

La conscience de certains Genevois reçut ainsi un coup de fouet cinglant. Le 18 juin 1763, comme pour se laver de tout soupçon de tiédeur, comme pour fêter l'anniversaire de la condamnation de Rousseau, une quarantaine de Citoyens et de Bourgeois firent leur première représentation en sa faveur (voir Leigh 2761 et notes). Leur sincérité était réelle. Le *prétexte* que cette condamnation leur offrait enfin ne l'était pas moins: l'affaire Rousseau donnait l'occasion de 'revenir sur les injustices du passé, procès, emprisonnements irréguliers etc., et faire dégénérer la lutte en revendications d'ordre général' (Ceitac, p.22).

Genève devait en effet payer cher la condamnation de Rousseau et l'effervescence à laquelle ce procédé donna lieu. Devant ce gouvernement et ces notabilités intraitables le groupe des mé-contents devait aller grossissant, devenir à son tour de plus en plus intraitable, rendant coup pour coup jusqu'au moment où, l'anarchie la plus complète menaçant de régner, l'intervention de l'étranger sous la forme de l'illustre médiation deviendrait nécessaire.

Ce fut d'abord, en attendant littéralement les coups de poing et les soufflets administrés en pleine rue, des coups de plume: le conseiller Jean-Robert Tronchin, procureur général qui avait prononcé le réquisitoire contre le *Contrat social* et l'*Emile*, tira par exemple un coup de semonce en publiant des *Lettres écrites de la campagne*. Son opuscule, plaidoyer *pro domo*, destiné à écraser ces malotrus de Représentants sous le poids de la constitution pesamment interprétée, s'attira toutefois une riposte redoutable intitulée: *Lettres écrites de la montagne*. Puis ce furent la *Réponse aux Lettres écrites de la campagne*, les *Lettres populaires*, la *Réponse aux Lettres populaires*, des réponses à des réponses, des plaidoyers et des réfutations, des démonstrations savantes et des démonstrations de mauvaise foi. Et que savons-nous encore?

En tout cas, rien n'y fit. Les deux parties, sourdes à toutes les explications, à tous les arguments, restaient avec obstination sur leurs positions et s'y retranchaient de plus en plus.

Que devenait l'illustre voisin devant ce spectacle peu édifiant? Par son aversion pour Rousseau et plus encore par ses propres amitiés (ses goûts, prédilections, préjugés mêmes), Voltaire était-il à cette époque précise favorable au gouvernement de Genève et au *statu quo* tant menacés par le *Contrat social* et les Représen-tants? Bref, grand seigneur lui-même, se rangeait-il d'instinct du côté des Négatifs, des 'grandes perruques' et du Petit Conseil? Avant 1765 cela aurait sans doute été le cas. Mais désormais son adhésion, qui n'avait toutefois jamais été inconditionnelle, l'était encore moins (voir D12933). Depuis quelque temps la conduite et la morgue des Conseils lui donnaient sur les nerfs, mettaient sa patience à rude épreuve, contrecarraient un peu trop souvent ses propres projets, intérêts ou désirs (l'affaire du comte de Bülow; la condamnation du *Dictionnaire philosophique*; la résiliation du bail des Délices, etc.). Le 16 octobre 1765 enfin n'écrivait-il pas à Damilaville (D12938):

Les divisions de Genève éclateront bientôt. Il est absolument nécessaire que vous et vos amis vous répandiez dans le public que les citoiens ont raison contre les magistrats; car il est certain que le peuple ne veut que la liberté, et que la magistrature ambitionne une puissance absolue. Y a-t-il rien de plus tiranique par éxemple, que d'ôter la liberté de la presse? et comment un peuple peut-il se dire libre quand il ne lui est pas permis de penser par écrit? Quiconque a le pouvoir en main voudrait crever les yeux à tous ceux qui lui sont soumis. Tout juge de village voudrait être despotique. La rage de la domination est une maladie incurable.

Comme Voltaire était doué de plus de clairvoyance que ses voisins aristocrates, le peu d'amitié que ces derniers pouvaient attendre de lui n'allait donc pas, ainsi que le dit Desnoiresterres, 'sans de mentales restrictions, sans qu'il ne crût que des concessions raisonnables fussent de mise pour apaiser un état de fermentation qui, loin de se calmer, menaçait de s'accroître tous les jours davantage' (vii.4).

Voltaire ne se contentait pas de le *penser* simplement. Malgré qu'il nie se mêler en aucune manière des troubles (D12963), dès avant le mois de novembre 1765 il juge opportun d'intervenir lui-même dans les affaires domestiques de cette république qui se déchirait.

A quelles motivations obéissait-il? La question ne manque pas d'à-propos et ne laisse surtout pas de poser de curieux problèmes. Non seulement son attitude, tout au long des troubles, évolue et se modifie, mais elle est aussi empreinte d'une certaine ambiguïté. En un mot, dès le commencement ses motifs sont inextricablement mêlés. Néanmoins, parmi les nombreuses incertitudes qui en découlent, il y a au moins une vérité que Voltaire dévoile lui-même: *c'est le spectre de Jean-Jacques qui dicte sa conduite.* Il répétera cette confidence, qui porte la marque de la plus authentique sincérité, à cinq reprises (D12988, D13001, D13011, D13019, D13036): 'Mon devoir et mon goût', avoue-t-il sans ambages à Florian vers le milieu du mois de novembre 1765, 'sont ce me semble de jouer un rôle directement contraire à celui de Jean Jacques. J. J. voulait tout brouiller, et moi, comme bon voisin, je voudrais, s'il était possible, tout concilier' (D12988). En effet, la politique était astucieuse. Quel triomphe pour le patriarche s'il parvenait à ramener la concorde parmi ceux que Rousseau avait désunis, s'il arrivait à 'éteindre le feu qu'il a soufflé de toutes les forces de ses petits poumons' (D13001).

La ligne de conduite à adopter est donc très simple. Et il fallait s'y attendre pour plusieurs raisons. L'auteur de l'*Emile* ne tâche-t-il pas depuis longtemps de rendre Voltaire suspect, voire odieux dans Genève en l'accusant de corrompre, avec son théâtre, son 'athéisme' et son 'immoralisme', les mœurs de la république; en claironnant aussi, avec une insistance embarrassante, qu'il ne gémissait tout haut sur le sort malheureux du lapidé de Môtiers que pour s'acharner sur lui en secret avec une quasi-impunité? Deuxièmement, Rousseau ne compromet-il pas, avec ses attaques persistantes et venimeuses, le repos et le renom même du Maître? Troisièmement, Rousseau n'avait-il pas été à la tête de ces Représentants bourgeois, et plus généralement de cette bourgeoisie qui avait toujours détesté le châtelain de Ferney? Mais Rousseau parti, la place n'était-elle pas vacante? et depuis 1764 un réel début de rapprochement ne s'était-il pas opéré entre Voltaire et les Bourgeois à la suite de l'incident Covelle?

Ce sera donc le voisin mal aimé et mal compris qui viendra toutefois de son plus pur mouvement porter le rameau d'olivier au sein de Genève. Gagner à la fois la confiance de cette ville qui l'obsédait, démontrer que son enfant le plus illustre (et partant son ennemi implacable) était après tout 'le plus méchant fou qui ait jamais existé', prendre sa place en pacifiant tout et mériter enfin l'estime et la gratitude de tous était pour le moins une perspective exaltante.

Ce sont là quelques-unes des raisons qui jetèrent Voltaire dans la lutte et qui lui firent prendre un intérêt passionné aux dissensions de la parvulissime. Apaiser les 'criailleries' genevoises, quoi de plus tentant par ailleurs pour un *diplomate amateur*? Evidemment, pour qui connaît Voltaire, cette dernière considération est de toute première importance. Surtout à ses propres yeux. En lui sommeillait non pas simplement un diplomate, mais aussi un diplomate astucieux, qui regrettait de n'avoir pas assez souvent l'occasion de montrer ses dons et qualités.

Nous ne savons pas à quelle époque précise Voltaire se mit à prendre une part active à la pacification des frères ennemis. Tout ce que l'on peut dire, c'est que les avances paraissent être dès le commencement tout à fait mutuelles (D12976, D12999). Il semble en outre que, vers le début du mois de novembre 1765, certains Représentants lui témoignaient déjà assez de confiance pour l'inviter de façon indirecte, et néanmoins indiscrète, à assumer leur défense.[10] Or nous avons dit que Voltaire était un diplomate astucieux, de ceux donc qui savaient cacher leur jeu: sans aucun doute il *brûle* en tant que particulier de quitter son présent rôle de conseiller officieux; il est *convaincu* de détenir le secret de la conciliation; il préfère les Représentants. Parcourons toutefois la lettre qu'il se décida à composer le 13 novembre 1765 à l'intention de Jacob Tronchin (D12976):

Je suis bien loin de croire que je puisse être utile, mais j'entrevois (en me trompant peut être) qu'il n'est pas impossible de raprocher les esprits. Il est venu chez moi des citoiens qui m'ont paru joindre de la modération à des lumières. Je ne vois pas que dans les circonstances présentes, il fût mal à propos que deux de vos magistrats des plus conciliants, me fissent l'honneur de venir diner à Ferney, et qu'ils trouvassent bon que deux des plus sages citoiens s'y rencontrassent. On pourait sous vôtre bon plaisir inviter un avocat en qui les deux parties auraient confiance.

---

[10] [Jean-Antoine Comparet], *La Vérité, ode à Mr de Voltaire, suivie d'une dissertation historique et critique sur le gouvernement de Genève et ses révolutions* (Londres 1765); voir D12976, D12977, D12979.

Quand cette entrevue ne servirait qu'à adoucir les aigreurs, et à faire souhaitter une conciliation nécessaire, ce serait beaucoup, et il n'en pourait résulter que du bien. Il ne m'appartient pas d'être conciliateur, je me borne seulement à prendre la liberté d'offrir un repas où l'on pourrait s'entendre. Ce diner n'aurait point l'air prémédité; personne ne serait compromis; et j'aurais l'avantage de vous prouver mes tendres et respectueux sentiments pour vous, Monsieur, pour toute vôtre famille et pour les magistrats qui m'honorent de leurs bontés.

Il a beau toutefois afficher un air 'neutre, tranquille, impartial' (D12979); il aurait beau réussir à être tout cela en pratique sans doute l'espace d'une entrevue. Pour le gouvernement de Genève, Voltaire en termes diplomatiques n'est pas tout à fait *persona grata*. Il paraissait d'ailleurs encore plus compromis, hélas! par cette section des Représentants qui voulait peut-être lui forcer la main en lui dédiant en quelque façon la dissertation sur les troubles (voir note 10). Et comme ce n'est pas la lettre à Tronchin qui le lavera de ce soupçon d'esprit de parti, le Conseil lui fera répondre le 20 novembre que ses propositions ne peuvent aboutir à rien (D12976, commentaire).

Or le *lendemain même*, malgré tout, l'infernale ronde recommence: Voltaire n'était recherché, choyé et aiguillonné par les dissidents, découvert, sermonné et éconduit par les notabilités que pour tout recommencer avec encore plus d'ardeur. Des Représentants étant venus lui faire leurs confidences, et entretenir par là bien des illusions, il écrivit à Pierre Lullin, conseiller secrétaire d'Etat (D12994):

Ce matin quatre citoiens m'ont fait dire qu'ils voulaient me parler; je leur ai envoié un carosse, je leur ai donné à diner, et nous avons discuté leurs affaires.

Je dois d'abord leur rendre témoignage qu'aucun d'eux n'a laissé échapper un seul mot qui pût offenser les magistrats. Je ne crois pas qu'il soit impossible de ramener les esprits, mais j'avoue que la conciliation est fort difficile. Il y a des articles sur lesquels il m'a paru qu'ils se rendraient; il y en a d'autres qui demandent un homme plus instruit que moi, et plus capable de persuader. J'avais imaginé un tempérament qui semblait assurer l'autorité du Conseil, et favoriser la liberté des citoiens; je vous en ferai part quand je pourai avoir l'honneur de vous entretenir. Vous serez du moins convaincu que je n'ai profité de la confiance qu'on a bien voulu avoir en moi, que pour établir la concorde. Mes lumières sont bornées, mes vœux pour la prospérité de la République ont plus d'étendue.

Ayant ainsi démontré avec bonne foi et discrétion que Ferney n'est pas un repaire de comploteurs, qu'il est lui-même, en tant qu'intermédiaire, digne de confiance, Voltaire continue de jouer un rôle de plus en plus apparent.

Nullement troublé par la réticence du Conseil, il envoie à d'Argental, le 25 novembre 1765, un plan de pacification qu'il vient de proposer ou qu'il est sur le point de proposer officieusement aux Représentants (D12996, D13001, D13005), et qui – mérite considérable – aurait pu, si exécuté, mettre fin à une situation politique douloureuse.[11]

L'apparition de d'Argental dans cette histoire peut surprendre. Pourquoi d'ailleurs Voltaire le renseigne-t-il si copieusement au sujet de ses tentatives de conciliation? pourquoi lui demander de garder ses lettres et même de les montrer à Praslin, ministre des affaires étrangères (D12977, D13001, etc.)? Quel souci dicte ici sa conduite? Sans parler de l'oreille compatissante du vieux camarade d'Argental à qui on ne cache rien, sans parler du désir de se couvrir, disons que le souci en question est double, car il concerne à la fois Genève et Paris. Pour ce qui est de la république, il voulait sans aucun doute – pour vaincre la réticence des autorités genevoises – paraître avoir du crédit à la cour de France, voire passer pour être dans le secret des dieux (D12994, D12995, etc.). En ce qui concerne d'Argental, Praslin, et donc Versailles, il était surtout ravi, dirait-on, que le gouvernement sût de quelle autorité il jouissait à Genève, afin sans doute qu'on le laissât agir comme il l'entendait.

---

[11] Il s'agit des 'Propositions à examiner pour apaiser les divisions de Genève' et des 'Réflexions sur les moyens proposés pour apaiser les troubles de la ville de Genève' (voir D12996, commentaire). Pour une discussion de l'intérêt et de l'ampleur du plan, voir Jane Ceitac, p.28-29, ou bien D13005, D13006.

Mais encore une fois – quoique cette interprétation soit tout de suite indiquée – le reste n'est pas si clair. Malheureusement, durant le mois de novembre, la période de sa plus fébrile activité, Voltaire complique les données du problème: tantôt *il minimise l'ampleur des troubles* (D13001, D13011, D13019, D13031), tantôt *il la souligne* (D12976, D12994, D12996, D13005).

Curieusement, l'optimisme est pour Paris. Est-ce pour avoir les coudées franches pendant l'intérim Montpéroux-Hennin, quitte à claironner plus tard, une fois Genève pacifiée par ses soins, la nature ardue de la tâche accomplie? Il serait beau de passer pour un véritable diplomate, et même mieux, pour avoir maîtrisé une situation que l'on finirait par reconnaître embrouillée et explosive. Ou, à l'inverse, ne soupçonnait-il tout bonnement pas jusqu'où allaient l'intransigeance du Conseil et l'esprit ergoteur des Représentants? Tout bien pesé, peut-être Voltaire ne prévoyait-il guère que ces luttes n'allaient pas se régler à l'amiable.

Curieusement, le pessimisme, ou le diagnostic réservé, est pour Genève. Comptait-il mettre les Représentants et les Négatifs devant la nécessité de faire appel à celui qui démontrait si clairement qu'il était le seul à savoir et à vouloir mettre la main sur la plaie et indiquer le remède? En somme, aveugle lui-même sur la gravité des troubles, travaillait-il pourtant à susciter, à bon marché, l'éternelle reconnaissance de cette ville qu'il ambitionnait depuis longtemps de conquérir?

Devant les questions que suscitent ses propos discordants il n'y a guère de réponse satisfaisante.

Or quelles que soient les explications qu'il convient de retenir, une chose apparaît comme certaine: *la fierté de Voltaire est en jeu.* Et cette fierté (à laquelle Hennin fera allusion le 18 décembre; D13048, commentaire) devait être mise à rude épreuve encore une fois: le 25 novembre, Pierre Lullin dut se rendre à Ferney pour informer Voltaire 'le plus honnétement qu'il [pût] que Le Conseil [n'était] en aucune façon disposé à transiger sur la constitution du Gouvernement de la République & [pour rompre] aussi civilement [que] possible toute négociation' (D12994, commentaire).

La genèse du poème héroï-comique, *La Guerre civile de Genève*, se situe à cette époque précise; il prend racine dans ces déceptions, auxquelles Voltaire aurait dû s'attendre, mais qui deviennent d'autant plus cuisantes qu'elles sont précisément inattendues, et qui seront nombreuses parce qu'il ne laissera pas de s'ingénier à se créer un rôle à sa taille.

Mal compris, mal payé de sa peine comme il l'était, Voltaire devait avoir la pénible conviction que ces aristocrates à la conduite insensée, dont les pouvoirs menaçaient ruine, étaient vraiment mal venus à lui faire grief de son intérêt. Déjà l'homme moyen se serait découragé. Voltaire n'étant pas un exemplaire de l'homme moyen court au devant des déboires: il voudrait par exemple – l'intervention de l'illustre médiation semblant inévitable – faire nommer le résident Hennin comme mandataire spécial (D13051, D13052). Mais Hennin a vite fait de rabattre ces prétentions et de faire comprendre à Voltaire qu'il voit en lui, non pas un négociateur, mais un simple, quoique glorieux homme de lettres... qui s'occupe donc de choses qui ne sont pas de son ressort (D13054).

Voltaire continue toutefois d'agir: le même jour il relance Jean André De Luc (D13064) et soumet à Jacob Tronchin une idée qui lui est venue sur le droit de représentation, qui pourrait aider à ramener les dissidents (D13065). Le Conseil, dûment averti, sera moins poli que le résident de France et enverra Tronchin lui signifier, et assez sèchement, semble-t-il, une fin de non recevoir.

L'année 1765 se clôt donc sur trois soufflets et une rebuffade, sans parler des coups d'épingle. L'année 1766 sera pire encore.

La situation étant fort embrouillée, le Conseil s'était vu obligé d'invoquer pour 1766 les promesses de garantie de la première médiation de 1738, et de faire appel à l'arbitrage de la France, de Berne et de Zurich. Dès qu'il le sait, Voltaire souhaite posséder un diplomate abordable, surtout compréhensif à son propre égard. Il s'emploie à faire désigner, comme ministre plénipotentiaire français, son vieil ami d'Argental (D13082, D13098, D13103, D13107, etc.). Mais fin janvier, il fallait se résigner devant le choix officiel (D13145), qui se porte, hélas! sur le chevalier de

Beauteville, ambassadeur de France auprès des Cantons. Il est vrai que Voltaire reconnaît loyalement que 'la convenance y est toute entière' (D13167), mais il n'arrive pas pour autant à camoufler ses véritables sentiments. Du dépit, il commence à en avoir à revendre:

Il y a deux mois que ces pauvres gens pouvaient s'accorder très aisément deux ou trois sottises à la tête desquelles est l'orgueil, les a brouillés plus que jamais. Il serait difficile de dire bien précisément pourquoi; et je crois que les médiateurs seront bien étonnés qu'on les ait fait venir pour de semblables bagatelles. (D13098)

C'est là du dépit, et de l'irritation, à n'en pas douter. Et le lendemain il lève encore un coin de voile en prétendant que c'est l'arrivée intempestive de Hennin qui a bouleversé son fameux plan de conciliation au moment même où ce plan était infailliblement sur le point d'aboutir (D13103). Par malheur, c'est Hennin lui-même qui doit montrer aux autorités françaises, à plusieurs reprises, le revers de la médaille: en parlant d'une nouvelle brochure de Voltaire, du *Précis impartial de nos divisions*, il informe Praslin, le 8 janvier 1766, que le précis en question n'est rien moins qu'impartial et que les magistrats commencent à se plaindre de la conduite de Voltaire (D13094, commentaire). Le 26 janvier il revient à la charge en faisant savoir à ses supérieurs que le Maître 'prend le chemin de se brouiller avec tous les partis, car il les caresse et les égratigne tour à tour, et ils ne sont pas dans une disposition favorable pour entendre la plaisanterie' (D13138, commentaire).

Maintenant que l'illustre médiation entre en scène, Voltaire ne peut guère se permettre une ingérence ouverte dans les affaires des Représentants. Et puisqu'elle entre en scène, ces derniers se détournent forcément de leur illustre voisin. Mais rien ne l'empêchera de combler le vide et d'honorer de ses réflexions l'endurant d'Argental et Hennin, comme plus tard Beauteville et son secrétaire Taulès. Il est en somme irrépressible: et comme dans son cas un manque de rebuffade brutale équivaut à un encouragement, il est impossible d'éteindre son intérêt. Celui-ci s'étend même, dès la fin du mois de janvier 1766, jusqu'à englober l'ouverture aux Genevois du pays de Gex (D13143, D13185):

On espère que cette protection [du roi de France] pourra s'étendre jusqu'à faciliter aux Genevois les moyens d'acquérir des terres dans le pays de Gex. Plus le roi de Sardaigne les moleste vers la frontière de la Savoye, plus nous profiterions sur nos frontières des grâces que s.m. daignerait leur faire. Le pays produirait bientôt au roi, le double de ce qu'il produit; nos terres tripleraient de prix [dont celles de Voltaire]; les droits de mouvance seraient fréquents et considérables; les Genevois rendraient insensiblement à la France une partie des sommes immenses qu'ils tirent de nous annuellement, et ils seraient sous la main du ministère. (D13167)

Par là non seulement on aiderait à empêcher la contrebande, mais en même temps on ramènerait les Genevois à de meilleurs sentiments envers la France. Ce serait là assurer dans l'immédiat la réussite de la médiation, et, pour l'avenir, les arrières de la France si jamais elle était en guerre du côté de l'Italie (D13236). On voit que Voltaire, loin de se calmer, donne libre cours à des idées diplomatiques qui ne sont pas, si l'on veut, entièrement dénuées de vraisemblance.

Quoi que l'on pense de ces suggestions, ce sont toujours et surtout ses réflexions sur le droit négatif et le droit de réclamation qui visent juste (D13167, etc.). *Et c'est cela le drame.* Hennin, d'Argental, Praslin rendent hommage (ou feignent de rendre hommage) à cette justesse tandis que le Conseil, et désormais les Représentants, s'obstinent à faire la sourde oreille.

En somme, on savait très mauvais gré à Voltaire de s'occuper des troubles, alors que la majorité ne lui avait pas demandé ce service, au nom par ailleurs d'une justice qu'il n'avait – selon elle – aucun droit d'exercer. Avoir toutefois tant à donner et n'être pas mis à contribution, de quelque façon que ce soit, est une terrible punition. D'autant plus terrible, et d'apparence, insultante quand on s'appelle Voltaire.

Toute activité tant politique que diplomatique semble désormais interdite à Voltaire sur le territoire de la république de Genève. A moins bien entendu d'un brusque revirement de la situation, d'une nouvelle dimension. La troisième dimension des troubles était toutefois près de se dessiner: dans leurs démêlés, qui duraient depuis bientôt deux ans, les Représentants comme les Négatifs ne se préoccupaient guère des Natifs, quantité 'négligeable', qui eux aussi réclamaient, mais en vain, des 'concessions et des franchises que les deux partis s'entendaient à leur refuser avec plus d'opiniâtreté que de justice' (Desnoiresterres, vii.30). Mais cette illustre médiation que les privilégiés avaient rendue nécessaire, arrivait à point nommé pour les Natifs et comme une occasion inespérée d'attirer l'attention sur les multiples injustices attachées à leur état et de faire valoir leurs droits si impunément méprisés.

Cette population composée d'ouvriers et d'artisans, à qui l'instruction et l'intelligence ne faisaient pas défaut, manquait pourtant d'un chef capable de la diriger... Oui! c'est alors qu'on pensa immanquablement au défenseur des Calas; et, comme les Représentants six mois plus tôt, les Natifs demanderont à Voltaire, qui était aussi l'ami des plénipotentiaires de la médiation qu'il faudrait solliciter, une aide qu'il ne savait pas refuser aux opprimés (Georges Auzière à Voltaire, c. 5 avril 1766; D13240):

Des natifs pénétrés de douleur de voir les bourgeois, avec qui nous sommes alliés par le sang, égaux par la naissance, vivant sous les mêmes lois, nous fassent des injustices si fréquentes. C'est pourquoi nous avons recours à votre plume. Connaissant votre haine pour les injustices et votre amour pour la tolérance, vous seul pouvez les rappeler à eux mêmes, et leur faire un tableau d'un vrai républicain. Ils verront ces différences odieuses qu'ils mettent avec leurs citadins. Rousau les a fait naître, vous seul pouvez leur faire voir l'énormité de leur conduite. Notre république est perdue si vous ne les rappelez à l'amour de la vertu et de l'égalité dont ils s'éloignent tous les jours. Les malheurs fondront sur cette chère patrie s'ils persistent à suivre les préceptes de Rousau.

L'appel – nous nous en doutons – était en tous points invincible. Touché et flatté dans ses convictions les plus intimes, Voltaire se relance dans la lutte avec autant d'ardeur que dans le passé. Il commence donc par recommander les Natifs à Taulès, puis compose pour eux un compliment pour être remis aux plénipotentiaires, et ensuite une requête à présenter à la médiation[12] (D13247, D13248, D13260-D13263). Tout dans le secret le plus absolu: durant le mois d'avril 1766, époque de son activité renouvelée, il n'est pas une seule fois question des troubles ou des Natifs dans sa correspondance même confidentielle. La prudence, et il le comprenait bien à la lumière d'événements passés, était plus que souhaitable. L'avenir immédiat lui démontrera d'ailleurs que cette appréciation, tout à fait fondée, aurait dû aller beaucoup plus loin: la prudence à son tour aurait en effet voulu de Voltaire un refus de quitter son isolement, quelque pénible qu'il fût.

Bref, le Conseil, intrigué par les agissements et l'audace des Natifs, qui venaient aggraver une situation passablement tendue, avait vite fait d'apprendre (par Taulès!) l'identité du premier moteur. Et Voltaire d'être, ou peu s'en faut, la cause d'un incident diplomatique. Les plénipotentiaires se disaient blessés de cette ingérence (D13274, commentaire) tandis que Hennin en était fort surpris, Taulès fort mécontent, le chevalier de Beauteville fort indigné et le Conseil fort furieux[13] (D13275, D13279, D13280, D13282-D13286). Celui-ci était en fait décidé à en porter ses plaintes à la cour de France.

Au lieu donc que ce fût Voltaire en train de réparer, comme il le voulait et le croyait, les gaffes incendiaires de Jean-Jacques, c'est l'ambassadeur de France qui fut mis en demeure de minimiser les dégâts causés par ce premier, et de justifier tant bien que mal ses agissements sur le sol genevois. Et sauver Voltaire de l'ignominie d'une plainte officielle entre gouvernements est sans doute l'acte le plus diplomatique accompli par Beauteville pendant tout son séjour de neuf mois à Genève.

[12] Au sujet de ce compliment, voir B. Gagnebin, 'Le médiateur d'une petite querelle genevoise', *Studies* 1 (1955), p.115-23. Voir plus généralement Jane Ceitac, p.29-62.

[13] Le Conseil avait vu d'ailleurs d'un œil fort méfiant la présence par deux fois à Ferney de Henry Grenville, ambassadeur britannique en Turquie (Best.12373, commentaire). Car on commençait à soupçonner, et avec raison, que certains des Représentants étaient en correspondance avec Londres. Voir l'article d'Eugène Rovillain, déjà cité.

Sans perdre de temps, l'ambassadeur avait informé le tout-puissant 'premier ministre', Choiseul, de cette attitude inadmissible dans une lettre du 2 mai (D13282) où il paraît vouloir bien excuser Voltaire en alléguant – nous hésitons à le dire – une sénilité avancée! Le 5, Hennin à son tour, qui disait avoir de très fortes raisons d'adopter un tel ton,[14] l'exhorta avec une certaine fermeté 'd'oublier qu'il y ait un Conseil et des représentans dans la banlieue de Ferney' (D13286). Le 7, Beauteville envoie une dépêche pour apprendre à Choiseul qu'on regarde Voltaire 'comme l'ennemi personnel des Conseils, et [qu']on l'accuse d'avoir cherché pour satisfaire sa haine à causer une révolution dans le gouvernement' (D13284, commentaire). Et le 12 enfin, Choiseul, sur un ton fraternel et presque ennuyé, conseille à Voltaire d'oublier tout simplement cette querelle genevoise (D13298).

Conseil, ou plutôt ordre poli, quelque peu superflu. Le même jour, cachant mal une répugnance désormais invincible, Voltaire, qui s'était tant dépensé, qui avait tant réfléchi à un accommodement, renonce de lui-même à Genève, aux Conseils, Représentants, Négatifs, Natifs, Médiation, plénipotentiaires et les envoie tous, indistinctement, au diable (D13294):

A l'égard de la comédie de Genève, c'est une pièce compliquée et froide, qui commence à m'ennuyer beaucoup. J'ai été pendant quelque temps avocat consultant, j'ai toujours conseillé aux Genevois d'être plus gais qu'ils ne sont, d'avoir chez eux la comédie, et de savoir être heureux avec quatre millions de revenu qu'ils ont sur la France. L'esprit de contumace est dans cette famille. Les natifs disent que je prends le parti des bourgeois; les bourgeois craignent que je ne prenne le parti des natifs. Les natifs et les bourgeois prétendent que j'ai eu trop de déférence pour le conseil. Le conseil dit que j'ai eu trop d'amitié pour les natifs

---

[14] Hennin venait sans aucun doute d'apprendre que le Conseil avait décidé, ce jour-là même, de porter ses plaintes à la cour de France. C'est Beauteville qui fit savoir au Conseil qu'il avait déjà communiqué à Choiseul les détails concernant Voltaire et qu'il convenait d'attendre la réponse du ministre; le Conseil se le tint pour dit, ne voulant pas lui manquer de respect. Heureusement pour Voltaire les choses en restèrent là.

et les bourgeois. Les bourgeois, les natifs et les conseils ne savent, ni ce qu'ils veulent, ni ce qu'ils font, ni ce qu'ils disent. Les médiateurs ne savent encore où ils en sont, mais j'ai cru m'apercevoir qu'ils étaient fâchés qu'on fût venu me demander mon avis à la campagne. J'ai donc déclaré aux conseils, bourgeois et natifs, que n'étant point marguillier de leur paroisse, il ne me convenait pas de me mêler de leurs affaires, et que j'avais assez des miennes.

Les mois de l'été et de l'automne 1766, suivant cette période de dépit et de confusion, de dégoût et d'irritation (pour ne pas employer des mots plus forts), représentent une époque *décisive* dans l'attitude de Voltaire envers Genève. Que nous sommes loin du temps où la ville de Calvin était la *ville philosophique*. Hélas! la merveilleuse entente réciproque de naguère, que Voltaire avait cru exister, dégénérait depuis un certain temps en malentendus de plus en plus fâcheux. Certes nous n'en sommes pas encore au moment où le mot de Genève prendra dans la gamme des détestations voltairiennes une place de choix pour devenir 'l'abomination de la désolation'. Mais ce prodigieux changement est en train de s'opérer, comme devant nos yeux.

Dès le mois de mai 1766, il n'est plus guère question de la ville; et si Voltaire consent de loin en loin à rompre le silence, ses remarques sur les troubles trahissent une lassitude et une déception certaines, ainsi qu'une ferme volonté de prendre ses distances (D13506, D13627, D13694, D13696, D13698, D13706, D13726, D13755; voir aussi *Les Scythes*).

La préoccupation avec Genève commence en somme à s'estomper, ou, pour être plus exact, elle revêt une autre forme: ce n'est plus la cité ingrate qui accapare son attention, mais son fils le plus illustre, le fauteur des troubles en personne, Jean-Jacques Rousseau. C'est précisément celui-ci qui menace encore une fois de faire de nouveaux ennemis à Voltaire au sein de la république, de détruire sans appel le peu d'estime que lui conservent ceux-là mêmes qu'il avait espéré, en jouant le sublime rôle de médiateur, impressionner ou se concilier:[15] Rousseau l'accuse on ne peut

---

[15] Son action n'atteignait guère ceux qu'il aurait voulu subjuguer (par exemple

plus publiquement dans son 'mémoire' du 10 juillet 1766 d'être son ennemi et son calomniateur, d'avoir tramé sa perte auprès de David Hume.

L'accusation, aussi peu fondée que toute cette querelle Rousseau-Voltaire est sordide, était grave. Elle était 'étayée' même, ou rendue tout à fait 'plausible', par des accusations antérieures selon lesquelles Voltaire avait fait chasser Rousseau de Genève et de Berne. Ces accusations ne trouvaient malheureusement que trop de crédules.

C'est tout de suite chez Voltaire le particulier et l'homme public – qui en tant que défenseur de Sirven a actuellement besoin de toute son autorité morale – une explosion de colère et de haine; en effet entre le 24 octobre et le 8 novembre ses nombreuses lettres, que nous nous abstenons de citer tant le vocabulaire en est invariablement pénible, indiquent une attention soutenue voisinant l'obsession.

Déjà, au début de l'année, Voltaire avait essayé sur le plan politique de faire comprendre aux aristocrates genevois, à Hennin, à Taulès, au chevalier de Beauteville et aux médiateurs que, Rousseau étant la cause des troubles, il était de la plus haute importance de l'abaisser et de le ridiculiser aux yeux de ses partisans. Faire anéantir Rousseau était par ailleurs important sur le plan personnel; après tout ne prenait-il pas le contrepied en rejetant la responsabilité des troubles sur Voltaire lui-même (D13133, D13137, D13142, etc.)? Ces considérations inextricables étant plus valables que jamais, toute réconciliation entre les deux hommes étant désormais impensable vu la dernière accusation en date, Voltaire résolut de perdre Jean-Jacques.

Ce fut coup sur coup la *Lettre de M. de Voltaire à M. Hume*, *Lettre au docteur Jean-Jacques Pansophe* et les *Notes sur la Lettre de M. de Voltaire*. Ce dernier ouvrage où il utilise les passages les plus équivoques des lettres de Rousseau relatives à son séjour à Venise, démontre entre autres choses que Voltaire bénéficiait

Bonnet, Perdriau, Roustan, Claparède, etc.) et cette circonstance qui lui était connue lui causait du chagrin.

de l'appui occulte des autorités françaises[16] (D13622, D13637, D13648, D13657, D13659, D13661). Non content cependant de ces trois brochures, insatiable dans sa vengeance, dégoûté de Rousseau le Genevois ainsi que de sa ville, Voltaire n'est plus très loin de l'époque où il donnera expression – dans cette *Guerre civile* de triste notoriété – à ces deux obsessions désormais inséparables.

Souffrant beaucoup dans son orgueil de citoyen et de voisin méprisés, exaspéré par les menées inqualifiables de Rousseau, Voltaire s'achemine vers un écrit qui, par son ton méprisant pour Genève doublé de sa moquerie cruelle de Jean-Jacques, ne le cédera en rien aux *Anecdotes sur Fréron*. Ce n'est pas peu dire. Or pour qu'il en arrivât là, il fallait que son calvaire continuât. Il a été touché déjà, même sérieusement, en maints endroits. Non encore toutefois dans sa dignité de gentilhomme terrien, de propriétaire, non encore dans sa personne, ni littéralement, pourquoi le cacher, dans son *ventre*.

Le dernier acte de cette tragédie genevoise, ou plutôt de ce sombre drame inextricable, se joua le 15 décembre 1766: ce jour-là le Conseil Général rejeta, par 1095 voix contre 515, le plan de médiation proposé par la France, Berne et Zurich. Les négociations ayant échoué, d'autres moyens allaient être aussitôt mis en place pour forcer les dissidents à revenir sur leur décision. Les mesures coercitives – la fermeture de la frontière et l'expulsion de nombreux riverains genevois – sont les grandes mesures que Choiseul ne tarda pas à appliquer.[17] Mesures qui s'avéreront en pratique dérisoires, mais qui ne vont pas le paraître au seigneur de Ferney (22 décembre à d'Argental; D13754):

les affaires de Genève ne laissent pas de m'embarrasser. La cessation de presque tout le commerce qui ne se fait plus que par des contraban-

---

[16] Voir Amédée Outrey, 'Un épisode de la querelle de Voltaire et de Jean-Jacques Rousseau: la publication des *Lettres de Venise*', *Revue d'histoire diplomatique* 63 (Paris 1950 [1951]), p.3-36.

[17] Voir J.-P. Ferrier, 'L'interdiction de commerce et l'expulsion de France des Genevois en 1766', *Etrennes genevoises pour 1926* (Genève 1926).

diers, la cherté horrible des vivres, le redoublement des gardes des fermes, la multiplication des gueux, les banqueroutes qui se préparent, tout cela n'est point du tout poétique.

Le Maître s'était révélé prophète. Les cinq semaines à venir allaient sans aucun doute compter parmi les moins poétiques de sa vie. Les derniers jours de l'année 1766 qui virent la liquidation de l'effort d'apaisement et le départ de Beauteville et des médiateurs virent aussi s'aggraver la situation à Ferney: en attendant d'avoir, vers le 6 janvier 1767, une légère attaque d'apoplexie, Voltaire est déjà malade (D13814, D13815); ses gens ne peuvent pas aller chercher de provisions de bouche à Genève, ils n'ont pas de passeport pour traverser le cordon des troupes (D13791); et quand même ils en auraient eu, il aurait fallu faire le trajet à pied sans doute, par un temps et un froid épouvantables, parce que le Maître, très grand seigneur, a prêté tous ses chevaux à Beauteville pour qu'il puisse regagner Soleure (D13790).

Dès le 8 janvier 1767 la situation menace de devenir dramatique (à Damilaville, D13817):

Il n'y a plus actuellement de communication de Geneve avec la France. Les troupes sont répandues par toute la frontière, et par une fatalité singulière c'est nous qui sommes punis des sottises des gennevois. Geneve est le seul endroit où l'on pouvait avoir de la viande de boucherie et toutes les choses nécessaires à la vie. Nous sommes bloqués et nous mourons de faim.

Il fait un froid intense; les chutes de neige – de cette neige que le pauvre 'aveugle' maudit tous les hivers – sont importantes; les congères empêchent souvent de sortir bien loin; la maladie est dans la maison; le courrier est perturbé; on mange de la vache; on ne brûle plus que de la chandelle; le bois est difficile à trouver. Toutes ces contrariétés réunies rendent le vieillard encore plus nerveux et susceptible que jamais. Et il y a pire: les troupes cantonnées dans le pays lui coupent ses bois pour se chauffer...

Le mois de janvier 1767 est le mois des lamentations (voir D13817-D13896). Or, même en faisant la part possible de l'exagération (que nous pressentons minime), il ne fait quand même pas de doute que la souffrance de Voltaire est réelle. Son indignation ne l'est pas moins. Ferney pâtit d'une injustice des plus ironiques: le blocus après tout ne touche en aucune façon les coupables contre lesquels il a été mis en place (à Hennin, D13893):

Vous êtes témoin que tout abonde à Genève; qu'elle tire aisément toutes ses provisions par le lac, par le Faucigny et par le Chablais; qu'elle peut même faire venir du Valais les choses les plus recherchées. En un mot, il n'y a que nous qui souffrons.

Le poème de *La Guerre civile de Genève* – mais nous ne tenons pas à insister sur ce qui doit être désormais évident – sera donc le constat d'un échec. Ou disons plutôt d'une série d'échecs et de déceptions d'ordre politique, social et humain, qui remonte loin dans le passé, et certainement bien au-delà du mois de novembre 1765, et qui doit son existence en fin de compte à une vague de froid, dernière goutte qui fit déborder le vase.

4. *Le poème*

Le 4 février 1766, quatre mois à peine après une entrée en scène remarquée, Voltaire était déjà assez désenchanté des troubles et de son rôle ingrat pour faire, à l'intention de d'Argental et de Moultou, deux remarques qui, considérées rétrospectivement, sont assez sinistres: au premier il avait avoué, avec une franchise alarmante pour qui le connaît, que s'il ne s'occupait pas tout entier de l'affaire des Sirven, il ferait un petit lutrin de la querelle de Genève (D13155); tandis que le second devait apprendre que les troubles ressemblaient assez à ceux de la *Secchia rapita* de Tassoni (D13158). Simples boutades? Nous n'en sommes guère convaincu. Or s'il ne s'agissait en vérité que de cela, ces boutades contenaient en elles toutefois des germes qui ne sauraient manquer d'éclore sitôt les conditions favorables.

Celles-ci devaient se trouver réunies au terme du long calvaire que nous avons évoqué plus haut. Si bien que le 13 janvier 1767, Voltaire pouvait écrire au landgrave de Hesse-Cassel (D13837):

Votre altesse sérénissime est informée sans doute de la guerre que les troupes invincibles de sa majesté très chrétienne font à l'auguste république de Geneve. Le quartier général est à ma porte. Il y a déjà eu beaucoup de beurre & de fromage d'enlevés, beaucoup d'œufs cassés, beaucoup de vin bu, & point de sang répandu. La communication étant interdite entre les deux empires, je me trouve bloqué dans ce petit château que votre altesse sérénissime a honoré de sa présence. Cette guerre ressemble assez à la *Secchia rapita*, & si j'étais plus jeune je la chanterais assurément en vers burlesques. Les prédicants, les catins & surtout le vénérable Covelle, y joueraient un beau rôle.

En effet, c'est le remarquable contraste entre le début et la fin des troubles, entre le 'sublime' politique et le 'ridicule' militaire, entre les civils en quête de leurs droits et les fantassins à la recherche de fromage, qui dut rappeler à Voltaire qu'il y avait ici matière à un poème burlesque.

L'appréciation n'était pas inexacte et doit être à peu près celle qui se recommanda à Voltaire. Mais il est une chose d'indiquer la forme ou le moule, et une autre de jouir d'assez de sérénité pour le remplir convenablement. Etant donné les circonstances, Voltaire poète ne pouvait guère songer à se dérider purement et simplement à la manière de Boileau, encore moins à égaler la charmante gaieté, la franche plaisanterie du *Lutrin*. A la lecture de *La Guerre civile de Genève* on saisit tout de suite pourquoi: le *mépris* a été sa muse aussi souvent que la *haine*. Et l'un comme l'autre n'ont pas toujours le mot pour rire.[18]

Voltaire y lance tout d'abord, à l'endroit de Genève, de dures vérités qui claquent comme des injures, et, le plus souvent, des *injures* qui claquent comme des vérités. Ce procédé est tout à fait ouvert et ne fait que souligner l'attitude de l'auteur et son manque de retenue. Il y en a un second, plus subtil, qui consiste à ravaler les troubles au niveau de Covelle, à faire à bon escient de cet ivrogne, méprisable et assez généralement méprisé et dans Ge-

[18] Ceci admis, nous tenons à ajouter que le poème n'est pas aussi uniformément méprisable qu'on l'a dit dans le passé. Loin de là. Mais nous laissons évidemment au lecteur le soin de juger en quoi l'ouvrage est recommandable.

nève et par Voltaire lui-même,[19] le pivot central, voire le pivot *unique* autour duquel tout aurait gravité. Donner volontairement une image très fausse et très déformée des troubles – et qui sur place sera reconnue pour telle – ne saurait indiquer plus clairement aux acteurs du drame l'étendue du mépris qu'on leur voue.

En ce qui concerne la composition du poème, nous ne disposons par malheur d'aucune donnée satisfaisante: une lecture des diverses lettres de Voltaire et de ses correspondants, une comparaison entre le contenu des unes et des autres ne nous permettent pas d'avancer quoi que ce soit avec une absolue certitude. Voici ce que les documents et témoignages disponibles aident à établir:

La Guerre civile de Genève, ou du moins son premier chant, vit le jour avant le 18 janvier 1767 (D13857, D13883). Au départ, en soulageant ainsi sa bile contre ces 'mirmidons qui faisaient plus de bruit qu'ils n'étaient gros' (Desnoiresterres, vii.98), Voltaire se contentait probablement – en attendant un moment propice – de faire rire, le soir autour du feu, le seul cercle des intimes de Ferney. De la publicité de petit comité et de famille il croyait sans doute n'avoir à redouter la moindre indiscrétion.

C'était sans compter avec le jeune Jean-François de La Harpe, qui a passé le plus clair de sa brillante jeunesse à faire la mouche du coche et à traiter Voltaire, a-t-on dit très pertinemment, avec une certaine désinvolture. Sans attendre l'autorisation de son hôte et peut-être trahissant par là sa confiance, La Harpe annonce *le premier*, à d'Alembert (et à qui encore?), l'existence du poème (D13883).

En ce début d'année en quoi le poème consistait-il? en un seul chant, ou en plusieurs?[20] On ne le sait. Quoique Voltaire parle de son ouvrage entre les mois de janvier et d'avril, ses confidences

---

[19] Ajoutons aussi, car la remarque n'est pas sans intérêt, que l'adorable et belle Catherine du poème a très peu de choses en commun avec la Catherine Ferboz de l'histoire.

[20] Trois mois plus tard, le 6 avril 1767, Bachaumont (mais il sera le seul) notera que le poème était 'en quatre chants et en vers de dix syllabes' (iii.170).

(qui tout bien considéré n'en sont guère) ne vont pas jusqu'à nous renseigner sur sa longueur, ni sur ses divisions. Il est évident toutefois, si nous nous référons aux *Mémoires secrets*, qu'on possédait à Paris, le 13 avril 1767, *deux* chants manuscrits (ils seront bientôt imprimés) qui, d'après la courte description qu'en donne Bachaumont, ne pouvaient être que le *premier* et le *troisième*: point de vue qui se trouve pleinement confirmé par Grimm (CLT, vii.318) et dans l''Avertissement' de 67A-B.

Or nous savons qu'existait aussi le lien numérique et logique: le *second* chant, celui que Voltaire refusait de communiquer. A ce propos, il devait déclarer à Hennin: 'j'avais des raisons essentielles pour ne la [la baliverne] point faire paraître' (D14785). Honnêtement, nous n'arrivons pas à deviner lesquelles. Le second chant était-il plus *véhément* que les deux autres? Considéré dans son contenu, considéré aussi sous l'angle du vocabulaire et des tournures, il l'était beaucoup moins. En supprimant ce lien logique, Voltaire voulait-il, comme il devait le prétendre, empêcher la publication de son poème? 'Je dérobais à tous les yeux le second chant, afin qu'on ne put point imprimer les deux autres qui étant séparés de celui que les lie ensemble, n'auraient pu être compris de personne' (D14809). Le vœu était plutôt chimérique et naïf: les deux chants manuscrits qu'on possédait dans Paris au mois d'avril n'ont pas tardé à être *imprimés*. Et Voltaire, vieux routier, devait s'y attendre.

Les raisons de cette réticence à donner de la publicité au second chant en particulier demeurent inexpliquées. Il n'est pas douteux, comme nous l'avons appris plus haut (D14785), que Voltaire disait avoir des raisons de vouloir empêcher le public d'en prendre connaissance. Nous avons toutefois de la peine à le croire complètement sincère.

Déjà, au mois de juillet 1767, Voltaire avait dû se plaindre d'une certaine publicité accordée à une copie qui courait dans le pays, et avait accusé de cette indiscrétion un certain Bastian qu'il avait hébergé pendant deux ans... mais à constater le fait, qui eût dû lui faire perdre son sang froid, il ne manifeste *nul* embarras: il

33

se contente – punition bien rigoureuse! – d'abandonner Bastian 'à la vengeance de s^t François d'Assise' (D14316).

Il y a ensuite le vol matériel du manuscrit même, vol attribué à La Harpe,[21] qui se situe au mois d'octobre 1767 (D14771, D14782, D14785, D14789, D14790, D14796, D14798; CLT, vii.488), qui, curieusement, passa inaperçu à Ferney jusqu'au mois de février 1768, et qui devait susciter ce qui *paraît* être un certain embarras chez le patriarche. Certes il y a eu vol, certes 'Bébé' était impliqué, certes Voltaire était mécontent d'avoir été l'objet d'une telle indélicatesse sous son propre toit. Certes il se plaint, se dit lésé, trahi. Toutefois nous osons croire que cet embarras était en grande mesure *feint*. Que fait-il en réalité en faisant tant de bruit, sinon clamer *sa propre innocence* (D14785, D14796, D14798, etc.), se laver en public, de manière assez convaincante, de tout soupçon de goujaterie et de machination? Que fait-il en réalité, sinon laisser comprendre qu'il est mécontent du vol, mais paradoxalement content au fond qu'on lui ait forcé la main et fourni l'occasion de publier dans son *intégralité*[22] un manuscrit qui perdait tous les jours de son actualité à rester en portefeuille?

En effet, hâtant la clôture de l'affaire, ne devait-il pas expliquer avec une touchante franchise le fond du problème dans une lettre du 16 mars 1768 à Marie-Marthe de La Harpe (D14843):

Enfin tout l'ouvrage arrive en Suisse, il parvient à un libraire, et tout ce que je puis faire, c'est d'obtenir du libraire qu'il accepte une bonne copie

---

[21] Il ne nous appartient pas de juger ici 'l'affaire des manuscrits', ni d'essayer de démêler le vrai du faux dans les versions assez discordantes que nous pouvons consulter. Nous renvoyons le lecteur à l'interprétation d'Alexandre Jovicevich dans son étude, *Jean-François de La Harpe, adepte et renégat des Lumières* (Seton Hall 1973), p.53-61.

[22] Remarquons que tout porte à croire qu'on ne connaissait au mois de mars 1768 que les 1er, 2e, 3e et 5e chants du poème (tandis que Grimm, même au mois d'avril, n'en connaissait toujours que trois: les 1er, 2e et 3e). Voir pourtant la contradiction (?) contenue dans D14843, citée plus loin dans le texte.

au lieu d'une mauvaise et que l'ouvrage complet paraisse dans un meilleur état.[23]

Vraiment l'homme de lettres est à la merci de gens qui manquent de savoir-vivre! Or, curieusement, l'entreprenant éditeur anonyme, une fois en possession de la bonne copie, donne l'impression de s'être désisté. Disparaissant dans les ténèbres d'où il était sorti, il laissa à Gabriel Grasset de Genève le soin d'accomplir une œuvre si bonne (et si profitable), et de faire sortir de ses presses un peu plus tard la première édition autorisée de *La Guerre civile de Genève*.

5. *Le texte du poème*

L'histoire du texte de la *Guerre civile* est assez compliquée. Il existe de ce poème trois manuscrits, quatre fragments manuscrits et onze éditions séparées. Le poème figure par ailleurs dans huit éditions des œuvres de Voltaire, jusqu'à Kehl inclusivement.

Les deux premiers chants du poème (il s'agit des chants I et III) circulaient en forme manuscrite, donnant naissance à d'autres copies et (en compagnie du chant II, connu du public à l'automne 1767) à la première édition, non autorisée, que nous désignons par le sigle 67. Nous n'avons retrouvé aucun exemplaire de celle-ci, mais il est possible que les feuilles la composant aient servi à la confection d'une autre édition – également non autorisée – dont on ne connaît qu'un seul exemplaire (sigle 67A). Il existe de cette édition une contrefaçon, designée par le sigle 67x. Par la suite, Voltaire devait faire paraître sa propre édition (68), enrichie des deux derniers chants, d'un prologue, d'un épilogue et de notes.

---

[23] Remarquons aussi que le 5 mars 1768, Voltaire avait écrit à d'Alembert: 'Ce que j'avais craint, arrive. Le journal de Neufchatel annonce une édition fort jolie de la guerre de Genève' (D14809). Etant donné ce que nous avons lieu de soupçonner, nous croyons que cette annonce – que nous n'avons pu retrouver – n'est autre qu'un subterfuge pour détourner l'attention de Genève.

Ces matériaux supplémentaires furent alors ajoutés aux feuilles de 67A transformant ainsi cette édition-là en celle que nous désignons par le sigle 68E; par un procédé semblable, 67X fut converti en 69.

La première édition autorisée (68), imprimée à Genève par Gabriel Grasset, a été reproduite par 68A (dont 68B est un nouveau tirage, avec additions et corrections); 68A servit à son tour à 68C et 68D, tandis que 69A (peut-être publiée par Rey) trouve son origine dans un exemplaire de 68 corrigé par Voltaire dans le but de procurer une édition nouvelle.

Le poème paraissait, avec d'autres modifications, dans les *Nouveaux mélanges* (NM72, NM73), dans la *Collection complette* sortie de chez François Grasset (W70L, 1774 et 1779), sous forme d'annexe dans les deux éditions dites *encadrées* (W75G et W75X), dans l'édition in-quarto (W68, 1777), et finalement dans Kehl (K84).

6. *Manuscrits*

Les manuscrits, complets (2, 3) ou fragmentaires (1, 4-7) de la *Guerre civile de Genève* sont de valeur inégale. Seul le MS1 nous permet de saisir soit un travail de léger remaniement à un stade qui précède plus directement la parution de la première édition autorisée (voir I, note *l*, 172-177; II.248-253) soit – ce qui est tout aussi plausible – l'existence d'une version quelque peu plus intime, de petit comité (voir II.169, 171-180, 248-253).

MS1

La Guerre civile / de Genéve /

Copie des trois premiers chants, de la main de Rieu;[24] 140 x 190 mm;

[24] Sur Henri Rieu, voir l'article magistral de Jean-Daniel Candaux, 'Précisions sur Henri Rieu', *Le Siècle de Voltaire: hommage à René Pomeau* (Oxford 1987), i.203-43, surtout p.221-25.

14 feuilles; f.1-5r Chant premier; f.5v-9 Chant Second; f.10-13 Chant Troisiéme; f.14r Chant Quatriéme ('Nous imprimerons le quatriéme chant dès que nous aurons pû l'attraper': pour le texte de cette note inédite, voir ci-dessous, appendice II, p.150-51); f.14v bl.

Leningrad: 11-133 no. 2 (Pot pourri de V. [tome I]).

Ce manuscrit présente, par rapport au texte de base, un état assez avancé des trois premiers chants du poème. Sur quelque cinquante différences textuelles, on n'y relève que peu de variantes d'ordre purement stylistique (voir par exemple I.72, 114; II.94, 228; III.30, 95, 123, 126, 199) ou de versions qui sont à l'évidence antérieures à la formulation *ne varietur* de la pensée (II.5-6, 52-54, 62, 102, 108, 110-113, 199, note *h*, 18). Ce manuscrit, où l'on trouve des formules moins élaborées ou explicites et, de ce fait, moins humoristiques (I, notes *b* et *e*; II, note *c*), se distingue par un certain nombre de versions moins agressives par rapport au texte de base, lequel représente un regain de pugnacité ou d'humour blessant à l'égard de certains individus, notamment Vernet, Brown, Fréron, Desfontaines, Gallatin, Flournois, Pallard, Clavière, Jean-Jacques Rousseau, Thérèse Le Vasseur, Nonnotte (I, notes *j*, *k*, *l*, *m* et *n*, 172-177, 213; II.203; III note *a*, 45, note *b*). Le cas contraire se présente également, mais plus rarement: le texte de base comporte par rapport au MS1 des édulcorations et atténuations (I.20, 45, 51; II.24-25, 169 et note *g*, 179; III.125). Nous croyons que ce manuscrit – vu l'absence des deux derniers chants, vu son 'Avertissement' sur le quatrième chant, vu l'identité du copiste – doit compter parmi les plus anciens à subsister.

MS2

La guerre Civile de geneve / Chant premier /
Copie du premier chant, de la main de Wyart (secrétaire de Mme Du Deffand); 170 x 217 mm; 6 feuillets; f.[1r] titre, voir ci-dessus; f.[1v] bl.; p.1-10 le texte.

Second chant / de la Guerre de Geneve /
Copie du chant II, de la main de Wyart; la deuxième ligne du titre est de la main de Horace Walpole; 170 x 217 mm; 6 feuillets; f.[1-6r] le texte; f.[6v] bl.

Guerre de Geneve / chant 3eme / Le beau Robert Covelle et sa maitresse / Catherine Députés des representants vers / J. Jacques Rousseau se sont embarqués / sur le Lac de Geneve /

Copie du chant III; 166 x 215 mm; 6 feuillets; f.[1-6r] le texte; f.[6v] bl.

Guerre Civile / De geneve / Chant quatrieme et cinquieme /

Copie des chants IV et V, de la main de Wyart; 190 x 232 mm; 9 feuillets; f.[1r] titre, voir ci-dessus; f.1v bl.; p.1-9 chant 4; p.9-15 Chant Cinquième; p.[16] bl.

Lewis Walpole Library, Yale University: Du Deffand papers – Voltaire.

Ce manuscrit provient des papiers de Mme Du Deffand, légués par elle à Horace Walpole.

Les manuscrits 2 et 3 (toute question de leur provenance mise à part) sont d'un intérêt inégal. Une analyse globale suggère que les textes que Mme Du Deffand et Grimm s'étaient procurés s'échelonnent – dans leur confection – sur une période d'au moins quatorze mois et que les deux derniers chants furent puisés dans un texte imprimé (sans doute 68). Quant à la provenance des trois premiers chants, tout porte à croire que nous nous trouvons tantôt devant les mêmes filiations (chants I et II), tantôt devant des sources légèrement différentes (chant III). Les remarques d'ordre textuel que nous avons faites à l'égard du manuscrit I par rapport au texte de base s'appliquent à ces deux manuscrits, à cette seule différence près: le développement sur Douillet/Grillet (II.169-180) est beaucoup moins important dans les copies connues à Paris.

Les particularités du manuscrit 2 sont les suivantes: les notes *a* et *h* du chant II et toutes les notes des chants IV et V sont absentes. Au lecteur de décider si ces suppressions sont significatives dans l'entourage de Mme Du Deffand.

MS3

La Guerre de Geneve / par M. de Voltaire. /

Copies insérées dans la *Correspondance littéraire* de F. M. Grimm:

Chant 1er, 15 février 1767; 3 manuscrits (G1 G, f.85-87; Sm 8, p.89-94; Mo 2, f.47-49; voir ICL, 67:062).

Chant II, 15 novembre 1767; 3 manuscrits (G1 G, f.262v-65; Sm 8, p.439-46; Mo 2, f.207v-10; voir ICL, 67:336).

Chant III, 15 mai 1767; 3 manuscrits (G1 G, f.149v-52; Sm 8, p.194-200; Mo 2, f.98v-101; voir ICL, 67:145).

Chant IV, Ier juin 1768; 4 manuscrits (G1 G, f.368v-71; Sm 9, p.148-54; Mo 3-4, f.79v-83r; Bh 3850, f.79-82; voir ICL, 68:113).

Chant V, 15 juin 1768; 4 manuscrits (G1 G, f.376v-79r; Sm 9, p.166-70; Mo 3-4, f.87v-89; Bh 3850, f.88-90; voir ICL, 68:120).

Les vers 158-164 du chant IV (et la variante du vers 162) sont insérés dans la livraison du 15 septembre 1768, sous le titre de 'Sixième remboursement' (3 manuscrits, G1 G, f.445r; Sm 9, p.287; Bh 3850, f.149r; voir ICL, 68:197).

Pour les remarques d'ordre général sur ces manuscrits, voir ci-dessus, MS2. Les particularités de ces exemplaires de la *Correspondance littéraire*, tout aussi peu nombreuses, sont les suivantes: I.45, 64, 86, note *m*. A noter aussi le maintien des noms de Paul Gallatin (v.74) et de Tissot (III.100 et *passim*) pour assurer la continuité avec les chants I (213) et III (125).[25]

MS4

La Guerre de Genève / 2e. Chant /

Copie du chant II; 168 x 217 mm; 8 feuillets; f.[1-6] le texte; f.[7-8] bl.

Bpu: Dossier ouvert poésies A24.

Ce document remonte en toute probabilité aux mêmes sources que MS2 et MS3: voir II.5-6, 24-25, 52-54, 99-115, 120, 154, 163, 169, 171-180, 203, 228, 248-253. Les diverses modifications que l'on y relève seraient imputables à des erreurs du copiste (mais voir II.79, 121). L'absence des notes *a-h* s'expliquerait par la volonté du copiste (sans doute genevois) soit de ménager auprès de ses lecteurs certaines susceptibilités soit de censurer carrément des déclarations qu'il avait jugées blessantes ou indélicates.

---

[25] La correspondance littéraire de Claude Pougin de Saint-Aubin comporte quelques extraits des chants I et III: voir *Correspondances littéraires érudites, philosophiques, privées ou secrètes*, éd. H. Duranton, F. Moureau et J. Schlobach (Paris, Genève 1987-), i.302, d'après le manuscrit de la Badischen Generallandesarchiv, Karlsruhe (A 15 5A Corr.70, f.32-34r).

MS5

Troisieme Chant. N.B. dans le second chant Robert Covelle et Catherine Ferbot / sont envoyéz en ambassade par les representants vers Jean Jaques Rousseau à Moutiers Travers. /

Copie du chant III, écrit sur deux colonnes; format inconnu; 2 feuillets.

New-York Historical Society, New York: Gallatin papers.

Les manuscrits 5 et 3 présentent certaines conformités et (voir III.30, 45, note *b*, 71, 95, 123, 125, note *c*, 199) appartiennent de toute évidence à la même famille. On constate deux variantes (III.45, 117) sans importance, et l'absence des notes *a-c*.

MS6

Second chant /

Copie du chant II; 158 x 200 mm; 6 feuillets; f.[1-6*r*] le texte; f.[6*v*] bl.

Une deuxième copie du chant II des papiers de Mme Du Deffand.

Lewis Walpole Library, Yale University: Du Deffand papers – Voltaire.

Cette copie partage les particularités du MS2.

MS7

Copie par Jamet de l'addition au chant II, insérée dans un exemplaire de 68A.

Bn: Ye 9754.

7. *Editions*

L'histoire de la publication de la *Guerre civile* est esquissée ci-dessus, p.35-36.

67

Tout tend à démontrer l'existence d'une première édition comprenant uniquement les chants I et III: voir ci-dessous, 67A, et l'appendice I, p.149.

67A

La / GUERRE CIVILE / DE / GENEVE. / Nouvelle Edition. / [*ornement typographique, neuf éléments*] / *PARIS*, / MDCCLXVII. /

12°. sig. π^2 A-C⁴; pag. [*4*] 24; $3 signé, chiffres arabes; réclames par page (– p.8, 24).

[*1*] page de titre; [*2*] bl.; [*3*] Avertissement; [*4*] bl.; [1]-8 Chant premier; 9-16 Chant second; [17]-24 Chant troisième.

Cette édition semble représenter le deuxième état imprimé du poème. Nous n'en connaissons qu'un seul exemplaire (dans lequel la feuille B, chant II, appartient à une autre édition en trois chants, 67x): il est donc difficile de se prononcer de manière définitive sur l'identité de 67A. S'agit-il d'une nouvelle émission des feuilles de l'édition hypothétique à laquelle nous accordons le sigle 67? La présence d'un chant II d'une autre provenance suggère que les chants I et III (feuilles A et C) aient pu être mis en vente séparément. Il est également possible que l'exemplaire de Berne ait été composé par un collectionneur de l'époque à partir d'exemplaires incomplets de 67A et de 67x.

Quoi qu'il en soit, les feuilles de 67A ont été utilisées par l'éditeur de 68E afin de créer une édition complète du poème, basée sur la première édition autorisée (68).

Dans l'apparat critique, le sigle 67A désigne les feuilles A et C de 67A et de 68E et la feuille B de 68E, que nous supposons être identique à celle de 67A.

Le texte de l'ˣAvertissement' de 67A (repris dans 67x, 68E et 69) est reproduit en appendice I, p.149.

Stadt- und Universitäts-Bibliothek, Bern: H XXI 5/IX (12).

67X

LA / GUERRE CIVILE / DE / GENFVE. [*sic*] / Nouvelle Edition. / [*ornement typographique, six éléments*] / *A PARIS*, / MDCCLXVII. /

8° (B, C) et 12° (π, A). sig. π^2 A-C⁴; pag. [*4*] 24; $3 signé, chiffres arabes; réclames par page (– p.4, 8, 24).

[*1*] page de titre; [*2*] bl.; [*3*] Avertissement; [*4*] bl.; [1]-8 Chant premier; 9-16 Chant second; 17-24 Chant troisième.

Il s'agit sans doute d'une contrefaçon de 67A, dont les feuilles (sauf π1) seront reprises dans l'édition 69.

Entre 67A et 67X il n'y a que cinq variantes textuelles, toutes insignifiantes: II.7, 42, 205; III.21, 57.

Le seul exemplaire complet que nous connaissons de 67X se trouve dans les fonds généraux de la Bibliothèque Saltykov-Schedrin et n'appartient pas à la bibliothèque de Voltaire.

Leningrad: 6.15.1.189 (et voir 67A).

68

LA / GUERRE / CIVILE / *DE GENEVE,* / OU LES AMOURS / *DE ROBERT COVELLE.* / POEME / HEROIQUE / Avec des Notes instructives. / [*bois gravé, Robert et Catherine, 24 x 30 mm*] / *A BEZANÇON,* / [*filet gras-maigre, 63 mm*] / Chez NICOLAS GRANDVEL. / 1768. /

[*faux-titre*] LA / GUERRE / CIVILE / *DE GENEVE.* /

8°. sig.)(^{8} A^8 ($\pm$ A2.7) B-D^8 ($\pm$ D^8) E^2; pag. XVI 68; $4 signé, chiffres romains (–)(1-2, A2 carton, E2); réclames aux feuilles et aux rubriques.

[i] faux-titre; [ii] bl.; [iii] titre; [iv] bl.; V-XII Prologue; XIII-XIV Premier postcript, à André Prault libraire, quai des Augustins; XIV Second postcript; XV-XVI Troisième postcript; 1-60 La Guerre civile de Genève; 61-67 Epilogue; 68 Errata.

Il s'agit ici de la première édition autorisée, sortie des presses genevoises de Gabriel Grasset.[26] Elle allait servir de base à la plupart des éditions séparées à venir.

Elle comprend un certain nombre de gravures sur bois (d'exécution plutôt grossière), spécialement conçues pour la *Guerre civile.* Notons que celles qui figurent aux pages 27, 39 et 51 ne sont sans doute pas de la même facture que les autres.

Les titres courants des pages VI et VIII-XII portent par erreur 'EPILOGUE'. Le carton A2.7 ajoute le vers 'Savant Picard [...]' à la page 3 (I.31) et corrige deux vers à la page 14 (II.5-6). Le cartonnage de D^8 concerne les pages 52-60 (D2v-6v): dans la version non-cartonnée on

---

[26] Voir Andrew Brown et Ulla Kölving, 'Voltaire and Cramer?', *Le Siècle de Voltaire: hommage à René Pomeau* (Oxford 1987), i.164.

utilise le nom de Cramer en toutes lettres (v.78, 81, 85, 94), alors que dans l'autre on y a substitué 'Brimer'. Voir, à ce sujet, la lettre de Voltaire à Cramer du mois de juin 1768 (D15075).

Cette édition à dû être publiée au mois d'avril 1768. Le 7 avril, Hennin informait La Harpe que le poème était sous presse et qu'il ferait à Genève 'un tapage dont vous n'avez pas d'idée'.[27] Dix jours plus tard Dupan écrivait à Freudenreich: 'Voltaire vient de faire imprimer son poëme de la guerre de Genève, et le conseil défendit hier aux libraires de la vendre' (D14963, commentaire). Dans Grimm (15 avril 1768; CLT viii.55) on lit: '*La Guerre de Genève*, qui a causé le renvoi de M. de La Harpe de Ferney, s'est imprimée à Genève depuis la pacification des troubles de cette république: elle consiste en cinq chants; ainsi, il y a deux de nouveaux que nous ne connaissons pas. Je n'ai pu encore voir cette édition, dont il existe cependant un exemplaire dans Paris.' Beuchot (M.ix.507) a vu un exemplaire portant l'inscription 'Reçu le 21 avril', et le journal de d'Hémery signale l'existence de quelques exemplaires à Paris sous la date du 28 avril 1768 (Bn F22165, f.27v).

Cette édition, avec le carton A2.7, nous fournit notre texte de base. Nous gardons cependant la leçon 'Cramer', certainement plus authentique.

Bn: Ye 9741 ('Cramer'; A2.7 cartonné; avec des corrections manuscrites de la main de Bigex, voir ci-dessous, 68*); Ye 9742 ('Cramer'; A2.7 non-cartonné); Ye 9755 ('Cramer'; le carton A2.7 est relié en fin de volume, là où il a été imprimé); Br: FS 117 A (carton A2.7 en fin de volume); Taylor: V4 G 1768 (1) ('Cramer'; A2.7 cartonné); V4 G 1768 (2) ('Brimer'; carton A2.7 en fin de volume).

68*

Nous désignons sous ce sigle un exemplaire de 68 corrigé par Bigex, copiste de Voltaire. Les titres courants des pages VI et VIII-XII ont été corrigés à la main, tout comme les errata signalés à la page 68. Il comporte trois corrections textuelles (IV note *a*, 138, v.134-135) et la trace de trois autres (IV.32-33, 85-89, 162) dont ne subsistent que quelques restes de la cire ayant servi à rattacher des papillons (leur absence est sans doute imputable à la cupidité d'un lecteur indélicat).

---

[27] Christopher Todd, 'La Harpe quarrels with the actors: unpublished correspondence', *Studies* 53 (1967), p.229.

La page 63 a été lacérée de manière à amputer de la note *a* de l'ˣEpilogue'
les trois derniers paragraphes. Ces corrections correspondent à celles
qui devaient être adoptées pour la première fois dans 69A, édition
hollandaise imputable à Marc-Michel Rey. S'agit-il de l'exemplaire
envoyé à Rey (D14952)? Ou de celui expédié à d'Alembert le 13 mai
1768 (D15014, D15037) en vue d'une nouvelle édition parisienne,
édition qui ne semble pas avoir vu le jour? La présence de cette
exemplaire à la Bibliothèque nationale, dans un recueil doté d'une reliure
française de l'époque, semble favoriser cette dernière hypothèse.

Dans l'apparat critique, le sigle '[68*]' indique la présence de la trace
d'une correction.

Bn: Ye 9741 ('Cramer'; A2.7 cartonné).

MF

Quelques passages de *La Guerre civile de Genève* furent imprimés dans le
Mercure de France, juillet 1768, i.5-13, sous la rubrique de 'Pièces fugitives
en vers et en prose'. Voici l'introduction qu'on y lit aux pages 5-6: 'Le
génie d'un grand poète s'amuse quelquefois à faire des peintures légères
et riantes d'objets même qui semblaient demander une composition
grave, majestueuse. C'est ainsi qu'il se délasse des travaux hardis qui
ravissent l'admiration, par un badinage qui excite la gaieté; c'est ainsi
qu'Homère a chanté le combat des grenouilles après avoir célébré les
actions héroïques des Grecs et des Troyens. C'est aussi ce que l'on
remarque dans un poème nouveau, dont nous allons rapporter quelques
fragments choisis.'

Les fragments, avec titre, au nombre de douze, sont comme suit (c'est
nous qui y ajoutons les références):

1. 'Invocation' (I.1-14).
2. 'Peinture d'un sénat populaire' (I.190-203).
3. 'Effets de la division dans un Etat' (II.1-12).
4. 'Incertitude de la cause des orages' (II.129-141).
5. 'L'inconstance' (II.146-168); au vers 153, au lieu de lire 'Les Genevois',
   on lit 'Les *habitants*' (en italique dans le texte).
6. 'Portrait d'un ingrat' (II.215-224).
7. 'Tempête sur mer' (III.91-96).
8. 'Nouveau portrait de la Renommée' (IV.17-36).
9. 'De la plupart des livres' (IV.165-174).

44

10. 'Le public' (IV.210-215).

11. 'Guerre civile, émeute populaire' (V.13-48).

12. 'Destinée des Etats' (V.65-71).

Dans l'extrait numéro 8 les vers 32-33 et la note *a* suivent le texte des corrections de Bigex dans 68*.

68A

LA / GUERRE / CIVILE / *DE GENEVE,* / OU LES AMOURS / *DE ROBERT COVELLE.* / POEME / HEROIQUE / Avec des Notes inf-tructives. / [*bois gravé, soleil, 30 x 30 mm*] / *A BEZANÇON,* / [*filet maigre-gras, 56 mm*] / Chez NICOLAS GRANDVEL. / 1768. /

[*faux-titre*] LA / GUERRE / CIVILE / *DE GENEVE.* /

8°. sig.)(8 A-D8 E2; pag. VI 67; $4 signé, chiffres romains (–)(1-2, A2; B3 signée 'Biiij').

[i] faux-titre; [ii] bl.; [iii] titre; [iv] bl.; V-XII Prologue; XIII-XIV Premier postcript, à André Prault libraire, quai des Augustins; XIV Second postcript; XV-XVI Troisième postcript; 1-60 La Guerre civile de Genève; 61-67 Epilogue.

Basée sur 68 cartonné (dont elle ne corrige pas l'errata), cette édition comporte la même erreur dans les titres courants du 'Prologue'. L'×Epilo-gue' est daté du 30 mars 1768.

Bn: Ye 9754 (le faux-titre manque; avec une addition manuscrite à la p.27: voir ci-dessus, MS7); – Ye 35023; – Rés. Z Beuchot 313 (en fin de volume: 'La Guerre de Genève / chant septième / Déjà l'ennui par le bruit écarté / [...]', manuscrit sur trois feuilles, daté (p.6), 'De Paris, le 9 juillet 1784'; il s'agit du texte de Cazotte, voir M.ix.507*n*); Br: FS 118 A.

68B

LA / GUERRE / CIVILE / *DE GENEVE,* / OU LES AMOURS / *DE ROBERT COVELLE.* / POEME / HEROIQUE / Avec des Notes inf-tructives. / [*bois gravé, à l'envers, 37 x 35 mm*] / *A BEZANÇON,* / [*filet maigre-gras, 56 mm*] / Chez NICOLAS GRANDVEL. / 1768. /

[*faux-titre*] LA / GUERRE / CIVILE / *DE GENEVE.* /

8°. sig.)(8 A-D8 E2; pag. XVI 68 (p.51 numérotée '5' dans quelques exemplaires); $4 signé, chiffres romains (–)(1-2, A2; B3 signée 'Biiij'); réclames aux cahiers et aux chants.

[i] faux-titre; [ii] bl.; [iii] titre; [iv] bl.; V-XII Prologue; XIII-XIV Premier postscript, à André Prault libraire, quai des Augustins; XIV Second postscript; XV-XVI Troisième postscript; 1-60 La Guerre civile de Genève; 61-67 Epilogue; 68 Errata.

Edition tirée à partir de la composition de 68A, mais avec la substitution d'autres ornements. Ce nouveau tirage ajoute une note au 'Prologue' (l.19) et deux notes au texte même (II.84; v.78). On y relève aussi une variante de la note c (III.125). La feuille des errata de 68 fait de nouveau son apparition, mais la première erreur ('dirigent son*t* cours', p.27) a été corrigée dans le texte. La date de l'×Epilogue' retrouve celle du '25 mars'.

Bn: Ye 34988 (p.51 numérotée '5'); – Ye 35024; ImV: D Guerre 1768/4.

68c

LA / GUERRE / *CIVILE* / DE GENEVE, / OU LES AMOURS / *DE ROBERT COVELLE.* / POEME / *HEROIQUE* / Avec des Notes inftructives. / [*ornement typographique*] / *A BESANÇON,* / [*filet gras-maigre, 72 mm*] / Chez NICOLAS GRANDVEL, / 1768. /

8°. sig. *a*⁴ B-G⁴; pag. [56] (p.56 numérotée '34'); $2 signé, chiffres arabes (– *a*1, E2, F2; *a*2 signée '*a*', B1 'A', C2 'Cii'); réclames par cahier.

[1] titre; [2] bl.; [3]-6 Prologue; 7 Premier postscript, à André Prault libraire, quai des Augustins; 8 Second postscript; Troisième postscript; 10-[56] La Guerre civile de Genève.

Cette édition reproduit le texte de 68A, avec quelques coquilles non relevées dans l'apparat critique, par exemple: Prologue, l.67 ('1668' pour '1768'); l.64 (vers omis); II.35 ('sagesse' pour 'sage'), 74 ('foyer' pour 'foie').

Bibliothèque municipale, Grenoble: 16688; BL: 11474 c 21; University Library, Cambridge: S 735 d 76 58 (2).

68d

LA / GUERRE / *CIVILE* / DE GENEVE, / OU LES AMOURS / *DE ROBERT COVELLE.* / POEME / *HEROIQUE* / Avec des Notes inf-

tructives. / [*ornement typographique*] / *A BESANÇON*, / [*filet gras-maigre,
59 mm*] / Chez NICOLAS GRANDVEL, / 1768. /

8°. sig. π1 a^4 A-G^4 (– G4); pag. 9 [10] 54; $2 signé, chiffres romains;
réclames par cahier.

[1] titre; [2] bl.; [3]-6 Prologue; 7 Premier postcript, à André Prault
libraire, quai des Augustins; 8 Second postscript; 8-9 Troisième postscript; [10] bl.; 1-54 La Guerre civile de Genève.

Cette édition reproduit le texte de 68A; quelques variantes la rapprochent
de 68C: I.27, n.*n*, 223, 234; II.52; III.21.

Bibliothèque de la ville, Neuchâtel: ZR 837 c.

68E

[*première page de titre*] LA / GUERRE CIVILE / DE / GENEVE. / Nouvelle Edition. / [*ornement typographique*] / *PARIS*, / MDCCLXVII. /

[*seconde page de titre*] LA / GUERRE / CIVILE / DE GENEVE, / OU LES
AMOURS / DE ROBERT COVELLE, / Poëme Heroïque, / Avec des
Notes Inftructives. / *Derniere Edition* / [*ornement typographique*] / *A BEZAN-
ÇON*, / Chez NICOLAS GRANDVEL, / 1768. /

[*faux-titre*] LA / GUERRE / CIVILE / DE GENEVE. /

12°. sig. π^2 *4 **4 A-E^4 (– E4, bl.) F-G^4 H^2 ****4; pag. [*4*] XVI 58 [59-
66]; $3 signé, chiffres arabes (+ *4, **4; – *3, E2); réclames par page
(– p.[*1-4*], [i-ii], [v-vi], 8, 16, 24, 32, 38, [*66*]).

[*1*] faux-titre; [2] bl.; [*3*] première page de titre; [*4*] bl.; [i] seconde page
de titre; [ii] bl.; [iii-iv] Contenu de ce volume; [v] Avertissement ('qu'on
trouve à la tête de la première édition de ce poème en deux chants, Paris
1767', ajoute la table des matières, p.[iii]); [vi] bl.; VII-XII Prologue;
XIII-XIV Premier postcript, à André Prault, libraire, quai des Augustins;
XIV Second postscript; XV-XVI Troisième postscript; [1]-8 Chant premier; [9]-16 Chant second; [17]-24 Chant troisième; [25]-32 Chant
quatrième; [33]-38 Chant cinquième; [39]-58 Notes instructives et variantes sur les cinq chants du poème de la Guerre civile de Genève; [*59-
66*] Epilogue.

Prenant comme point de départ les feuilles π, A et C de 67A (et sans
doute B aussi: rappellons que nous ne connaissons qu'un seul exemplaire
de 67A, où la feuille B appartient à l'édition 67X), l'imprimeur a ajouté

tous les éléments qu'on relève dans les éditions autorisées, en passant peut-être par plusieurs étapes (par exemple, les notes du chant IV commencent sur la page 52, tandis qu'elles auraient pu figurer sur la page précédente).

L'ˣAvertissement' existe sous au moins trois formes différentes: en tête de la dernière ligne on trouve soit 'ftres' (Bpu, Br, Bodleian et Austin), soit 'de la' (BL, Mariemont), soit 'Juftice' (ImV; et voir ci-dessus, 67A).

Cette édition est ornée de six gravures non signées: en face de la première page de titre, 'Amusement philosophique de Mʳ de Voltaire'; en face de la p.[1], 'Chant. I. / Jugement a là mode Genevoise'; en face de la p.[9], 'Chant. II. / Adoration à l'Inconstance; / départ de Covele et de sa Maîtresse'; en face de la p.[17], 'Ch. III. / Nouvelle methode de Resurection en faveur des Genevoises'; en face de la p.[25], 'Ch. IV. / Triomphe humain de J.J. de Vachine et d'un Theologien'; en face de la p.[33], 'Chant V. / Congréts pour la paix à la Genevoise'.

On relève un certain nombre de variantes entre le texte de la première édition autorisée (68) et les 'Notes instructives et variantes' qui figurent dans 68E (lesquelles nous désignons par le sigle 68E *var*): voir le 'Prologue', l.68, 81; I note *k*; III notes *a* et *b*; et l'ˣEpilogue', note *b*. La présence de ces variantes invite à penser que les deux éditions, 68 et 68E, proviennent de deux sources différentes. Nous croyons, cependant, que les changements ont été effectués par l'éditeur de 68E de son propre chef, soit pour des raisons qui restent obscures, soit pour ajouter une référence locale (IV note *l*). Cette manière de s'immiscer dans le texte n'étant pas insolite chez les éditeurs hollandais, il nous semble permissible d'attribuer cette édition (et donc 67A) à un éditeur de la région d'Amsterdam. La présence de quelques caractères et ornements typographiques typiquement hollandais ne fait que valoriser cette hypothèse, sans pour autant la prouver.

Dans les cas où les 'Notes instructives et variantes' remplacent le texte primitif de 67A avec celui de l'édition de base (68), nous mettons: [68E *var*: β]

ImV: 1599; Bpu: Hf 4990; Br: Rés. FS 119 A; BL: 1161 a 41 (E4 absente); Bodleian: Douce P760 (le faux-titre manque); Austin: Acq. 435; Musée royal de Mariemont, Morlanwelz: 89 22904.

69

LA / GUERRE CIVILE / DE / GENEVE, / OU LES AMOURS / DE ROBERT COVELLE, / Poeme Heroïque, / Avec des Notes Inſtructives. / Nouvelle Edition. / *Augmentée du Portrait* / De J. J. Rousseau. / [*gravure d'une tête grotesque, 49 x 24 mm*] / *A BEZANÇON* / Chez NICOLAS GRANDVEL. / M DCC LXIX. /

8° et 12°. sig. *⁶ π1 A-C⁴ D⁸ (– D6-8) 1π² a⁸ b⁴; pag. XII [2] 38 22 [23-24] (p.2 de la deuxième série en chiffres arabes numérotée '40'); $3 signé, chiffres arabes (+ *4-5, D4-5, a4-5; – *1); réclames par page (– p.XII, [xiii], [xiv], 4, 8, 24, 32).

[i] titre; [ii] bl.; III Portrait de J. J. Rousseau; IV-VIII Prologue; IX-X Premier poscript, à André Prault, libraire, quai des Augustins; X Second postcript; XI-XII Troisième postcript; [*1*] Avertissement; [2] bl.; [1]-38 La Guerre civile de Genève; [1]-15 Notes instructives et variantes sur les cinq chants du poème de la Guerre civile de Genève; 16-22 Epilogue; [23-24] Contenu de ce volume; [24] Fautes à corriger.

Cette édition, dont on ne connaît qu'un exemplaire complet, appartient à la famille de 67x (dont elle reprend les feuilles Λ C: voir ci-dessus) et serait une contrefaçon de l'édition 68E. Les 'Fautes à corriger' ne concernent qu'une erreur d'ordre mécanique, l'effet d'un décalage dans la composition à la page 30. Les 'Notes instructives' figurent sous une forme simplifiée, en comparaison avec 68E: bien que regroupées toujours à la fin du volume, elles suivent directement les vers auxquels elles se rapportent au lieu d'être groupées au bas des pages.

Pour le 'Portrait' de Rousseau, voir l'appendice III, p.152.

Br: VH 13675 A (2); Bpu: Hf 5239 Rés. (manquent π1 à C4 inclusivement).

69A

LA / GUERRE / CIVILE / *DE GENÈVE,* / OU LES AMORS [*sic*] / *DE ROBERT COVELLE.* / POËME / HEROIQUE / Avec des Notes inſtructives. / *Nouvelle Edition Corrigée* & *Augmentée.* / [*ornement typographique*] / A BEZANÇON, / [*filet gras-maigre, 52 mm*] / Chez NICOLAS GRANDVEL. / MDCCLXIX. /

8°. sig. A-D⁸ (D8 bl.); pag. 62; $5 signé, chiffres arabes (– A1, D5); réclames par cahier.

[i] titre; [ii] bl.; III-V Prologue; VI-VII Premier postcript, à André Prault libraire, quai des Augustins; VII Second postcript; VII-VIII Troisième postcript; 9-53 La Guerre civile de Genève; 54-56 Epilogue; 57-59 Un négociant ayant mandé à M. de Voltaire qu'il avait baptisé un de ses vaisseaux de son nom, M. de Voltaire lui a répondu par la pièce de vers suivante ('O vaisseau qui portes mon nom'); 60-62 Galimatias pindarique.

Cette édition semble être la première à incorporer les corrections manuscrites de 68*. Cramer y figure sous son propre nom, mais il y manque les notes supplémentaires de 68B, ainsi que celles consacrées à Rousseau et à Montillet.

Le style typographique de l'édition indique une provenance hollandaise et il s'agit sans doute de celle publiée par Marc-Michel Rey (voir D14952). Cette édition comporte plus de quatre-vingts fautes typographiques, sans compter celles qu'elle a en commun avec les tirages antérieurs.

Bn: 16° Ye 6815 (D8 absente); BL: 831 d 25 (2); – 12315 cc 25 (4); Bodleian: 27524 e 81 w (1); Stockholm: MS S73A.

NM72

NOUVEAUX / MÉLANGES / PHILOSOPHIQUES, / *HISTORI-QUES,* / CRITIQUES, / &c. &c. / *DOUZIEME PARTIE.* / [*ornement typographique*] / [*filet gras-maigre, 72 mm*] / M. DCC. LXXII. /

[*faux-titre*] NOUVEAUX / MÉLANGES / *PHILOSOPHIQUES*, / HIS-TORIQUES, / CRITIQUES, / &c. &c. &c. / *DOUZIEME PARTIE.* /

8°. sig. π^2 A-X^8 Y^6; pag. [4] 348; $4 signé, chiffres arabes (– Y4); tomaison '*Nouv. Mélanges. Tome XII.*'; réclames par cahier.

[*1*] faux-titre; [2] bl.; [*3*] titre; [*4*] bl.; [1]-184 autres textes; [185] M5*r* 'LA GUERRE / CIVILE / *DE GENEVE*, / OU / LES AMOURS / *DE ROBERT COVELLE.* / POEME / HÉROIQUE, / *Avec des Notes instructives.*'; [186] bl.; 187-192 Prologue; 193-194 Premier postscript, à André Prault libraire, quai des Augustins; 194 Second postscript; 195-196 Troisième postscript; 197-241 La Guerre civile de Genève; 242-245 Epilogue; [246] bl.; [247]-346 autres textes; 347-348 Table des articles contenus dans ce volume.

Edition basée sur 68B, mais avec des additions et corrections: voir le

'Prologue', l.19; ii.84 note, 120; iii.10-11 note, 15, 49; iv.1-4 note, 32-33, 85-89, 162, 164; v.78 et note, et la note *a* de l'ˣEpilogue'.

Bn: Z 24775; Taylor: Vı 1770G/1 (46).

NM73

NOUVEAUX / MÉLANGES / PHILOSOPHIQUES, / *HISTORI-QUES,* / CRITIQUES, / &c. &c. / *DOUZIEME PARTIE.* / [*bois gravé, bouquet de fleurs, 47 x 33 mm*] / [*filet gras-maigre, 61 mm*] / M. DCC. LXXIII. /

[*faux-titre*] *NOUVEAUX* / MÉLANGES / PHILOSOPHIQUES, / *HIS-TORIQUES,* / CRITIQUES, / &c. &c. &c. / *DOUZIEME PARTIE.* /

8°. sig. π² A-X⁸ Y⁶; pag. [*4*] 348 (p.242 numérotée '142'); $4 signé, chiffres arabes (– Y₄; F₃ signée 'F₅', L₄ 'G₄'); tomaison '*Nouv. Mélanges. Tome XII.*' (sigs C, E, G, L, M, O, R-Y '*Nouv. Mélanges. Tome XII.*'); réclames par cahier.

[*1*] faux-titre; [*2*] bl.; [*3*] titre; [*4*] bl.; [1]-184 autres textes; [185] M₅r '*LA GUERRE* / CIVILE / *DE GENEVE,* / OU / LES AMOURS / *DE ROBERT COVELLE.* / POEME HÉROIQUE, / *Avec des Notes instructives.*'; [186] bl.; 187-192 Prologue; 193-194 Premier post-script, à André Prault libraire, quai des Augustins; 194 Second postscript; 195-196 Troisième postscript; 197-241 La Guerre civile de Genève; [242]-245 Epilogue; [246] bl.; [247]-346 autres textes; 347-348 Table des articles contenus dans cette douzième partie.

Une contrefaçon ou nouvelle édition de NM72.

Taylor: VF.

W70L (1774)

THÉATRE / COMPLET / *DE* / Mᴿ. DE VOLTAIRE. / Le tout revu & corrigé par l'Auteur même. / [*filet, 77 mm*] / *TOME VIII. SECONDE PARTIE.* / [*filet, 77 mm*] / CONTENANT / JULES CÉSAR, Tragédie de Shakespear, / Traduit de l'Anglais. / L'HÉRACLIUS ESPAGNOL, / OU / La Comédie fameuse de Calderon de la Barca, / Traduit de l'espagnol. / LES LOIX DE MINOS, *Tragédie.* / LA GUERRE CIVILE DE GENEVE, / Et autres pieces de poësies, &c. &c. &c. / [*bois gravé, cherubin, 44 x 28 mm* / *A LONDRES,* / [*filet gras-maigre, 79 mm*] / M. DCC. LXXIV. /

[*faux-titre*] *COLLECTION* / COMPLETTE / DES ŒUVRES / DE / M^R. DE VOLTAIRE. / [*filet gras-maigre, 79 mm*] / *TOME TRENTE-HUI-TIEME*. / [*filet maigre-gras, 79 mm*] /

8°. sig. π¹ 1π² A-Cc⁸ Dd⁶; pag. [*6*] 428 (p.28 numérotée '82', 237 '372'); $5 signé, chiffres arabes (– Dd5); tomaison '*Théâtre*. Tome IX.' (sigs D-F '*Théâtre* Tome IX.'; sig Q '*Théatre*. Tome IX.'; sigs S-Z, Bb, Cc '*Poësies*. Tome IX.'); réclames par cahier.

[*1*] faux-titre; [*2*] bl.; [*3*] titre; [*4*] bl.; [*5-6*] Table des pièces contenues dans ce volume; [1]-272 autres textes; [273] S1*r* 'LA / GUERRE CIVILE / *DE GENEVE*, / OU LES AMOURS / DE ROBERT COVELLE. / POEME HÉROÏQUE / *avec des notes inftructives*. / NOUVELLE ÉDI-TION, / *exactement corrigée & augmentée par l'auteur*. / *Poësies*. Tome IX.   S'; [274] bl.; 275-279 Prologue; 280 Premier postcript, à André Prault libraire, quai des Augustins; 281 Second postcript; 281-282 Troisième postcript; 283-332 La Guerre civile de Genève; [333]-428 autres textes.

Dans cette édition, noter les modifications apportées au texte, sans doute par Voltaire: 1.45 note *h*, 95 (et *passim*), note *k*; v.78 (et *passim*). L'ˣEpilogue' est absent.

Taylor: V1 1770L (38); Lausanne: AZ 1730.

74

LA / GUERRE CIVILE / *DE GENEVE*, / OU LES AMOURS / DE ROBERT COVELLE. / POEME HÉROÏQUE / *avec des notes inftructives*. / NOUVELLE ÉDITION, / *exactement corrigée & augmentée par l'auteur*. / A /

8°. sig. A-D⁸ (D7-8 bl.); pag. 60; $5 signé, chiffres arabes; réclames par cahier.

[1] titre; [2] bl.; 3-7 Prologue; 8 Premier postcript, à André Prault libraire, quai des Augustins; 9 Second postcript; 9-10 Troisième postcript; 11-60 La Guerre civile de Genève.

Tirage à base de la composition de w70L (1774), mais avec des modifications dans la pagination et les signatures.

Zentralbibliothek, Zürich: KZ 1062.

w75G

[*encadrement*] *LA* / GUERRE CIVILE / *DE* / GENÈVE, / *OU* / LES AMOURS / *DE ROBERT COVELLE*. / POEME / HÉROIQUE. / *Avec des Notes inſtructives*. / [*ornement typographique*] / [*filet gras-maigre, 40 mm*] / *1775*. /

8°. sig. A-C⁸ D⁴; pag. 56; $4 signé, chiffres arabes (– A1, C4, D3-4); réclames par cahier.

[1] titre; [2] bl.; 3-7 Prologue; 8 Premier postscript, à André Prault libraire, quai des Augustins; 9 Second postcrit [*sic*]; 9-10 Troisième postscript; [11]-53 La Guerre civile de Genève; 54-56 Epilogue.

Quoique imprimée séparément, l'édition dont il s'agit ici trouve si souvent sa place dans l'édition *encadrée* qu'on peut se permettre de la considérer comme faisant partie intégrante de cette édition et de lui attribuer son sigle.

Le texte est remarquable par certains adoucissements et édulcorations, dont principalement ceux-ci: 'Prologue', l.19 (Bruiset-Ponthus n'est plus désigné que par la formule 'le nommé B...'); 'Second postscript', l.81 et *passim* ('Monsieur P...' au lieu de 'Panckoucke'); l.95 et *passim* ('Barnet' au lieu de 'Vernet'); III.125, IV.44, V.78 et *passim* (des substitutions pareilles en faveur de Bonnet, Vernes et Cramer); l'absence des notes sur Tronchin, Thérèse Le Vasseur, Vernes, Chiniac, Rosimond, Labat et Montillet. On notera toutefois la longue addition (24 vers) à la fin du chant II.

Bn: Z 24878.

w75X

[*encadrement*] *LA* / GUERRE CIVILE / *DE* / GENEVE, / *OU* / LES AMOURS / *DE ROBERT COVELLE*. / POEME HÉROIQUE. / *Avec des Notes inſtructives*. / [*ornement typographique*] / [*filet gras-maigre, 43 mm*] / *1775*. /

8°. sig. A-C⁸ D⁶; pag. [60] (p.60 numérotée '70'); $4 signé, chiffres romains (– A1; A2 signée 'Aji').

[1] titre; [2] bl.; 3-7 Prologue; 7-8 Premier postscript, à André Prault libraire, quai des Augustins; 8 Second postscript; 9-10 Troisième postscript; 11-56 La Guerre civile de Genève; 57-'70'[=60] Epilogue.

Une contrefaçon ou nouvelle édition de w75G.

Bn: Z 24892 (relié à la fin de tome 13 de w75x; sig. D plié à l'envers);
Bpu: T 13601.

w68 (1777)

POÉSIES / MÊLÉES, / &c. / [*filet, 119 mm*] / TOME QUATRIÈME. /
[*filet, 114 mm*] / *GENÈVE.* / [*filet maigre-gras, 114 mm* / M. DCC.
LXXVII. /

[*faux-titre*] COLLECTION / Complette / DES / *ŒUVRES* / DE / M^R.
de ***. / [*filet gras-maigre, 114 mm*] / *TOME VINGT-SIXIÈME.* / [*filet
maigre-gras, 119 mm*] /

4°. sig. π⁴ A-Vvv⁴; pag. [4] iv 528; $2 signé, chiffres arabes; tomaison
'*Poéfies*. Tom. IV.' (sigs V, Aa, Ee, Ii, Pp, Rr, Xx, Bbb, Eee, Fff, Iii, Kkk,
Nnn, Ooo, Sss '*Poéfies*. Tome IV.'); réclames par cahier.

[*1*] faux-titre; [*2*] bl.; [*3*] titre; [*4*] bl.; i-iv Table des pièces contenues
dans le tome quatrième; [1]-138 autres textes; [139] S2*r* 'LA / *GUERRE
CIVILE* / *DE* / GENEVE, / *OU* / LES AMOURS / *DE ROBERT CO-
VELLE.* / POEME HÉROIQUE. / *Avec des notes instructives.* / S2'; [140]
bl.; 141-143 Prologue; 144 Premier postcrit, à André Prault, libraire,
quai des Augustins; 145 Second postcrit; 145-146 Troisième postcrit;
147-193 La Guerre civile de Genève; 194-196 Epilogue; 197-528 autres
textes.

En ce qui concerne la *Guerre civile*, l'édition in-quarto des œuvres de
Voltaire reproduit le texte de w75G, avec quelques fautes d'impression.

Bn: Rés. m Z 587 (26); Taylor (VF).

w70L (1779)

THÉATRE / COMPLET / *DE* / M^R. DE VOLTAIRE. / Le tout revu &
corrigé par l'Auteur même. / [*filet, 79 mm*] / *TOME VIII. SECONDE
PARTIE.* / [*filet, 79 mm*] / CONTENANT / JULES CÉSAR, Tragédie de
Shakespear, / Traduit de l'Anglais. / L'HÉRACLIUS ESPAGNOL, /
OU / La Comédie fameuse de Calderon de la Barca, / Traduit de
l'espagnol. / LES LOIX DE MINOS, *Tragédie.* / LA GUERRE CIVILE
DE GENEVE, / Et autres pieces de poéfies, &c. &c. &c. / [*bois gravé ou
cliché, cherubin, 45 x 29 mm*] / *A LONDRES,* / [*filet gras-maigre, 79 mm*] /
M. DCC. LXXIX. /

[*faux-titre*] *COLLECTION* / COMPLETTE / DES ŒUVRES / DE / Mʀ. DE VOLTAIRE. / [*filet gras-maigre, 79 mm*] / *TOME TRENTE-HUI-TIEME.* / [*filet maigre-gras, 79 mm*] /

8°. sig. πι ¹π² A-Cc⁸ Dd⁶; pag. [*6*] 428 (p.66 numérotée '6', 163 '164'); $5 signé, chiffres arabes (– K5, Dd5); tomaison '*Théâtre*. Tome IX.' (sigs A, F, L, P '*Théâtre* Tome IX.'; sigs S-Dd '*Poësies*. Tome IX.'); réclames par cahier.

[*1*] faux-titre; [*2*] bl.; [*3*] titre; [*4*] bl.; [*5-6*] Table des pièces contenues dans ce volume; [1]-272 autres textes; [273] S1*r* 'LA / GUERRE CIVILE / *DE GENEVE,* / OU LES AMOURS / DE ROBERT COVELLE, / POEME HÉROÏQUE / *avec des notes instructives.* / NOUVELLE ÉDI-TION, / *exactement corrigée & augmentée par l'auteur.* / *Poësies.* Tome IX. S'; [274] bl.; 275-279 Prologue; 280 Premier postcript, à André Prault libraire, quai des Augustins; 281 Second postcript; 281-282 Troisième postcript; 283-332 La Guerre civile de Genève; [333]-428 autres textes.

Voir ci-dessus, w70L (1774), la première impression de ce volume.

Lausanne: ΛΛ 185/38; – AA 185+1/38.

k84

OEUVRES / COMPLETES / DE / VOLTAIRE. / TOME DOU-ZIEME. / [*filet anglais, 38 mm*] / DE L'IMPRIMERIE DE LA SOCIÉTÉ LITTÉRAIRE- / TYPOGRAPHIQUE. / 1784. /

[*faux-titre*] OEUVRES / COMPLETES / DE / VOLTAIRE. /

8°. sig. π² A-Cc⁸ (± C3, C7, P7, T4-5, Y8); pag. [*4*] 415 [416]; $4 signé, chiffres arabes; tomaison '*Poëmes*.'; réclames par cahier.

[*1*] faux-titre; [*2*] bl.; [*3*] titre; [*4*] bl.; [1] A1*r* 'POEMES / ET DISCOURS / EN VERS. / *Poëmes*. A'; [2] bl.; [3]-285 autres textes; [286] bl.; [287] S8*r* 'LA / GUERRE CIVILE / DE GENEVE, / *OU* / LES AMOURS / *DE ROBERT COVELLE*. / POEME HEROIQUE / *avec des Notes instructives.* / Publié en 1768.'; [288] bl., à l'exception de la réclame 'AVERTISSEMENT'; [289]-292 Avertissement des editeurs; [293]-295 Prologue; 296 Premier post-script, à André Prault, libraire, quai des Augustins; 296-297 Second post-script, à M. Panckouke; 297-298 Troi-sieme post-script, au même; [299]-344 La Guerre civile de Genève;

[345]-349 Epilogue; [350] bl.; [351]-411 autres textes; [412]-415 Table des poèmes et discours en vers contenus dans ce volume; [416] Errata.

L'édition de Kehl prend comme texte de base w75G et/ou w68, tout en restituant certains noms déguisés (Vernet, Cramer, par exemple) et quelques notes (sur Labat et Montillet, par exemple). Mais que le procédé n'induise pas en erreur, car c'est surtout ici que la tendance à l'édulcoration s'accentue encore plus. Les éditeurs ont jugé préférable d'écarter de ce poème les passages les plus scabreux et intolérables (comme indignes sans doute d'un grand homme): dans la note *a* du 'Prologue', trente vers du *Pauvre diable* consacrés à Fréron disparaissent (peut-être par le cartonnage de T4-5); ailleurs, et pour cause (III.35-38, 177-183, IV.152-157) il n'est plus question de Thérèse Le Vasseur. Six ans plus tard, les éditeurs de Kehl se sont repentis, dans les 'Eclaircissements, additions et corrections' qu'on trouve au tome 70 de l'édition (sigle K84E); voir III.27-30, 35-38, 63, 176-178, IV.152-157. En même temps, ils se sont permis d'introduire cinq lignes là où il manquait des rimes: voir II.38-39, 145-146, 229-230, V.111-112 et 134-135 variante.

A noter aussi que quelques leçons ont été reprises, dans K, de l'édition 68E: II.24-25, 28, 99-115, III.139 et V.126.

L'édition de 1785 (K85) ne présente pas de variantes significatives.

Taylor: VF.

8

Principes de cette édition

Le texte auquel va notre préférence comme texte de base est celui fourni par la première édition autorisée dans son état cartonné (68), laquelle devait servir de base à la plupart des éditions séparées à venir. Or pourquoi choisir cette édition-là, la première que Voltaire destinait à un public général, plutôt que l'une de celles, ultérieures, présentées comme exactement corrigées et augmentées par l'auteur (69A; w75G; w68; w70L)? Car de ce fait elles auraient l'avantage d'une part d'être fidèles aux préférences définitives du créateur même devant son public, devant cette postérité surtout, mise en demeure d'autre part de rendre un jugement également définitif dans des conditions voulues et imposées.

Nous ne sommes pas insensible à ce genre d'argument. Et devant les grands textes de Voltaire – immortels, admirables ou tout simplement intéressants sous l'angle esthétique ou intellectuel – ce raisonnement serait précisément le nôtre. Or pour nous ce poème est avant tout une pièce de circonstance née, comme nous l'avons indiqué au fil des pages de l'introduction, d'une colère tout autobiographique, qui est liée à une période historique bien définie et qui exprime par ailleurs un état d'esprit qu'il convient de situer encore à sa place historique et chronologique. Ce qui nous intéresse chez Voltaire, face à une ville de Genève et un Jean-Jacques Rousseau qui l'avaient enfin excédé, est sa réaction crûment *viscérale* (exprimée sous une forme jugée toutefois acceptable par l'auteur). Autrement dit, prendre comme texte de base – comme on serait tenté de le faire – les versions fournies dans, par exemple, w75G ou w68, équivaudrait à donner une image quelque peu déformée de l'attitude de Voltaire, car ces éditions-là (on le remarque de plus en plus à mesure que le temps passe et que la douleur s'estompe) nous proposent des versions édulcorées de notre poème. En d'autres termes, nous croyons que l'intérêt proprement historique du texte, comme document humain, doit prendre le pas sur son aspect littéraire ou esthétique sans pour autant que ce dernier soit négligé. Mais, cela posé, qui, dans ce contexte précis, dit édition autorisée sortie des presses de Grasset dit à la fois texte dont l'intérêt proprement humain reste entier et version littéraire très évidemment jugée acceptable par Voltaire lui-même.

Les variantes figurant dans l'apparat critique proviennent des manuscrits et éditions suivants: MS1, MS2, MS3, MS4, MS5, MS6, 67A, 67X, 68*, MF, 68A, 68B, 68C, 68D (celles de 68C et 68D ne sont notées que quand elles diffèrent de 68A), 68E, NM, W70L, W75G, W68 et K.

Traitement du texte de base

On a respecté l'orthographe des noms propres de personnes et de lieux.

On a conservé les italiques du texte de base, sauf dans le cas des noms propres (par exemple: *Saint François d'Assise*).

On en a aussi respecté scrupuleusement la ponctuation, à deux exceptions près: les guillemets au long sont remplacés par des guillemets ouvrants et fermants; le point qui suit presque toujours les chiffres romains et arabes a été supprimé ou, le cas échéant, remplacé par une virgule (sauf en fin de phrase).

Le texte de 68 a fait l'objet d'une modernisation portant sur la graphie, l'accentuation et la grammaire. Les particularités du texte de base dans ces trois domaines étaient les suivantes:

I. *Particularités de la graphie*

1. Consonnes
   - absence de la consonne *p*: passe-tems, printems, tems
   - absence de la consonne *t* dans les finales en -*ans* et en -*ens*: accens, amans, enfans, foudroyans, jouissans, pédans, prédicans
   - redoublement de consonnes contraire à l'usage actuel: allarmes, appellé, bierre, jettait, secrettes
   - présence d'une seule consonne là où l'usage actuel prescrit son doublement: afecte, aplaudir, aplaudirent, aplaudissent, aprendre, aprends, aprouve, aprouvé, arondie, comune, difus, échape, engoufrent, flotante, fraper, goufre, nouris, oposées, poura, pouraient, pouris, pourons, ralume, raporte, raporter, raproche, réchape, sifler, siflets, sotises, soufleur, soufrirons, suportable

2. Voyelles
   - absence de la voyelle *e* dans: barrau, cervau, cervaux, drapaux, fusaux, lambaux, mantaux, nouvau, nouvaux, ramaux
   - emploi de *y* à la place de *i* dans: déploye, envoye, s'enyvrant, enyvrer, fy!, hyvers, joye, lys, mylord, proye, satyre, soye, voye, yvre
   - emploi de *i* à la place de *y* dans: Babilonien, driade, nimphes, sindic, sistêmes, stile, zéphirs, zéphire

3. Divers
   - utilisation systématique de la perluette, sauf en tête de vers.

4. Graphies particulières
   - l'orthographe moderne a été rétablie dans les cas suivants: Almanac, amande, apoticaire, autenticité, avanture, azile, bienfaicteurs, bleds, bon homme, cu, cu de lampe, cu de sac, dépends, différens, dissentions, encor, entrouvre, faulx, fétoié, gozier, hazards, magazin, masson, nuds, par fois, prophane, refrein, roide, sçu, solemnel

5. Le trait d'union
   - il a été supprimé dans: aussi-tôt, long-temps, par-tout, très-bien, très-légères, très-peu
   - il a été rétabli dans: au devant, cu de lampe, cu de sac, dix sept

6. Majuscules rétablies
   - nous avons rétabli la majuscule dans: Louis le débonnaire

7. Majuscules supprimées

a. Nous mettons la minuscule aux mots suivants qui portent en général une majuscule dans le texte de base: Abbé, Académicien, Académie, Acteur, Actions, Actrices, Almanac, Ambassadeur, Apôtre, Aquilons, Archevêque, Auteur, Avertissement, Avocat, Bibliothèque, Bourgeois, Bourgeoisie, Canton, Cardinaux, Chanoine, Chapitre, Chevalier, Ciel, Citadins, Cité, Citoyen, Comédie, Commentaires, Commentateurs, Conseiller, Cordelier, Dame, Déesse, Diable, Dieux, Dimanche, Diocèse, Directeur, Doctes, Domicains, Eglise, Empereur, Empire, Etats, Evêque, Fermes, Février, Géomètres, Gnomes, Grammairien, Héros, Imprimeur, Jésuite, Journaux, Lecteur, Lettres, Libelle, Libraires, Littérature, Livres, Magistrat, Mandements, Marchand, Mécaniciens, Médecin, Moine, Mylord, Naiade, Nimphes, Officiers, Opéra, Paganisme, Pair, Paix, Pape, Pâques, Parlements, Patrie, Poëme, Poëte, Prédicant, Préface, Prélats, Président, Professeur, Provinces, Psautier, Public, Puissances, Punch, Reine, République, Roi, Romans, Royaume, Sénat, Sénateurs, Sermon, Singe, Soldat, Soleil, Souffleur, Spectacles, Spectateur, Successeurs, Sylvain, Syndic, Titulaire, Torpille, Ville, Zéphirs

b. Nous mettons la minuscule aux adjectifs qualificatifs suivants qui portent une majuscule dans le texte de base:
   - Chrétien, Chrétienne, Comique, Royal, Saint
   - adjectifs désignant des nations ou des peuples, des congrégations: Anglais, Carmes, Ecossais, Irlandais, Portugais, Révérends, Romain, Suisse, Turc

– les adjectifs: Payens et Welches

II. *Particularités d'accentuation*

L'accentuation a été rendue conforme aux usages modernes à partir des caractéristiques suivantes qu'offre le texte de base:

1. L'accent aigu
   – il est absent dans: deshonneur, leger, teton
   – il est présent à l'impératif dans: aidés, engagés
   – il est présent dans: dépéçait, dévient, Génevois, squélettes
   – il est employé au lieu du grave dans: barriére, céde, chaumiére, cimetiére, criniére, fiévre, grossiéreté, méche, Mégére, Moliére, piéces, printaniére, riviére, séche, siége
   – il est employé au lieu du circonflexe dans: géner, précheur
   – dans le suffixe -*ième* des adjectifs numéraux ordinaux: sixiéme

2. L'accent grave
   – il est absent dans: déja, voila
   – il est employé dans: célèbré, cimetère, guète, rondèle

3. L'accent circonflexe
   – il est employé au lieu de l'aigu dans: chrêtien, hébêté
   – il est employé au lieu du grave dans: anathême, diadême, emblême, interprête, lêvres, prophête, sistêmes
   – il est présent dans des mots qui ne le comportent pas selon l'usage actuel: aîle, cîmes, mâgot, nâquit, prophâne, vomît, vû
   – il est employé dans les adjectifs possessifs: nôtre ambassadeur, vôtre barque, etc.
   – il est absent dans: achevat, ame, brule, bruler, bruleraient, brulons, connait, coute, diner, grace, graces, mats, nait, parait, patissier, plait, théatre, trainant, voute

4. Le tréma
   – il est présent dans: coëffa, chouëtte, crochuës, fonduës, fouët, jouëra, jouët, Louïs, moëlle, morduës, poëme, poëte, poëtiquement, réjouiës, secouë
   – il est absent dans: naiade

III. *Particularités grammaticales*

1. L'adjectif numéral cardinal 'cent' est invariable: six cent Bourgeois, etc.

2. Emploi du pluriel en -*x* dans: fraix, loix

LA
GUERRE CIVILE
DE
GENÈVE.
NOUVELLE EDITION.

PARIS,
MDCCLXVII,

1. *La Guerre civile de Genève*: page de titre de la première édition connue, 67A (Stadt- und Universitäts-Bibliothek, Bern).

Amusement philosophique de M.ͬ de Voltaire.

2. *La Guerre civile de Genève*: frontispice de la version augmentée (68ᴇ)
de la première édition (Bodleian Library, Oxford).

LA
GUERRE
CIVILE
DE GENÈVE,
OU LES AMOURS
DE ROBERT COVELLE,
POEME
HEROIQUE
Avec des Notes inſtructives.

A BEZANÇON,

Chez NICOLAS GRANDVEL,
1768.

3. *La Guerre civile de Genève*: page de titre de la première édition autorisée
(68), imprimée par Gabriel Grasset (Taylor Institution, Oxford).

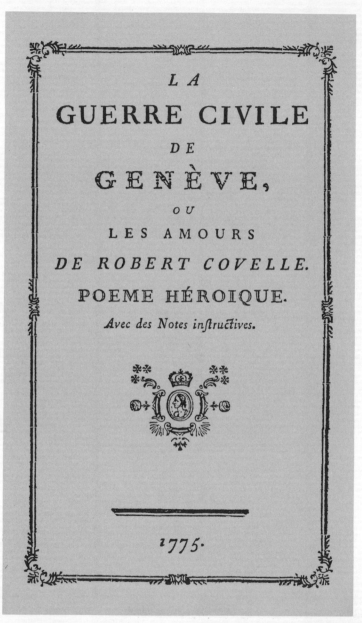

LA
GUERRE CIVILE
DE
GENÈVE,
OU
LES AMOURS
DE ROBERT COVELLE.
POEME HÉROIQUE.
Avec des Notes inſtructives.

1775.

4. *La Guerre civile de Genève*: page de titre de l'édition séparée faite pour accompagner w75G (Voltaire Foundation).

LA
GUERRE CIVILE
DE
GENÈVE

ou les amours de
Robert Covelle.

Poème héroïque
avec
des notes instructives

PROLOGUE

On a si mal imprimé quelques chants de ce poème, nous en avons vu des morceaux si défigurés dans différents journaux;[1] on est si empressé de publier toutes les nouveautés dans l'heureuse paix dont nous jouissons, que nous avons interrompu notre édition de l'histoire des anciens Babyloniens et des Gomérites, pour donner l'histoire véritable des dissensions présentes de Genève, mise en vers par un jeune Franc-Comtois, qui paraît promettre beaucoup. Ses talents seront encouragés sans doute par tous les gens de lettres qui ne sont jamais jaloux les uns des autres, qui courent tous avec candeur au-devant du mérite naissant, qui n'ont jamais fait la moindre cabale pour faire tomber les pièces nouvelles, jamais écrit la moindre imposture, jamais accusé personne de sentiments erronés sur la grâce prévenante; jamais attribué à d'autres leurs obscurs écrits, et jamais emprunté de l'argent du jeune auteur en question pour faire imprimer contre lui de petits avertissements scandaleux.

Nous recommandons ce poème à la protection des esprits fins et éclairés qui abondent dans notre province. Nous ne nous

a-114   67A, 67X, absent

[1] Allusion probable à 67, 67A et/ou 67X; mais nous ne savons pas à quels journaux Voltaire fait allusion. Il ne peut s'agir du *Mercure de France*, car les extraits que l'on y trouve sont d'une part très fidèles et d'autre part ne devaient y être insérés qu'au mois de juillet 1768 (i.5-13).

flattons pas que le sieur Lémeri,[2] et le nommé Bruiset,[3] marchand librairie à Lyon, le laissent arriver jusqu'à Paris. On imprime   20 aujourd'hui dans les provinces uniquement pour les provinces. Paris est une ville trop occupée d'objets sérieux pour être seulement informée de la guerre de Genève. L'opéra-comique, le singe de Nicolé,[5] les romans nouveaux, les actions des fermes, et les

19   W75G, W68: le nommé B...
      68B, NM, K: le nommé Bruiset Ponthus [68B, avec note: Ce libraire, syndic actuel de sa communauté, tout pétri des ouvrages de *Marie à la coque*, des *Révélations de sainte Brigitte*, des *Sept trompettes*, du *Pédagogue chrétien* et autres, dont il est toujours bien assorti, ne croit pas devoir, suivant les lumières de sa conscience, laisser passer en France les ouvrages tous erronés et scandaleux de l'auteur qui, à ce dont l'a assuré un capucin son ami, n'est devenu hérétique que pour avoir négligé de nourrir son âme de la lecture spirituelle de tous les

   [2] Joseph d'Hémery, inspecteur de police et de la Librairie à Paris.
   [3] Plaisanterie un peu hermétique, car les relations de Jean-Marie Bruysset et de son associé Pierre Bruysset-Ponthus avec Voltaire sont peu claires. Il est probable toutefois que Voltaire pense à la publication, procurée à Lyon par le premier, des *Œuvres du philosophe de Sans-Souci* (D8701, D8731, D8761). C'est par ailleurs le second qui, vers la même époque, avait publié, également à Lyon, une édition des *Œuvres choisies* de Voltaire et qui avait fait demander à Malesherbes (15 novembre 1760; D9407) 'la Permission de l'Impression, et de l'Entrée à Paris'. Notons que les deux Bruysset n'étaient pas toujours en odeur de sainteté auprès des autorités.
   [4] Signalons que Voltaire possédait lui-même *La Vie de la vénérable mère Marguerite Marie* (Paris 1729; BV, no.1912) de Jean-Joseph Languet de Gergy, *Les Révélations célestes et divines de Ste Brigitte de Suède* (Lyon 1751; BV, no.416) et *Le Vray pédagogue chrétien* (Lyon 1686; BV, no.2627) de Philippe d'Outreman. Le quatrième ouvrage est Philippe d'Angoumois, *Les Sept trompettes* (1620), ou bien Solutive, *Sept trompettes spirituelles pour réveiller les pécheurs* ⟨1678⟩.
   [5] Jean-Baptiste Nicolet, célèbre directeur de théâtre (1710-1796). Après avoir été danseur de corde dans une troupe de saltimbanques, il devint le maître d'une baraque dans laquelle il faisait exécuter des danses de corde, des tours de force, jouait des marionnettes et exhibait des animaux savants. Parmi ces derniers il avait un singe parfaitement dressé qui exécutait des scènes bouffonnes et auquel il apprit à imiter un jour le célèbre acteur Molé. Tout Paris d'accourir pour assister à ce curieux spectacle et le chevalier de Boufflers d'écrire les couplets si connus: Quel est ce gentil animal/ Qui, dans ces jours de carnaval,/ Tourne à Paris toutes les têtes,/ Et pour qui l'on donne des fêtes?/ Ce ne peut être que Molet/ Ou le singe de Nicolet.

actrices de l'Opéra, fixent l'attention de Paris avec tant d'empire   25
que personne n'y sait, ni se soucie de savoir ce qui se passe au
grand Caire, à Constantinople, à Moscou et à Genève. Mais
nous espérons d'être lus des beaux esprits du pays de Gex, des
Savoyards, des petits cantons suisses, de M. l'abbé de St Gall,[6] de
M. l'évêque d'Annecy[7] et de son chapitre, des révérends pères   30
carmes de Fribourg, etc., etc., etc. *Contenti paucis lectoribus.*[8]

Nous avons suivi la nouvelle orthographe mitigée qui retranche
les lettres inutiles, en conservant celles qui marquent l'étymologie
des mots. Il nous a paru prodigieusement ridicule d'écrire *françois*,
de ne pas distinguer les *Français* de St François d'Assise; de ne   35
pas écrire anglais et écossais par un *a*, comme on orthographie
portugais. Il nous semble palpable que quand on prononce *j'ai-
mais, je faisais, je plaisais* avec un *a*, comme on prononce *je hais, je
fais, je plais*, il est tout à fait impertinent de ne pas mettre un *a* à
tous ces mots, et de ne pas orthographier de même, ce qu'on   40
prononce absolument de même.

S'il y a des imprimeurs qui suivent encore l'ancienne routine,
c'est qu'ils composent avec la main plus qu'avec la tête. Pour moi
quand je vois un livre où le mot *Français* est imprimé avec un *o*,
j'avertis l'auteur que je jette là le livre; et que je ne le lis point.   45

bons ouvrages dans le genre cité ci-dessus.[4]

NB. *Il ne faut pas confondre ce Bruiset, très avancé dans la science du salut, avec J. M.
Bruiset, son cousin, chez qui on pourrait fort bien trouver le* Compère Matthieu, *pour
24 liv. comptant.*]

---

[6] Le canton de Saint-Gall ne fut constitué qu'en 1803 et à l'époque de Voltaire
la ville de Saint-Gall était gouvernée par les riches abbés de Saint-Gall, princes
du Saint-Empire; cf. D14117 (*c.* 15 avril 1767) où Voltaire se réfère au bénéfice
de cent mille livres dont l'abbé de Saint-Gall avait la jouissance.

[7] L'évêque (de Genève et) d'Annecy est Jean-Pierre Biord, ennemi tout
fraîchement acquis, qui vient de reprocher à Voltaire et sa communion de Pâques
(comme un scandaleux acte d'hypocrisie) et le sermon qu'il avait prononcé dans
l'église à cette occasion (comme une indélicatesse d'ailleurs illégale). Voir
D14944, D14950.

[8] Horace, *Satirae*, I.x.74.

71

J'en dis autant à le Breton[9] imprimeur de l'Almanach royal. Je
ne lui payerai point l'almanach qu'il m'a vendu cette année. Il a
eu la grossièreté de dire que M. le président... M. le conseiller...
demeure dans le *cul-de-sac* de Ménard, dans le *cul-de-sac* des blancs
Manteaux, dans le *cul-de-sac* de l'Orangerie.[10] Jusqu'à quand les   50
Welches croupiront-ils dans leur ancienne barbarie?

Hodieque manent vestigia ruris.[11]

Comment peut-on dire qu'un grave président demeure dans
un cul? Passe encore pour Fréron: on peut habiter dans le lieu de
sa naissance;[a] mais un président, un conseiller! fi! M. le Breton,   55

---

[a] Voyez le Pauvre Diable, ouvrage en vers aisés de feu mon cousin
Vadé, page 80.[12]

> Je m'accostai d'un homme à lourde mine,
> Qui sur sa plume a fondé sa cuisine,
> Grand écumeur des bourbiers d'Hélicon,   5
> De Loyola chassé pour ses fredaines,
> *Vermisseau né du cul de Desfontaines*,
> Digne en tout sens de son extraction,
> Lâche Zoïle, autrefois laid Giton.

n.*a*, 2-33   K: Vadé: ¶Je [...] à lourde mine.//

---

[9] André-François Le Breton (1708-1779), imprimeur bien connu de l'*Encyclopédie*, qui était aussi le petit-fils de Laurent d'Houvry, imprimeur et fondateur
de l'*Almanach royal* en 1683 et dont – dans ce domaine – il assurait la succession.
[10] C'est – plus haut dans ce texte comme plus bas – Antoine Vadé qui monte
sur ses grands chevaux. Voir le *Discours aux Welches* et le *Supplément du discours
aux Welches* où l'on trouve les mêmes griefs, exposés dans les mêmes termes.
Les exemples précis cités par Voltaire semblent sortir de sa seule imagination;
mais certaines adresses – pour lui donner pleine et entière raison – ne sont pas
imaginaires du tout. On relève dans l'*Almanach royal* pour 1768 les culs-de-sac
de: St Louis du Louvre (p.214), Pecquay (p.215, 245), Guimené (p.230, 237),
St Thomas du Louvre (p.230), Argenson (p.230, 231), S. Faron (p.234, 237),
l'Oratoire (p.236), Rouen (p.240), Dauphin (p. 245), etc.
[11] Horace, *Epistulae*, II.i.160.
[12] Voltaire renvoie au *Recueil des facéties parisiennes pour l'an 1760* (s.l.n.d.) où
le *Pauvre diable* occupe les pages 73-90.

corrigez-vous, servez-vous du mot *impasse,* qui est le mot propre; l'expression ancienne est *impasse.* Feu mon cousin Guillaume Vadé de l'académie de Bezançon vous en avait averti. Vous ne vous êtes pas plus corrigé que nos plats auteurs à qui l'on montre en vain leurs sottises; ils les laissent subsister, parce qu'ils ne 60 peuvent mieux faire. Mais vous, M. le Breton qui avez du génie, comment, dans le seul ouvrage où un illustre académicien dit que la vérité se trouve,[13] pouvez-vous glisser une infamie qui fait rougir les dames, à qui nous devons tous un si profond respect? Par notre Dame, M. le Breton, je vous attends à l'année 1769. 65

Cet animal se nommait Jean Fréron. 10
J'étais tout neuf, j'étais jeune, sincère,
Et j'ignorais son naturel félon;
Je m'engageai sous l'espoir d'un salaire,
A travailler à son hebdomadaire,
Qu'aucuns nommaient alors patibulaire. 15
Il m'enseigna comment on dépeçait
Un livre entier, comme on le recousait,
Comme on jugeait du tout par la préface,
Comme on louait un sot auteur en place,
Comme on fondait avec lourde roideur 20
Sur l'écrivain pauvre et sans protecteur.
Je m'enrôlai, je servis le corsaire;
Je critiquai sans esprit et sans choix;
Impunément le théâtre et la chaire;
Et je mentis pour dix écus par mois. 25
Quel fut le prix de ma sotte manie?
Je fus connu, mais par mon infamie,
Comme un gredin que la main de Thémis
A diapré de nobles fleurs de lis,
Par un fer chaud gravé sur l'omoplate. 30
Triste et honteux, je quittai mon pirate,
Qui me vola pour fruit de mon labeur,
Mon honoraire en me parlant d'honneur.

[13] Fontenelle disait que l'*Almanach royal* était le livre qui contenait le plus de vérités.

73

PREMIER POSTSCRIPT
A André Prault libraire, Quai des Augustins

Monsieur André Prault, vous avertissez le public dans l'Avant-coureur, n° 9 du lundi 29 février 1768,[14] que M. Le Franc de Pompignan ayant magnifiquement et superbement fait imprimer ses cantiques sacrés à ses dépens,[15] vous les avez offerts d'abord pour 18 livres, ensuite pour seize; puis vous les avez mis à douze; 70
puis à dix. Enfin vous les cédez pour huit francs, et vous avez dit dans votre boutique:

Sacrés ils sont, car personne n'y touche.[16]

Je vous donnerai six francs d'un exemplaire bien relié, pourvu que vous n'appeliez jamais *cul-de-lampe*,[17] les ornements, les vi- 75
gnettes, les cartouches, les fleurons. Vous êtes parfaitement instruit, qu'il n'y a nul rapport d'un fleuron à un cul, ni d'un cul à une lampe. Si quelque critique demande pourquoi je répète ces

---

68 68E: ayant manifestement fait imprimer
71 68E: pour huit, et

---

[14] A noter le procédé, habituel chez Voltaire, qui consiste à débaptiser les gens qu'il veut déconsidérer (Elie Fréron devient ainsi Jean Fréron). Dans *L'Avant-Coureur*, no.9 du lundi 29 février 1768 (p.144), on lit en fait: 'Laurent Prault Libraire, quai des Augustins, au coin de la rue Gît-le-Cœur, possesseur actuel *des Poësies Sacrées de M.* le Franc de Pompignan, *volume in-4°, grand papier, belle édition, considérablement augmentée & ornée de Vignettes de M. Cochin*; ouvrage dédié au Roi, qui s'est toujours vendu 18 liv. propose aux Curieux & aux Amateurs de les donner à 8 liv. en feuilles jusqu'au premier d'Avril 1768, passé lequel tems, la remise n'aura plus lieu pour les exemplaires qui lui resteront. C'est un des plus beaux Livres sortis de l'Imprimerie de Prault le père.'
[15] *Poésies sacrées et philosophiques, tirées des livres saints*, nouvelle édition (Paris, Prault, 1763).
[16] *Le Pauvre diable*, vers 172.
[17] Même grief, textuellement, dans le *Discours aux Welches*. On appelle culs-de-lampe certains fleurons ou ornements qui servent à remplir un blanc de page à la fin d'un chapitre, d'un livre.

74

leçons utiles, je réponds que je répéterai jusqu'à ce qu'on se soit
rangé à son devoir.   80

SECOND POSTSCRIPT

Et vous, Monsieur Pankouke,[18] vous avez offert par souscription
le recueil de l'Année littéraire[19] de maître Aliboron dit Fréron à
dix sous le volume relié. Cela est trop cher: deux sous et demi,
s'il vous plaît, Monsieur Pankouke; et je placerai dans ma chau-
mière cet ouvrage entre Cicéron et Quintilien. Je me forme une   85
assez belle bibliothèque dont je parlerai incessamment au roi;[20]
mais je ne veux pas me ruiner.

80a-81   K: SECOND POSTSCRIPT, / *A M. Panckouke.* / Et vous
81   68E: Pankouke, libraire rue et à côté de la Comédie française, vous
        w75G, w68:   Monsieur P.... [*passim*], qui avez
        K: Panckouke, qui avez
83   w75G, w68, K: relié. Sachez que cela

[18] Successeur de Lambert et donc éditeur à la fois de l'*Année littéraire* et des
œuvres de Voltaire, Charles-Joseph Panckoucke – dont la situation entre les
deux antagonistes était décidément délicate – avait imaginé, en mai 1764, de
s'entremettre pour un essai de rapprochement entre les deux ennemis (D11876).
Voltaire n'avait pas du tout apprécié cette initiative (D11889, D16316), encore
moins le désaveu public de Fréron (*Al*, 1764, vi.62).
[19] La seule mention que l'on puisse trouver ailleurs chez Voltaire de cette
initiative-là se trouve dans une lettre à d'Alembert du 27 avril 1770 (D16316):
'Il est plaisant que Pakouke ait l'honneur d'être lié avec vous et avec Mr Diderot,
après avoir imprimé tant de sotises atroces contre vous deux dans les ordures
de ce folliculaire [Fréron]. Il a eu même la bêtise d'imaginer d'en faire une
édition nouvelle par souscriptions. L'éxces de ce ridicule l'a couvert de honte.'
[20] Allusion transparente à Lefranc de Pompignan. Voir le *Mémoire présenté au
roi par M. de Pompignan, le 11 mai 1760*, p.16: 'Mais ce qui met le comble à ce
succès, ce qui me le rendra toujours cher et précieux, c'est l'approbation marquée
que le Roi, la Reine, et leur auguste Famille ont accordé à mon Discours. Toute
la Cour a été témoin de l'accueil que me firent leurs Majestés. Il faut que tout
l'Univers sache aussi qu'elles ont paru s'occuper de mon Ouvrage.' C'est à la
page 10 que Pompignan parle de sa 'nombreuse bibliothèque'.

TROISIÈME POSTSCRIPT

Je ne veux pas vous ruiner non plus. J'apprends que vous imprimez
mes fadaises[21] in-4° comme un ouvrage de bénédictin avec estampes, fleurons et point de cul-de-lampe. De quoi vous avisez-vous?   90
On aime assez les estampes dans ce siècle, mais pour les gros
recueils, personne ne les lit. Ne faites-vous pas quelquefois
réflexion à la multitude innombrable de livres qu'on imprime tous
les jours en Europe? Les plaines de Beausse ne pourraient pas les
contenir: et n'était le grand usage qu'on en fait dans votre ville   95
au haut des maisons, il y aurait mille fois plus de livres que de
gens qui ne savent pas lire. La rage de mettre du noir sur du
blanc comme dit Sady,[22] le *Scribendi cacoëthes*, comme dit Horace,[23]
est une maladie dont j'ai été attaqué, et dont je veux absolument
me guérir; tâchez de vous défaire de celle d'imprimer. Tenez-   100
vous-en au moins en fait de belles-lettres au siècle de Louis xiv.

Monsieur d'Aquin que j'aime et que j'estime, a célébré à mon
exemple le siècle présent; comme j'ai broché le passée: il a fait
un relevé des grands hommes d'aujourd'hui.[24] On y trouve dix-
huit maîtres d'orgues, et quinze joueurs de violon, Mlle Petit-pas,   105

87a   k: TROISIÈME POSTSCRIPT, / *Au même*. / Je ne veux

[21] Il s'agit de la *Collection complète* des années 1768 et suivantes, dont
Panckoucke semble avoir été le distributeur parisien, ensuite l'éditeur. Voltaire
a pu lire l'annonce insérée dans l'*Avant-Coureur* du 2 mai 1768 (p.287) qui
proposait cette édition par souscription.
[22] Muslah-al-Dîn Sa'dī, le célèbre poète persan. Voltaire fait allusion ici à son
Gulistan (Jardin des roses), recueil de préceptes de morale et de philosophie,
d'épigrammes et d'anecdotes.
[23] Le *Scribendi cacoethes* n'est pas d'Horace, mais de Juvénal, *Satirae* vii.52.
[24] Pierre-Louis d'Aquin de Château-Lyon (1720-1796), *Lettres sur les hommes
célèbres dans les sciences, la littérature et les beaux-arts sous le règne de Louis XV*
(Amsterdam; Paris, Duchesne, 1752). L'ouvrage fut réédité l'année suivante
sous le titre: *Siècle littéraire de Louis XV, ou lettres sur les hommes célèbres* (Amsterdam;
Paris, Duchesne, 1753). Voltaire possédait une édition de 1754 (BV, no.92),
qu'il avait commandée à Jacques Lacombe le 17 juillet 1767 (D14283).

Mlle Pelissier, Mlle Chevalier, M. Cahusac, plusieurs basses-
tailles, quelques hautes-contre, neuf danseurs, autant de danseu-
ses. Tous ces talents sont fort agréables, et les jeunes gens comme
moi en sont fort épris. Mais peut-être le siècle des Condé, des
Turenne, des Luxembourg, des Colbert, des Fénelon, des Bossuet,   110
des Corneille, des Racine, des Boileau, des Molière, de La Fontaine, avait-il quelque chose de plus imposant. Je puis me tromper;
je me défie toujours de mon opinion, et je m'en rapporte à
monsieur d'Aquin.

106   68E: M. Cahusac, M. Dancourt, Arlequin de Berlin, plusieurs
109   68E: peut-être les siècles

CHANT PREMIER

Auteur sublime, inégal et bavard,[a]
Toi qui chantas le rat et la grenouille,
Daigneras-tu m'instruire dans ton art?
Poliras-tu les vers que je barbouille?
O Tassoni![b] plus long dans tes discours
De vers prodigue, et d'esprit fort avare   5
Me faudra-t-il dans mon dessein bizarre
De tes langueurs implorer le secours?
Grand Nicolas[c] de Juvénal émule
Peintre des mœurs, surtout du ridicule,
Ton style pur aurait pu me tenter.   10
Il est trop beau, je ne puis l'imiter.
A son génie il faut qu'on s'abandonne.
Suivons le nôtre, et n'invoquons personne.

Au pied d'un mont[d] que les temps ont pelé,
Sur le rivage où roulant sa belle onde,   15
Le Rhône échappe à sa prison profonde,
Et court au loin par la Saône appelé;

[a] Homère qui a fait le combat des grenouilles et des rats.
[b] L'auteur de la Secchia rapita ou de la terrible guerre entre Bologne
et Modène, pour un seau d'eau.
[c] Nicolas Boileau.
[d] La montagne de Salève, partie des Alpes.

n.*a*   MF: Homère.//
n.*a-r*   67A, 67X, notes *a-r* absentes
n.*b*   MS1, MS2, MS3: rapita.//
6   67A, 67X: d'esprit trop avare
8   MS3, 67A, 67X: tes longueurs
n.*c*   68E *var*: Nic. Boileau Despreaux.
15   67A, 67X: Aux pieds des monts que

On voit briller la cité genevoise,
Noble cité riche,[e] fière, et sournoise;   20
On y calcule et jamais on n'y rit.
L'art de Barême[1] est le seul qui fleurit:[f]
On hait le bal, on hait la comédie.

Du grand Rameau l'on ignore les airs:
Pour tout plaisir Genève psalmodie   25
Du bon David les antiques concerts;
Croyant que Dieu se plaît aux mauvais vers.[g]
Des prédicants la morne et dure espèce
Sur tous les fronts a gravé la tristesse.

    C'est en ces lieux que maître Jean Calvin   30
Savant Picard, opiniâtre et vain,
De Paul apôtre impudent interprète

    [e] Les seuls citoyens de Genève ont quatre millions cinq cent mille
livres de rente sur la France en divers effets. Il n'y a point de ville en
Europe qui dans son territoire ait autant de jolies maisons de campagne,
proportion gardée. Il y a cinq cents fourneaux dans Genève, où l'on
fond l'or et l'argent: on y poussait autrefois des arguments théologiques.   5
    [f] Auteur des Comptes faits.
    [g] Ces vers sont dignes de la musique, on y chante les commande-
ments de Dieu sur l'air: *Réveillez-vous, belle endormie.*

  20 MS1, MS2, MS3, 67A, 67X: Vieille cité turbulente et sournoise
      MS1, avec variante: Noble cité, politique, et sournoise
 n.e MS1, MS2, MS3, note *e* absente
 n.f MS3: des Comptes tout faits.
  24 MS3: on ignore
  27 68C, 68D: se plaint aux
 n.g MS2, MS3, note *g* absente
  30 67A, 67X: en ce lieu
  31 MS1, MS2, MS3, 67A, 67X, 68 non-cartonné, absent [68E *var:* β]

    [1] Bertrand-François Barrême, arithméticien, fort connu à l'époque pour ce
qu'on appelait alors les 'calculs de commerce'. Nous lui connaissons jusqu'à
neuf livres composés pour 'l'utilité du public', dont les plus connus et appréciés
étaient le *Livre des comptes faits* (BV, no.271) et le *Livre des intérêts*.

Disait aux gens que la vertu parfaite
Est inutile au salut du chrétien,
Que Dieu fait tout, et l'honnête homme rien.   35
Ses successeurs en foule s'attachèrent
A ce grand dogme et très mal le prêchèrent.
Robert Covelle était d'un autre avis;
Il prétendait que Dieu nous laisse faire,
Qu'il va donnant châtiment ou salaire   40
Aux actions sans gêner les esprits.
Ses sentiments étaient assez suivis
Par la jeunesse aux nouveautés encline.

   Robert Covelle, au sortir d'un sermon
Qu'avait prêché l'insipide Brognon[h]   45
Grand défenseur de la vieille doctrine;
Dans un réduit rencontra Catherine
Aux grands yeux noirs, à la fringante mine,
Qui laissait voir un grand tiers de téton

[h] Prédicant genevois.[2]

33 67A, 67X: Criait aux gens
40 67A, 67X: Et va donnant
42 67A, 67X: Ces sentiments
45 MS1, 68E *var*: Buchon
    MS3: Buisson
    MS2, 67A, 67X: Bouchon
n.h W70L: C'est un nom feint, ainsi que la plupart des autres noms qu'on
trouve dans cet ouvrage de pure plaisanterie.
47 MS3, avec note: Mademoiselle Ferbot.
47-49 67A, 67X:
      Dans un réduit rencontre Catherine
      A l'œil ouvert, à la fringante mine
      Qui laisse voir

[2] Selon De Luc il s'agit ici de 'Buchon ou plutôt Perdriau le Jeune, dit de La
Rochelle', c'est-à-dire Jean Perdriau (1712-1786); voir Desnoiresterres, vii.85,
n.1; voir aussi D14785.

Rebondissant sous sa mince étamine.   50
Chers habitants de ce petit canton,
Vous connaissez le grand Robert Covelle,
Son large nez, son ardente prunelle,
Son front altier, ses jarrets bien dispos,
Et tout l'esprit qui brille en ses propos.   55
Jamais Robert ne trouva de cruelle.
Voici les mots qu'il dit à sa pucelle:
Mort de Calvin! quel ennuyeux prêcheur
Vient d'annoncer à son sot auditoire
Que l'homme est faible et qu'un pauvre pécheur   60
Ne fit jamais une œuvre méritoire?
J'en veux faire une; il dit, et dans l'instant
O Catherine, il vous fait un enfant.
Ainsi Neptune en rencontrant Phillire,
Ou Jupiter voyant au fond des bois   65
La jeune Io pour la première fois,
Ont abrégé le temps de leur martyre;
Ainsi David vainqueur du Philistin,
Vit Betzabée; et lui planta soudain,
Sans soupirer, dans son pudique sein   70
Un Salomon et toute son engeance;
Ainsi Covelle en ses amours commence:
Ainsi les rois, les héros, et les dieux
En ont agi. Le temps est précieux.

    Bientôt Catin dans sa taille arrondie   75
Manifesta les œuvres de Robert.

---

51 MS1, MS2, MS3, 67A, 67X: Lourds habitants
52 W75G, W68, K: le beau Robert
57 67A, 67X: à la pucelle
63 MS2, MS3, 67A, 67X: vous fit un [MS1: ⟨fit⟩ fait]
64 MS3: Ainsi Saturne
    67A, 67X: en abordant Phillyre
72 67A, 67X: Ainsi Robert
    MS1: en son amour

Les gens malins ont l'œil toujours ouvert;
Et le scandale a la marche étourdie.
Tout fut ému dans les murs genevois,
Du vieux Picard[i] on consulta les lois;   80
On convoqua le sacré Consistoire.[3]
Trente pédants en robe courte et noire
Dans leur taudis vont siéger après boire;
Prêts à dicter leur arrêt solennel.
Ce n'était pas le sénat immortel   85
Qui s'assemblait sur la voûte éthérée,
Pour juger Mars avec sa Cithérée,[j]
Surpris tous deux l'un sur l'autre étendus
Tout palpitants, et s'embrassant tout nus.

   La Catherine avait caché ses charmes;   90
Covelle aussi (de peur d'humilier
Le Sanhédrin trop prompt à l'envier,)

[i]   Calvin, chanoine de Noyon.
[j]   Le Soleil comme on sait découvrit Vénus couchée avec Mars; et
Vulcain porta sa plainte au consistoire de là-haut.

77   67A, 67X: toujours l'œil ouvert
83   67A, 67X: Dans leurs taudis
86   MS3, 67A, 67X: sous la voûte
n.j   MS1, MS2, MS3: plainte au conseil des Dieux.
89   67A, 67X: Tout palpitant

[3] 'Lorsque le Consistoire apprenait qu'une fille était enceinte, il la faisait comparaître et lui demandait le nom du père de l'enfant. Il convoquait alors le père et, s'il avouait, le Modérateur du Consistoire lui exposait la grandeur de sa faute et lui demandait s'il se repentait. Sur sa réponse affirmative, le Modérateur disait: "Pour témoigner d'autant mieux votre repentance, mettez-vous à genoux et demandez-en pardon à Dieu". Le coupable devait promettre à Dieu de ne plus retomber dans son péché. Le Modérateur le faisait ensuite relever et prononçait l'interdiction de la Sainte Cène. L'usage était de finir par des exhortations et des vœux pour que la repentance fût efficace.' (J.-P. Ferrier, 'Covelle, Voltaire et l'affaire de la génuflexion', *Bull. Soc. d'hist. et d'arch. de Genève* 8, juillet 1945-juin 1946, p.218-19).

Cache avec soin ses redoutables armes.

Du noir sénat le grave directeur
Est Jean Vernet[k] de maint volume auteur.   95
Le vieux Vernet ignoré du lecteur;
Mais trop connu des malheureux libraires.
Dans sa jeunesse il a lu les saints pères,
Se croit savant, affecte un air dévot.

[k] Vernet professeur en théologie, très plat écrivain, fils d'un réfugié. Nous avons ses lettres originales par lesquelles il pria l'auteur de l'Essai sur l'histoire générale de le gratifier de l'édition,[4] et de l'accepter pour correcteur d'imprimerie. Il fut refusé et se jeta dans la politique.

95   w70L: Jean Virlet [*passim*]
        w75G, w68: Jean Barnet [*passim*]
n.*k*, 1 68E *var*: (Jacob) Vernet
n.*k*, 1-2 w70L: Virlet professeur du XVII siècle, très plat écrivain. Nous
n.*k*, 2 MS1, MS2, MS3: réfugié.//
n.*k*, 2-3 K: *Essai sur les mœurs*

[4] Il est difficile de suivre Voltaire sur le terrain où il veut nous mener: en 1754, Néaulme avait publié l'*Abrégé de l'histoire universelle*, édition selon Voltaire fort mal faite et infidèle. Jacob Vernet, qui connaissait Voltaire de longue date et qui l'estimait (et que Voltaire avait contacté le 1er février 1754 à propos d'une édition qui s'imprimait à Genève chez Philibert: voir D5647) pensait lui rendre service en corrigeant avec soin – et de sa propre initiative – les erreurs historiques et matérielles qu'il avait relevées dans l'édition Néaulme et en essayant de veiller à ce que Philibert produise une édition 'un peu moins indigne' du Maître (ce sera l'*Essai sur l'histoire universelle*). C'est effectivement dans une lettre du 9 février 1754 (D5663) que Vernet écrivait: 'Il me semble, Monsieur, que ce serait l'occasion de reprendre une pensée que vous aviez il y a 9 ans, qui est de m'adresser cet ouvrage p[r] le faire imprimer ici correcte & à votre gré. Si Madame la duchesse de Saxe Gotha en a un exemplaire correct, cet ouvrage n'est donc pas perdu; & peut-être aprouverait-elle que vous fissiez l'usage que je vous indique.' Voir à ce propos D5647, D5663, D5696, D5698, D7396, D7404 où la bonne foi de Vernet n'est pas en doute. Pour un exposé des rapports Voltaire-Vernet, voir Graham Gargett, *Voltaire and protestantism*, Studies 188, p.129-35.

Broun[5] est moins fat, et Néedham est moins sot.[1]   100

[1] Broun prédicant écossais qui a écrit des sottises avec des injures de compagnie avec Vernet. Ce prédicant écossais venait souvent manger chez l'auteur sans être prié,[6] et c'est ainsi qu'il témoigna sa reconnaissance. Néedham est un jésuite irlandais, imbécile qui a cru faire des anguilles avec de la farine.[7] On a donné quelque temps dans sa chimère;   5
et quelques philosophes même ont bâti un système sur cette prétendue expérience aussi fausse que ridicule.

100   MS1, 68E *var*, avec deux notes, une sur Brown et l'autre sur Needham
n.*l*, 2-4   MS1, MS2, MS3:   des sottises avec Vernet.//
n.*l*, 5   W75G, W68, K: dans la chimère
        MS1, MS2, MS3:   On l'a cru quelque temps sur sa parole, et [MS1:
⟨*variant*⟩   ↑β]

[5] Robert Brown, pasteur de l'Eglise anglaise à Utrecht, avait été éditeur de l'ouvrage de Vernet intitulé *Lettres critiques d'un voyageur anglais* (voir Eugène Ritter, 'Voltaire et le pasteur Robert Brown', *Bull. Soc. d'hist. du protestantisme fr.* 53, p.156-63). Voltaire avait été profondément blessé par le portrait que Vernet y traçait du philosophe et de l'historien qu'il était.

[6] Même déclaration six années auparavant, le 29 mars 1762, concernant cette assiduité, ou prétendue assiduité, de Brown aux Délices (D10394). Voir l'utile mise au point du 8 mars 1763, signée Candidus [en réalité Brown lui-même], adressée à la *Bibliothèque des sciences et des beaux-arts* (D11077). Quant à la raison profonde de cette accusation d'être pique-assiette (à tout prendre, provocation gratuite) voir l'article de Ritter, et Gargett, p.175, n.158.

[7] Needham, qui habitait Paris à cette époque, a lu la note le concernant dès juillet 1767. Le 14, il écrit à Sabatier de Cabre: 'Avez vous vu un poeme manuscrit, qui coure le monde ici, ou Voltaire se moque des malheurs de la ville de Geneve? [...] J'entre aussi comme anneau dans cette chaine Ideale, qui roule dans sa tête, et il m'a fouri par nom comme *sot*, dans un vers, et comme *jésuite irlandais* dans une note' (R. Mazzolini et S. Roe, *Science against the unbelievers: the correspondence of Bonnet and Needham, 1760-1780*, Studies 243, 1986, p.86). L'expression 'quelques philosophes' employée plus loin englobe sans doute à la fois Maupertuis, Buffon et le groupe autour du baron d'Holbach; voir Shirley Roe, 'Voltaire versus Needham: atheism, materialism, and the generation of life', *Journal of the history of ideas* (January-March 1985), p.65-87.

Les deux amants devant lui comparaissent.[8]
A ces objets, à ces péchés charmants,
Dans sa vieille âme en tumulte renaissent
Les souvenirs des tendres passe-temps
Qu'avec Javotte il eut dans son printemps.   105
Il interroge; et sa rare prudence
Pèse à loisir sur chaque circonstance,
Le lieu, le temps, le nombre, la façon.
L'amour, dit-il, est l'œuvre du démon.
Gardez-vous bien de la persévérance;   110
Et dites-moi si les tendres désirs
Ont subsisté par-delà les plaisirs.

    Catin subit son interrogatoire
Modestement jalouse de sa gloire.
Non sans rougir, car l'aimable pudeur   115
Est sur son front comme elle est dans son cœur.
Elle dit tout, rend tout clair et palpable;
Et fait serment que son amant aimable
Est toujours gai, devant, durant, après.
Vernet, content de ces aveux discrets,   120
Va prononcer la divine sentence.[9]

106   67A, 67X: Il l'interroge
108   MS3: le nombre et la façon
114   MS1, MS2, MS3, 67A, 67X: Modestement, en conservant sa gloire
120   67A, 67X: de ses aveux
121   67A, 67X: sa divine

[8] Ceci n'est pas tout à fait exact. Quand Catherine Ferboz fut incarcérée le 7 février 1764, Covelle commença par s'enfuir et mit la frontière entre lui et ses juges. Puis revenant à de meilleurs sentiments, il rentra à Genève et comparut devant le Consistoire le 1er mars 1764, soit trois semaines après Catherine.

[9] L'avis du Consistoire était de censurer Covelle, qui devait demander pardon à Dieu, à genoux, et de lui défendre la Sainte Cène. Cette sentence ayant été prononcée, Covelle répondit qu'il demandait huit jours de réflexion. Mais ce n'est que le 15 mars qu'il comparut de nouveau et présenta un mémoire où il expliquait pour quelles raisons il refusait de s'agenouiller.

Robert Covelle, écoutez à genoux, –
A genoux, moi! *Vous-même.* – Qui? moi! – *Vous.*
A vos vertus joignez l'obéissance.

    Covelle alors, à sa mâle éloquence   125
Donnant l'essor, et ranimant son feu,
Dit: 'Je fléchis les genoux devant Dieu,
Non devant l'homme: et jamais ma patrie
A mon grand nom ne pourra reprocher
Tant de bassesse et tant d'idolâtrie.   130
J'aimerais mieux périr sur le bûcher
Qui de Servet a consumé la vie,
J'aimerais mieux mourir avec Jean Hus,
Avec Chausson[m] et tant d'autres élus,
Que m'avilir à rendre à mes semblables   135
Un culte infâme et des honneurs coupables.
J'ignore encor tout ce que votre esprit

  [m] Chausson,[10] fameux partisan d'Alcibiade, d'Alexandre, de Jules
César, de Giton, de Des Fontaines, de l'Année littéraire, brûlé chez les
Welches au dix-septième siècle.

132   MS2:   conservé la vie
134   67A, 67X: Chauffour
n.*m*   68E *var*:   Alcibiade, de Jules
      MS1, MS2:   César et de Giton, brûlé
      MS3:   César et de son giton, brûlé chez les
      W75G, W68, K: de l'âne littéraire

  [10] Le nom de Chausson figure à plusieurs reprises dans l'œuvre de Voltaire:
voir l'*Ode à M. le duc de Richelieu, sur l'ingratitude* (M.viii.422), *Le Père Nicodème
et Jeannot* (M.x.164) et D3972 (voir aussi D18771, où Jean-Benjamin de Laborde
parle du duc de Béthune en ces termes: 'homme indigne, b... comme Chausson
et capable de tous les vices'). Benjamin Deschauffours (voir 134*v*), homosexuel
notoire, embastillé en février 1726 pour avoir tenu 'une école et bordel de
sodomie', fut brûlé vif en place de Grève le 25 mai de la même année; voir D.
A. Coward, 'Attitudes to homosexuality', *Journal of European studies* 10 (1980),
p.231-55.

Peut en secret penser de Jésus-Christ.[n]
Mais il fut juste et ne fut point sévère.
Jésus fit grâce à la femme adultère;   140
Il dédaigna de tenir à ses pieds,
Ses doux appas de honte humiliés.
Et vous pédants, cuistres de l'Evangile,
Qui prétendez remplacer en fierté
Ce qui chez vous manque en autorité,   145
Nouveaux venus, troupe vaine et futile,
Vous oseriez exiger un honneur
Que refusa Jésus-Christ mon Sauveur!
Tremblez, cessez d'insulter votre maître –
Tu veux parler, tais-toi, Vernet – Peut-être   150
Me dirais-tu, qu'aux murs de St Médard,
Trente prélats tous dignes de la hart,
Pour exalter leur sacré caractère,
Firent fesser Louis le Débonnaire[o]
Sur un cilice étendu devant eux.   155
Louis était plus bête que pieux.
La discipline en ces jours odieux
Etait d'usage, et nous venait du Tibre.
C'était un temps de sottise et d'erreur.

[n] Voyez l'article Genève dans l'Encyclopédie. Jamais Vernet n'a signé que Jésus est Dieu consubstantiel à Dieu le père.[11] A l'égard de l'Esprit il n'en parle pas.
[o] Voyez l'Hist. de l'Empire et de France.

n.*n*   MS1, MS2, MS3: *Encyclopédie.*//
        68C, 68D: l'article de Genève
143   67A, 67X: pédant, cuistre de l'Evangile
151   67A, 67X: Me diras-tu

[11] Cf. 'Plusieurs ne croyent plus la divinité de Jesus-Christ, dont Calvin leur chef étoit si zélé défenseur, & pour laquelle il fit brûler Servet' (*Encyclopédie*, art. 'Genève').

Ce temps n'est plus; et si ce déshonneur   160
A commencé par un vil empereur,
Il finira par un citoyen libre.[12]

A ce discours, tous les bons citadins,
Pressés en foule à la porte applaudirent,
Comme autrefois les chevaliers romains   165
Battaient des pieds et claquaient des deux mains
Dans le forum, alors qu'ils entendirent
De Cicéron les beaux discours diffus
Contre Verrès, Antoine et Cétégus,[p]
Ses tours nombreux, son éloquente emphase,   170
Et les grands mots qui terminaient sa phrase.
Tel de plaisir le parterre enivré,
Fit retentir les clameurs de la joie
Quand *l'Ecossaise* abandonnait en proie
Aux ris moqueurs du public éclairé   175
Ce lourd Fréron[q] diffamé par la ville

[p] Cétégus, complice de Catilina.
[q] Maître Aliboron dit Fréron était à la première représentation de
l'Ecossaise. Il fut hué pendant toute la pièce, et reconduit chez lui par
le public avec des huées.[13]

163   67A, 67X: tous ces bons
169   MS1, MS2, MS3: Antoine, ou Cétégus
172-177   MS1, MS2, MS3, 67A, 67X, absent [68E *var*: β]

[12] Ici Voltaire se cite lui-même; voir l'"Avertissement' de la 'Dixième lettre',
Questions sur les miracles (M.xxv.406); l'*Essai sur les mœurs*, ch.23 (M.xii.297); les
Annales de l'empire (M.xiii.242). Kehl ajoute en note: 'Il est très vrai que les
ministres citèrent à Covelle l'exemple de Louis le Débonnaire ou le Faible, et
qu'il leur fit cette réponse.'
[13] La première de l'*Ecossaise* eut lieu le samedi 26 juillet 1760 et Fréron y
assista effectivement en compagnie de sa femme. Il fut hué chaque fois que
Wasp paraissait en scène, ou qu'il était question de lui (voir d'Argental à
Voltaire, 27 juillet 1760; D9091). La troisième prémisse est toutefois irrecevable,
car manifestement Voltaire prend ses désirs pour des réalités. Loin d'être, ou
de se sentir, écrasé, Fréron rentra chez lui pour composer sa 'Relation d'une
grande bataille' (D.app.190), preuve d'une combativité nullement entamée.

Comme un bâtard du bâtard de Zoïle.

Six cents bourgeois proclamèrent soudain
Robert Covelle heureux vainqueur des prêtres,
Et défenseur des droits du genre humain.   180
Chacun embrasse, et Robert et Catin.
Et dans leur zèle ils tiennent pour des traîtres
Les prédicants qui de leurs droits jaloux
Dans la cité voudraient faire les maîtres,
Juger l'amour, et parler de genoux.   185

Ami lecteur, il est dans cette ville
De magistrats un sénat peu commun,
Et peu connu. Deux fois douze, plus un,[14]
Font le complet de cette troupe habile.
Ces sénateurs de leur place ennuyés,   190
Vivent d'honneur, et sont fort mal payés.
On ne voit point une pompe orgueilleuse
Environner leur marche fastueuse;
Ils vont à pied comme les Manlius,
Les Curius et les Cincinnatus.   195
Pour tout éclat une énorme perruque
D'un long boudin cache leur vieille nuque,
Couvre l'épaule et retombe en anneaux;
Cette crinière a deux pendants égaux,
De la justice emblème respectable.   200
Leur col est raide; et leur front vénérable
N'a jamais su pencher d'aucun côté,

181   MS2: embrasse Robert et
183-184   67A, 67X: de leur droit jaloux / Dans la cité veulent faire les maîtres.
191   67A, 67X: très mal payés.
195   67A, 67X: Les Curtius
197   67A, 67X: cachant

[14] Le Conseil des XXV, autrement dit le Petit Conseil. Il est très vrai que le Consistoire, fort mécontent de Covelle, demanda au Petit Conseil d'obliger le dernier, par la force même, à venir s'agenouiller devant lui.

Signe d'esprit et preuve d'équité.

Les deux partis devant eux se présentent
Plaident leur cause, insistent, argumentent,   205
De leurs clameurs le tribunal mugit;
Et plus on parle, et moins on s'éclaircit;
L'un se prévaut de la Sainte Ecriture,
L'autre en appelle aux lois de la nature;
Et tous les deux décochent quelque injure,   210
Pour appuyer le droit et la raison.

Dans le sénat il était un Caton;
Pierre Agnelin syndic de cette année,[15]
Qui crut l'affaire en ces mots terminée.

'Vos différends pourraient s'accommoder.   215
Vous avez tous l'art de persuader.
Les citoyens et l'éloquent Covelle
Ont leurs raisons – les vôtres ont du poids –
C'est ce qui fait – l'objet de la querelle –
Nous en pourrons parler une autre fois –   220
Car – en effet – il est bon qu'on s'entende –
Il faut savoir ce que chacun demande. –
De tout l'Etat l'Eglise est le soutien –
On doit surtout penser au – citoyen. –
Les blés sont chers et la disette est grande.   225

206   MS2:   De leur clameur
       67A, 67X: Dans leurs clameurs [68E *var:* β]
212   67A, 67X: Dans ce sénat
213   MS1:   Paul ***, syndic
       MS2, MS3, 67A, 67X, K: Paul Gallatin
214   67A, 67X: Crut par ces mots l'affaire terminée:
218   67A, 67X: ont leur poids
223   MS1, 68C, 68D: De tout Etat
224   67A, 67X: Il faut surtout penser en citoyen

[15] Il s'agit du syndic André Gallatin (1700-1773), surnommé l'Agneau (voir
D13174, D14963, commentaire).

Allons dîner – les genoux n'y font rien.[r][16]

A ce discours, à cet arrêt suprême,
Digne en tout sens de Thémis elle-même,
Les deux partis également flattés,
Egalement l'un et l'autre irrités,   230
Sont résolus de commencer la guerre.
O guerre horrible! ô fléau de la terre!
Que deviendront Covelle et ses amours?
Des bons bourgeois le bras les favorise;
Mais les bourgeois sont un faible secours   235
Quand il s'agit de combattre l'Eglise.
Leur premier feu bientôt se ralentit;
Et pour l'éteindre un dimanche suffit.
Au cabaret on est fier, intrépide;
Mais au sermon qu'on est sot et timide!   240
Qui parle seul, a raison trop souvent.
Sans rien risquer sa voix peut nous confondre.
Un temps viendra qu'on pourra lui répondre;
Ce temps est proche, et sera fort plaisant.

[r] C'est le refrain d'une chanson grivoise, *Et lon, lan, la, les genoux n'y font rien.*

230   67A, 67X: l'un de l'autre
234   MS1: bourgeois les bras le
        68C, 68D: bourgeois les bras les
242   MS1, MS2, MS3, 67A, 67X: sa voix sait nous

[16] L'embarras du Petit Conseil devant la requête du Consistoire – embarras fort bien rendu par le charabia de Gallatin – était très réel. A cette époque de dissension interne le Petit Conseil avait déjà assez de préoccupations. Et s'occuper de l'affaire de la génuflexion, qui passionnait l'opinion, n'aurait ni plus ni moins équivalu qu'à donner des coups de bâton dans une fourmilière. Le Conseil ne voulait donc absolument pas prendre position. Mais refuser de prendre position signifiait donner tort au Consistoire et donner l'impression de soutenir un paillard...

CHANT SECOND

Quand deux partis divisent un empire,
Plus de plaisirs, plus de tranquillité,
Plus de tendresse et plus d'honnêteté.
Chaque cerveau dans sa moelle infecté
Prend pour raison les vapeurs du délire;
Tous les esprits l'un par l'autre agités,   5
Vont redoublant le feu qui les inspire.
Ainsi qu'à table un cercle de buveurs.
Faisant au vin succéder les liqueurs,
Tout en buvant demande encore à boire,
Verse à la ronde, et se fait une gloire   10
En s'enivrant d'enivrer son voisin.

Des prédicants le bataillon divin
Ivre d'orgueil et du pouvoir suprême,
Avait déjà prononcé l'anathème;
Car l'hérétique excommunie aussi.   15
Ce sacré foudre est lancé sans merci
Au nom de Dieu. Genève imite Rome
Comme le singe est copiste de l'homme.
Robert Covelle et ses braves bourgeois
Font peu de cas des foudres de l'Eglise;   20
On en sait trop; on lit l'Esprit des lois.
A son pasteur l'ouaille est peu soumise.

---

1   68A, 68B: deux parties
5-6   MS1, MS2, MS3, MS4, MS6, 67A, 67X, 68 non-cartonné:
          Ne connaît plus qu'un factieux délire.
          Et les esprits
7   67X: Font redoublant
17   MS3:   Le sacré foudre

93

Le fier Roson, l'intrépide Cournois,
Paillart le riche et le disert Flavière[1]   25
Vont envoyer d'une commune voix
Les prédicants prêcher dans la rivière.
On s'y dispose; et le vaillant Roson
Saisit déjà le sot prêtre Brognon,
A la braguette, au collet, au chignon,   30
Il le soulève ainsi qu'on vit Hercule
En déchirant la robe qui le brûle,
Lancer d'un jet le malheureux Licas.

   Mais, ô prodige! et qu'on ne croira pas,
Tel est l'ennui dont la sage nature   35
Dota Brognon, que sa seule figure
Peut assoupir, et même sans prêcher,
Tout citoyen qui l'oserait toucher.
Maître Brognon ressemble à la torpille;
Elle engourdit les mains des matelots   40
Qui de trop près la suivent sur les flots.
Roson s'endort, et Paillart le secoue,
Brognon gémit étendu dans la boue.

24-25   MS1, MS2, MS3, MS4, MS6, 67A, 67X, K:
    Le fier Rodon, l'intrépide Flournois,
    Pallard [MS3: Paillard; MS4: Pellard] le riche et le disert Clavière
   W75G, W68:
    Le fier Roson, l'intrépide Clernois,
    Paillart le riche et le disert Flagière,
25   69A: discret Flavière
28   MS1, MS2, MS3, MS4, MS6, 67A, 67X, K: Rodon [*passim*]
36   W75G: que la seule
38   67A, 67X, absent [68E *var*: β]
38-39   K84E, entre 38-39:   Rien n'y résiste, homme, femme, ni fille
42   67A: Ridon

[1] Bénédicte-André Rodon, Charles-Gabriel Flournois (notaire de Genève),
André-Jacques Pallard et Etienne Clavière: ces trois derniers faisaient partie des
vingt-quatre commissaires des Représentants.

94

Tous les pasteurs étaient saisis d'effroi.
Ils criaient tous, au secours, à la loi! 45
A moi chrétiens, femmes, filles, à moi!
A leurs clameurs, une troupe dévote
Se rajustant, descend de son grenier;
Et crie, et pleure, et se retrousse, et trotte,
Et porte en main Saurin[a] et le psautier. 50
Et les enfants vont pleurant après elles;

[a] Les sermons de Saurin[2] prédicant à la Haye, connu pour une petite espièglerie qu'il fit à milord Portland,[3] en faveur d'une fille. Ce qui déplut fort au Portland, lequel ne passait pas cependant pour aimer les filles.

n.*a-h* MS4, 67A, 67X, notes *a-h* absentes
n.*a* MS2, MS6, note *a* absente
n.*a* MS1, MS3: connu pour avoir volé les franges d'or d'un carrosse de milord Portland, qu'il donna à une fille, ce qui déplut
n.*a*, 3 68E *var*: à Portland
      MS1, MS3: passait pas pour

[2] Voltaire attribue ici à Jacques Saurin (1677-1730), prédicant de La Haye et auteur des *Sermons sur divers textes de l'Ecriture Sainte* (1725), maintes fois réimprimés, une aventure (explicitée dans la variante de MS1 et de MS3) qu'on mettait à tort ou à raison sur le compte de son homonyme Joseph Saurin (1659-1737), pasteur transfuge. Voltaire avait lui-même rédigé, le 15 novembre 1758, une *Réfutation d'un écrit anonyme contre la mémoire de feu monsieur Joseph Saurin* (voir ce texte et notre introduction), lequel Saurin était accusé depuis longtemps d'avoir *volé des franges d'or* au fauteuil de la vieille dame de Bercher. Mais *la fille* dont parle Voltaire? Il est probable que nous nous trouvons ici devant un souvenir assez précis (si toutefois malicieusement déformé) de ses lectures à propos de Joseph Saurin.
[3] Il doit s'agir de William Bentinck, Earl of Portland (1648-1709), homme d'Etat anglais, d'origine hollandaise, ami d'enfance de Guillaume d'Orange et pendant longtemps son confident et intime. Mais nous ignorons par quel processus Voltaire, ayant parlé de Saurin, est arrivé à jumeler ce nom, ou ces noms, avec celui de Portland.

Et les amants donnant le bras aux belles,
Diacre, maçon, corroyeur, pâtissier
D'un flot subit inondent le quartier.
La presse augmente, on court, on prend les armes;　　55
Qui n'a rien vu, donne le plus d'alarmes.
Chacun pense être à ce jour si fatal
Où l'ennemi, qui s'y prit assez mal,
Aux pieds des murs vint planter ses échelles,[b]
Pour tuer tout excepté les pucelles.　　60

Dans ce fracas le sage et doux Dolot[4]

[b] L'escalade de Genève le 12 décembre 1602.

52　68c, 68d: donnent le bras
52-54　MS1, MS2, MS3, MS4, MS6, 67A, 67X:
　　　　Et les amants sortent avec leurs belles,
　　　　Et les marchands remplissent le quartier [68E *var*: β]
57　67A, 67X: pensait être en ce jour fatal
　　　　MS4: au jour si fatal
59　67A, 67X: Au pied des
　　　　MS4: les échelles
　　　　67A, 67X: des échelles
60　67A, 67X, absent [68E *var* : β]
61　MS4: Dolat [*passim*]

[4] Dolot: il s'agit de Jean-Baptiste Tollot, poète, apothicaire et philosophe
(1698-1773). S'il était en effet doux et sage, comme dit Voltaire, c'était aussi un
terrible trousseur de vers; et Senebier dit aussi que le quart du *Journal helvétique*
(ou *Mercure suisse*) était rempli des discours de morale et des petits vers de
société composés par cet apothicaire. Le 21 mai 1768, Voltaire écrit à Jean-
Baptiste Tollot: 'Le jeune homme, monsieur, à qui vous avez bien voulu écrire,
serait très fâché de vous avoir contristé, attendu qu'il n'a voulu que rire. Tout
le monde rit, et il vous prie instamment de rire aussi. On peut très bien être
citoyen de Genève et apothicaire sans se fâcher. Mr Coladon mon ami est d'une
des plus anciennes familles de Geneve et un des meilleurs apothicaires de
l'Europe. Quand on écrit à un apothicaire en Allemagne, l'adresse est, à monsieur
N., apothicaire très renommé. MM. Geoffroi et Bousleduc, apothicaires, étaient
de l'académie des sciences, et ont eu toute leur vie de l'amitié pour moi. [...]
Etes vous fâché qu'on dise que vous faites de beaux vers? Si Hippocrate fut
apothicaire, Esculape eut pour père le dieu des vers. En vérité, il n'y a pas là

Fait un grand signe et d'abord ne dit mot.
Il est aimé des grands et du vulgaire,
Il est poète, il est apothicaire;
Grand philosophe, et croit en Dieu pourtant;   65
Simple en ses mœurs, il est toujours content,
Pourvu qu'il rime et pourvu qu'il remplisse
De ses beaux vers le Mercure de Suisse.
Dolot s'avance; et dès qu'on s'aperçut
Qu'il prétendait parler à des visages,[5]   70
On l'entoura, le désordre se tut.

    Messieurs, dit-il, vous êtes nés tous sages;
Ces mouvements sont des convulsions;
C'est dans le foie, et surtout dans la rate
Que Galien, Nicomaque, Hippocrate   75
Tous gens savants placent les passions.
L'âme est du corps la très humble servante;
Vous le savez, les esprits animaux
Sont fort légers, et s'en vont aux cerveaux
Porter le trouble avec l'humeur peccante;   80
Consultons tous le célèbre Tronchin.
Il connaît l'âme, il est grand médecin:
Il peut beaucoup dans cette épidémie.

---

62   MS1: et jamais ne dit mot
63   MS2, MS6: aimé du grand
79   MS4: et montent aux cerveaux

---

de quoi s'affliger! On vous aime et on vous estime; soyez sain et gaillard, et n'ayez jamais besoin d'apothicaire' (D15029).

[5] Dans le *Malade imaginaire* (III.iv), Monsieur Fleurant, apothicaire, veut faire prendre un lavement à Argan. Béralde s'y opposant, Monsieur Fleurant lui rétorque: 'De quoi vous mêlez-vous, de vous opposer aux ordonnances de la médecine, et d'empêcher monsieur de prendre mon clystère?' [...] Béralde de répondre: 'Allez, monsieur, on voit bien que vous n'avez pas accoutumé de parler à des visages'.

Tronchin sortait de son Académie
Lorsque Dolot disait ces derniers mots.   85
Sur son beau front siège le doux repos,
Son nez romain dès l'abord en impose;
Ses yeux sont noirs, ses lèvres sont de rose;
Il parle peu, mais avec dignité.
Son air de maître est plein d'une bonté,   90
Qui tempérait la splendeur de sa gloire.
Il va tâtant le pouls du Consistoire
Et du Conseil, et des plus gros bourgeois.

    Sur eux à peine il a placé ses doigts,
O de son art merveilleuse puissance!   95
O vanités! ô fatale science!
La fièvre augmente: un délire nouveau
Avec fureur attaque tout cerveau.
J'ai vu souvent près des rives du Rhône

---

84   68B, NM: Tronchin [avec note:] Personne n'ignore la sagacité et la justesse avec lesquelles ce grand médecin fit ses pronostics sur les causes et les suites de la maladie de madame la dauphine.[6]

91   67A, 67X: Que tempérait

94   MS1: il a posé ses
     MS4, 67A, 67X: placé les doigts

96   MS2, MS3, MS6, 68A, 68B: O vanité!

99-115   MS2, MS3, MS4, MS6, 67A, 67X, K variante:
    Les Genevois tombent en frénésie,
    Dans le sénat et dans la bourgeoisie; [MS2, MS3, MS4, MS6: omis]
    Bientôt le mal devient contagieux [MS2, MS3, MS4, MS6: omis]
    L'un tord les bras [67A, 67X: le bras], l'autre roule les yeux;
    Un autre écume, et tous donnent au diable
    Le grand Tronchin avec sa mine affable.
    Jamais son art ne parut plus fatal:
    Qui veut guérir fait souvent bien [K omet: bien] du mal.
    Lui, d'un pas grave, et d'une marche lente,
    Fendant la foule étonnée et tremblante [68E var : β]
    [MS2, MS3, MS4, MS6: Laisse écumer la troupe turbulente]

[6] Marie-Josèphe de Saxe, épouse de Louis, dauphin de France, est morte le 13 mars 1767 (cf. D14038 et commentaire, sur Tronchin).

Un serviteur de Flore et de Pomone,   100
Par une digue arrêtant de ses mains
Le flot bruyant qui fond sur ses jardins:
L'onde s'irrite, et, brisant sa barrière,
Va ravager les œillets, les jasmins
Et des melons la couche printanière.   105
Telle est Genève: elle ne peut souffrir
Qu'un médecin prétende la guérir;
Chacun s'émeut, et tous donnent au diable
Le grand Tronchin avec sa mine affable.
Du genre humain voilà le sort fatal.   110
Nous buvons tous dans une coupe amère
Le jus du fruit que mangea notre mère.
Et du bien même il naît encore du mal.
Lui d'un pas grave, et d'une marche lente,
Laisse gronder la troupe turbulente,   115
Monte en carosse et s'en va dans Paris
Prendre son rang parmi les beaux esprits.[7]

　　Genève alors est en proie au tumulte,
A la menace, à la crainte, à l'insulte.
Tous contre tous, Bitet contre Bitet;[8]   120

100　68A, 68B:　de Flore et Pomone
102　MS1:　Le flot altier menaçant ses jardins
108　MS1:　Chacun murmure, et
110-113　MS1:
　　Jamais son art ne parut plus fatal
　　Qui veut le bien fait quelquefois le mal
120　MS2, MS3, MS4, MS6, 67A, 67X:　Pictet contre Pictet
　　68A, 68B, NM, W70L:　Biret contre Biret

[7] Les dégoûts que Théodore Tronchin avait fini par essuyer dans les troubles de la république le déterminèrent effectivement à aller demander à Paris une popularité qu'il n'avait plus dans son ingrate patrie. D13114 (à Damilaville, 15 janvier 1766) nous apprend que Tronchin comptait partir le 24 du mois; or D13132 (à la marquise de Florian) indique qu'il était sans doute parti pour Paris le 22.

[8] Il s'agit des Pictet: le colonel Charles Pictet (Représentant), Marc Pictet (syndic) et peut-être Pierre Pictet (professeur de droit).

Chacun écrit, chacun fait un projet;
On représente, et puis on représente;
A penser creux tout bourgeois se tourmente.
Un prédicant donne à l'autre un soufflet:
Comme la horde à Moïse attachée   125
Vit autrefois à son très grand regret
Sédékia prophète peu discret
Qui souffletait le prophète Michée.[c]

Quand le soleil sur la fin d'un beau jour
De ses rayons dore encor nos rivages,   130
Que Philomèle enchante nos bocages,
Que tout respire et la paix et l'amour,
Nul ne prévoit qu'il viendra des orages.
D'où partent-ils? Dans quels antres profonds
Etaient cachés les fougueux aquilons?   135
Où dormaient-ils? Quelle main sur nos têtes
Dans le repos retenait les tempêtes?
Quel noir démon soudain trouble les airs?
Quel bras terrible a soulevé les mers?
On n'en sait rien. Les savants ont beau dire,   140
Et beau rêver; leurs systèmes font rire.

[c] Voyez les Paralipomènes, chap.18, v.23.[9] Or Sédékia, fils de Kanaa s'approcha de Michée, lui donna un soufflet, et lui dit, Par où l'esprit du Seigneur a-t-il passé pour aller de ma main à ta joue, (et selon la Vulgate, de toi à moi)?

121   MS4: chacun forme un
n.c   MS1: Voyez la Sainte Bible, Paralipomènes chap.18, v.23.//
      MS2, MS6: Voyez la Bible.//
      MS3: Voyez la Sainte Bible.//
130   MS4: encor les rivages
132-133   MS2, MS6, absent
136-137   MS2, MS6: quelles mains [...] retenaient

[9] Plus précisément II Paralipomènes, xviii.23.

Ainsi Genève en ces jours pleins d'effroi
Etait en guerre et sans savoir pourquoi.

    Près d'une église à Pierre consacrée
Très sale église, et de Pierre abhorrée,   145
Sur un vieux mur est un vieux monument,
Reste maudit d'une déesse antique
Du paganisme ouvrage fantastique,
Dont les enfers animaient les accents,
Lorsque la terre était sans prédicants.   150
Dieu quelquefois permet qu'à cette idole
L'esprit malin prête encor sa parole.
Les Genevois consultent ce démon
Quand par malheur ils n'ont point de sermon.
Ce diable antique est nommé l'Inconstance.   155
Elle a toujours confondu la prudence.
Une girouette exposée à tout vent,
Est à la fois son trône et son emblème;
Cent papillons forment son diadème.
Par son pouvoir magique et décevant   160
Elle envoya Charles-Quint au couvent,
Jules Second aux travaux de la guerre;
Fit Amédée et moine, et pape, et rien,^d

---

^d Amédée duc de Savoie retiré à Ripaille devenu antipape.

142   MS4, 67A, 67X: en ce jour plein d'effroi
145-146 K84E, entre 145-146: Qui brave Rome, hélas! impunément;
153   MF: Les habitants consultent
154   MS2, MS3, MS4, MS6, 67A, 67X: Quand dans la ville il n'est point de
sermon
163   MS2, MS3, MS4, MS6, 67A, 67X: et pape, et moine [68E var: β]
n.d   MF, note d absente

Bonneval turc,[e] et Macarti chrétien.[f]
Elle est fêtée en France, en Angleterre.
Contre l'ennui son charme est un secours.
Elle a, dit-on, gouverné les amours.
S'il est ainsi, c'est gouverner la terre.

165

[e] Le comte de Bonneval, général en Allemagne, et bacha en Turquie sous le nom d'Osman.[10]

[f] L'abbé Macarti Irlandais, prieur en Bretagne, sodomite, simoniaque, puis turc. Il emprunta, comme on sait, à l'auteur de ce grave poème 2000 liv. avec lesquelles il s'alla faire circoncire.[11] Il a rechristianisé depuis, et est mort à Lisbonne.

n.e MS3: en Turquie.//
164 MF: M*** chrétien
n.f MS2, MS3, MS6: puis turc.//
166 MS4: est le secours

[10] Claude-Alexandre, comte de Bonneval (1675-1747), célèbre aventurier.

[11] L'abbé Abel MacCarthy d'Aglish figure aussi dans l'*Ode* [...] *sur l'ingratitude*, *Les Oreilles du comte de Chesterfield* et enfin dans le *Commentaire historique*. Il fait son apparition, dans la correspondance, le 13 octobre 1724, époque à laquelle il était sur les rangs pour le poste de secrétaire du duc de Richelieu (D217). C'est par la lettre du 24 mars 1732 (D473) que nous apprenons que Voltaire lui avait prêté 1400 francs, somme non encore remboursée le 16 novembre 1733 (D678). Il semblerait d'après cette dernière lettre que MacCarthy avait employé la somme, d'après Voltaire illégalement, à acheter ou à aider à acheter par quelqu'un d'autre, un bénéfice, en l'occurence un prieuré en Bretagne. C'est enfin dans une lettre du 22 février 1736 n.s., à son ami Everard Fawkener, ambassadeur à Constantinople, qu'on lit: 'You will see perhaps a renegade, a bastard offspring of an irishman, who went at Paris by the name of Makarty, a busy, bold, stirring, and not a scrupulous man. He had the honour by chance of being known to the marquise Duchatelet, but expell'd from her house for his rogueries and impudence before he left Paris with two young men in debt, whom he seduced to turn musulmen. His story and his character must be known at Constantinople. J would fain know what sort of live he leads now with the followers of Mohammed'.

Monsieur Grillet,[g] dont l'esprit est vanté,[12]
Est fort dévot à cette déité;   170
Il est profond dans l'art de l'ergotisme;
En quatre parts il vous coupe un sophisme;
Prouve et réfute; et rit d'un ris malin
De St Thomas, de Paul et de Calvin.
Il ne fait pas grand usage des filles,   175
Mais il les aime. Il trouve toujours bon
Que du plaisir on leur donne leçon,
Quand elles sont honnêtes et gentilles.
Permet qu'on change et de fille et d'amant,
De vins, de mode, et de gouvernement.   180

    Amis, dit-il, alors que nos pensées
Sont au droit sens tout à fait opposées,
Il est certain, par le raisonnement,
Que le contraire est un bon jugement.
Et qui s'obstine à suivre ses visées   185

[g] Celui que l'auteur désigne par le nom de Grillet est en effet un homme d'esprit, qui joint à une dialectique profonde beaucoup d'imagination.

169 MS1: Monsieur Couillet [*passim*]
    MS2, MS3, MS4, MS6, 67A, 67X: Douillet [*passim*] [68E *var*: *Monsieur* Grillet (*Douillet*, mais mieux *Billet*.)]
    K: Rillet [*passim*]
n.g MS1, MS2, MS3, MS6, note g absente
171-180 MS2, MS3, MS4, MS6, 67A, 67X, absent [68E *var*: β]
179 MS1: Il veut qu'on change et de femme et d'amant
180 68A, 68B: de mode, de
181 68A, 68B: Ami
    67A, 67X: vos pensées
183 MS2, MS6: pour le raisonnement
185 MS6: suivre ses idées

[12] Grillet, ou Couillet ou Douillet, ou Rillet ou Billet, est Théodore Rilliet (1727-1783), chef des Représentants.

Toujours du but s'écarte ouvertement.
Pour être sage il faut être inconstant.
Qui toujours change, une fois au moins trouve
Ce qu'il cherchait; et la raison l'approuve.
A ma déesse allez offrir vos vœux.   190
Changez toujours, et vous serez heureux.

Ce beau discours plut fort à la commune.
Si les Romains adoraient la Fortune,
Disait Grillet, on peut avec honneur
Prier aussi l'Inconstance sa sœur.   195
Un peuple entier suit avec allégresse
Grillet qui vole aux pieds de la déesse.
On s'agenouille, on tourne à son autel.
La déité tournant comme eux sans cesse,
Dicte en ces mots son arrêt solennel.   200

'Robert Covelle, allez trouver Jean-Jacques,
Mon favori, qui devers Neufchâtel
Par passe-temps fait aujourd'hui ses pâques. [h]

[h] Jean-Jacques Rousseau communiait en effet alors dans le village
de Moutier-Travers, diocèse de Neufchâtel. Il imprima une lettre[13] dans

188   MS4:   toujours a changé
      MS3:   au moins une fois
193   MS4:   adorent
197   67A, 67X, absent [68E *var* : β]
      MS3, MS4:   de sa déesse
198   67A, 67X: On s'agenouille autour de son autel
199   MS1:   La déité tourne comme
203   MS1, MS2, MS3, MS4, MS6, 67A, 67X: Dévotement fait aujourd'hui ses
paques.
n.*h*   MS2, MS3, MS6, note *h* absente
n.*h*, 11   68E *var*:   Genève; mais il écrivit
n.*h*, 18   MS1:   Apparemment que le quatrième

[13] Il est question ici de la malheureuse affaire de Môtiers et des démêlés de
Jean-Jacques avec le pasteur du lieu, François-Guillaume de Montmollin. Pour

C'est le soutien de mon culte éternel.
Toujours il tourne, et jamais ne rencontre;   205
Il vous soutient et le pour et le contre
Avec un front de pudeur dépouillé.
Cet étourdi souvent a barbouillé
De plats romans, de fades comédies,
Des opéras, de minces mélodies;   210

laquelle il dit, *qu'il pleurait de joie à cette sainte cérémonie.* Le lendemain il
écrivit une lettre sanglante contre le prédicant qui l'avait, dit-il, très mal
communié. Le surlendemain il fut lapidé par les petits garçons, et ne   5
communia plus. Il avait commencé par se faire papiste en Savoye, puis
il se refit calviniste à Genève; puis il alla à Paris faire des comédies;
puis il écrivit à l'auteur qu'il le ferait poursuivre au Consistoire de
Genève pour avoir fait jouer la comédie sur terre de France, dans son
château à deux lieues de Genève. Puis il écrivit contre M. d'Alembert   10
en faveur des prédicants de Genève; puis il écrivit contre les prédicants
de Genève, et imprima qu'ils étaient tous des fripons, aussi bien que
ceux qui avaient travaillé au dictionnaire de l'Encyclopédie, auxquels il
avait de très grandes obligations. Comme il en avait davantage à M.
Hume son protecteur qui le mena en Angleterre, et qui épuisa son crédit   15
pour lui faire obtenir cent guinées d'aumône du roi, il écrivit bien plus
violemment contre lui; *Premier soufflet*, dit-il, *sur la joue de mon protecteur,
second soufflet, troisième soufflet.* Apparemment, a-t-on dit, que le quatrième
était pour le roi.

205   67x: Toujours il vous tourne

se faire une idée objective de ce problème il faut lire les volumes 21-26 de la
Correspondance de Rousseau (éd. Ralph Leigh); on peut aussi consulter Claire
Rosselet, 'L'affaire Rousseau-Montmollin', *Musée neuchâtelois* (1934), p.715-16,
739-47. Voltaire, pour sa part, fait allusion ici à la lettre de Jean-Jacques, du 8
août 1765, adressée à Du Peyrou (Leigh 4573) où on lit: 'Dans les premiers
tems je m'attendrissois au Temple jusqu'aux larmes'. En réalité cette lettre avait
été imprimée, non pas par Rousseau, mais par Du Peyrou dans sa *Seconde lettre
relative à M.J.J. Rousseau adressée à mylord comte de Wemyss* ([Yverdon] 1765) et
encore dans le *Recueil de lettres de J.J. Rousseau & autres pièces relatives à sa persécution
& à sa défense* [Londres 1766]. Voltaire parle pour la première fois de cette
déclaration dans sa lettre du 24 octobre 1766 à David Hume (D13623).

Puis il condamne en style entortillé
Les opéras, les romans, les spectacles.
Il vous dira qu'il n'est point de miracles,
Mais qu'à Venise il en a fait jadis.[14]
Il se connaît finement en amis, 215
Il les embrasse et pour jamais les quitte.
L'ingratitude est son premier mérite.
Par grandeur d'âme il hait ses bienfaiteurs.
Versez sur lui les plus nobles faveurs;
Il frémira qu'un homme ait la puissance 220
La volonté, la coupable impudence
De l'avilir en lui faisant du bien.
Il tient beaucoup du naturel d'un chien.
Il jappe et fuit, et mord qui le caresse.
Ce qui surtout me plaît et m'intéresse, 225
C'est que de secte il a changé trois fois
En peu de temps pour faire un meilleur choix.
Allez, volez Catherine, Covelle,
Dans votre guerre engagez mon héros,

217 67A, 67X: L'ingratitude est sur son front écrite.
223 MS3, MS4, 67A, 67X, MF: du naturel du chien
224 MS4: Il jappe, il fuit
228 MS1, MS2, MS3, MS4, MS6, 67A, 67X: Catherine et Covelle
229-230 K84E, entre 229-230: Et qu'il y trouve une gloire nouvelle;

[14] C'est dans la troisième de ses *Lettres écrites de la montagne* que Jean-Jacques Rousseau parle de ses propres miracles, ou sortilèges: 'J'ai vu à Venise en 1743 une maniere de sorts assez nouvelle, et plus étrange que ceux de Preneste. Celui qui les vouloit consulter entroit dans une chambre, et y restoit seul s'il le désiroit. Là, d'un Livre plein de feuillets blancs il en tiroit un à son choix; puis tenant cette feuille il demandoit, non à voix haute, mais mentalement ce qu'il vouloit savoir. Ensuite il plioit sa feuille blanche, l'enveloppoit, la cachetoit, la plaçoit dans un Livre ainsi cacheté: enfin après avoir récité certaines formules fort baroques sans perdre son Livre de vue, il en alloit tirer le papier, reconnoître le cachet, l'ouvrir, et il trouvoit sa réponse écrite. Le magicien qui faisoit ces sorts étoit le premier Secrétaire de l'Ambassadeur de France et il s'appeloit J. J. Rousseau' (*Œuvres complètes*, éd. Pléiade, 1964, iii.738).

Le dieu du lac vous attend sur ses flots.   230
En vain mon sort est d'aimer les tempêtes.
Puisse Borée enchaîné sur vos têtes
Abandonner au souffle des zéphyrs
Et votre barque et vos charmants plaisirs:
Soyez toujours amoureux et fidèles,   235
Et jouissants. C'est sans doute un souhait
Que jusqu'ici je n'avais jamais fait.
Je ne voulais que des amours nouvelles.
Mais ma nature étant le changement,
Pour votre bien je change en ce moment.   240
Je veux enfin qu'il soit dans mon empire
Un couple heureux sans infidélité,
Qui toujours aime et qui toujours désire.
On l'ira voir un jour par rareté.
Je veux donner, moi qui suis l'Inconstance,   245
Ce rare exemple; il est sans conséquence.
J'empêcherai qu'il ne soit imité.
Je suis vrai pape, et je donne dispense,
Sans déroger à ma légèreté.
Ne doutez point de ma divinité.   250
Mon Vatican, mon église est en France.'
Disant ces mots, la déesse bénit
Les deux amants, et le peuple applaudit.

    A cet oracle, à cette voix divine
Le beau Robert, la belle Catherine   255
Vers la girouette avancèrent tous deux,
En se donnant des baisers amoureux.
Leur tendre flamme en était augmentée.
Et la girouette un moment arrêtée
Ne tourna point; et se fixa pour eux.   260

    Les deux amants sont prêts pour le voyage.
Un peuple entier les conduit au rivage;

248-253   MS2, MS3, MS4, MS6, 67A, 67X, absent [68E *var*: β]

Le vaisseau part. Zéphire et les Amours
Sont à la poupe et dirigent son cours,
Enflent la voile, et d'un battement d'aile   265
Vont caressant Catherine et Covelle.
Tels en allant se coucher à Paphos
Mars et Vénus ont vogué sur les flots;
Telle Amphitrite et le puissant Nérée
Ont fait l'amour sur la mer azurée.   270

269   MS3, MS4, 67A, 67X: Tels
270   MS1, MS2, MS4, MS6, 67A, 67X: sur la plaine azurée
270   W75G, MS7, W68, K, après 270:
       Les bons bourgeois au rivage assemblés
       Suivaient de l'œil ce couple si fidèle,
       On n'entendait que les cris redoublés
       De liberté, de Catin, de Covelle.
           Parmi la foule il était un savant   5
       Qui sur ce cas rêvait profondément,
       Et qui tirait un fort mauvais présage
       De ce tumulte et de ce beau voyage.
       Messieurs, dit-il, je suis vieux; et j'ai vu
       Dans ce pays bon nombre de sottises.   10
       Je fus soldat, prédicant, et cocu,
       Je fus témoin des plus terribles crises;
       Mon bisaïeul a vu mourir Calvin,
       J'aime Covelle, et surtout sa Catin,
       Elle est charmante, et je sais qu'elle brille   15
       Par son esprit comme par ses attraits.
       Mais croyez-moi, si vous aimez la paix,
       Allez souper avec madame Oudrille.[15]
           Notre savant ayant ainsi parlé
       Fut du public impudemment sifflé.   20
       Il n'en tint compte. Il répétait sans cesse,
       Madame Oudrille – on l'entoure, on le presse,
       Chacun riait des discours du barbon.
       Et cependant lui seul avait raison.

[15] Oudrille paraît être un nom inventé dans lequel on trouve – est-ce un hasard? – l'anagramme du nom d'une famille fort respectable de Genève: Revilliod. La plaisanterie (reprise plus loin, v.101-163 *passim*) est malheureusement trop hermétique pour être comprise; voir D15075.

CHANT TROISIÈME

Quand sur le dos de ce lac argenté
Le beau Robert et sa tendre maîtresse,
Voguaient en paix, et savouraient l'ivresse
Des doux désirs et de la volupté,
Quand le sylvain, la dryade attentive,   5
D'un pas léger accouraient sur la rive,
Lorsque Protée et les nymphes de l'eau,
Nageaient en foule autour de leur bateau,
Lorsque Triton caressait la naïade,
Que devenait ce Jean-Jacques Rousseau   10
Chez qui Robert allait en ambassade?

Dans un vallon fort bien nommé *Travers*,
S'élève un mont, vrai séjour des hivers:
Son front altier se perd dans les nuages,
Ses fondements sont au creux des enfers.   15
Au pied du mont sont des antres sauvages
Du dieu du jour ignorés à jamais;
C'est de Rousseau le digne et noir palais.
Là se tapit ce sombre énergumène,
Cet ennemi de la nature humaine,   20
Pétri d'orgueil et dévoré de fiel.
Il fuit le monde, et craint de voir le ciel.
Et cependant sa triste et vilaine âme
Du dieu d'amour a ressenti la flamme.
Il a trouvé pour charmer son ennui   25

1   MS2, 67A, 67X: sur le bord de [68E *var*: β]
4   MS2: désirs de la volupté
7   MS2: nymphes des eaux
15 MS2, MS5, 68A, 68B, 69A, NM, W70L, W75G, W68, K: aux creux
21 67X: et craint de fiel
     68C, 68D: dévoré du fiel

Une beauté digne en effet de lui.
C'était Caron amoureux de Mégère.
Une infernale et hideuse sorcière
Suit en tous lieux le magot ambulant
Comme la chouette est jointe au chat-huant.   30
L'infâme vieille avait pour nom Vachine;[a]
C'est sa Circé, sa Didon, son Alcine.
L'aversion pour la terre et les cieux
Tient lieu d'amour à ce couple odieux.
Si quelquefois dans leurs ardeurs secrètes   35
Leurs os pointus joignent leurs deux squelettes,
Dans leurs transports ils se pâment soudain
Du seul plaisir de nuire au genre humain.
Notre Euménide avait alors en tête
De diriger la foudre et la tempête   40
Devers Genève. Ainsi l'on vit Junon
Du haut des airs terrible et forcenée
Persécuter les restes d'Illion,
Et foudroyer les compagnons d'Enée.
Le roux Rousseau renversé sur le sein,   45

[a] Son nom est Vacheur. C'est de là que l'auteur a tiré le nom de la fée Vachine.

27-30   K, omis (K84E: β)
28   MS3: Cette infernale
29   MS3: en tout lieu
30   MS1, MS2, MS3, MS5, 67A, 67X: la chouette accourt au
n.a-c   MS1, MS5, 67A, 67X, notes a-c absentes
n.a   W75G, W68, K, note a absente
      MS2: Elle s'appelle Le Vasseur.//
      MS3: Mademoiselle Thérèse le Vasseur
      68E var: est le Vacheur.
32   MS3: son Aline
34   MS2: d'amour pour ce couple
35-38   K, omis (K84E: β)
41   67A, 67X: l'on voit Junon
45   MS1, MS2, MS3, MS5, 67A, 67X: L'ami Rousseau
      MS5: sur son sein

Le sein pendant de l'infernale amie,
L'encourageait dans le noble dessein
De submerger sa petite patrie.
Il détestait sa ville de Calvin,
Hélas pourquoi? C'est qu'il l'avait chérie.   50

    Aux cris aigus de l'horrible harpie,
Déjà Borée entouré de glaçons
Est accouru du pays des Lapons.
Les aquilons arrivent de Scythie;
Les gnomes noirs dans la terre enfermés   55
Où se pétrit le bitume et le soufre,
Font exhaler du profond de leur gouffre
Des feux nouveaux dans l'enfer allumés.
L'air s'en émeut, les Alpes en mugissent,
Les vents, la grêle, et la foudre s'unissent: 60
Le jour s'enfuit. Le Rhône épouvanté,

46 67A, 67X: de la noire momie,
47 MS2: L'encourage dans
49 MS3, 67A, 67X, NM: la ville de Calvin
53 67A, 67X: Répand partout la fièvre et ses frissons [68E *var*: β]
55 67A, 67X: noirs, de leurs trous enfumés
57 67X: Pour exalter
      67A: Font exalter du
58 MS2: Ces feux
      67A, 67X: nouveaux dans la terre enfermés

Vers St Maurice[b] est déjà remonté.

[b]   St Maurice dans le Valais, à quelques milles de la source du Rhône. C'est en cet endroit que la légende a prétendu que Dioclétien en 287 avait fait martyriser une légion[1] composée de six mille chrétiens à pied, et de sept cents chrétiens à cheval qui arrivaient d'Egypte par les Alpes. Le lecteur remarquera que St Maurice est une vallée étroite entre deux montagnes escarpées, et qu'on ne peut pas y ranger trois cents hommes en bataille. Il remarquera encore qu'en 287 il n'y avait aucune persécution, que Dioclétien alors comblait tous les chrétiens de faveurs, que les premiers officiers de son palais Gorgonios et Dorotheos étaient chrétiens, que sa femme Prisca était chrétienne etc. Le lecteur observera surtout que la fable du martyre de cette légion fut écrite par Grégoire de Tours, qui ne passe pas pour un Tacite, d'après un mauvais roman attribué à l'abbé Eucher, évêque de Lyon, mort en 454: et dans ce roman il est fait mention de Sigismond, roi de Bourgogne, mort en 523.

Je veux et je dois apprendre au public qu'un nommé Nonote ci-devant jésuite, fils d'un brave crocheteur de notre ville, a depuis peu, dans le style de son père, soutenu l'authenticité de cette ridicule fable avec la même impudence qu'il a prétendu que les rois de France de la première race n'ont jamais eu plusieurs femmes, que Dioclétien avait été toujours persécuteur, et que Constantin était comme Moïse le plus doux de tous les hommes. Cela se trouve dans un libelle de cet ex-jésuite,[2] intitulé *les*

5

10

15

20

n.*b*   MS2, MS3, note *b* absente
n.*b*, 16   68E *var*: ville, (Besançon) a
n.*b*, 24   68E *var*: commentateurs. Elle est de

[1] C'est encore une fois l'auteur de l'*Essai sur les mœurs* qui se défend. Voltaire y avait examiné, et rejeté, la légende du massacre, ce qui lui valut les honneurs d'une contre-assertion de la part de Claude-François Nonnotte (1711-1793), prédicateur, théologien et controversiste, natif de Besançon (ch.8, 'De l'Italie et de l'Eglise avant Charlemagne'); cf. *L'Examen important de milord Bolingbroke*, ch.27, 'Des martyrs' et ch.29, 'Des chrétiens depuis Dioclétien jusqu'à Constantin' (Voltaire 62, p.292, 307).

[2] Nonnotte est l'auteur de l'ouvrage qui lui valut à la fois la célébrité et la haine tenace de Voltaire: *Les Erreurs de Voltaire*, paru en 1762 (6 éditions entre 1762 et 1770). Nonnotte récidiva en 1770 avec une nouvelle édition considérablement augmentée, et en 1779 publia *Les Erreurs de Voltaire, troisième partie*. Cet ouvrage connut les faveurs de la publication jusque vers le milieu du dix-neuvième siècle.

Le lac au loin vomit de ses abîmes,
Des flots d'écume élancés dans les airs;
De cent débris ses deux bords sont couverts.   65
Des vieux sapins les ondoyantes cimes
Dans leurs rameaux engouffrent tous les vents,
Et de leur chute écrasent les passants:
Un foudre tombe, un autre se rallume.
Du feu du ciel on connaît la coutume;   70
Il va frapper les arides rochers,
Ou le métal branlant dans les clochers.
Car c'est toujours sur les murs de l'église
Qu'il est tombé, tant Dieu la favorise,
Tant il prend soin d'éprouver ses élus.   75

    Les deux amants au gré des flots émus,
Sont transportés au séjour du tonnerre,
Au fond du lac, aux rochers, à la terre,
De tous côtés entourés de la mort.
Aucun des deux ne pensait à son sort.   80
Covelle craint, mais c'était pour sa belle;
Catin s'oublie, et tremble pour Covelle.

Erreurs de V. libelle, aussi rempli d'erreurs que de mauvais raisonnements. Cette note est un peu étrangère au texte, mais c'est le droit des commentateurs. Cette note est de M. C** avocat à Besançon.

63   w75G, w68, K, omis (K84E: β)
69-70 67A, 67X:
        Là le ciel bruit, ici la terre fume,
        Un foudre tombe, un autre se rallume [68E *var*: β]
71   MS3, MS5: Il va frappant des arides
    MS1, MS2, 67A, 67X, 68A, 68B, w70L: frapper des arides
72   MS2: branlant des clochers
75   67A, 67X: d'effrayer ses élus.
77   MS2, 67A, 67X: transportés du séjour
78   MS2: aux rochers de la terre
79   MS2: De tout côté
82   MS2, 67A, 67X: et craint pour son Covelle

Robert disait aux Zéphyrs, aux Amours,
Qui conduisaient la barque tournoyante,
Dieux des amants secourez mon amante: 85
Aidez Robert à sauver ses beaux jours:
Pompez cette eau, bouchez-moi cette fente.
A l'aide! à l'aide! Et la troupe charmante
Le secondait de ses doigts enfantins
Par des efforts douloureux et trop vains. 90

L'affreux Borée a chassé le Zéphyre,
Un aquilon prend en flanc le navire,
Brise la voile et casse les deux mâts;
Le timon cède et s'envole en éclats;
La quille saute et la barque s'entr'ouvre, 95
L'onde écumante en un moment la couvre.

La tendre amante étendant ses beaux bras,
Et s'élançant vers son héros fidèle,
Disait, Cher Co... l'onde ne permit pas
Qu'elle achevât le beau nom de Covelle. 100
Le flot l'emporte, et l'horreur de la nuit
Dérobe aux yeux Catherine expirante;
Mais la clarté terrible et renaissante
De cent éclairs, dont le feu passe et fuit,
Montre bientôt Catherine flottante 105
Jouet des vents, des flots et du trépas.
Robert voyait ces malheureux appas,

---

85 MS1, 68A, 68B: Dieu des
95 MS1, MS2, MS3, MS5, 67A, 67X: La frêle barque en cent endroits s'entr'ouvre
102 MS2: Catherine flottante
103-105 MS2, omis
104 67A, 67X: passe et luit,
107 MS3: Robert voyant
   MS2, MS5, 67A, 67X: voyait ses malheureux

Ces yeux éteints, ces bras, ces cuisses rondes,
Ce sein d'albâtre, à la merci des ondes;
Il la saisit: Et d'un bras vigoureux   110
D'un fort jarret, d'une large poitrine,
Brave les vents, fend les flots écumeux,
Tire après lui la tendre Catherine.
Pousse, s'avance, et cent fois repoussé
Plongé dans l'onde, et jamais renversé,   115
Perdant sa force, animant son courage,
Vainqueur des flots, il aborde au rivage.

  Alors il tombe épuisé de l'effort.
Les habitants de ce malheureux bord
Sont fort humains, quoique peu sociables;   120
Aiment l'argent autant qu'aucun chrétien,
En gagnent peu, mais sont fort charitables
Aux étrangers quand il n'en coûte rien.
Aux deux amants une troupe s'avance.

108-109 MS3, 67A, 67X:
         Ses yeux éteints, ses bras, ses cuisses rondes,
         Son sein
         MS2:
         Les yeux […] les bras, les cuisses […]
         Le sein
115 67A, 67X: Plonge dans l'eau, mais jamais renversé
     MS3:   et cent fois renversé
116 67A, 67X: Perdant la force
117 MS2:   aborde le rivage.
     MS5:   arrive au rivage
118-119 67A, 67X:
         Et tombe faible auprès de sa Caton.
         Les habitants de ce triste canton [68E *var:* β]
121 MS2, 67A, 67X: Aimant l'argent
     68A, 68B: autant qu'un chrétien
122 67A, 67X: En gagnant peu, du reste secourables
     MS2: En gagnant peu
123 MS1, MS2, MS3, MS5, 67A, 67X: Aux malheureux quand
124 67A, 67X: Vers nos amants

Bonnet^c accourt, Bonnet le médecin³

^c Il est mort depuis peu. Il faut avouer qu'il aimait fort à boire, mais il n'en avait pas moins de pratiques. Il disait plus de bons mots qu'il ne guérissait de malades. Les médecins ont joué un grand rôle dans toute cette guerre de Genève. M. Joli⁴ mon médecin ordinaire a contribué beaucoup à la pacification; il faut espérer que l'auteur en parlera dans 5 sa première édition de cet important ouvrage. A l'égard des chirurgiens ils s'en sont peu mêlés, attendu qu'il n'y a pas eu une égratignure, excepté le soufflet donné par un prédicant dans l'assemblée qu'on nomme la Vénérable Compagnie. Les chirurgiens avaient cependant préparé de la charpie, et plusieurs citoyens avaient fait leur testament. 10 Il faut que l'auteur ait ignoré ces particularités.

125   MS1, MS2, MS3, MS5, 67A, 67X: Tissot [*passim*] [68E *var*: β]
       W75G, W68: Danet [*passim*]
n.*c* MS2, MS3, note *c* absente
n.*c*, 4 W68, K: M. Jori, mon médecin
n.*c*, 10-11 68B, NM: la charpie; ainsi que les femmes et les enfants, pendant que les maris et les pères faisaient leur testament, et préparaient leurs armes d'un grand sang-froid. Il faut que

³ Voltaire a vite substitué le nom de Bonnet à celui de Samuel-Auguste-André-David Tissot (1728-1797), célèbre médecin de Lausanne, qui était pourtant bien visé (voir variante, et la note 5). Le 10 juillet 1767, Voltaire se plaignait ainsi dans sa lettre au marquis d'Argence: 'On a des copies très imparfaites de la petite plaisanterie de la guerre de Geneve. On a mis Tissot au lieu d'un médecin nommé Bonnet qui aimait un peu à boire. Le mal est médiocre' (D14265). Dupan écrit dans sa lettre à Freudenreich: 'Il y avoit un article contre le Médecin Tissot de Lausanne, il y a substitué le nom de Bonnet' (17 avril 1768; D14963, commentaire). S'agit-il d'un personnage précis, ou Voltaire a-t-il simplement choisi un nom à connotation bien genevoise? Il ne peut être question de Charles Bonnet, qui d'ailleurs n'a jamais exercé la médecine. Au dix-huitième siècle, Genève comptait deux médecins du nom de Bonnet, et deux médecins célèbres; et à l'époque où nous sommes, nous voyons figurer un Etienne Bonnet parmi les commissaires que s'étaient donnés les Représentants (d'après Ivernois, *Tableau historique et politique des révolutions de Genève dans le dix-huitième siècle*, Genève 1782, p.238).
⁴ Gaspard Joly, médecin de Genève.

De qui Lausanne admire la science;
De son grand art il connaît tout le fin.
Aux impotents il prescrit l'exercice;
D'après Haller[5] il décide qu'en Suisse
Qui but trop d'eau doit guérir par le vin.   130
A ce seul mot Covelle se réveille,
Avec Bonnet il vide une bouteille,
Et puis une autre; il reprend sont teint frais,
Il est plus leste et plus beau que jamais.
Mais Catherine hélas! ne pouvait boire.   135
De son amant les soins sont superflus;
Bonnet prétend qu'elle a bu l'onde noire;
Robert disait, Qui ne boit point n'est plus.
Lors il se pâme, il revient, il s'écrie,
Se pâme encor sur sa nymphe chérie,   140
S'étend sur elle et la baignant de pleurs
Par cent baisers croit la rendre à la vie.
Il pense même en cet objet charmant
Sentir encore un peu de mouvement.
A cet espoir en vain il s'abandonne: 145
Rien ne répond à ses brûlants efforts.
Ah! dit Bonnet, je crois, Dieu me pardonne,

126   MS1 donne une variante: Dont la contrée admire
       W70L: De qui Genève
129   W70L: D'après Joli
       MS3, 67A, 67X: il décide qu'un Suisse
139   67A, 67X, K, entre 139-140: Fait retentir les airs de ses clameurs,
140   MS3, omis
       MS2, 67A, 67X: sur la nymphe
144   MS1: ⟨peu de⟩ ↑petit
145   MS3: espoir si vain

[5] Sans doute une allusion à la *Dissertation sur les parties irritables et sensibles des animaux*, ouvrage d'Albrecht von Haller, traduit du latin en français par Tissot (Lausanne 1755; BV, no.1591).

Si les baisers n'animent point les morts,
Qu'on n'a jamais ressuscité personne.
Covelle dit, Hélas! s'il est ainsi   150
C'en est donc fait, je vais mourir aussi.
Puis il retombe; et la nuit éternelle
Semblait couvrir le beau front de Covelle.

    Dans ce moment du fond des antres creux
Venait Rousseau suivi de son Armide,   155
Pour contempler le ravage homicide,
Qu'ils excitaient sur ces bords malheureux.
Il voit Robert qui penché sur l'arène
Baisait encore les genoux de sa reine,
Roulait les yeux et lui serrait la main.   160
Que fais-tu là? lui cria-t-il soudain.
Ce que je fais? Mon ami je suis ivre
De désespoir et de très mauvais vin.
Catin n'est plus: j'ai le malheur de vivre;
J'en suis honteux, adieu, je vais la suivre.   165

    Rousseau réplique, As-tu perdu l'esprit?
As-tu le cœur si lâche et si petit?
Aurais-tu bien cette faiblesse infâme
De t'abaisser à pleurer une femme?
Sois sage enfin: le sage est sans pitié,   170
Il n'est jamais séduit par l'amitié:
Tranquille et dur en son orgueil suprême,
Vivant pour soi, sans besoin, sans désir,
Semblable à Dieu, concentré dans lui-même,

148 67A, 67X: n'animent pas les morts
154 MS2, MS3: Dans le moment
157 MS3, 67A, 67X: Qu'il excitait
     MS2: Qu'ils excitèrent sur les bords malheureux
161 MS2: lui criait-il
172 67A, 67X: dans son orgueil
     MS2: son orgueil extrême
173 67A, 67X: Vivant pour lui

Dans son mérite il met tout son plaisir.   175
Tu vois Vachine, elle eut l'art de me plaire,
J'ai quelquefois festoyé ma sorcière;
Je la verrais mourante à mes côtés
Des dons cuisants qui nous ont infectés,
Sur un fumier rendant son âme au diable,   180
Que ma vertu paisible, inaltérable
Me défendrait de m'écarter d'un pas,
Pour la sauver des portes du trépas.
D'un vrai Rousseau tel est le caractère;
Il n'est ami, parent, époux, ni père,   185
Il est de roche: et quiconque en un mot
Naquit sensible, est fait pour être un sot.
Ah! dit Robert, cette grande doctrine
A bien du bon, mais elle est trop divine:
Je ne suis qu'homme, et j'ose déclarer   190
Que j'aime fort toute humaine faiblesse;
Pardonnez-moi la pitié, la tendresse;
Et laissez-moi la douceur de pleurer.

Comme il parlait, passa sur cette terre
En berlingot certain pair d'Angleterre,   195
Qui voyageait tout excédé d'ennui
Uniquement pour sortir de chez lui;
Lequel avait pour charmer sa tristesse
Trois chiens courants, du punch et sa maîtresse.
Dans le pays on connaissait son nom   200

176-178   67A, 67X, K84E:
          J'ai quelquefois festoyé ma sorcière,
          Mais si le ciel terminait sa carrière
          Je la verrais mourir à mes côtés [68E *var* : β]
176-183   K, omis (K84E: 176-178 variante plus β)
187   MS2, 67A, 67X: pour être sot
194   MS2:   passant sur
198   67A, 67X: Et voiturait pour
199   MS1, MS2, MS3, MS5, 67A, 67X: chiens couchants

Et tous ses chiens; c'est milord Abington.[6]

Il aperçoit une foule éperdue,
Une beauté sur le sable étendue,
Covelle en pleurs et des verres cassés.
Que fait-on là? dit-il à la cohue.   205
On meurt, milord, et les gens empressés
Portaient déjà les quatre ais d'une bière,
Et deux manants fouillaient le cimetière.
Bonnet disait, Notre art n'est que trop vain,
On a tenté des baisers et du vin;   210
Rien n'a passé. Cette pauvre bourgeoise
A fait son temps; qu'on l'enterre, et buvons.
Milord reprit, Est-elle Genevoise?
Oui, dit Covelle. Eh bien, nous le verrons.
Il saute en bas, il écarte la troupe   215

202   67A, 67X: Il aperçut une
206   67A, 67X: et ces gens

[6] Willoughby Bertie, 4th Earl of Abingdon. Dans Kehl, on trouve la note suivante: Milord Abington s'est distingué depuis dans le sénat britannique par son patriotisme, et une haine constante pour la corruption, la tyrannie, et les restes de superstition que l'Angleterre conserve encore. Il a fait un discours très raisonnable et très plaisant contre les lois ridicules sur l'observation du dimanche, imitées des lois juives sur le sabbat, qui s'observent à Londres avec rigueur, et pour lesquelles le conseil de la Cité et même les chambres du parlement font semblant d'avoir beaucoup de zèle, afin de faire leur cour à la populace, qui, en Angleterre comme ailleurs, s'amuse beaucoup des persécutions exercées au nom de Dieu. Milord Abington consultait un jour pour un mal d'yeux Tronchin, qui lui recommanda de ne pas trop lire. 'Je ne lis jamais, dit milord: il y a quelques années j'essayai de parcourir un livre qui s'appelait, je crois, la *Genèse*; mais, après en avoir lu quelques pages, je le laissai là.' Il paraissait à Genève tel qu'on le peint ici. Dans MS3, on lit aussi la note suivante: 'Mylord Abingdon ayant appris qu'il y avait un peuple qui résistait à ses magistrats, partit d'Angleterre avec toute sa maison pour se rendre à Genève, et y tenir table ouverte pour tous ceux qui étaient du parti du peuple. Cependant il a quitté la ville en même temps que les Médiateurs. Ce pair d'Angleterre ne trouvera pas peut-être si plaisant que le lecteur, de figurer dans ce poème et d'y voir son nom en toutes lettres à côté de ceux du grand Covelle et de la belle Ferbot. Note de l'éditeur.'

Qui fait un cercle en lui pressant la croupe,
Marche à la belle, et lui met dans la main
Un gros bourson de cent livres sterling.
La belle serre, et soudain ressuscite.
On bat des mains; Bonnet n'a jamais su   220
Ce beau secret. La gaupe décrépite
Dit qu'en enfer il était inconnu.
Rousseau convient que malgré ses prestiges
Il n'a jamais fait de pareils prodiges.

    Milord sourit: Covelle transporté   225
Croit que c'est lui qu'on a ressucité.
Puis en dansant ils s'en vont à la ville
Pour s'amuser de la guerre civile.

216 67A, 67X: et lui presse la
220 MS2, MS3, 67A, 67X: Tissot ne savait pas [68E *var*: β]
222 MS2, MS3, 67A, 67X: enfer on ne le connaît pas [68E *var*: β]
225 MS2, 67A, 67X: Covelle est transporté
226 67A, 67X: Et croit aussi qu'il est
227 MS3: il s'en va

CHANT QUATRIÈME

Nos voyageurs devisaient en chemin;
Ils se flattaient d'obtenir du destin
Ce que leur cœur aveuglément désire,
Bonnet de boire, et Jean-Jacques d'écrire;
Catin d'aimer; la vieille de médire;   5
Robert de vaincre, et d'aller à grands pas
Du lit à table et de table aux combats.
Tout caractère en causant se déploie.
Milord disait, Dans ces remparts sacrés
Avant-hier les Français sont entrés;   10
Nous nous battrons, c'est là toute ma joie;
Mes chiens et moi nous suivrons cette proie.
J'aurai contre eux mes fusils à deux coups:
Pour un Anglais c'est un plaisir bien doux.
Des Genevois je conduirai l'armée.[1]   15

a-215   67A, 67X, absent
11   68E: Nous les battrons
12   68E: Mon chien et moi

[1] Le boute-feu Abingdon ne laissait pas de préoccuper le résident de France. Il avait en effet dit bien haut qu'il n'épargnerait ni sa bourse ni sa vie pour aider Genève à secouer ses chaînes; il s'était abouché avec tous les meneurs de la faction des Représentants, semant l'or, réconfortant les moins déterminés par ses propos héroïques. L'inquiétude de Hennin apparaît bien à la lecture d'une dépêche faussement badine qu'il envoya le 31 décembre 1766 à Choiseul: 'Il y a ici, Monseigneur, un jeune Anglais dont la présence pourra causer quelque embarras; c'est le lord Habington, auquel on a négligé d'apprendre autre chose que la musique et la chasse. Ce jeune homme très-pétilant est venu exprès de Suisse, envoyé sans doute par M. Norton pour faire figure dans le parti des représentants; il dit publiquement qu'il a des monts d'or à leur service' (Archives des affaires étrangères, 73, Genève 1766, octobre-décembre, p.332). Sur l'immixtion de l'Angleterre dans les affaires genevoises à cette époque, voir Eugène Rovillain, 'L'Angleterre et les troubles de Genève en 1766-1767, d'après les papiers du comte de Shelburne', *Revue d'histoire suisse* 8 (1927), p.164-203.

Comme il parlait, passa la Renommée:
Elle portait trois cornets à bouquin,[a]
L'un pour le faux, l'autre pour l'incertain,
Et le dernier, que l'on entend à peine
Est pour le vrai, que la nature humaine   20
Chercha toujours et ne connut jamais.
La belle aussi se servait de sifflets.
Son écuyer l'astrologue de Liège,
De son chapitre obtint le privilège
D'accompagner l'errante déité;   25
Et le mensonge était à son côté.
Entre eux marchait le vieux à tête chauve,
Avec son sable, et sa fatale faux.
Auprès de lui la Vérité se sauve.
L'âge et la peine avaient courbé son dos;   30

[a] Observez cher lecteur qu'on gagne toujours quelque chose avec l'auteur de ce poème. Il n'avait donné qu'une trompette à la Renommée dans la Henriade, il lui en a donné deux dans sa divine Pucelle,[2] et aujourd'hui il lui en donne trois dans le poème moral de la guerre genevoise. Pour moi j'ai envie d'en prendre une quatrième pour célébrer   5
l'auteur qui est sans doute un jeune homme qu'il faut bien encourager.

n.a   MS2, notes a-l absentes
n.a, 1-4   68*, 69A, NM, W70L, W75G, W68, K: Observez, cher lecteur, combien le siècle se perfectionne. On n'avait donné [...] on [...] on [...]
        MF: Observez combien notre siècle se perfectionne. On n'avait donné [...] on [...] dans la Pucelle [...] on [...] dans ce poème. Pour moi [...] qu'il faut encourager.
n.a, 4   68E var: le poème de la
21   68E: et ne trouva jamais
30   MS2: L'âge, la peine

[2] Dans La Henriade (Voltaire 8, p.485), bien qu'il soit question d'une trompette de la Gloire, il est évident que Voltaire s'inspirait discrètement du Lutrin de Boileau (ii.1-5) où la trompette dont il s'agit est bien celle de la Renommée. Dans La Pucelle, nous lisons: 'La Renommée a toujours deux trompettes' (Voltaire 7, p.370).

Il étendait ses deux pesantes ailes;
La vérité qu'on néglige partout,
Ou qu'on opprime, ou que l'on pousse à bout,
En gémissant se blotissait sous elles.
La Renommée à peine la voyait,   35
Et tout courant devant elle avançait.

'Eh bien, Madame, avez-vous des nouvelles?
Dit Abington: J'en ai beaucoup, Milord;
Déjà Genève est le champ de la mort.
'J'ai vu De Luc[b] plein d'esprit et d'audace   40
Dans le combat animer les bourgeois.[3]
J'ai vu tomber au seul son de sa voix
Quatre syndics[c] étendus sur la place.

[b] De Luc, d'une des plus anciennes familles de la ville: c'était le
Paoli de Genève: il est d'ailleurs bon physicien naturaliste. Son père
entend merveilleusement St Paul, sans savoir le grec et le latin: on dit
qu'il ressemble aux apôtres, tels qu'ils étaient avant la descente du Saint-
Esprit.   5
[c] Les bourgeois voulaient avoir le droit de destituer quatre syndics.

32-33 [68*], MF, 69A, NM, W70L, W75G, W68, K:
           La vérité qu'on néglige ou qu'on fuit
           Qu'on aime en vain, qu'on masque ou [MF: et] qu'on poursuit
41 MS2: Dans les combats

[3] Jean-André De Luc l'aîné était l'un des meneurs les plus influents du parti
des Représentants et l'un de leurs vingt-quatre commissaires. Evidemment
Voltaire, qui voulait se le concilier, est loin de maltraiter De Luc dans ces lignes
et celles qui vont suivre: mais tant de gentillesses ne réussirent pas à le gagner.
Au contraire, il en fut assez indigné: 'Rousseau, malheureux, devint l'objet de
ses quolibets; et l'on sait combien indignement il le traita dans son poëme
burlesque de *la Guerre civile de Genève*, où l'on est fâché de se trouver sans y être
l'objet de sa satyre' (*Lettres sur l'histoire physique de la terre, adressées au professeur
Blumenbach*, Paris 1798, discours préliminaire, p.CXIII). Le père, Jacques-François
De Luc, est l'auteur des *Observations sur les savans incrédules, et sur quelques-uns de
leurs écrits* (Genève 1762). Sur son exemplaire personnel (BV, no.975), Voltaire
a noté: 'par vernet sous le nom de luc' (CN, iii.75); cf. D15075.

Verne^d est en casque, et Vernet en cuirasse;
L'encre et le sang dégoutent de leurs doigts.   45
Ils ont prêché la discorde cruelle
Différemment; mais avec même zèle.
Tels autrefois dans les murs de Paris
Des moines blancs, noirs, minimes et gris,
Portant mousquet, carabine, rondelle,   50
Encourageaient tout un peuple fidèle
A débusquer le plus grand des Henris,
Aimé de Mars, aimé de Gabrielle,
Héros charmant, plus héros que Covelle.
Bèze[5] et Calvin sortent de leurs tombeaux,   55
Leur voix terrible épouvante les sots;
Ils ont crié d'une voix de tonnerre
Persécutez, c'est là leur cri de guerre.
Satan, Mégère, Astaroth, Alecton,[6]
Sur les remparts ont pointé le canon.   60

d   Le ministre Verne,[4] homme d'un esprit cultivé, et fort aimable; il
a beaucoup servi à la conciliation, ce fut lui qui releva la garde posée
par les bourgeois dans l'antichambre du procureur-général Tronchin
pour l'empêcher de sortir de la ville. La Renommée qui est menteuse
dit ici tout le contraire de ce qu'il a fait.   5

44   w75G, w68: Lerne est en casque, et Barnet en cuirasse
     68c: Vernet est en casque;
n.d w75G, w68, K, note d absente

[4] Jacob Vernes (1728-1791). Pour une mise au point de ses rapports avec
Voltaire (généralement excellents), consulter Gargett, p.177-83. Pourquoi donc
paraît-il dans ce poème accolé à Vernet? Il se peut que cette figuration s'explique
par le refroidissement dans leur amitié que l'on remarque entre les mois d'août
1764 et de septembre 1766. L'amitié reprendra peu après, ce qui explique la
présence de la note sur Vernes... sans que rien n'explique toutefois le maintien
de son nom dans le corps du poème. Simple espièglerie?
[5] Théodore de Bèze (1519-1605), disciple de Calvin.
[6] Astaroth, nom donné au Démon; Alecto, une des trois Furies, avec Tisiphone
et Mégère.

Il va tirer; je crois déjà l'entendre.
L'Eglise tombe, et Genève est en cendre.'
Bon! dit la vieille, allons, doublons le pas.
Exaucez-nous puissant Dieu des combats!
Dieu Sabaoth, de Jacob et de Bèze;   65
Tout va périr; je ne me sens pas d'aise.

    Enfin la troupe est aux remparts sacrés;
Remparts chétifs et très mal réparés.
Elle entre, observe, avance, fait sa ronde.

    Tout respirait la paix la plus profonde.   70
Au lieu du bruit des foudroyants canons
On entendait celui des violons.
Chacun dansait. On voit pour tout carnage
Pigeons, poulets, dindons et grianaux,
Trois cents perdrix à pieds de cardinaux,   75
Chez les traiteurs étalant leur plumage.

    Milord s'étonne: il court au cabaret.
A peine il entre: une actrice jolie
Vient l'aborder d'un air tendre et discret,
Et l'inviter à voir la comédie:[7]   80
O! juste ciel qu'est-ce donc qui s'est fait?
Quel changement! alors notre Zaïre
Au doux parler, au gracieux sourire,
Lorgna milord; et dit ces propres mots:

       .

---

[7] Lors des troubles de Genève en 1737 et de la médiation offerte par les cours de France, de Sardaigne et des cantons suisses, les ambassadeurs et leur suite, trouvant fort peu de récréation dans Genève, avaient demandé l'établissement d'un théâtre: le Consistoire leur adressa, à ce sujet, les plus vigoureuses remontrances, et obtint que la permission ne dépasserait pas le terme d'un an. Lors de la nouvelle intervention diplomatique de la France, de Berne et de Zurich en 1766 l'envoyé français, Beauteville, fortement sollicité par Voltaire, demanda le rétablissement du théâtre; et les acteurs de Châtelaine vinrent s'installer dans Genève en avril 1766.

Le roi de France à Genève affligée   85
Par ses bontés rend enfin le repos.
Il a voulu que tout soit dans la joie;
Pour cet effet ce bon roi nous envoie
Un doux ministre,[8] un brave chevalier,[e]
Ange de paix comme vaillant guerrier;[9]   90
Qu'il soit béni. Grâce à son caducée
Par les plaisirs la discorde est chassée.
Le vieux Vernet sous son vieux manteau noir
Cache en tremblant sa mine embarrassée.
Et nous donnons le Tartuffe ce soir.   95

Tartuffe! allons je vole à cette pièce,
Lui dit milord: j'ai haï de tout temps
De ces croquants la détestable espèce.
Egayons-nous ce soir à leurs dépens.

[e] Le chevalier de Beauteville, ambassadeur en Suisse, lieutenant-général des armées. Il contribua plus que personne à la prise de Bergopsom.

85-89   [68*], 69A, NM, W70L, W75G, W68, K:
            Ignorez-vous que tout est en repos,
            Ignorez-vous qu'un Mécène de France,
            Ministre heureux et [69A: est] de guerre et de paix,
            Jusqu'en ces lieux a versé ses bienfaits!
            S'il faut qu'on prêche, il faut aussi qu'on danse.
            Il nous envoie un brave chevalier.
            [K variante: β]
87   68E, entre 87-88:   Las de la voir par le chagrin rongée
93   W75G, W68:   Barnet [passim]

[8] Il s'agit d'Etienne-François, duc de Choiseul, ministre de la guerre comme des affaires étrangères. 'Mécène' (85-89v), c'est beaucoup dire, mais il était en vérité d'une prodigalité sans bornes.
[9] Pierre de Buisson de Beauteville, dit le chevalier de Beauteville (1703-1790), était arrivé à Genève le 19 mars 1766.

Allons Bonnet, Covelle et Catherine.   100
Et vous aussi, vous Jean-Jacque et Vachine
Buvons dix coups, mangeons vite et courons
Rire à Molière et siffler les fripons.

    A ce discours enfant de l'allégresse,
Rousseau restait morne, pâle et pensif;   105
Son vilain front fut voilé de tristesse.
D'un vieux caissier l'héritier présomptif
N'est pas plus sot alors qu'on lui vient dire
Que le bonhomme en réchappe et respire.
Rousseau poussé par son maudit démon,   110
S'en va trouver le prédicant Brognon.
Dans un réduit à l'écart il le tire,
Grince les dents, se recueille et soupire.
Puis il lui dit, Vous êtes un fripon;
Je sens pour vous une haine implacable;   115
Vous m'abhorrez; vous me donnez au diable;
Mais nos dangers doivent nous réunir.
Tout est perdu; Genève a du plaisir.
C'est pour nous deux le coup le plus terrible!
Vernet surtout y sera bien sensible.   120
Les charlatans sont donc bernés tout net!
Ce soir Tartuffe, et demain Mahomet!
Après-demain l'on nous jouera de même.
Des Genevois on adoucit les mœurs.
On les polit, ils deviendront meilleurs.   125
On s'aimera. Souffrirons-nous qu'on s'aime?
Allons brûler le théâtre à l'instant.[10]

100   MS3: Tissot [*passim*]
           W75G, w68: Danet [*passim*]
104   MS2: A ses discours
123   68E: on vous jouera

[10] Commentaire de Rousseau: 'Quand M. du Peyrou me marqua que la salle
de la Comédie avoit été brulée je craignois le contrecoup de cet accident pour

Un chevalier ambassadeur de France
Vient d'ériger cet affreux monument,
Séjour de paix, de joie, et d'innocence: 130
Qu'il soit détruit jusqu'en son fondement.
Ayons tous deux la vertu d'Erostrate;[f]
Ainsi que lui méritons un grand nom.
Vous connaissez la noble ambition;
Le grand vous plaît et la gloire vous flatte: 135
Prenons ce soir en secret un brandon.
En vain les sots diront que c'est un crime:
Dans ce bas monde il n'est bien ni mal.
Aux vrais savants tout doit sembler égal.
Bâtir est beau; mais détruire est sublime.   140
Brûlons théâtre, actrice, acteur, souffleur,
Et spectateur, et notre ambassadeur.

   Le lourd Brognon crut entendre un prophète,
Crut contempler l'ange exterminateur,
Qui fait sonner sa fatale trompette   145
Au dernier jour, au grand jour du Seigneur.

   Pour accomplir ce projet de détruire,
Pour réussir, Vachine doit s'armer;

[f] Erostrate, petit homme, maigre, et noir, il était tourmenté d'un vilain mal dans le col de la vessie, ce qui lui donnait des vapeurs aussi noires que sa mine. Il brûla, dit-on, le temple d'Ephèse pour se faire de la réputation.

132   68E: la valeur d'Erostrate
138   68*, W70L, W68, K, K84E: n'est ni bien [K84 errata, K85: β]
141   68E: actrice, auteur, souffleur
145   68E: sonner la fatale

la cause des representants; mais que ce soit à moi que Voltaire l'impute, je vois là de quoi rire; je n'y vois point du tout de quoi repondre ni se fâcher. Les amis de ce pauvre homme feroient bien de le faire baigner et saigner de tems en tems' (à François Henri d'Ivernois, le 26 avril 1768; Leigh 6337).

Sans toi Bacchus peut-on chanter et rire?
Sans toi Vénus peut-on savoir aimer?   150
Sans toi Vachine on n'est pas sûr de nuire.
Ils font venir Vachine en leur taudis.
La gaupe arrive et de ses mains crochues
Que de l'enfer les chiens avaient mordues
Forme un gâteau de matières fondues,   155
Qui brûleraient les murs du paradis.
Pour en répandre au loin les étincelles
Vachine a pris (je ne puis décemment
Dire en quel lieu, mais le lecteur m'entend)
Un tas pourri de brochures nouvelles,   160
Vers de Brunet[11] morts aussitôt que nés,[g]

[g] Nous ne savons pas qui est ce Brunet. Il y a tant de plats poètes connus deux jours à Paris, et ignorés ensuite pour jamais!

151   MS2: on n'est point sûr
152   68E, K84E: venir la vieille à leur
152-157   K, omis (K84E: β plus 152 variante)
156   68A, 68B: brûlaient
158   K: Vachine prend

[11] Une note de Voltaire à l'*Epître à d'Alembert* de 1771 suggère qu'il vise ici sous le nom de Brunet Ponce-Denis Ecouchard Le Brun: 'Pour Brunet, nous ne savons qui c'est, à moins que ce ne soit un nommé M. Le Brun, qui avait fait autrefois une ode pour engager notre auteur à prendre chez lui Mlle Corneille. Quelqu'un lui dit méchamment qu'on avait voulu recevoir Mlle Corneille, mais point son ode, qui ne valait rien. Alors M. Le Brun écrivit contre le même homme [dans *La Renommée littéraire* de 1763] auquel il venait de donner tant de louanges. Cela est dans l'ordre; mais il paraît dans l'ordre aussi qu'on se moque de lui' (M.x.429, n.3).

Longs mandements dans le Pui confinés,[h]
De Chiniac[i] les écrits plagiaires,[14]

[h] C'est apparemment un mandement de l'évêque du Puits en Velay,[12] qui adressant la parole aux chaudronniers de son diocèse leur parla de La Motte et de Fontenelle.

[i] Le Chiniac nous est aussi inconnu que Brunet. Nous apprenons dans le moment que c'est un commentateur des discours de Fleuri, qui

162 [68*], 69A, NM, W70L, W75G, W68, K, entre 162-163:
    Tacite orné par le sieur La Blétrie[13]
    D'un style neuf et d'un mélange heureux,
    De pédantisme et de galanterie,
    Journal chrétien, madrigaux amoureux,
n.*i* W75G, W68, K, note *i* absente

[12] Allusion à l'*Instruction pastorale sur la prétendue philosophie des incrédules modernes* de Jean-Georges Le Franc de Pompignan (1763). Voltaire devait répondre à cette attaque dans son *Instruction pastorale de l'humble évêque d'Alétopolis* et surtout dans sa *Lettre d'un quaker*. C'est dans ce dernier ouvrage, réponse à 'une instruction pastorale, adressée aux laboureurs, vignerons et merciers du Puy en Velay' que Voltaire relève, entre autres, les références à Fontenelle et à Lamotte.

[13] Jean-Philippe-René de La Blétrie (1696-1772), érudit, membre de l'Académie des inscriptions, élu à l'Académie française le 26 janvier 1743 mais écarté par Louis xv comme janséniste. C'est d'Alembert qui attira l'attention de Voltaire, le 20 avril [1768] (D14972) sur La Blétrie: 'A propos d'amis, vous en avez un dont peutetre vous ne vous doutiez pas. C'est le janséniste la Bleterie, à qui vous devez des remercimens, & que je vous recommande. Il vient de donner une traduction des six premiers livres de Tacite; dans une des notes du second volume, il s'exprime avec beaucoup de mépris sur les écrivains autrefois célèbres, qui veulent mourir la plume à la main, et qui font dire au public, *le pauvre homme a oublié de se faire enterrer* (car c'est avec cette noblesse que ses notes, sa préface et sa traduction sont écrites). Ses amis savent et publient que c'est à vous qu'il adresse cette belle diatribe; et afin que la chose ne soit pas équivoque, il renvoye au dictionnaire de Bayle, articles Afer et Daurat, où vous verrez une note contre les *vieux Poëtes* qui écrivent dans un âge avancé'. Voir la réponse de Voltaire (D14983). C'est le 13 mai 1768 (D15014) que le Maître apprend à d'Alembert qu'il a décidé, en guise de riposte, de faire figurer La Blétrie dans la *Guerre civile*.

[14] Pierre de Chiniac de La Bastide (1741-1811). Voltaire fait sans doute allusion au *Nouveau commentaire sur le Discours de M. l'abbé Fleury, touchant les libertés de l'Eglise gallicane* (Paris 1767; BV, no.758), qu'il venait de lire (cf.

Trente journaux, quarante commentaires.

Tout ce fatras fut du chanvre en son temps.   165
Linge il devint par l'art des tisserands;
Puis en lambeaux des pilons le pressèrent;
Il fut papier. Cent cerveaux à l'envers.
De visions à l'envi le chargèrent;
Puis on le brûle: il vole dans les airs,   170
Il est fumée, aussi bien que la gloire.
De nos travaux voilà quelle est l'histoire.
Tout est fumée: et tout nous fait sentir
Ce grand néant qui doit nous engloutir.

Les trois méchants ont posé cette étoupe   175
Sous le foyer où s'assemble la troupe;[15]
La mèche prend. Ils regardent de loin,

a été assez indigent pour voler tout ce qui se trouve sur ce sujet dans
un livre très connu; et assez impudent pour insulter ceux qu'il a volés.

De telles gens il est assez
Priez Dieu pour les trépassés

164   [68*], 69A, NM, W70L, W75G, W68, K: Du droit canon, quarante
174   68E: doit tout engloutir

D15001) et où il est lui-même visé dans ces termes: 'Si l'on ne consultoit que
les Voltaires et ceux de son bord, on ne trouveroit en effet que problèmes et
qu'impostures dans nos Historiens, et nous aboutirons enfin au Pyrrhonisme
universel qu'il voudroit établir, et qu'il essaye d'accréditer tous les jours par
cette multiplicité d'Ecrits dont il ne cesse d'empoisonner ce siècle. Mais ce n'est
point un Voltaire que nous consulterons sur un point d'histoire; il est ou trop
peu versé dans cette connoissance, ou trop fourbe, pour mériter quelque
attention' (CN, ii.619-20).

[15] Dans la nuit du 29 au 30 janvier 1768 le théâtre brûlait, incendié non pas
par Jean-Jacques, non pas par les Représentants, comme on l'a dit, mais
apparemment par 'la négligence de quelques beautés tendres et intéressées qui
y donnaient de fréquents rendez-vous avec des lumières ou des chaufferettes'
(lettre de Le Sage, 11 février 1768; Bpu, dossier Le Sage, citée par Chaponnière,
p.159).

L'heureux effet qui suit leur noble soin,[j]
Clignant les yeux, et tremblant qu'on ne voie
Leurs fronts plissés se dérider de joie.   180
Déjà la flamme a surmonté les toits
Les toits pourris, séjour de tant de rois;
Le feu s'étend, le vent le favorise.
Le spectateur que la flamme poursuit,
Crie au secours, se précipite, et fuit   185
Jean-Jacques rit; Brognon les exorcise.
Ainsi Calcas et le traître Sinon
S'applaudissaient lorsqu'ils mirent en cendre
Les murs sacrés du superbe Illion,
Que le dieu Mars, Aphrodise,[k] Apollon,   190
Virent brûler et ne purent défendre.
Las! que devient le pauvre entrepreneur[l]
Ce Rosimond plus généreux qu'habile?
A ses dépens il a, pour son malheur,
Fait à grands frais meubler le noble asile   195
Des doux plaisirs peu faits pour cette ville.
Un seul moment consume l'attirail
Du grand César, d'Auguste, d'Orosmane,
Et la toilette où se coiffa Roxane,
Et l'ornement de Rome et du sérail.   200
O Rosimond que devient votre bail?
De tous vos soins quel funeste salaire!

---

[j] Ce fut le 5 février 1768 qu'on mit le feu à la salle des spectacles.

[k] Vénus est nommée en grec Aphrodite. Notre auteur l'appelle Aphrodise: c'est apparemment par euphonie comme disent les doctes.

[l] M. Rosimond, entrepreneur des spectacles à Genève, un des plus honnêtes hommes du monde. Il a perdu près de quarante mille francs à cet incendie.

n.*l*   w75G, w68, κ, note *l* absente
n.*l*, 3   68E *var*: incendie, de sorte qu'il est encore plus à plaindre que celui du théâtre de la Haye au Gros Dindon.

Est-ce à Calvin que vous aurez recours?[16]
Est-ce à l'évêque appelé titulaire?
Hélas! lui-même a besoin de secours.   205
Ah malheureux, à qui vouliez-vous plaire?
Vous êtes plaint; mais fort abandonné.
Après vingt ans vous voilà ruiné.
De vos pareils c'est le sort ordinaire.
Qui du public s'est fait le serviteur,   210
Peut se vanter d'avoir un méchant maître.
Soldat, auteur, commentateur, acteur
Egalement se repentent peut-être.
Loin du public heureux dans sa maison
Qui boit en paix, et dort avec Suzon!   215

203   w70L: Chauvin

[16] C'est en l'occurence à Voltaire lui-même que Jean-Nicolas Prévost, dit Rosimond, eut recours. Dans une lettre du 12 mai [1768] (D15013), Voltaire demande à Jacob Bouthillier de donner cent cinquante louis d'or au malheureux entrepreneur de spectacles. Requête réitérée le 15 mai (D15019).

134

CHANT CINQUIÈME

Des prédicants les âmes réjouies
Rendaient à Dieu des grâces infinies[a]
Sincèrement du mal qu'on avait fait.
Le cœur d'un prêtre est toujours satisfait
Si les plaisirs que son rabbat condamne   5
Sont enlevés au séculier profane.
Qu'arriva-t-il? le désordre s'accrut
Quand de ces lieux le plaisir disparut.
Mieux qu'un sermon l'aimable comédie
Instruit les gens, les rapproche, les lie.   10
Voilà pourquoi la discorde en tout temps
Pour son séjour a choisi les couvents.

    Les deux partis plus fous qu'à l'ordinaire
S'allaient gourmer n'ayant plus rien à faire.
Et tous les soins du ministre de paix   15
Dans la cité sont perdus désormais.[1]

[a] Expression si familière à l'un d'entre eux, que l'ayant répétée vingt
fois dans un sermon, un de ses parents lui dit: *Je te rends des grâces infinies
d'avoir fini*.

a-15б   67A, 67X, absent
n.*a-g*   MS2, notes *a-g* absentes

[1] Allusion probable à l'échec essuyé par la médiation le 15 décembre 1766, le
plan de conciliation proposé par la France, Berne et Zurich ayant été rejeté par
les Bourgeois.

Mille horlogers[b] de qui les mains habiles
Savaient guider leurs aiguilles dociles,
D'un acier fin régler les mouvements,
Marquer l'espace et diviser le temps,   20
Renonçaient tous à leurs travaux utiles.
Le trouble augmente. On ne sait plus enfin
Quelle heure il est dans les murs de Calvin.
On voit leurs mains tristement occupées
A ranimer sur un grès plat et rond   25
Le fer rouillé de leurs vieilles épées.
Ils vont chargeant de salpêtre et de plomb
De lourds mousquets dégarnis de platine.
Le fer pointu qui tourne à la cuisine,
Et fait tourner les poulets déplumés,   30
Bientôt se change aux regards alarmés
En longue pique instrument de carnage.
Et l'ouvrier contemplant son ouvrage,
Tremble lui-même et recule de peur.

[b] Genève fait un commerce de montres qui va par année à plus d'un million. Les horlogers ne sont pas des artisans ordinaires; ce sont, comme l'a dit l'auteur du Siècle de Louis xiv, des physiciens de pratique. Les Graham et les Leroi[2] ont joui d'une grande considération; et M. Leroi d'aujourd'hui est un des plus habiles mécaniciens de l'Europe. Les   5
grands mécaniciens sont aux simples géomètres, ce qu'un grand poète est à un grammairien.

n.*b*   MF, note *b* absente

[2] 'Les horlogers, qu'on peut regarder comme des physiciens de pratique, ont fait admirer leur esprit dans leur travail' (*Siècle de Louis XIV*, 'Artistes célèbres'; M.xiv.153). George Graham, horloger et mécanicien anglais (1675-1751), était, entre autres, l'inventeur de deux échappements qui passaient encore, vers la fin du siècle dernier, pour les meilleurs. Les Leroy, père et fils (respectivement Julien et Pierre), étaient de célèbres horlogers parisiens. Le père (1686-1759) avait été horloger du Roi, alors que le fils (1717-1785) était connu pour ses montres marines.

O jours! ô temps de disette et d'horreur!   35
Les artisans dépourvus de salaire,
Nourris de vent, défiant les hasards
Meurent de faim, en attendant que Mars
Les extermine à coups de cimeterre.
Avant ce temps l'industrie et la paix   40
Entretenaient une honnête opulence;
Et le travail père de l'abondance,
Sur la cité répandait ses bienfaits.
La pauvreté, sèche, pâle, au teint blême,
Aux longues dents, aux jambes de fuseaux,   45
Au corps flétri mal couvert de lambeaux,
Fille du Stix, pire que la mort même,
De porte en porte allait traînant ses pas.
Monsieur Labat[c] la guette; et n'ouvre pas.
Et cependant Jean-Jacque et sa sorcière,   50

[c] C'est un Français réfugié qui par une honnête industrie et par un travail estimable s'est procuré une fortune de plus de deux millions.[3] Presque toutes les familles opulentes de Genève sont dans le même cas. Les enfants de M. Hervart contrôleur général des finances sous le cardinal Mazarin se retirèrent dans la Suisse et en Allemagne avec plus   5 de six millions à la révocation de l'édit de Nantes. La Hollande et l'Angleterre sont remplies de familles réfugiées qui ayant transporté les manufactures, ont fait des fortunes très considérables dont la France a été privée. La plupart de ces familles reviendraient avec plaisir dans leur patrie, et y rapporteraient plus de cent millions si l'on établissait en   10 France la liberté de conscience comme elle l'est dans l'Allemagne, en Angleterre, en Hollande, dans le vaste empire de la Russie et dans la Pologne.
Cette note nous a été fournie par un descendant de M. Hervart.

49   w75G, w68: Monsieur Barnet
n.c   w75G, w68, note c absente

[3] Les activités financières de Jean-Louis Labat figurent en bonne place dans la correspondance de Voltaire entre 1755 et 1761.

Le beau Covelle et sa reine d'amour,
Avec Bonnet buvaient le long du jour,
Pour soulager la publique misère.
Au cabaret le bon milord payait.
Des indigents la foule s'y rendait.   55
Pour s'en défaire Abington leur jetait
De temps en temps de l'or par les fenêtres,
Nouveau secret très peu connu des prêtres.
L'or s'épuisa: le secours dura peu.
Deux fois par jour il faut qu'un mortel mange.   60
Sous les drapeaux il est beau qu'il se range;
Mais il faudrait qu'il eût un pot-au-feu.

 C'en était fait. *Les seigneurs magnifiques*[d]
Allaient subir le sort des républiques;
Sort malheureux qui mit Athène aux fers,   65
Abîma Tyr et les murs de Carthage;
Changea la Grèce en d'horribles déserts,
Des fils de Mars énerva le courage,
Dans les filets[e] prit l'empire romain,
Et quelque temps menaça Saint Marin.[f]   70

---

[d] Quand les citoyens sont convoqués, le premier syndic les appelle, *Souverains et magnifiques seigneurs.*

[e] Les filets de St Pierre. Les curieux ne cessent d'admirer que des cordeliers et des dominicains aient régné sur les descendants des Scipions.

[f] Le cardinal Albéroni, n'ayant pu bouleverser l'Europe, voulut détruire la république de Saint-Marin en 1739.[4] C'est une petite ville perchée sur une montagne de l'Appenin, entre Urbin et Rimini. Elle

---

56 68E: s'en défendre Abington
n.*e* MF, note *e* absente
69 68A, 68B, 68E, W70L: Dans des filets
n.*f*,1 MF: Cette petite
n.*f*,3-4 MF: Rimini conquit

---

[4] Cf. *Idées républicaines*, XXVIII (1765; M.xxiv.419).

Hélas! un jour il faut que tout périsse.
Dieu paternel sauvez du précipice
Ce pauvre peuple, et reculez sa fin!

Dans le conseil le doux Pierre Agnelin
Cède à l'orage, et, navré de tristesse   75
Quitte un timon qui branlait dans sa main.

Nécessité fait bien plus que sagesse.
Cramer un jour, ce Cramer dont la presse
A tant gémi sous ma prose et mes vers,
Au magasin déjà rongé des vers;   80
Cramer l'aîné qui jamais ne s'empresse
Que de chercher la joie et les festins;
Dont le front chauve est encor cher aux belles;
Acteur brillant dans nos pièces nouvelles,
Cramer, vous dis-je, aimé des citadins,   85
Se promenait dans la ville affligée,
Vide d'argent et d'ennuis surchargée.
Dans sa cervelle il cherchait un moyen
De la sauver, et n'imaginait rien.
A la fenêtre il voit madame Oudrille,   90

conquit autrefois un moulin; mais, craignant le sort de la république
romaine, elle rendit le moulin, et demeura tranquille et heureuse. Elle
a mérité de garder sa liberté. C'est une grande leçon qu'elle a donnée à
tous les Etats.

74   MS3:   doux Paul Galatin
78   68 carton, 68A, 68E, NM: Brimer [*passim*; 68E *var*: β]
     W70L: Brimet [*passim*]
     W75G, W68: Hébert [*passim*]
     68B, NM: Brimer [avec la note suivante:] Voici encore un nom propre
défiguré, la véritable orthographe demandait un *C* au lieu du *B*, et un *a* au lieu
d'un *i*; du reste [68B: au reste] on ignore pourquoi l'auteur ne fait point ici au
cadet Cram... l'honneur de parler de lui, il n'est pas moins bon acteur que son
frère, ayant acquis dans ses voyages à Paris, toutes les grâces plaisantes et
l'élégance des Français de [68B: du] meilleur ton.
81   W75G, W68: Hébert le beau qui

Et son époux, et son frère, et sa fille,
Qui chantaient tous des chansons en refrain,
Près d'un buffet garni de chambertin.
Mon cher Cramer est homme qui se pique
De se connaître en vin plus qu'en musique.[5]   95
Il entre, il boit, il demeure surpris,
Tout en buvant de voir de beaux lambris,
Des meubles frais, tout l'air de la richesse.
Je crois, dit-il, non sans quelque allégresse,
Que la fortune enfin vous a compris   100
Au numéro de ses chers favoris.
L'an dix-sept cent, deux six, ou je me trompe,
Vous étiez loin d'étaler cette pompe;
Vous demeuriez dans le fond d'un taudis;
Votre gosier raclé par la piquette   105
Poussait des sons d'une voix bien moins nette.
Pour Dieu montrez à mes sens ébaudis
Par quel moyen votre fortune est faite.

    Madame Oudrille en ces mots répliqua.
La pauvreté longtemps nous suffoqua,   110
Quand la discorde était dans la famille.
J'étais brouillée avec monsieur Oudrille,
Monsieur Oudrille avec tous ses parents,
Ma belle-sœur l'était avec ma fille;
Nous plaidions tous, nous mangions du pain bis.   115
Notre intérêt nous a tous réunis.
Pour être en paix dans son lit comme à table,
Le premier point est d'être raisonnable.
Chacun cédant un peu de son côté,

111-112   K84E, entre 111-112: Et de chez elle écartait le bon sens

[5] Tout comme Tollot et Tissot, Cramer (voir D15075) n'était pas content de
se voir figurer, même en posture avantageuse, dans *La Guerre civile* (voir ci-
dessus, III.125, variante et note).

Dans la maison met la prospérité.   120

    Cramer aimait cette saine doctrine.
D'un trait de feu son esprit s'illumine;
Il se recueille, il fait son pronostic;
Boit, prend congé. Puis avise un syndic
Qui disputait dans la place voisine   125
Avec De Luc, et Flavière et Cournois:
Trois conseillers et quatre bons bourgeois,
Auprès de là criaient à pleine tête;
Et se morguaient d'un air très malhonnête.
Cramer leur dit, Madame Oudrille est prête   130
A vous donner du meilleur chambertin.
Montez là-haut; c'est l'arrêt du destin.
Ce jour pour vous doit être un jour de fête.
On court, on monte, et la dame redit
De point en point comment elle s'y prit   135
Pour radouber sa barque délabrée.

    Tout le conseil entendit la leçon.
Le peuple même écouta la raison.
Les jours sereins de Saturne et de Rhée,
Les temps heureux du beau règne d'Astrée,   140
Dès ce moment renaquirent pour eux.

126   MS3, 68E, K: et Clavière et Flournois
          W75G, W68: et Flagière et Clernois
134-135 68*, 69A, W70L, W75G, W68, K:
           Chacun y court, citadin, conseiller;
           Le beau Covelle y monte le premier.
           En jupon blanc sa belle requinquée
           [K84E ajoute: Les cheveux teints d'une poudre musquée,]
           L'accompagnait et serrait son blondin
           Qui sur le cou lui passait une main.
           A leur devant madame Oudrille arrive:
           Sa face est ronde et sa mine est naïve,
           En la voyant le cœur se réjouit.
           Elle conta comment elle s'y prit
140   MS2: Le temps heureux
141   68E: Dans ce moment

On rappela les danses et les jeux,
Qu'avait bannis Calvin l'impitoyable,
Jeux protégés par un ministre aimable,
Jeux détestés de Vernet l'ennuyeux.   145
Celle qu'on dit de Jupiter la fille,
Mère d'amour et des plaisirs de paix,
Revint placer son lit à Plainpalais.[g]
Genève fut une grande famille.
Et l'on jura que si quelque brouillon,   150
Mettait jamais le trouble à la maison,
On l'enverrait devers madame Oudrille.

Le roux Rousseau, de fureur hébété,
Avec sa gaupe errant à l'aventure,
S'enfuit de rage, et fit vite un traité   155
Contre la paix qu'on venait de conclure.

[g] Plainpalais, promenade entre le Rhône et l'Arve aux portes de la
ville, couverte de maisons de plaisance, de jardins et d'excellents potagers
d'un très grand rapport. C'était autrefois un marais infect, *plana palus*,
du temps qu'il n'était question dans Genève que de la grâce prévenante
accordée à Jacob et refusée à son frère le *pate-pelu*; qu'on ne parlait que   5
des supralapsaires, des infralapsaires, des universalistes, de la perception
de Dieu différente de sa vision, de plusieurs autres visions; de la
manducation supérieure; de l'inutilité des bonnes œuvres; des querelles
de Vigilantius et de Jérôme, et autres controverses sublimes extrêmement
nécessaires à la santé, et par le moyen desquelles on vit fort à l'aise, et   10
on marie avantageusement ses filles.

N.B. On a souvent donné à Plainpalais de très agréables rendez-vous
avec toute la discrétion requise.

143   w70L: Chauvin
146   68A, 68B: sa fille
155   68E: S'en fut de

ÉPILOGUE

Je donnerai le sixième chant dès que l'auteur voudra bien m'en gratifier; car il gratifie, et ne vend pas, quoi qu'en dise l'ex-jésuite Patouillet[1] dans un de ses mandements contre tous les parlements du royaume, sous le nom de l'archevêque d'Auch.[a] J'espère

---

[a] J. F. de Montillet archevêque d'Auch, signa *dans son* palais archiépiscopal le 23 janvier 1764 un libelle diffamatoire composé par Patouillet et consorts. Ce libelle fut condamné à être brûlé par le bourreau,[2] et l'archevêque à dix mille écus d'amende. Il est dit dans ce libelle (pag. 35): 'Vos pères vous avaient appris à respecter les jésuites; cette vénérable   5 compagnie vous avait pris dans son sein dès votre enfance pour former vos cœurs et vos esprits par le lait de ses instructions. Elle cesse d'être: on leur ôte en les rendant au siècle le patrimoine qu'ils y avaient laissé, etc.'
C'est-à-dire, que Patouillet voulait bouleverser la famille des Patouil-   10 lets en demandant à partager, et en ne se contentant pas de sa pension.
Patouillet poursuit humblement dans son palais archiépiscopal (pag. 47): 'Quelle est la puissance qui a frappé ces coups inouïs? C'est

---

a-63   67A, 67X, W70L, absent
4   69A, W75G, W68, K: le nom d'un archevêque. J'espère
n.*a*   69A, NM, W75G, W68, note *a* absente

---

[1] Louis Patouillet (1699-1779). Sommé en 1756 par ordre du parlement de Paris de s'éloigner de la capitale, Patouillet vécut quelque temps chez l'évêque d'Amiens, puis chez M. Bauyn, évêque d'Uzès. C'est Voltaire qui prétend (D11808) – mais rien ne prouve l'assertion – que c'est Patouillet l'auteur de la *Lettre pastorale de monseigneur l'archevêque d'Auch* [Jean-François de Châtillard de Montillet-Grenaud], *au clergé séculier & régulier de son diocèse* (voir D11898); cf. l'exemplaire personnel de Voltaire (BV, no.2505), avec la note suivante: 'composée par le nommé patouillet jesuite, et condamnée par le parlement a etre brulée par le boureau'.
[2] Le parlement de Bordeaux ordonna la suppression de la *Lettre pastorale* le 4 avril 1764; le parlement de Toulouse stipula de même le 9 avril 1764. La *Lettre* devait être lacérée et brûlée à Bordeaux, mais uniquement brûlée à Toulouse.

qu'alors ma fortune sera faite, comme celle de l'Homme aux   5
quarante écus[5].

une puissance étrangère... qui est allé bien au delà des limites de sa
compétence.'   15

Ainsi, selon l'archevêque d'Auch, il faut excommunier tous les parlements du royaume, les rois de France, d'Espagne, de Naples, de Portugal,
le duc de Parme, etc., etc., etc.

'Ces parlements, ajoute-t-il (pag. 48), sont les vrais ennemis des deux
puissances, qui mille fois abattus par leur concert, toujours animés de   20
la rage la plus noire, toujours attentifs à nous nuire, nous ont porté
enfin le plus perçant de tous les coups.'

Ainsi Patouillet fait dire à Montillet que les parlements sont des
séditieux qui ont nui à tous les évêques en les défaisant des jésuites.

       Notre imbécile Montillet   25
       Devint ainsi le perroquet
       De notre savant Patouillet.
       Mais on rabattit son caquet.

Patouillet s'avise de parler de poésie dans son mandement. Il traite
(pag. 13) de vagabond un officier du roi qui n'était pas sorti de ses terres   30
depuis quinze ans. Il est assez bien instruit pour appeler mercenaire[3] un
homme qui dans ce temps-là même avait prêté généreusement au neveu
de J. F. Montillet une somme considérable en bon voisin,[4] et le J. F.
Montillet d'Auch est assez mal avisé pour signer cette impertinence.
J'étais auprès de cet officier du roi quand au bout de trois ans, la nièce   35
de l'archevêque J. F. Montillet envoya son argent avec les intérêts au
créancier qui les jeta au nez du porteur.

Si j'avais été à la place de l'archevêque J. F. Montillet j'aurais écrit

n.a, 25-45 68*, la fin de la note a été découpée
n.a, 26 68A, 68B: Devient

[3] En 1770, Voltaire se souvient encore de Patouillet, 'ex-jésuite, qui dans un
mandement de Mr De Montillet, archevêque d'Auch, m'appelle auteur mercé-
naire (quoiqu'assurément je ne vende point mes ouvrages), qui m'intitule
Vagabond, quoique je réside depuis douze ans dans mon château' (D16588).

[4] Dans une lettre du 29 mai 1764 à Montillet (D11898), Voltaire rappelle à
l'archevêque que le neveu de celui-ci, Claude-Joseph-Hippolyte de Bourgeois,
marquis de Billiat, lui avait emprunté de l'argent. Voir aussi D13672.

[5] Rappelons que L'Homme aux quarante écus date aussi de 1768.

Si quelqu'un se formalise de ces plaisanteries très légères sur un sujet qui en méritait de plus fortes: si quelqu'un est assez sot pour se fâcher, l'auteur qui est parfois goguenard, m'a promis de le fâcher un peu davantage dans le nouveau chant que nous espérons publier.

A l'égard de Jean-Jacques, puisqu'il n'a joué dans tout ce tracas que le rôle d'une cervelle fort mal timbrée, puisqu'il s'est fait chasser partout où il a paru, puisque c'est un absurde raisonneur qui, ayant imprimé sous son nom quelques petites sottises contre Jésus-Christ, a imprimé aussi dans le même libelle que Jésus-Christ *est mort comme un Dieu*;[6] puisqu'il est quelquefois calomniateur, déclaré tel, et affiché tel, par une déclaration publique des plénipotentiaires de France, de Zurich et de Berne, le 25e juillet 1766;[7] nous pensons qu'il a fallu lui donner le fouet beaucoup plus fort qu'aux autres, et que l'auteur a très bien fait de montrer le vice et la folie dans toute leur turpitude. Nous l'exhortons à traiter ainsi les brouillons et les ingrats, et à écraser les serpents de la littérature, de la même main dont il a élevé des trophées à Henri IV, à Louis XV et à la vérité dans tous ses ouvrages. Nous avons besoin d'un vengeur. Il est juste que celui qui a vécu avec la petite fille de Corneille, extermine les descendants des Claveret, des Scudéri, et des d'Aubignac.

Les lois ne peuvent pas punir un calomniateur littéraire, encore moins un charlatan déclamateur qui se contredit à chaque page; un romancier qui croit éclipser Télémaque en élevant un jeune

au bienfaiteur de mon neveu, *Monsieur, je vous demande très humblement pardon d'avoir signé le libelle de Patouillet, etc.* ou bien, *Monsieur, je suis un imbécile qui ne sais pas ce que c'est qu'un mandement, et qui m'en suis rapporté à ce misérable Patouillet, etc.* ou bien, *Monsieur, pardonnez à ma bêtise, si ne sachant ni lire ni écrire, j'ai prêté mon nom à ce polisson de Patouillet.* Ou enfin quelque chose dans ce goût d'honnêteté et décence. Mais en voilà assez sur Montillet et Patouillet.

---

[6] Allusion à l'*Emile* (livre IV).
[7] Cela est exact. Voir Voltaire à d'Alembert, 30 juillet 1766 (D13460).

seigneur pour en faire un menuisier, et qui croit surpasser madame de Lafayette en faisant donner des *baisers âcres* par une Suissesse à un précepteur suisse.[8]

Il n'y a pas moyen de condamner à l'amende honorable ceux qui ayant devant les yeux les grands modèles du siècle de Louis XIV défigurent la langue française par un style barbare, ou ampoulé, ou entortillé; ceux qui parlent poétiquement de physique;[9] ceux qui dans les choses les plus communes prodiguent les expressions les plus violentes; ceux qui ayant fait ronfler au théâtre des vers qu'on ne peut lire, ne manquent pas de faire dire dans les journaux qu'ils sont supérieurs à l'inimitable Racine;[10] ceux qui se croient des Tite-Live pour avoir copié des dates;[11] ceux qui écrivent l'histoire avec le style familier de la conversation, ou qui font des phrases au lieu de nous apprendre des faits; ceux qui inconnus au barreau publient les recueils de leurs plaidoyers inconnus au public;[12] ceux qui soutiennent une cause respectable par d'absurdes arguments, et qui ont la bêtise de rapporter les objections les

35

40

45

[8] Allusion à la *Nouvelle Héloïse*, première partie, lettre 14, où Saint-Preux parle du premier baiser de Julie: 'Non garde tes baisers, je ne les saurais supporter... ils sont trop âcres, trop pénétrants; ils percent, ils brûlent jusqu'à la moelle... ils me rendraient furieux'.

[9] Allusion à Noël Regnault, *Les Entretiens physiques d'Ariste et d'Eudoxe, ou physique nouvelle en dialogues* (BV, no.2919: Amsterdam 1732-1733).

[10] Allusion à Le Franc de Pompignan.

[11] L'auteur de la *Philosophie de l'histoire* aurait pu formuler un jugement aussi dédaigneux à l'égard de bon nombre d'historiens qu'il exécrait personnellement ou dont il méprisait soit les thèses soit les méthodes. Il est permis de penser tout de suite à Laurent Angliviel de La Beaumelle avec qui Voltaire était aux prises depuis bientôt une vingtaine d'années. Mais sans que rien ne nous permette d'appuyer la suggestion, nous croyons qu'il avait en vue deux historiens en particulier qui venaient de l'irriter vivement: Pierre-Henri Larcher, auteur du *Supplément à la Philosophie de l'histoire* (1767), et Louis-Mayeul Chaudon, auteur du *Chronologiste manuel* (1766), du *Nouveau dictionnaire historique portatif* (1766; BV, no.730), et plus récemment du *Dictionnaire anti-philosophique, pour servir de commentaire et de correctif au Dictionnaire philosophique* (Avignon 1767; BV, no.728); sur Chaudon, voir D14277, D14283, D14296, D14339.

[12] Les *Plaidoyers et mémoires* de Louis Mannory (1696-1777), avocat au parlement de Paris, ont été recueillis en dix-huit volumes in-12.

plus accablantes pour y faire les réponses les plus frivoles et les
plus sottes. Ceux qui trafiquent de la louange et de la satire   50
comme on vend des merceries dans une boutique, et qui jugent
insolemment de tout ce qui est approuvé sans avoir jamais pu
rien produire de supportable; ceux qui... On aurait plutôt compté
les dettes de l'Angleterre que le nombre de ces excréments du
Parnasse.   55

Nous avons donc besoin qu'il s'élève enfin parmi nous un
homme qui sache détruire cette vermine, qui encourage le bon
goût et qui proscrive le mauvais; qui puisse donner le précepte
et l'exemple. Mais où le trouver? qui sera assez éclairé et assez
courageux?... Ah! si monsieur l'abbé d'Olivet,[13] notre cher compa-   60
triote, pouvait prendre cette peine! mais il est trop vieux, et l'ex-
jésuite Nonotte[b] infecte impunément notre Franche-Comté.

[b] Nous commençons pourtant à espérer que Nonotte se décrassera.
Un magistrat de notre ville le trouva ces jours passés dansant en veste
et en culotte déchirée avec deux filles de quinze ans. Le voilà dans le
bon chemin. On a réprimandé les deux filles, elles ont répondu qu'elles
l'avaient pris pour un singe. A l'égard de Patouillet, il n'y a rien à   5
espérer de lui; le maraud a pris son pli. En qualité de Franc-Comtois je
ne cherche pas les expressions délicates quand j'ai trouvé les vraies. Le
mot propre est quelquefois nécessaire, quoique la métaphore ait ses
agréments.

n.*b*, 2   68E: ville de Bezançon le

[13] Pierre-Joseph Thoulier, abbé d'Olivet (1682-1768), connu surtout de nos
jours comme historien de l'Académie; mais à l'époque, Voltaire voyait en lui –
homme d'un zèle indéfectible pour les lettres françaises – une âme sœur, un allié
qui tentait de s'opposer aux progrès du mauvais goût.

Fait à Bezançon le 25 mars 1768.

On m'a parlé aussi d'un ex-jésuite nommé Prost[14] impliqué dans la   10
sainte banqueroute de frère la Valette,[15] lequel Prost est retiré à Dole
sous le nom de Rotalier; il a déjà fait son marché avec tous les épiciers
de la province, pour leur vendre ses remarques sur le pontificat de
Grégoire VII, de Jean XII, d'Alexandre VI, sur l'ulcère malin dont Léon X
fut attaqué dans le périnée, sur la liberté d'indifférence, l'Optimisme,   15
Zaïre, Tancrède, Nanine, Mérope, le Siècle de Louis XIV et la Princesse
de Babylone. Nous pourrons joindre frère Prost dit Rotalier à frère
Nonotte, et à frère Patouillet, quand nous serons de loisir, et que nous
aurons envie de rire. Ce n'est pas que nous négligions Cogé et Larcher,
et Guyon,[16] et les grands hommes attachés à la secte des convulsionnai-   20
res, de qui les écrits donnent des convulsions. Nous sommes justes,
nous n'avons acception de personne:

> *Bos, asinusne fuat, nullo discrimine habemus.*

On ne sait pas de quelle banqueroute parle ici M. C... avocat de Bezançon,
auteur de cet épilogue, car le révérend père La Valette, ou frère La Valette   25
(comme on voudra), a fait deux banqueroutes ad majorem Dei gloriam, *l'une*
à la Guadeloupe ou Gaudaloupe, l'autre à Londres.

n.*b*, 11   68E: du frère
n.*b*, 17   68E: Babilone, Entretiens sur l'art de régner, Fragments d'instruction etc. etc. Nous
n.*b*, 23-24   68E: habemus. Imit. de Virgile: Æneïd. L.x, v.108.
50   68A: Fait à Besançon le 30 mars 1768. [68B: β]

[14] C'est ici, que nous sachions, la seule mention dans toute l'œuvre de Voltaire,
la correspondance y comprise, du nommé Prost, dit Rotalier.
[15] Antoine de Lavalette (1707-après 1762), entré dans la Compagnie de Jésus
en octobre 1725; il partit en 1741 pour la Martinique (non la Guadeloupe comme
le dira Voltaire). Il y devint peu après ministre de la Mission et fut chargé du
soin des intérêts temporels. Pour les détails embrouillés de sa banqueroute, voir
L'Histoire du parlement de Paris, ch.68; le *Précis du siècle de Louis XV*, ch.38.
[16] L'abbé François-Marie Coger (1723-1780) se signala à l'attention du Maître
lors de l'affaire de *Bélisaire* en 1767; sur Larcher, voir ci-dessus, n.11; l'abbé
Claude-Marie Guyon (1699-1771) était surtout aux yeux du Sage de Ferney
l'auteur de *L'Oracle des nouveaux philosophes* (1759-1760), ouvrage censé 'servir
de suite et d'éclaircissement aux œuvres de M. de Voltaire'.

APPENDICE I

L'"Avertissement' des éditions de 1767

Ce texte se trouve dans les éditions 67A, 67X, 68E et 69. La table des matières de 68E et 69 le décrit ainsi: 'Avertissement qu'on trouve à la tête de la première édition de ce poème en deux chants, Paris 1767.'

* * *

Avertissement

De tous les chants dont est composé le poème de M. de Voltaire, intitulé, *la Guerre de Genève*, on ne connaît encore ici que le *premier* et le *troisième*. On dirait que celui-ci a été fait exprès pour décrier *Jean-Jacques Rousseau*, tant il y est maltraité et hideusement dépeint. On s'étonne que le célèbre auteur de cet ouvrage, qui ne se pique 5 pas moins d'humanité que de bel esprit, ait si peu ménagé un malheureux proscrit, accablé de maux physiques et moraux, dont la triste situation devrait lui attirer la pitié de ceux même de qui il aurait pu par d'autres endroits, s'attirer l'inimitié et l'indignation. Il est écrit quelque part: *Non adjicies afflictionem afflicto*;[1] et quand 10 il y aurait quelqu'un qui ne respecterait pas le livre où cela se trouve, il faudrait respecter la nature qui l'a si bien écrit dans tous les cœurs, qu'on le fait éprouver aux plus insignes malfaiteurs condamnés aux derniers supplices, par la compassion qu'on leur porte, et par les doux ménagements que leurs juges même qui les 15 condamnent et les autres ministres de la justice gardent avec eux.

---

[1] Sentiment éminemment biblique (voir par exemple Proverbes xxii.22) qui reproduit la leçon ou l'esprit, mais non la lettre, de Nahum i.12.

149

APPENDICE II

Avertissement sur le quatrième chant

Ce texte figure à la suite des trois premiers chants dans le manuscrit de Leningrad, copié par Rieu (voir ci-dessus, p.36-37, MS I).

* * *

Chant Quatriéme

Nous imprimerons ce quatriéme Chant dès que nous aurons pu l'attraper; mais nous avertissons les continuateurs de ne pas s'aviser de coudre leurs rapsodies à ce Poëme Héroïque, comme ils ont eû l'audace d'ajouter un Tome à l'histoire du bon Candide,[1] qui a fini comme tous les doctes le savent par cultiver son jardin;   5 qu'ils n'imitent pas les polissons qui ont défiguré l'Illustre Jeanne pucelle, ou non pucelle d'Orléans, par des vers dignes de la canaille,[2] qu'ils ne se mèlent pas des affaires d'Etat de l'auguste République de Genève, et vous pédans en manteau noir décrassez vous, tâchés d'avoir un peu de goût; allez fréquemment à la   10 Comédie; apprenez à vivre auprès des Dames, lavez-vous les

---

[1] *Candide ou l'optimisme, seconde partie* (s.l. 1760), attribué à Charles-Claude-Florent de Thorel de Campigneulles. Dans cette suite, Candide, las de cultiver son jardin, s'en va, sans savoir où, cherchant un lieu où l'on ne s'ennuyât pas. Il connaît donc une nouvelle série d'aventures qui le conduit à Tauris, à la Propontide, à Constantinople et enfin à Copenhague. Cet ouvrage venait à son tour d'avoir une suite: *Candide en Dannemarc, ou l'optimisme des honnêtes gens* (Genève 1767); voir Christopher Thacker, 'Son of Candide', *Studies* 58 (1967), p.1515-31.

[2] Pour une discussion de ce problème, voir l'introduction de Jeroom Vercruysse à son édition de *La Pucelle* (Voltaire 7, p.13-23 et surtout 80-86).

matins, lisez Rabelais, litteras obscurorum Virorum,[3] le conte du Tonneau, la fable des abeilles,[4] les contes de la Fontaine, et surtout la Pucelle, ouvrage moral, savant, ingénieux, instructif, qui doit vous apprendre à Vivre.   15

[3] *Epistolae obscurorum virorum* (publiées à Erfurt en 1515), ouvrage de Crotus et d'Ulrich von Hutten, qui est une satire sanglante des scolastiques d'Allemagne en général, et des dominicains de Cologne en particulier. Ces *Lettres* furent pour Voltaire, en janvier 1760, une véritable découverte: 'Je suis émerveillé. Cela vaut mieux que Rabelais. [...] Je pouffe de rire' (22 janvier 1760 à Elie Bertrand; D8720); cf. BV, no.916.

[4] *The Tale of a tub* (1704) de Swift, tout comme *The Fable of the bees* (1714) de Bernard Mandeville n'ont guère besoin de commentaires.

APPENDICE III

Portrait de J. J. Rousseau

Ce portrait qui figure dans 69, p.iii, est de Charles-Georges Fenouillot de Falbaire, lequel l'envoya, dans une lettre du 2 novembre 1763, à Maurice Quentin de La Tour (Leigh 3007). Il sera bientôt mis en circulation. Consigné dans les *Anecdotes littéraires, historiques, politiques, oeconomiques &c &c de l'année 1764* (Bn N465, f.8v), avec plusieurs variantes, il fut aussi repris par Bachaumont, dans les *Mémoires secrets* (29 décembre 1763, i.319) et envoyé à Rousseau lui-même par Marie-Anne Alissan de La Tour, le 30 janvier 1768 (voir Leigh 6227). Nous devons ces renseignements à la bienveillance du regretté R. A. Leigh.

* * *

PORTRAIT DE J. J. ROUSSEAU

Rousseau prenant toujours la nature pour maître,
Fut de l'humanité l'apôtre et le martyr.
Les mortels, qu'il voulait forcer à la connaître,
S'étaient trop avilis pour ne pas l'en punir.
Pauvre, errant, fugitif et proscrit sur la terre,   5
Sa vie à ses écrits servit de commentaire.
La fière vérité dans ses hardis tableaux,
Sut en dépit des grands, montrer ce que nous sommes.
Il devait de nos jours trouver des échafauds;
Il aura des autels, quand il naîtra des hommes.   10

Anecdote sur Bélisaire

édition critique

par

John Renwick

INTRODUCTION

Le *Bélisaire* de Marmontel, destiné à éclairer Louis xv et à provoquer un renouveau politique et moral, fut considéré, lors de sa parution en février 1767, comme l'apogée de la saine philosophie.[1] Loué et prôné comme modèle digne de présider à la conduite d'un souverain désireux d'être véritablement le bien-aimé de son peuple, *Bélisaire* n'était ni plus ni moins que le *bréviaire des rois*; du moins Catherine II et le prince royal de Suède, leurs intimes ou ministres, ne craignirent-ils pas de le proclamer tel dans des lettres élogieuses[2] adressées à Marmontel ou aux plus célèbres des

---

[1] L'histoire de Bélisaire (490-565) était bien propre à servir de véhicule à un philosophe désireux de remuer la conscience de son roi dans le contexte des années 1760. Grand capitaine de l'empire byzantin, bouclier de l'Etat chaque fois que l'Etat avait besoin de lui, Bélisaire devait néanmoins subir un certain nombre de vexations et de disgrâces suscitées et entretenues par la jalousie des courtisans de l'empereur Justinien, lequel lui était toutefois redevable en grande partie de l'éclat de son règne. La légende, qui renchérit sur l'histoire et qui présente Bélisaire privé de la vue par les ordres de Justinien et réduit à la mendicité, fut mise en circulation au douzième siècle. Dès les quinzième et seizième siècles elle fut répandue en Italie et dans le reste de l'Europe où elle devait se prêter à l'effet oratoire et, de plus en plus fréquemment, à l'enseignement moral (voir le tableau de Van Dyck, la tragédie de Rotrou, la tragi-comédie de La Calprenède). La nouveauté chez Marmontel – légende et histoire désormais confondues – consiste à suggérer qu'il existe un parallélisme éclairant entre le passé et le présent: dans ce roman philosophique (dont les dix derniers chapitres sont autant de traités sur chaque branche de la politique), Justinien (Louis xv), qui a écouté des délateurs égoïstes (la Réaction en général) au détriment de son serviteur le plus dévoué et le plus sûr (Bélisaire-la Philosophie), apprend – grâce à Bélisaire – comment régner pour le plus grand bien de tous. Evidemment, c'est le pauvre aveugle héros de notre roman qui, à l'instar des aveugles de Diderot de 1749, voit le plus juste et le plus clair.

[2] '*Bélisaire* m'a confirmé dans l'opinion, qu'il n'y a de vraie gloire que celle qui résulte des principes que Bélisaire soutient avec autant d'agrément que de solidité' (Catherine II à Marmontel, *Lettres écrites à M. Marmontel au sujet de Bélisaire*, Paris 1767, p.2). 'Seulement je ne veux pas me taire sur ma reconnaissance particulière, d'autant plus grande, que ma situation et mon âge me mettent

philosophes. Mais ayant connu une gloire européenne, voire une notoriété qui ni le cédait en rien à celle de l'*Esprit des lois* ou d'*Emile* (et qui surpassait même la leur, ne fût-ce que momentanément), le roman était voué à sombrer dans un oubli qui semble désormais à peu près total. C'est que cette 'dissertation'[3] utopique devait s'avérer gravement défectueuse: c'était l'ouvrage d'un écrivain qui (quoique théoricien littéraire de grande qualité) ne savait ni refréner sa plume ni imiter cette nature *simple et vraie* de tous les temps dont il ne se lassait jamais de parler.

Toutefois, s'il existe encore de pâles reflets de la gloire éphémère de ce *Bélisaire* si fade et ennuyeux, déclamatoire et larmoyant, c'est chez Voltaire qu'il faut les chercher. Tout au long de l'année 1767-1768, le patriarche suivait avec un intérêt tout personnel l'évolution de la querelle suscitée par le xve chapitre du livre, où Marmontel – toute sa circonspection habituelle oubliée[4] – plaidait en termes dénués d'équivoque en faveur de tous les païens vertueux de l'Antiquité, censés être damnés à tout jamais, et de tous les 'païens' français modernes: les huguenots.

Pour comprendre la teneur et le contenu philosophiques des deux *Anecdotes sur Bélisaire* il convient de s'arrêter un instant sur

plus à portée de profiter des grandes leçons que vous donnez aux rois, et à ceux qui sont destinés à l'être' (Gustave, prince royal de Suède, à Marmontel, *Lettres*, p.6). Pour les lettres échangées entre Marmontel et ses admirateurs couronnés ou leurs conseillers, voir notre édition de sa *Correspondance* (Clermont-Ferrand 1974), i.134-40, 155-59, 162-65, 169-81, 191, 195-212. Mais pour éviter toute équivoque, signalons que c'est pour Louis xv que Marmontel composa *Bélisaire* (voir à ce propos notre étude: *Marmontel, Voltaire and the Bélisaire affair*, Studies 121, 1974, p.92-97; désormais Renwick). S'il ne lui répugnait pas de faire profiter d'autres monarques de sa sagesse, il imitait en cela son maître Voltaire dont la devise en de telles circonstances semble être 'nul n'est prophète en son pays'.

[3] C'est Bachaumont (iii.142) qui, le premier (et en termes peu chaleureux), qualifie *Bélisaire* de 'dissertation très-froide, très-longue, très-rebattue sur des objets de morale et de politique'. Diderot à son tour (Roth-Varloot, vii.57) écrira à Falconet: 'Notre ami Marmontel disserte, disserte sans fin, et il ne sait ce que c'est que causer'.

[4] Nous ne pouvons résumer ici les étapes de l'évolution de Marmontel philosophe ni nous étendre sur les raisons pour lesquelles il crut nécessaire de rédiger *Bélisaire*. A ce sujet, consulter Renwick, p.19-111.

cet aspect de la thèse de Marmontel, et de dégager sa pensée sur ces deux problèmes qui, dans le xve chapitre, sont intimement et curieusement liés.

Comme nous l'avons déjà indiqué, le but que Marmontel s'était proposé en écrivant *Bélisaire* était fort louable. C'est aux environs de l'année 1764 que l'auteur, en tant que philosophe, avait fini, comme tant d'autres, par être profondément troublé par la dégradation progressive de la France, qui, au sortir de la guerre de Sept Ans, semblait ruinée, et qui, entre-temps, avait enfreint les règles les plus élémentaires de la félicité publique.

Incapable de cacher son dégoût et sa colère devant le spectacle des dirigeants insensibles aux souffrances du peuple et d'une noblesse bouffie d'orgueil dont l'influence égoïste sur Louis xv était néfaste, Marmontel trouva dans la légende de Bélisaire de quoi fournir une allégorie capable de démontrer au souverain que: 'ce n'est pas pour toi que tu vis. Ton âme est celle d'un grand peuple; ta volonté n'est que le vœu public; ta loi l'exprime et le consacre. Règne avec elle, et souviens-toi que ton affaire est le bonheur du monde'.[5]

Le sens de cette déclaration est clair et s'affirme sans détours; d'ailleurs, c'est là le thème unique de *Bélisaire*, maintes fois exposé sous des angles différents et sur des tons soit rationalistes, soit pathétiques, soit larmoyants. Le monarque se doit de régner de façon vertueuse et bienfaisante; sa raison d'être est d'assurer le plus grand bonheur du plus grand nombre de ses sujets. En somme, la politique et la morale, dans l'univers de Marmontel, sont une seule et même chose, car 'l'art de régner consiste à suivre les mouvements d'un esprit juste et d'un bon cœur' (p.107).

Il n'y a donc pas lieu de nous étonner si, dans sa profession de foi religieuse du xve chapitre, où Marmontel, pélagien et optimiste, insiste sur la bonté de Dieu et sa compassion pour les justes et les bienfaisants (p.231-34), ce philosophe-théologien propose une série de vœux intimes qui sentent l'hérésie (p.235-36):

[5] *Bélisaire* (Paris, Merlin, 1767), p.98.

N'avez-vous jamais, comme moi, assisté en idée au lever de Titus, de Trajan, et des Antonins? C'est une de mes rêveries les plus fréquentes et les plus délicieuses. Je crois être au milieu de cette cour, toute composée de vrais amis du prince; je le vois sourire avec bonté à cette foule d'honnêtes gens, répandre sur eux les rayons de sa gloire, se communiquer à eux avec une majesté pleine de douceur, et remplir leur âme de cette joie pure, qu'il ressent lui-même en faisant des heureux. Hé bien, la cour de celui qui m'attend sera infiniment plus auguste et plus belle. Elle sera composée de ces Titus, de ces Trajans, de ces Antonins, qui ont fait les délices du monde. C'est avec eux et tous les gens de bien, de tous les pays et de tous les âges, que le pauvre, aveugle Bélisaire se trouvera devant le trône du Dieu juste et bon.

Ces sentiments-là sont évidemment charitables. Ils sont également hérétiques. Nulle religion se réclamant du Christ ne peut tolérer de tels païens qui refusèrent de suivre l'exemple du Sauveur, dont ils n'ignoraient pas l'existence. Mais en exprimant l'opinion que Titus, Trajan et les Antonins se trouveraient dans le ciel en compagnie de tous les gens de bien, Marmontel (quoique illogique, car, ancien séminariste, il aurait dû se rappeler la doctrine catholique à ce propos) est en train d'échafauder une nouvelle 'théologie' plus appropriée aux temps, et, ce faisant, est tout à fait conséquent avec lui-même. Car à chaque page de *Bélisaire* l'auteur insiste sur une vérité fondamentale et comme inaliénable: la pratique de la vertu sur le plan politique assure le bonheur terrestre de celui qui reçoit et de celui qui donne. Quoi de plus normal, dans ces conditions, que de glorifier des empereurs dont les règnes avaient été remarquables de justice et de stabilité? Et si à la page 238, il insiste également sur une autre vérité ('l'homme juste et bienfaisant est cher à la divinité'), ce n'est que pour pouvoir démontrer une fois pour toutes que la pratique consciencieuse de la vertu assure à la fin le bonheur éternel.

Puisque ce 'théologien'[6] quelque peu simpliste croyait que les lois inaltérables du 'christianisme' étaient la vertu, la bonté, la bienfaisance et le soin de rendre son prochain heureux, quoi de

[6] Sur la 'théologie' du xve chapitre, voir Renwick, p.113-52, 325-58.

plus 'logique' s'il était convaincu que les récompenses de l'au-delà, réservées à tous ceux qui avaient vécu ce code, devraient être également le lot des païens vertueux qui s'étaient comportés selon des principes identiques?

La question du salut des païens vertueux était depuis toujours un sujet d'actualité. Elle l'était sans doute encore plus depuis la condamnation d'*Emile*. En pensant adopter une attitude indulgente à leur égard, Marmontel semble s'être rappelé que les commissaires de Sorbonne avaient soutenu, à six reprises, dans leur *Censure* de Rousseau[7] que les païens qui avaient été dans l'impossibilité de connaître la Révélation, mais qui avaient cherché la vérité de bonne foi et qui avaient mis en pratique les devoirs qu'impose la loi naturelle ne seraient pas damnés; qu'au lieu d'une foi explicite et formelle dans les mérites de Jésus-Christ, leur foi à eux pouvait être implicite et virtuelle.

Personne, il faut bien l'avouer, ne sait pourquoi Marmontel, en rédigeant *Bélisaire*, se croyait permis d'utiliser ces précisions à l'avantage de ses propres héros, ni encore comment il pensait pouvoir justifier leur utilisation en cas de nécessité et comme il devait effectivement y être contraint.[8]

Quoi qu'il en soit, soit ignorance bien réelle du sens profond de l'enseignement (certes assez vague) de l'Eglise à ce sujet, soit volonté généreuse de le dénaturer, l'auteur trouvait de la dernière importance de 'prouver' (en rendant l'enseignement beaucoup plus souple) que les païens vertueux de l'ère chrétienne allaient être sauvés, car leur salut lui offrait une preuve de l'opposition de Dieu à l'intolérance civile! Et grâce à une dialectique qui ne manque pas d'ingéniosité, ce philosophe, qui avait été ébranlé

---

[7] *Censure* (Paris, Le Prieur, 1762), p.19, 21-25, 49-50, 60-64, 74-76, 105-109.

[8] Le lecteur remarquera que la première moitié du XVe chapitre n'est qu'une série de constatations, présentées comme étant, ou peu s'en faut, des vérités acquises, totalement dépourvues de preuves. La seule pièce d'ailleurs en mesure de nous éclairer sur la pensée profonde de Marmontel à ce sujet, le mémoire justificatif qu'il présenta à la Sorbonne, soit en février soit en mars 1767, a disparu.

par les affaires Calas et Sirven, réussit à produire un manifeste libéral apparemment 'inattaquable'.

Dans la première moitié du xve chapitre, Marmontel avait eu à cœur d'établir que les païens vertueux seraient sauvés, en dépit de leur ignorance de la Révélation et des vérités mystérieuses. La théologie catholique garantissait l'existence de cette 'échappatoire', et sans doute les théologiens avaient-ils raison car leur salut était susceptible d'une autre variété de preuve: la conscience de l'homme. D'un point de vue purement moral, la conscience ne saurait un instant concevoir la damnation éternelle de ceux qui avaient ignoré la Révélation, et néanmoins vécu de manière irréprochable. Par ailleurs, Dieu lui-même avait trouvé juste et opportun de séparer les vérités *morales*[9] (dont la pratique était indispensable au salut) d'avec les vérités *mystérieuses*. 'La révélation', écrivit Marmontel, 'n'est [donc] que le supplément de la conscience' (p.238).

Si donc Dieu lui-même s'était plu à séparer l'inessentiel d'avec l'essentiel, si la religion était de ce fait divisée en dogmes spéculatifs d'une part et moraux de l'autre, de quel droit les souverains modernes (et Louis xv en particulier) persécutaient-ils ceux qui ne donnaient pas leur adhésion à ce que Dieu n'avait considéré comme nécessaire ni à une vie exemplaire ni au salut?

Formulée de bonne foi, dans un but humanitaire, cette thèse, bien que touffue et hérissée de contradictions internes, ne pouvait que plaire aux philosophes. Le 16 février 1767, Voltaire, par exemple, se montra très enthousiaste: 'Belisaire arrive, nous nous jetons dessus maman et moi comme des gourmands. Nous tombons sur le chapitre 15, c'est le chapître de la tolérance, le catéchisme des rois; c'est la liberté de penser soutenue avec autant de courage que d'adresse; rien n'est plus sage, rien n'est plus hardi' (D13967).

Mais enthousiasme philosophique, par une sorte de compensa-

[9] Ailleurs dans le texte ces 'vérités morales' deviennent sous la plume de Marmontel et assez indifféremment: révélation secrète, vérités de sentiment, conscience, loi naturelle.

tion, devait fatalement signifier hostilité ecclésiastique. Ce xve chapitre déplaisait fort à la Sorbonne, qui, faisant semblant d'ignorer le plaidoyer en faveur de la tolérance civile, s'attacha à attaquer l'auteur éclairé pour ses opinions prétendues déistes... avec l'intention mal cachée de faire de lui le bouc émissaire pour les peccadilles des philosophes.[10]

Accusé, dès le 15 février, de propager le déisme, Marmontel jugea politique de négocier avec les autorités ecclésiastiques et de proposer l'addition de notes explicatives et d'éclaircissements à sa profession de foi religieuse. Se montrer tant soit peu récalcitrant à propos de ses prétendus écarts n'aurait eu, il est vrai, d'autre résultat que d'amener la suppression intégrale de son livre. Négocier, par contre, et calmer la colère semblait être la seule solution possible. Car Marmontel n'avait aucune intention de sacrifier son plaidoyer en faveur de la tolérance (dont paradoxalement il n'était point question) pour ce qui était en comparaison des vétilles.

Pour sauvegarder la thèse principale – raison d'être du xve chapitre, sans doute du livre entier – l'auteur était donc tout disposé à accommoder les choses sans éclat. Or, la première tentative de conciliation, entreprise auprès de l'abbé Riballier, syndic de la Sorbonne, devait échouer: un examen approfondi du xve chapitre, entrepris simultanément par les confrères de Riballier, avait révélé non seulement un déisme 'fondamental', mais aussi une 'insidieuse attaque' contre le christianisme, la Révélation et les mystères. La conciliation, de ce fait, ne semblait plus possible. En effet, dès le 20 février, on parlait en Sorbonne de la possibilité d'une proscription et d'une censure raisonnée.

Sur ces entrefaites, l'archevêque de Paris, désireux d'éviter un scandale de proportions analogues à celui que l'Eglise avait connu en 1762 avec Rousseau, fit proposer à Marmontel ses bons offices de médiateur (25-26 février). Croyant trouver en la personne de Christophe de Beaumont, sinon un allié, du moins un esprit

---

[10] Sur la genèse de l'*affaire de Bélisaire*, voir Renwick, p.113-211.

charitable et compréhensif, Marmontel, pour protéger son livre, se montra fort raisonnable. Peut-être le fut-il beaucoup trop: il promit à plusieurs reprises, de vive voix et par écrit, de rétracter ouvertement et sans peine toutes les erreurs contre la saine doctrine qu'on aurait remarquées dans le xve chapitre. Les promesses faites – et il s'agit d'un philosophe – laissent rêveur:

La tempête contre M. Marmontel commence à se calmer de la part de M. l'archevêque, auquel ce disciple très-docile a promis telle rétractation qu'il voudrait, de faire la profession de foi la plus caractérisée...[11]

A Paris l'affaire prenait ainsi mauvaise tournure. Voltaire ne l'ignorait pas tout à fait. Mais sans doute insuffisamment renseigné, et plus préoccupé en ce moment par *Les Scythes* et par Sirven, se souciait-il peu de l'attitude sorbonique. Deux lettres du 4 mars au sujet de cette 'farce', l'une à Florian, l'autre à Damilaville (D14016, D14018) paraissent témoigner d'un tranquille optimisme.

Le 8 mars, devant l'hostilité croissante de la Sorbonne et la persécution qu'il essuyait, Marmontel lança cependant un cri de détresse à l'intention de Voltaire (D14024):

Il n'y a pas moyen mon illustre Maitre, d'écrire ni de penser dans ce païs cy. Vous avez vu avec quelle modération j'ai combatu l'opinion révoltante qui damne éternellement les Titus et les Antonins; Les fanatiques m'en ont fait un crime; et j'ai éprouvé avec une douleur profonde que Les fanatiques sont en grand nombre. J'ai eu beau leur faire voir que les pères de l'église ont eu horreur de ce dogme abominable, qu'ils ont fait des efforts d'esprit surprenans pour concilier avec la nécessité de croire en j. c.; l'espérance du salut des infidèles de bonne foi; s^t Paul, s^t Augustin, s^t Thomas n'ont pas été plus écoutés que moi; et par ce que j'ai dit que La raison et la foi, la révélation et le sentiment devoient être d'accord ensemble, que les mystères de la trinité et de la procession du st esprit n'étoient point liés avec la morale, et qu'ils ne tenoient point aux devoirs d'un père, d'un époux, d'un citoyen &a, on

---

[11] Bachaumont, iii.145. Bachaumont était très bien renseigné: son informateur n'était autre que l'abbé Joseph Xaupi, doyen de la Faculté de théologie.

a crié que j'étois déiste et que j'avois voulu rendre le christianisme odieux.

M^r L'archevêque de Paris a été plus juste et plus sage. Il m'a entendu, il a désavoué ce déchainement furieux; et tandis qu'il est occupé à concilier Les esprits, Les jansénistes, qui ne demandent qu'à damner tous les gens de bien qui ne font pas des miracles dans des galetas, insultent à la modération de ce prélat vertueux; ils disent qu'il protège les déistes et ne persécute que les croyans. Je vous avoue mon illustre maitre que ces gens, qui prouvent la vérité à coup de bûche, m'ont fait trembler. Ce sont les plus âpres des intolérans, et si on ne les accable point sous un tas de ridicule et d'oprobre, ils vont devenir les persécuteurs de la Raison et de la philosophie. Je ne sais à quoi se terminera Le soulèvement que m^r L'archevêque tâche d'appaiser. En atendant, la seconde édition de Belisaire est suspendue, et l'enchanteur Merlin est en purgatoire, parce que j'ai voulu tirer les Antonins et les Titus de l'enfer.

Voltaire ne reçut cette lettre que le 16 mars; à un appel si pressant, lancé par le seul de ses disciples des années 1740-1750 qui lui eût donné pleine satisfaction dans la carrière des lettres et qui lui vouait une amitié profonde et tendrement respectueuse,[12] il ne pouvait rester insensible. Marmontel lui était cher à titre personnel; nul doute que les idées du xve chapitre l'étaient aussi. Mais d'autre part, le cri de guerre: *Hors de l'Eglise point de salut*, lui était depuis longtemps profondément antipathique. Ce seul fait aurait suffi pour le faire réagir de manière positive. Apprendre par ailleurs que les fanatiques qui persécutaient le xve chapitre étaient en grand nombre, que les jansénistes qui prouvaient la vérité à coup de bûche allaient devenir les 'persécuteurs de la raison et de la philosophie' ne pouvait que provoquer un mouvement de colère.

Le résultat en fut l'*Anecdote sur Bélisaire*, dont il existait un 'premier jet' deux jours plus tard, le 18 mars (D14053).

---

[12] Sur les liens qui unissaient les deux hommes, voir surtout les *Mémoires de Marmontel*, éd. J. Renwick (Clermont-Ferrand 1972), i.49, 55, 57-58, 61, 63-67, etc. Consulter aussi Alfred J. Bingham, 'Voltaire et Marmontel', *Studies* 55 (1967), p.205-62.

Quel but exact Voltaire s'était-il proposé dès le 16 mars en répandant le ridicule à grands flots sur qui il appartenait? Puisqu'il ne disposait pas, paraît-il, de beaucoup d'éléments sûrs (à part ceux contenus dans la lettre de Marmontel), il semblerait qu'il n'ait voulu, encore une fois, que déconfire la horde réactionnaire et se moquer de *l'infâme*. Indigné, il l'était. Nous ne croyons pas, par contre, qu'il ait été *inquiet* à cette époque précise. Certainement, il l'aurait été séance tenante si Marmontel avait bien voulu lui avouer à quel point il s'était compromis auprès de Christophe de Beaumont, voire à quel point la philosophie était compromise.

C'est une lettre de d'Alembert du 11 mars – sans doute reçue vers le 18 ou le 19 – qui lui fit comprendre que la véritable situation était de loin plus compliquée et inquiétante que celle décrite par son disciple, qui, pour des raisons bien personnelles, avait préféré rester discret. D'Alembert lui écrivit (D14030):

L'affaire de Marmontel avec la Canaille sorbonique est toujours pendante; l'archevêque, le croiriez vous! est celui qui se montre le plus modéré, & je ne sais s'il aura assés de crédit pour empêcher la Censure que la faculté veut faire. Aufond je trouve que Marmontel a fait trop d'honneur à cette canaille d'entrer en négociation avec elle, mais il est trop engagé pour reculer, et peut être pour ne pas souscrire à ce qu'on exigera de lui.

D'Alembert – tout en étant plus explicite – reste néanmoins discret à son tour. En effet, si Voltaire avait appris la teneur et l'étendue des promesses que l'on sait faites par Marmontel à l'archevêque, il aurait (encore une fois) été à l'extrémité. 'Frère Archimède', soit pour épargner son maître soit pour couvrir son ami hérétique, se contenta donc de tracer les grandes lignes de cette affaire peu édifiante de part et d'autre.

La possibilité d'une censure, la perspective d'une soumission de la part de Marmontel amenèrent-elles Voltaire à reformuler son *Anecdote*, à la rendre plus mordante? Sans documents, il serait aléatoire de l'affirmer. S'il crut nécessaire d'y apporter des retouches (ce qui n'est nullement exclu), il pouvait le faire, car il disposait encore d'un ou de deux jours, le texte reproduit dans les différentes éditions du *Fragment des instructions pour le prince royal de* *** portant la date du 20 mars.

Cette possibilité n'est pas à exclure. Examinons-en les raisons. En premier lieu, il était évident, dès réception des renseignements fournis par d'Alembert, que la façon dont Voltaire avait perçu la position de Marmontel était à revoir. Reconnaissant que le thème principal du xve chapitre était un plaidoyer en faveur de la tolérance civile, doublé d'une attaque contre les deux pouvoirs, il dut comprendre, grâce à d'Alembert et en dépit de l'insistance de Marmontel sur l'attitude hostile de la Sorbonne envers le salut de Titus, Trajan et des Antonins, que cette dernière s'attacherait à attaquer avec la même vigueur les théories fort tolérantes de Bélisaire. Or, bien que Voltaire n'ait pas eu connaissance de la promesse que son disciple avait faite de signer 'telle rétractation qu'[on] voudrait', il dut comprendre (la tactique sorbonique ne lui étant point inconnue) qu'il s'agissait précisément de ce genre de document: *mais il est trop engagé pour reculer, et peut-être pour ne pas souscrire à ce qu'on exigera de lui.*

Une telle rétractation – destinée à être rendue publique – contiendrait fatalement la soumission expresse de son disciple devant la primauté de la religion catholique, devant ses dogmes, devant la solidarité nécessaire du Trône et de l'Autel pour le maintien et la propagation de la Foi. Si diffusée, cette rétractation ne pourrait que rendre un fort mauvais service à la campagne libérale et, sans doute, à l'affaire de Sirven qui, toujours pendante, était une source d'inquiétude.

Est-ce pour ce motif précis que le dernier paragraphe de l'*Anecdote*, sans évidente nécessité tactique, traite de la tolérance? Les présomptions les plus fortes militent en faveur d'au moins une addition à l'*Anecdote*, car personne n'avait jusqu'ici parlé d'une attaque sorbonique contre le plaidoyer en faveur des huguenots.

Que l'*Anecdote* – en dehors de cette addition – ait été refondue ou non, l'idée néanmoins que Voltaire se faisait de l'utilité de son pamphlet devait désormais se modifier.

En général, l'expérience de la polémique lui avait maintes fois démontré que l'adversaire qu'on arrive à bafouer devant le public perd par là une bonne partie de sa cause. En cherchant à persuader ce public, par un procédé dont lui seul possédait le secret, que le catholicisme dogmatique – en la personne de frère Triboulet – était du dernier ridicule, il voulait sans doute s'assurer à la fois de la neutralité des dévots et de l'engagement de ceux qui, philosophiquement, n'étaient pas en cause. Mais le revers de la médaille? Quelles fins visait-il pour ce qui était de la Sorbonne et de Marmontel lui-même?

En ce qui concerne la première, il n'y a pas de mystère: rudoyer et ridiculiser *l'infâme* et ses défenseurs étaient des préoccupations voltairiennes à long terme. Mais l'affaire de *Bélisaire* comportait aussi un aspect immédiat, dans la mesure où la personne de Marmontel était en cause. Qu'attendait Voltaire à cet égard de son violent pamphlet? On peut hasarder deux réponses.

La personnalité de Marmontel, académicien renommé, aurait rendu fâcheuse pour la cause de la philosophie l'amende honorable dont il était menacé. Voltaire a pu donc vouloir user d'une arme de dissuasion. L'*Anecdote* aurait été, dans cette hypothèse, un avertissement à la Faculté de théologie, sommée de se rappeler l'existence de l'usine de Ferney et les risques d'une guerre de pamphlets où elle ne serait pas la plus forte. Il est probable que Voltaire nourrissait l'espoir d'un armistice de fait: ses adversaires faisant le silence sur *Bélisaire* et lui-même n'entendant plus parler de rétractation publique. Le 23 mars 1767, au lendemain de l'envoi du pamphlet à Paris, il écrivit au marquis de Ximenès: 'Je me flatte que la Sorbonne s'accommodera avec le révérend père Marmontel pour la permission du petit carême de Bélisaire' (D14064).

Il se peut toutefois que Voltaire ait prévu que son avertissement amical ne serait pas compris. La constance et la ténacité n'étaient pas que des vertus philosophiques. Mais l'*Anecdote* répondait aussi à cette éventualité. Marmontel lui ayant décrit les tentatives de conciliation de la part de l'archevêque, tentatives que la Sorbonne ne laissait jamais d'agréer que de fort mauvaise grâce, il paraissait sans doute évident à Voltaire qu'une bonne dose de ridicule administrée à cette Faculté de théologie si sensible pourrait bien rompre l'équilibre quelque peu précaire que l'archevêque tâchait de maintenir. Et il était simple de prévoir que, si la Sorbonne ne craignait pas la perspective de nouveaux pamphlets et d'une recrudescence d'opprobre, la seule façon dont elle pourrait réagir devant une critique de 'mauvaise foi' et entièrement à l'avantage de Marmontel, serait de riposter en demandant à l'archevêque d'admettre la nécessité d'une censure publique de *Bélisaire*, censure sévère qu'elle-même réclamait depuis le mois de février. En ce cas elle ne ferait que courir inéluctablement à sa perte. La condamnation de la tolérance civile qu'elle voudrait formuler, qu'elle se devrait de porter, serait vite en butte à son tour à une attaque philosophique. Le choix était entre Charybde et Scylla. Les philosophes qui se plaisaient à voir dans le catholicisme dogmatique une nouvelle mythologie n'auraient pas manqué d'approuver l'image. Quel que fût le terme de l'alternative retenu, Marmontel et la philosophie sortiraient indemnes.

En proposant cette seconde hypothèse nous ne pensons pas faire bénéficier Voltaire d'une interprétation *a posteriori*. Rompu à toutes les intrigues, à toutes les finesses de la polémique, il était trop astucieux pour n'avoir pas discerné lui-même ces possibilités.

Mais pour mordante qu'elle fût, l'*Anecdote sur Bélisaire* fit son apparition trop tard dans la capitale (30-31 mars) pour pouvoir influencer tant soit peu la conduite de la Sorbonne. Entre-temps, la situation où se trouvait Marmontel avait évolué avec une telle rapidité qu'à l'époque même où la voix de Voltaire se faisait entendre il n'était plus question du salut des païens vertueux, mais de la tolérance, plus question d'une rétractation, mais d'une censure en bonne et due forme. Peu importe. Le pamphlet, tout en perdant quelque actualité (ce qui ne lui enlevait rien de sa force), retrouvait par là sa raison d'être primitive: il redevenait un réquisitoire qui ne pouvait manquer d'ameuter le public et de jeter les fondements d'une affaire philosophique de grande envergure. Celle-ci ne devait se terminer qu'un an plus tard, mais dès le départ, grâce à Voltaire, les rieurs n'étaient pas du côté de la Sorbonne.

Éditions et copies manuscrites

La première édition de l'*Anecdote* (67) sortit des presses selon toute probabilité vers le 21 mars (D14059) pour être distribuée aussitôt par Voltaire (D14068). Preuve sans doute oblique de la ténacité de l'adversaire (mais en tout cas preuve de la nécessité de garder les rieurs du côté de Marmontel et de la philosophie), Voltaire et ses disciples jugèrent bon de réimprimer ce pamphlet au moins cinq fois dans le courant de l'année 1767 (dans FI67A-B et PR67A-C). Si, par la suite, ce 'petit pâté' ou ce 'fromage' ne devait être republié qu'à un rythme nettement moins élevé (soit dans de simples recueils soit dans des éditions des œuvres complètes), il le fut toutefois assez fréquemment pour ne pas tomber dans l'oubli. De 1768 à 1771 on en dénombre cinq impressions (NM7A, EJ3A, NM9A, W68 et W71), pour ne rien dire de ces éditions de *Bélisaire* qui contiennent le 'dossier' établi dans PR67B-C (voir à titre d'exemple B70). Le texte reparaît, après un laps de quatre années seulement, dans W75G, et figure aussi dans EJ3B (1776) et K.

L'*Anecdote* figure dans la *Correspondance littéraire* de Grimm, dans la livraison datée du 15 avril 1767. Le texte a été copié sur celui d'une édition, sans doute PR67A, et on en connaît deux manuscrits: voir ICL 67:107 (i.201). Il existe un manuscrit secondaire de l'*Anecdote* à la Taylor Institution et un autre à la Bodleian Library (MS French c 4, f.23-28).

67

[*titre de départ*] [*ornement typographique*] (1) [*ornement typographique*] / [*filet orné, 71 mm*] / *ANECDOTE* / SUR / BELISAIRE. / JE vous connais, vous êtes un fcélérat. / [...]

8°. sig. a⁴; pag. 8; \$3 signé, chiffres romains; sans réclames.

Il s'agit de la première édition de l'*Anecdote*, qui était sans doute celle qui circulait en mars/avril 1767. Sa présentation typographique ressemble à celle adoptée habituellement par Gabriel Grasset, imprimeur de la plupart des 'rogatons' de Voltaire, mais on ne peut pas affirmer sa paternité avec certitude. Cette édition fournit notre texte de base.

Leningrad: BV 3480 (3 exemplaires); Bpu: Broch. 186 (17) (voir Jean-Daniel Candaux, *Répertoire des éditions de Voltaire antérieures à 1890 conservées à la Bibliothèque de Genève*, Genève 1978, 6.a.1767).

FI67A

[*encadrement*] / FRAGMENT / DES / INSTRUCTIONS / POUR / LE PRINCE / ROYAL DE ***. / [*ornement typographique*] / A BERLIN, / [*filet gras-maigre, 61 mm*] / *MDCCLXVII.* /

8°. sig. A-E⁸ (E8 bl.); pag. 77; $4 signé, chiffres romains (– A1); réclames par cahier et (pour les rubriques) aux p.40 et 57.

[1] titre; [2] bl.; [3]-40 Fragment des instructions, pour le prince royal de ***; 41-49 Du divorce; 49-57 De la liberté de conscience; 58-77 Anecdote sur Bélisaire. A Paris, 20 mars 1767.

Cette édition, sortie des presses de Gabriel Grasset, existe aussi avec la date '*MDCCLXV.*' ou '*MDCCLXVI.*' et dans une version de 56 pages (A-C⁸ D⁴), à laquelle manque le texte de l'*Anecdote*. La même composition a été employée dans tous les cas, exception faite du dernier feuillet de la version abrégée.

Bn: Mz 4237 (1767); – R 53729 (1767; 56 pages); ImV: D Fragment 13/1767/1 (1765); Br: FS 241 a (1766).

FI67B

FRAGMENT / DES / INSTRUCTIONS / POUR / LE PRINCE / ROYAL DE ***. / [*ornement typographique*] / *A LONDRES*, / [*filet, 54 mm*] / [*filet, 48 mm*] / MDCCLXVII. /

8°. sig. A-B⁸ (B8 bl.); pag. 30; $5 signé, chiffres arabes (– A1); réclames par cahier.

[1] titre; [2] bl.; [3]-16 Fragment des instructions pour le prince royal de ***; 17-20 Du divorce; 20-23 De la liberté de conscience; 23-30 Anecdote sur Bélisaire. A Paris, 20 mars 1767.

Une édition imprimée dans les Pays-Bas, probablement à Amsterdam.

Bn: Rés. Z Beuchot 302.

PR67A

PIECES / *RELATIVES* / A BÉLISAIRE. / [*filet gras-maigre, 76 mm*] / *PREMIER CAHIER.* / [*filet maigre-gras, 77 mm*] / [*ornement typographique, haut de 33 ou de 28 mm* / A AMSTERDAM. / [*filet gras-maigre, 54 mm*] / M. DCC. LXVII. /

[*faux-titre*] PIECES / *RELATIVES* / A BÉLISAIRE. /

8°. π1-2 A⁸ π3-4; pag. [*4*] 19 [*1*]; $3 signé, chiffres romains; sans réclames.

[*1*] faux-titre; [*2*] bl.; [*3*] titre; [*4*] bl.; 1-8 Anecdote sur Bélisaire; 9-15 Seconde anecdote sur Bélisaire; [16] bl.; 17-19 Extrait d'une lettre écrite de Genève; [20] bl.

Le texte est celui de 67 avec une variante (ligne *a*). Il semble que les divers 'cahiers' des *Pièces relatives* furent rassemblés et édités à Paris: sur cette question, voir Renwick, p.283-87, 371-73.

L'addition ou la soustraction sous presse de deux éléments est responsable de la variation dans la hauteur de l'ornement sur la page de titre.

Leningrad: BV 2731; Bn: Y² z 121 (ornement de 33 mm); Y² 76027 (ornement de 28 mm; π4 relié à l'envers).

PR67B

PIECES / *RELATIVES* / À BÉLISAIRE. /

12°. sig. A-E¹² (– E12) F²; pag. 22 [23-24] xj [2]-33 [34] 54; $6 signé, chiffres romains (– A1, B1); réclames par cahier.

[1] titre; [2] bl.; [3]-11 Anecdote sur Bélisaire; 12-19 Seconde anecdote sur Bélisaire; 20-22 Extrait d'une lettre écrite de Genève à M. ***. Sur la liste imprimée des propositions que la Sorbonne a extraites de Bélisaire pour les condamner; [23] bl.; [24] bl., sauf réclame 'LES'; [i] B1*r* 'LES XXXVII VÉRITÉS / *OPPOSÉES* / AUX XXXVII IMPIÉTÉS / DE BÉLISAIRE. / *PAR UN BACHELIER UBIQUISTE.* / [*filet, 65 mm*] / *Beatus vir qui non abiit in consilio impiorum* .... / *& in cathedrâ derisorum non sedit.* / Heureux l'homme qui n'eſt point entré dans le / conſeil des impies .... & qui ne s'eſt point / aſſis dans la chaire des moqueurs. *Pſ.* 1. *v.* 1. / [*filet, 65 mm*] / [*ornement typographique*] / *A PARIS*, / Chez C. F SIMON, Imprimeur de l'Arche- / vêché & de la Sacrée Faculté. / [*filet gras-maigre, 59 mm*] / M. DCC. LXVII.'; [ii] bl.; [iii]-xj Avis au lecteur; [2]-32 Impiétés

de Bélisaire [pages paires]; [3]-[33] Vérités opposées aux erreurs de Bélisaire [pages impaires]; [34] Billet de Mr de V., adressé à Mr D.; [1]-4 Réponse de M. Marmontel, à une lettre de Mr l'abbé Riballier, syndic de la Faculté de théologie de Paris; 5-18 Lettre de Mr Riballier à Mr Marmontel, du 19 février; [19]-40 Lettre de M. Marmontel à Mr Riballier, syndic de la Faculté de théologie et censeur royal, au sujet du libelle intitulé: Examen sur Bélisaire; 41-43 Lettre de Mr de V. à Mr Marmontel. 7 auguste 1767; [43] Note de l'éditeur; [44]-52 Exposé des motifs qui m'empêchent de souscrire à l'intolérance civile; [53]-54 Lettre de M. de Voltaire à M. le prince de Gallitzin. A Ferney ce 14 auguste 1767.

La présentation typographique de ce volume nous permet de l'attribuer à un atelier de la région de Liège.

La même composition a été employée pour l'impression d'une version encadrée: voir Charles Wirz, 'L'Institut et musée Voltaire en 1984', *Genava* n.s. 33 (1985), p.165.

Bn: Fb 17672.

PR67C

PIECES / *RELATIVES* / À BÉLISAIRE. /

8°. sig. A-I⁸; pag. 144; $5 signé, chiffres arabes (– A1, B5); réclames par page.

[1] titre; [2] bl.; [3]-13 Anecdote sur Bélisaire; 14-21 Seconde anecdote sur Bélisaire; 22-24 Extrait d'une lettre écrite de Genève à M***. Sur la liste imprimée des propositions que la Sorbonne a extraites de Bélisaire pour les condamner; [25] B5*r* 'LES XXXVII VÉRITÉS / *OPPOSÉES* / AUX XXXVII IMPIÉTÉS / DE BÉLISAIRE. / *PAR UN BACHELIER UBIQUISTE.* / [*filet, 67 mm*] / *Beatus vir qui non abiit in consilio impiorum* .... / *& in cathedrâ derisorum non sedit.* / Heureux l'homme qui n'eſt point entré dans le / conſeil des impies .... & qui ne s'eſt point aſſis / dans la chaire des moqueurs. *Pſ.* i. *v.* i. / [*filet, 67 mm*] / [*bois gravé*] / *PARIS & ſe vend à FRANCFORT / ſur le Main.* / chez Jean Georg Eslinger. / [*filet gras-maigre, 67 mm*] / M DCC LXVII.'; [26] bl.; [27]-35 Avis au lecteur; 36-72 Impiétés de Bélisaire [pages paires]; 37-73 Vérités opposées aux erreurs de Bélisaire [pages impaires]; [74] Billet de Mr de V., adressé à Mr D.; [75]-79 Réponse de M. Marmontel, à une lettre de Mr l'abbé Riballier, syndic de la Faculté de théologie de Paris; 80-96 Lettre de Mr Riballier à Mr Marmontel, du 19 février; [97]-124 Lettre de M. Marmon-

171

tel, à Mr Riballier, syndic de la Faculté de théologie et censeur royal, au sujet du libelle intitulé: Examen sur Bélisaire; 125-128 Lettre de Mr de V. à Mr Marmontel. 7 auguste 1767; 128 Note de l'éditeur; 129-141 Exposé des motifs qui m'empêchent de souscrire à l'intolérance civile; 142-144 Lettre de M. de Voltaire à M. le prince de Gallitzin. A Ferney, ce 14 auguste 1767.

L'aspect matériel de cette édition indique une origine allemande: il est possible que l'éditeur en était réellement Eslinger.

Taylor: V8 A2 1767.

F168

[encadrement] / FRAGMENT / DES / INSTRUCTIONS / POUR / LE PRINCE / ROYAL DE ***. / [ornement typographique] / A BERLIN, / [filet gras-maigre, 62 mm] / MDCCLXVIII. /

8°. sig. A-D⁸; pag. 64; $4 signé, chiffres romains (– A1; A2 signé avec des chifffres arabes); réclames par cahier et par rubrique.

[1] titre; [2] bl.; [3]-26 Fragment des instructions pour le prince royal de ***; 26-31 Du divorce; 32-37 De la liberté de conscience; 37-49 Anecdote sur Bélisaire. A Paris, 20 mars 1767; 50-59 Seconde anecdote sur Bélisaire; 59-64 Lettre de l'archevêque de Cantorbéri à l'archevêque de Paris.

Une autre édition imputable à Gabriel Grasset.

Bn: Rés. Z Beuchot 304.

NM7A (1768)

NOUVEAUX / MELANGES / PHILOSOPHIQUES, / HISTORI-QUES, / CRITIQUES, / &c. &c. / SEPTIÉME PARTIE. / [bois gravé, 47 x 32 mm] / [filet gras-maigre, 71 mm] / M. DCC. LXVIII. /

[faux-titre] NOUVEAUX / MELANGES / PHILOSOPHIQUES, / HIS-TORIQUES, / CRITIQUES, / &c. &c. &c. / SEPTIÉME PARTIE. /

8°. sig. A-Y⁸ Z⁴ Aa²; pag. 364 (p.43 numérotée '34', 337-352 '333'-'348'); $4 signé, chiffres arabes (– A1-2, Z3-4, Aa2); tomaison 'Nouv. Mél. VII. Part.' (sig. I 'Nouv. Mél. VII. Part.'); réclames par page.

[1] faux-titre; [2] bl.; [3] titre; [4] bl.; [5]-32 Essai historique et critique sur les dissensions des églises de Pologne; 33-39 Anecdote sur Belisaire;

40-45 Seconde anecdote sur Belisaire; 46-357 autres textes; 358-364 Table des articles contenus dans cette septième partie.

C'est la première édition Cramer du tome 7 des *Nouveaux mélanges*. Le volume fut réimprimé la même année, avec un bois différent au titre (comportant un bouclier et autres emblèmes martiaux: Bn Rés. Z Bengesco 487.7) et en 1771 (Bn Z 24771).

Taylor: VF; Bn: Rés. Z Beuchot 28 (7).

EJ3A (1769)

L'EVANGILE / DU JOUR / CONTENANT / Le Marseillois & le Lion. / Les trois Empereurs en Sorbonne. / Lettre du *Marquis* d'Argence. / Lettre de *Voltaire* au *Marquis* d'Argence. / Reponse de *Voltaire* à l'Abbé d'Olivet. / Lettre de *Voltaire* à l'Elie de Beaumont. / Déclaration Juridique de la Servante de Mad. Calas. / Lettre d'un Membre du Conseil de Zurich. / Anecdote sur Bélisaire. / Seconde Anecdote sur Bélisaire. / Lettre de l'Archevêque de Cantorberi à l'Archevêque / de Paris. / Lettre Pastorale à l'Archevêque D'auch. / La Prophetie de la Sorbonne. / Instruction Pastorale de l'Evêque d'Alétopolis. / A Warburton. / Essai Historique & Critique sur les Dissentions des Eglises / de Pologne. / Lettre d'un Avocat à l'Ex-Jésuite Nonnote. / Lettre sur les Panégiriques par Irénée Aléthès. / Lettres à Son Altesse Monseigneur le Prince De ***. / sur *Rabelais*, sur *Vanini*, sur les Auteurs An- / glais, sur *Swift*, sur les Allemands, sur les / Français, sur l'Encyclopedie, sur les Juifs, & / sur *Spinosa*. / [*ornement typographique*] / [*filet gras-maigre, 75 mm*] / *A LONDRES* / MDCCLXIX.

[*faux-titre*] L'EVANGILE / DU / JOUR. / [*filet, 68 mm*] / *TOME TROISIEME*. / [*filet, 69 mm*] /

8°. sig. π^2 A-N^8; pag. [*4*] 207 (p.42 non numérotée); $5 signé, chiffres arabes (– A1); réclames par cahier.

[*1*] faux-titre; [*2*] bl.; [*3*] titre; [*4*] bl.; [*1*]-54 autres textes; [*55*]-60 Anecdote sur Bélisaire; [*61*]-66 Seconde anecdote sur Bélisaire; [*67*]-207 autres textes.

Bn: D² 5300.

NM9A (1770)

NOUVEAUX / MELANGES / PHILOSOPHIQUES, / HISTORI-
QUES, / CRITIQUES, / &c. &c. / *NEUVIÉME PARTIE.* / [*bois gravé,
47 x 32 mm*] / [*filet gras-maigre, 70 mm*] / M. DCC. LXX. /

[*faux-titre*] NOUVEAUX / MELANGES / PHILOSOPHIQUES, / HIS-
TORIQUES, / CRITIQUES, / &c. &c. &c. / *NEUVIEME PARTIE.* /

8°. π¹ A-X⁸; pag. [2] 334 (p.311 numérotée 131); $4 signé, chiffres
arabes (chiffres romains dans les cahiers A-C); tomaison '*Nouv. Mél.*
IX. Part.' (cahiers H, R, V '*Nouv. Mel.* IX. Part.'); réclames par cahier.

[*1*] faux-titre; [*2*] bl.; [*3*] titre; [*4*] bl.; [1]-223 autres textes; 223-230
Anecdote sur Bélisaire. A Paris, 20 mars 1767; 231-330 autres textes;
331-334 Table des articles contenus dans ce volume.

C'est sans doute par mégarde que Cramer a inséré l'*Anecdote* pour la
deuxième fois des les *Nouveaux mélanges*. Cette fois-ci, il aurait reproduit
une édition du *Fragment des instructions*.

Taylor: VF; Bn: Rés. Z Beuchot 21 (25).

B70

BÉLISAIRE, / PAR / *M. MARMONTEL*, / DE L'ACADÉMIE FRAN-
ÇOISE. / *NOUVELLE ÉDITION*, / *Augmentée des Pieces relatives.* / [*filet
orné*] / *Non miror, fi quandò impetum capit* (Deus) / *Spectandi magnos viros,
collectantes cum aliqua* / *calamitate.* Senec. de Provid. / [*filet orné*] / [*ornement
typographique*] / *A PARIS,* / Chez MERLIN, Libraire, rue de la Harpe, /
à l'Image S. Joſeph. / [*filet gras-maigre*] / M. DCC. LXX. /

12°. sig. a⁶ A-O¹² P⁶; pag. xij 341 [5]; $6 signé, chiffres romains (– a1-
2, a4-6); réclames par cahier.

[i] faux-titre; [ii] bl.; [iii] titre; [iv] bl.; [v]-xij Préface; [1]-182 Bélisaire;
[183]-229 Fragments de philosophie morale; [230] bl.; [231] faux-titre
des Pièces relatives à Bélisaire; [232] bl.; [233]-240 Anecdote sur Bélisaire; [241]-247 Seconde anecdote sur Bélisaire; 248-341 autres textes;
[342-343] Table; [344] Approbation; [344-346] Privilège du roi.

Cette édition de *Bélisaire* accompagnée des *Pièces relatives* est citée à titre
d'exemple.

Bn: Y² 51306.

w68 (1771)

MÉLANGES / PHILOSOPHIQUES, / LITTERAIRES, / HISTORI-QUES, &c. / [*filet, 118 mm*] / TOME QUATRIEME. / [*filet, 118 mm*] / *GENEVE*. / [*filet maigre-gras, 120 mm*] / M. DCC. LXXI. /

[*faux-titre*] COLLECTION / Complette / DES / *ŒUVRES* / DE / M^R. DE V***. / [*filet gras-maigre, 119 mm*] / *TOME DIX-SEPTIEME*. / [*filet maigre-gras, 119 mm*] /

4°. sig. π1 ¹π1 A-Tt⁴ Vv⁴ (– Vv⁴) Xx-Bbb⁴ Ccc⁴ ¹Ccc² Ddd-Vvv⁴ Xxx² (Xxx2 bl.); pag. [*4*] 387 387** ***387 388-530; $3 signé, chiffres romains (– ¹Ccc2); tomaison '*Phil. Littér. Hift.* Tom. IV.' (sig. Xxx 'Phil. Littér. Hift. *Tom. IV.*'); réclames par cahier.

[*1*] faux-titre; [*2*] bl.; [*3*] titre; [*4*] bl.; 1-420 autres textes; 420-425 Anecdote sur Bélisaire; 425-429 Seconde anecdote sur Bélisaire; 429-523 autres textes; 524-530 Table des pièces contenues dans ce volume; 530 Errata.

L'édition in-quarto, dont les vingt-quatre premiers volumes furent imprimés à Genève par Cramer.

Taylor: VF.

w71

MÉLANGES / PHILOSOPHIQUES, / LITTERAIRES, / HISTORI-QUES, &c. / [*filet orné, 68 mm*] / TOME QUATRIEME. / [*filet orné, 68 mm*] / GENEVE. / [*filet gras-maigre, 62 mm*] / M. DCC. LXXI. /

[*faux-titre*] COLLECTION / *COMPLETTE* / *DES* / *ŒUVRES* / DE / M. DE VOLTAIRE, / *TOME DIX-SEPTIEME*. /

12°. sig. π² A-Bb¹² Cc⁶; pag. [*4*] 609; $6 signé, chiffres arabes; tomaison '*Phil. Littér. Hift.* Tom. IV.'; réclames par cahier.

[*1*] faux-titre; [*2*] bl.; [*3*] titre; [*4*] bl.; [1]-486 autres textes; 487-491 Anecdote sur Bélisaire; 492-497 Seconde anecdote sur Bélisaire; 497-603 autres textes; 604-609 Table des pièces contenues dans ce volume.

Cette édition, attribuée au libraire liégeois Plomteux, reproduit le texte de l'édition in-quarto des Cramer (w68).

Taylor: VF.

W75G

[*encadrement*] MÉLANGES / DE / *LITTÉRATURE*, / D'HISTOIRE / ET / DE PHILOSOPHIE. / [*filet, 75 mm*] / TOME CINQUIÉME ET DERNIER. / [*filet, 75 mm*] / *M. DCC. LXXV.* /

[*faux-titre, encadrement*] TOME TRENTE- SEPTIÉME / ET DERNIER. /

8°. sig. π^2 A-Ee^8 (Ee8 bl.) ($\pm$ I1.8; – Ee^8, + Ee^4); pag. [*4*] 446 *ou* [*4*] 440 (p.179 numérotée '79'); $4 signé, chiffres romains; tomaison '*Mélanges, &c.* Tom. V.'; réclames par cahier.

[*1*] faux-titre; [*2*] bl.; [*3*] titre; [*4*] bl.; 1 Mélanges de littérature, d'histoire, et de philosophie (rubrique); 1-97 autres textes; 97-103 Anecdote sur Bélisaire; 103-108 Seconde anecdote sur Bélisaire; 108-436 [version cartonnée 108-440] autres textes; 441-446 [version cartonnée 437-440] Table des pièces contenues dans ce volume.

L'édition encadrée de Cramer est la dernière revue par Voltaire.

Taylor: V1 1775 (37) (non-cartonné); Taylor: VF (cartonné).

W75X

[*encadrement*] MÊLANGES / DE / *LITTÉRATURE*, / D'HISTOIRE / ET / DE PHILOSOPHIE. / [*filet, 73 mm*] / TOME CINQUIÈME ET DERNIER. / [*filet, 72 mm*] / [*ornement typographique*] / [*filet orné, 79 mm*] / *M. DCC. LXXV.* /

[*faux-titre, encadrement*] ŒUVRES / DE / *M^R. DE VOLTAIRE.* / [*filet, 73 mm*] / TOME TRENTE- SEPTIÈME / ET DERNIER. / [*filet, 70 mm*]

8°. sig. π^2 A-Dd^8 Ee^4; pag. [*4*] 440 (p.144 numérotée '142', 179 '79', 239 '339', 248 '148', 254 '154'; p.253 numérotée à gauche); $4 signé, chiffres romains (– Ee3-4); tomaison '*Mêlanges, &c.* Tom. V.' (sigs B, C '*Mêlanges.* Tom. V.'); réclames par cahier.

[*1*] faux-titre; [*2*] bl.; [*3*] titre; [*4*] bl.; 1 Mélanges de littérature, d'histoire et de philosophie (rubrique); 1-97 autres textes; 98-103 Anecdote sur Bélisaire; 104-108 Seconde anecdote sur Bélisaire; 109-435 autres textes; 436-440 Table des pièces contenues dans ce volume.

Une imitation ou contrefaçon de w75G.

Bn: Z 24916.

176

EJ3B (1776)

L'EVANGILE / *DU JOUR* / CONTENANT / Le Marsellois & le Lion. / Les trois Empereurs en Sorbonne. / Lettre du *Marquis* d'Argence. / Lettre de *Voltaire* au *Marquis* d'Argence. / Reponse de *Voltaire* à l'Abbé d'Olivet. / Lettre de *Voltaire* à Mr. Elie de Beaumont. / Déclaration juridique de la Servante de Mad. Calas. / Lettre d'un Membre du Conseil de Zurich. / Anecdote sur Bélisaire. / Seconde Anecdote sur Bélisaire. / Lettre de l'Archevêque de Cantorberi à l'Archevêque / de Paris. / Lettre Pastorale à l'Archevêque d'Auch. / La Prophétie de la Sorbonne. / Instruction Pastorale de l'Evêque d'Alétopolis. / A Warburton. / Essai historique & critique sur les Dissentions des Eglises / de Pologne. / Lettre d'un Avocat à l'ex-Jésuite Nonnote. / Lettre sur les Panégyriques par Irénée Aléthès. / Lettres à Son Altesse Monseigneur le Prince de ***. / sur *Rabelais,* sur *Vanini,* sur les Auteurs An- / glais, sur *Swift,* sur les Allemands, sur les / Français, sur l'Encyclopédie, sur les Juifs, & / sur *Spinosa.* / [*ornement typographique*] / [*filet gras-maigre, 59 mm*] / *A LONDRES* / MDCCLXXVI. /

[*faux-titre*] L'EVANGILE / DU / JOUR. / [*filet, 75 mm*] / *TOME TROISIEME.* / [*filet, 77 mm*] /

8°. sig. π^2 A-L^8 M^2; pag. [4] 179 (p.39 numérotée 3 dans certains exemplaires, 177-179 '205'-'207'); \$5 signé, chiffres arabes (– M2; F4 signé 'E4'); réclames par cahier (– B, H).

[*1*] faux-titre; [*2*] bl.; [*3*] titre; [*4*] bl.; [*1*]-47 autres textes; 47-52 Anecdote sur Bélisaire; [53]-57 Seconde anecdote sur Bélisaire; 57-179 autres textes.

Bn: Rés. Z Bengesco 378 (3); ImV: BA 1769/1 (3).

K84

OEUVRES / COMPLETES / DE / VOLTAIRE. / TOME QUARANTE-SIXIEME. / [*filet, 45 mm*] / DE L'IMPRIMERIE DE LA SOCIÉTÉ LITTÉRAIRE- / TYPOGRAPHIQUE. / 1784.

8°. sig. π^1 A-T^8 V^8 ($\pm$ V8) X-Bb^8 Cc^8 ($\pm$ Cc3.6, Cc7) Dd^8 ($\pm$Dd2) Ee^8 ($\pm$ Ee7) Ff-Ii^8 Kk^2; pag. [2] 515 (p.404 numérotée 304); \$4 signé, chiffres arabes (– Kk2); tomaison '*Facéties.*'; réclames par cahier.

[*1*] titre; [*2*] bl.; [*1*]-256 autres textes; 257-263 Première anecdote sur

Bélisaire; 264-269 Seconde anecdote sur Bélisaire; 270-509 autres textes; [510]-515 Table des pièces contenues dans ce volume; [516] bl.

Le volume a été réimprimé en 1785, in-octavo et in-douze.

Taylor: VF.

Principes de cette édition

Le texte que nous avons retenu comme texte de base est celui de 67, en l'occurrence le plus ancien (au sujet de nos préférences dans le domaine des 'rogatons' etc., voir notre raisonnement en tête de *La Guerre civile de Genève*).

Les variantes figurant dans l'apparat critique proviennent de toutes les éditions répertoriées. Nous ne relevons toutefois pas les simples erreurs typographiques ou d'orthographe que nous avons corrigées sans autre 'forme de procès'.

Traitement du texte de base

Nous avons respecté l'orthographe des noms propres de personnes.

Nous avons conservé les italiques du texte de base.

Nous avons respecté la ponctuation.

Le texte de 67 a fait l'objet d'une modernisation portant sur la graphie et l'accentuation. Les particularités du texte de base dans ces deux domaines étaient les suivantes:

I. *Particularités de la graphie*

1. Consonnes
   - présence d'une seule consonne là où l'usage actuel prescrit son doublement: aprendrez

2. Voyelles
   - emploi de *y* à la place de *i* dans: ayent, payens, vraye
   - emploi de *i* à la place de *y* dans: sinode

3. Divers
   - utilisation systématique de la perluette.

178

4. Graphies particulières
   - l'orthographe moderne a été rétablie dans les cas suivants: encor, marauts, sçu

5. Le trait d'union
   - il a été supprimé dans: par-tout, tout-à-fait

6. Majuscules supprimées
   - nous avons mis la minuscule aux mots suivants qui portent en général une majuscule dans le texte de base: Académicien, Athée, Chevalier, Conseiller, Cordelier, Cour, Déiste, Docteur, Duc, Evêque, Impératrice, Licencié, Magistrat, Monsieur, Novembre, Patrie, Père, Pilori, Réprouvé, Roi, Sinode
   - nous mettons la minuscule à l'adjectif qualificatif suivant qui porte une majuscule dans le texte de base: Romain

II. *Particularités d'accentuation*

L'accentuation a été rendue conforme aux usages modernes à partir des caractéristiques suivantes qu'offre le texte de base:

1. L'accent aigu
   - il est employé au lieu du grave dans: entiére, entiérement, excommuniérent

2. L'accent grave
   - il est présent dans: celà

3. L'accent circonflexe
   - il est employé: blasphêmes, chrêtien, lû, nôtre (adjectif)
   - il est absent dans: ames, diner, grace, infames, plutot, rotir, la votre

ANECDOTE SUR BÉLISAIRE

Je vous connais, vous êtes un scélérat. Vous voudriez que tous les hommes aimassent un Dieu père de tous les hommes. Vous vous êtes imaginé sur la parole de St Ambroise qu'un jeune Valentinien qui n'avait pas été baptisé n'en avait pas moins été sauvé. Vous avez eu l'insolence de croire avec St Jérôme que plusieurs païens ont vécu saintement. Il est vrai que tout damné que vous êtes, vous n'avez pas osé aller si loin que St Jean Chrisostome, qui dans une de ses homélies,[a] dit que les préceptes de Jésus-Christ sont si légers que plusieurs ont été au delà par la seule raison. *Praecepta ejus adeò levia sunt ut multi philosophica tantum ratione excesserint.*

Vous avez même attiré à vous St Augustin sans songer combien de fois il s'est rétracté. On voit bien que vous êtes de son avis quand il dit;[b] *depuis le commencement du genre humain tous ceux qui ont cru en un seul Dieu, et qui ont entendu sa voix selon leur pouvoir, qui ont vécu avec piété et justice selon ses préceptes en quelque endroit et en quelque temps qu'ils aient vécu, ils ont été sans doute sauvés par lui.*

Mais ce qu'il y a de pis, déiste et athée que vous êtes, c'est qu'il semble que vous ayez copié mot pour mot St Paul dans son

[a]   III. Homélie sur la 1re Epître de St Paul aux Corinthiens.
[b]   Dans sa 49e Epître *a Deo gratias.*

a   PR67A, PR67B, avec note: Par l'abbé Mauduit,[1] qui prie qu'on ne le nomme pas.
   K: PREMIÈRE ANECDOTE SUR BÉLISAIRE
a-1   FI67A-B, FI68, NM9A: BÉLISAIRE / A Paris, 20 mars 1767 / Je vous

[1] Un abbé Michel Mauduit, prêtre de l'Oratoire et auteur du *Traité de religion contre les athées, les déistes et les nouveaux pyrrhoniens* (1677), mourut à Paris en 1709 à l'âge de quatre-vingt-quinze ans.

Epître aux Romains;[c] *gloire, honneur et gloire à quiconque fait le bien;*   20
premièrement aux Juifs, et puis aux gentils; car lorsque les gentils qui
n'ont pas la loi, font naturellement ce que la loi commande, n'ayant point
notre loi, ils sont leur loi à eux-mêmes. Et après ces paroles, il reproche
aux Juifs de Rome, l'usure, l'adultère et le sacrilège.

Enfin, détestable enfant de Bélial, vous avez osé prononcer de   25
vous-même ces paroles impies sous le nom de Bélisaire; *ce qui*
m'attache le plus à ma religion, c'est qu'elle me rend meilleur et plus
humain. S'il fallait qu'elle me rendît farouche, dur et impitoyable, je
l'abandonnerais et je dirais à Dieu, dans la fatale alternative d'être
incrédule ou méchant; je fais le choix qui t'offense le moins.[3] J'ai vu   30
d'indignes femmes de bien, des militaires trop instruits, de vils
magistrats qui ne connaissent que l'équité, des gens de lettres
malheureusement plus remplis de goût et de sentiment que de
théologie, admirer avec attendrissement ces sottes paroles et tout
ce qui les suit.   35

Malheureux! vous apprendrez ce que c'est que de choquer
l'opinion des licenciés de ma licence; vous et tous vos damnés de
philosophes vous voudriez bien que Confucius et Socrate ne
fussent pas éternellement en enfer; vous seriez fâchés que le
primat d'Angleterre ne fût pas sauvé aussi bien que le primat des   40
Gaules. Cette impiété mérite une punition exemplaire. Apprenez
votre catéchisme. Sachez que nous damnons tout le monde quand

---

[c]   Chap. 2.[2]

---

20   FI67A-B, PR67B, FI68, NM9A: Romains; *honneur et gloire à*
     EJ3B: Romains; *gloire, honneur et paix à*
n.c   w68, w75G, K, note c omise
26   FI67A-B, FI68, NM9A: Bélisaire [avec note:] Voyez le chapitre quinze du
Bélisaire de M. Marmontel de l'Académie française, c'est un des plus beaux
morceaux que nous ayons dans notre langue.
34   K: attendrissement tes sottes

---

[2] Romains ii.10-14.
[3] *Bélisaire* (Paris, Merlin, 1767), p.240.

nous sommes sur les bancs; c'est là notre plaisir. Nous comptons environ deux milliards d'habitants sur la terre. A trois générations par siècle, cela fait environ six milliards; et en ne comptant seulement que depuis quatre mille années, le calcul nous donne 240 milliards de damnés, sans compter tout ce qui l'a été auparavant et tout ce qui doit l'être après. Il est vrai que sur ces 240 milliards il faut ôter deux ou trois mille élus qui font le beau petit nombre: mais c'est une bagatelle: et il est bien doux de pouvoir se dire en sortant de table, Mes amis, réjouissons-nous, nous avons au moins 240 milliards de nos frères dont les âmes toutes spirituelles sont pour jamais à la broche, en attendant qu'on retrouve leurs corps pour les faire rôtir avec elles.

Apprenez, monsieur le réprouvé, que votre grand Henri IV, que vous aimez tant, est damné pour avoir fait tout le bien dont il fut capable, et que Ravaillac purgé par le sacrement de pénitence,[4] jouit de la gloire éternelle; voilà la vraie religion. Où est le temps où je vous aurais fait cuire avec Jean Hus[5] et Jérôme de Prague,[6]

45

50

55

44   w68, w75G, K: environ six cents millions d'habitants
45   w68, w75G, K: environ deux milliards; et
47   w68, w75G, K: quatre-vingts milliards de damnés
48-49   w68, w75G, K: ces quatre-vingts milliards il
52   w68, w75G, K: au moins quatre-vingts milliards de

[4] François Ravaillac, né en 1578 à Touvres, près d'Angoulême, exécuté à Paris le 27 mai 1610. Il demanda l'absolution au docteur Filesac, qui la lui refusa sous prétexte qu'il n'avait pas révélé les noms de ses prétendus complices. Mais à sa requête, Filesac lui donna l'*absolution à condition*.

[5] Jan Hus, recteur de l'université de Prague et confesseur de la reine Sophie, femme de Wenceslas, fut influencé par les doctrines de John Wycliffe, et finit par lancer des attaques manifestes contre les dogmes, tels qu'ils étaient enseignés par l'Eglise romaine. Attiré dans le guet-apens du concile de Constance, il y fut arrêté vers la fin du mois de novembre 1414, jugé hérétique et condamné à être brûlé vif. Le jugement fut mis à exécution le 6 juillet 1415.

[6] Jérôme de Prague, disciple de Hus, se rendit à Constance lorsqu'il eut appris l'arrestation de son maître. S'étant laissé aller à des propos mal choisis à l'égard du concile, il fut arrêté à son tour. Après un an passé dans un cachot dans des conditions inhumaines, il finit par se rétracter et par renier Hus. Mais accusé et jugé de nouveau, il fut condamné comme relaps et hérétique, et fut brûlé vif à son tour le 30 mai 1416.

avec Arnaud de Bresse,[7] avec le conseiller du Bourg[8] et avec tous   60
les infâmes qui n'étaient pas de notre avis dans ces siècles du bon
sens où nous étions les maîtres de l'opinion des hommes, de leur
bourse et quelquefois de leur vie?

Qui proférait ces douces paroles? c'était un moine sortant de
sa licence; à qui les adressait-il? c'était à un académicien[9] de la   65
première Académie de France. Cette scène se passait chez un
magistrat homme de lettres que le licencié était venu solliciter
pour un procès dans lequel il était accusé de simonie. Et dans
quel temps se tenait cette conférence à laquelle j'assistai? c'était
après boire; car nous avions dîné avec le magistrat; et le moine   70
avec les valets de chambre; et le moine était fort échauffé.

Mon révérend père, lui dit l'académicien, pardonnez-moi, je
suis un homme du monde qui n'ai jamais lu les ouvrages de vos
docteurs. J'ai fait parler un vieux soldat romain comme aurait
parlé notre Duguesclin, notre chevalier Bayard ou notre Turenne.   75
Vous savez qu'à nous autres gens du siècle, il nous échappe bien
des sottises; mais vous les corrigez; et un mot d'un seul de vos
bacheliers répare toutes nos fautes. Mais comme Bélisaire n'a pas
dit un seul mot du bénéfice que vous demandez, et qu'il n'a point
sollicité contre vous, j'espère que vous vous appaiserez, et que   80
vous voudrez bien pardonner à un pauvre ignorant qui a fait le
mal sans malice.

A d'autres, dit le moine, vous êtes une troupe de coquins qui

---

[7] Arnaud de Brescia déclama contre l'avidité et la corruption du clergé de son
temps, chassa de Rome le pape Eugène III, et s'appuyant sur la noblesse et le
peuple, il entreprit de rétablir la liberté civile et de réformer le clergé. En 1155,
Adrien IV lança contre la ville de Rome l'interdit religieux. Les Romains,
épouvantés par cette mesure, expulsèrent Arnaud, qui, peu de temps après, fut
livré au pape par l'empereur Frédéric Ier, conduit à Rome et brûlé vif la même
année.

[8] Anne Du Bourg, né à Riom vers 1520, était conseiller-clerc au parlement
de Paris. Imbu des principes de la Réforme, il parla contre les débordements de
son temps en présence du roi Henri II lors d'un lit de justice en 1559. Séance
tenante, Du Bourg fut conduit à la Bastille. Accusé d'hérésie, il fut jugé et
condamné le 21 décembre à être pendu et son corps à être brûlé.

[9] Marmontel.

ne cessez de prêcher la bienfaisance, la douceur, l'indulgence, et
qui poussez la méchanceté jusqu'à vouloir que Dieu soit bon. En   85
vérité nous ne vous passerons pas vos petites conspirations. Vous
avez à faire au révérend père Ha…,[10] à l'abbé Din…[11] et à moi,
et nous verrons comment vous vous en tirerez. Nous savons bien
que dans le siècle où la raison que nous avions partout proscrite,
commençait à renaître dans nos climats septentrionaux, ce fut   90
Erasme qui était tenté de dire *Sancte Socrates, ora pro nobis*, Erasme
à qui on éleva une statue. Le Vayer le précepteur de Monsieur et
même de Louis XIV, recueillit tous ces blasphèmes dans son livre
De la vertu des païens.[12] Il eut l'insolence d'imprimer que des
marauds tels que Confucius, Socrate, Caton, Epictète, Titus,   95
Trajan, les Antonins, Julien, avaient fait quelques actions ver-
tueuses. Nous ne pûmes le brûler ni lui ni son livre, parce qu'il
était conseiller d'Etat. Mais vous qui n'êtes qu'académicien, je
vous réponds que vous ne serez pas épargné.

Le magistrat prit alors la parole et demanda grâce pour le   100
coupable. Point de grâce, dit le moine, l'Ecriture le défend.
Orabat scelestus ille veniam quam non erat consecuturus.[13] Le scélérat

87   PR67B, K: Hayer, à l'abbé Dinouart [PR67B: Dinoy]
91-92   K: Erasme qui renouvela cette erreur dangereuse; Erasme qui était
tenté

[10] Jean-Nicolas-Hubert Hayer (1708-1780), récollet, lecteur en théologie à
Paris; auteur de *La Spiritualité et l'immortalité de l'âme* (1757), *La Religion vengée
ou réfutation des auteurs impies* (avec Soret; 1757-1761) et *La Règle de foi vengée des
calomnies des protestants* (1761).
[11] L'abbé Joseph-Antoine-Toussaint Dinouart (1716-1786), chanoine du chapitre de Saint-Benoît. Dinouart fonda, en 1760, le *Journal ecclésiastique ou bibliothèque des sciences ecclésiastiques*; mais ici Voltaire veut désigner son *Abrégé de
l'embryologie sacrée ou traité du devoir des prêtres, des médecins et autres sur le salut
éternel des enfans qui sont dans les ventres de leurs mères*, traduit de l'italien de
Cangiamila (1762 et 1766).
[12] François de La Mothe Le Vayer (1588-1672); *De la vertu des païens* parut en
1642.
[13] Adaptation de II Maccabées ix.13 (orabat autem his scelestus Dominum, a
quo non esset misericordiam consecuturus: Or ce scélérat priait le Seigneur, de
qui il ne devait point recevoir miséricorde.)

demandait un pardon qu'il ne devait pas obtenir. *Oportet aliquem mori pro populo.*[14] Toute l'Académie pense comme lui, il faut qu'il soit puni avec l'Académie.

Ah! frère Triboulet,[15] dit le magistrat, (car Triboulet est le nom du docteur) ce que vous avancez là est bien chrétien: mais n'est pas tout à fait juste. Voudriez-vous que la Sorbonne entière répondît pour vous, comme le père Bauni se rendait pleige pour la bonne mère et comme toute la Société de Jésu était pleige pour le père Bauni?[16] Il ne faut jamais accuser un corps des erreurs des particuliers. Voudriez-vous abolir aujourd'hui la Sorbonne, parce qu'un grand nombre de ses membres adhérèrent au plaidoyer du

[14] Adaptation de Jean xviii.14 (Quia expedit, unum hominem mori pro populo: qu'il était expédient qu'un seul homme mourût pour le peuple.)

[15] Triboulet était le *fou* des rois Louis xii et François 1er. Il figure notamment dans *Pantagruel*, iii.37, que Voltaire aurait très bien pu être en train de relire à ce moment précis en vue de rédiger ses *Lettres à Mgr le prince de* ***. Il ne faut aucunement voir en Triboulet, comme le fit Moland, l'abbé François-Marie Coger. Ce dernier, à l'époque de l'*Anecdote sur Bélisaire*, n'était pas en cause; à la lumière de la lettre de Marmontel du 8 mars 1767, il est permis de penser que Triboulet n'est autre que la personnification du *troupeau de fanatiques* qui attaquait *Bélisaire* depuis sa parution.

[16] Ce n'est pas le père Bauny, mais le père Barry qui se rendait pleige pour la bonne mère. Dans les *Provinciales*, lettre ix, on lit: 'Mais, mon Père, qui voudrait pousser cela vous embarrasserait. Car enfin qui vous a assuré que la Vierge en répond? Le Père Barry, dit-il, en répond pour elle, p.465: '*Quant au profit et bonheur qui vous en reviendra, je vous en réponds, et me rends pleige pour la bonne Mère.* Mais, mon Père, qui répondra pour le Père Barry? Comment! dit le Père, il est de notre Compagnie. Et ne savez-vous pas encore que notre Société répond de tous les livres de nos Pères?' (Pascal, *Œuvres complètes*, éd. Pléiade, 1957, p.755). Les œuvres morales du père Etienne Bauny (1564-1649) furent condamnées à Rome le 26 octobre 1640 et censurées par l'assemblée du clergé à Mantes en 1642. Il est également question de lui une trentaine de fois dans les *Provinciales*. D'ailleurs, l'idée fondamentale contenue dans ce développement ressemble étrangement aussi à celle que Pascal a exposée dans lettre xvii (*Œuvres complètes*, p.869): 'Je vous admire, mon Père, de considérer ainsi tous ceux qui vous sont contraires comme une seule personne. Votre haine les embrasse tous ensemble, et en forme comme un corps de réprouvés, dont vous voulez que chacun réponde pour les autres.'

docteur Jean Petit[17] cordelier en faveur de l'assassinat du duc
d'Orléans; parce que trente-six docteurs de Sorbonne avec frère   115
Martin inquisiteur pour la foi, condamnèrent la Pucelle d'Orléans
à être brûlée vive pour avoir secouru son roi et sa patrie; parce
que soixante et onze docteurs de Sorbonne déclarèrent Henri III
déchu du trône: parce que quatre-vingts docteurs excommunièrent
au 1er novembre 1592 les bourgeois de Paris qui avaient osé   120
présenter requête pour l'admission de Henri IV dans sa capitale,
et qu'ils défendirent qu'on priât Dieu pour ce *mauvais prince*.
Voudriez-vous, frère Triboulet, être puni aujourd'hui du crime de
vos pères? L'âme de quelqu'un de ces sages maîtres a-t-elle passé
dans la vôtre *per modum traducis*? Un peu d'équité, frère. Si vous   125
êtes coupable de simonie, comme votre partie adverse vous en
accuse, la cour vous fera mettre au pilori: mais vous y serez seul,
et les moines de votre couvent (puisqu'il y a encore des moines)
ne seront pas condamnés avec vous. Chacun répond de ses faits.
Et comme l'a dit un certain philosophe,[18] il ne faut pas purger les   130
petits-fils pour la maladie de leur grand-père. Chacun pour soi,
et Dieu pour tous. Il n'y a que le loup qui dise à l'agneau: Si ce
n'est toi, c'est donc ton frère.[19]

Allez, respectez l'Académie composée des premiers hommes
de l'Etat et de la littérature. Laissez Bélisaire parler en brave   135
soldat et en bon citoyen, n'insultez point un excellent écrivain;
continuez à faire de mauvais livres, et laissez-nous lire les bons.
Frère Triboulet sortit, la queue entre les jambes; et son adversaire
resta la tête haute.

---

[17] Le docteur Jean Petit entreprit de justifier le duc de Bourgogne, Jean sans
Peur, de l'assassinat du duc d'Orléans et prononça à ce sujet, dans l'hôtel royal
de Saint-Paul (1408), devant le dauphin, les princes et les grands de l'Etat, une
harangue où il établit 'qu'il était permis à toute personne et même louable et
méritoire de tuer un tyran'. Son *Plaidoyer* fut brûlé devant Notre-Dame (1414),
anathématisé par le concile (1415) et enfin condamné à être lacéré par arrêt du
Parlement (1416) sur la requête de Charles VI.
[18] Voltaire lui-même, dans le *Traité sur la tolérance* (M.xxv.32) et le *Pot-pourri*
(M.xxv.266-67).
[19] La Fontaine, *Fables*, 'Le Loup et l'agneau', v.22.

Quand le magistrat et le philosophe, ou plutôt quand les 140
deux philosophes purent parler en liberté, N'admirez-vous pas ce
moine? dit le magistrat: il y a quelques jours qu'il était entièrement
de votre avis. Savez-vous pourquoi il a si cruellement changé?
c'est qu'il est blessé de votre réputation. Hélas! dit l'homme de
lettres, tout le monde pense comme moi dans le fond de son 145
cœur, et je n'ai fait que développer l'opinion générale. Il y a des
pays où personne n'ose établir publiquement ce que tout le monde
pense en secret. Il y en a d'autres où le secret n'est plus gardé.
L'auguste impératrice de Russie vient d'établir la tolérance dans
deux mille lieues de pays. Elle a écrit de sa propre main, *malheur* 150
aux persécuteurs.[20] Elle a fait grâce à l'évêque de Rostou condamné
par le synode pour avoir soutenu l'opinion des deux puissances,
et pour n'avoir pas su que l'autorité ecclésiastique n'est qu'une
autorité de persuasion; que c'est la puissance de la vérité et non
la puissance de la force.[21] Elle permet qu'on lise les lettres qu'elle 155
a écrites sur ce sujet important. Comme les choses changent selon
le temps! dit le magistrat: Conformons-nous au temps,[22] dit
l'homme de lettres.

[20] Cette phrase se trouve dans la lettre de Catherine du 9 janvier (20 janvier
n.s.) 1767; D13868.
[21] C'est l'opinion que Marmontel a exposée sans ambages dans la deuxième
partie du chapitre xv de *Bélisaire*, et plus particulièrement aux pages 242-47.
[22] Cette phrase, bien entendu, n'est point un appel au conformisme, mais par
contre une exhortation au progrès. A ce sujet consulter l'opuscule intitulé
Conformez-vous aux temps, et surtout sa conclusion.

Seconde anecdote sur Bélisaire

édition critique

par

John Renwick

INTRODUCTION

Le 8 mars 1767 Marmontel s'était plaint amèrement à Voltaire de l'incompréhension totale dont faisait preuve la Sorbonne à son égard. Le résultat de ce cri de détresse fut l'*Anecdote sur Bélisaire*. Mais ce pamphlet arriva trop tard dans la capitale pour pouvoir influencer l'attitude des 'persécuteurs de la raison et de la philosophie'. Entre le 8 mars et la fin du mois, la situation avait évolué avec rapidité. Il n'était plus question d'une rétractation, mais d'une censure raisonnée en bonne et due forme, plus question du salut des païens vertueux, mais de la tolérance. C'est dans ces circonstances que Marmontel crut nécessaire, entre le 31 mars et le 3 avril 1767 (date probable de sa lettre), de lancer un second cri de détresse en direction de Ferney et dont le résultat devait être la *Seconde anecdote sur Bélisaire*.

Mais pourquoi le disciple eut-il recours une seconde fois à son maître? C'est que, entre le 8 et le 31 mars, sa situation était devenue décidément problématique. La tactique qu'il avait choisie d'adopter devant ses adversaires s'était progressivement révélée défectueuse: croyant pouvoir accommoder les choses sans éclat en traitant avec un archevêque de Paris modéré au dépens d'une Faculté de théologie extrême, Marmontel avait promis à ce premier de faire 'telle rétractation qu'il voudrait'. En prenant de telles voies, en faisant preuve d'une si parfaite bonne foi, l'auteur de *Bélisaire* croyait sans doute pouvoir régler sans délai, avec le seul archevêque, ce fâcheux incident du xve chapitre. Mais au milieu du mois de mars, le pénitent comprit qu'en agissant ainsi il avait été coupable d'au moins deux maladresses.

En premier lieu, l'archevêque n'était point disposé à croire (comme Marmontel l'aurait espéré) que le scandale donné pourrait être réparé en petit comité au moyen de notes explicatives émanant de l'auteur. En second lieu, le prélat, tout en semblant contrecarrer les vœux de la Sorbonne, n'avait aucune intention de laisser celle-ci à l'écart. Il est vrai qu'elle réclamait avec insistance une censure, solution qui était pour déplaire à Christophe de Beaumont. Mais la possibilité d'un compromis? Marmontel n'y avait sans doute pas pensé. Et il dut s'effrayer en apprenant que la Sorbonne – s'inclinant enfin devant la politique de l'archevêque – allait dresser, sur son invitation, cette rétractation publique qu'il avait cru pour le moins improbable.

Evidemment, il s'était trop avancé pour pouvoir reculer et refuser sa signature. Il y avait là matière à réflexion pour celui qui devait en grande partie son ascension dans le monde au parti libéral.

Par ailleurs, Marmontel se rendit compte que les commissaires de Sorbonne chargés (15 mars) de dresser sa rétractation – 'abusant' quelque peu de ses promesses – entendaient qu'il reniât non seulement son 'déisme', mais aussi sa souscription à la tolérance civile… sans doute avant tout à celle-ci. Car il semble bien que la Sorbonne, voulant dès le début attaquer ses opinions dans ce domaine – et n'osant le faire de face – avait décidé de sauver les apparences en s'en prenant surtout au 'déisme' de *Bélisaire* afin de pouvoir englober, comme accessoirement et par hasard, toutes les propositions concernant la tolérance.

Devant le choix, soit d'apposer sa signature à une rétractation qui ne pourrait que déplaire aux philosophes et nuire à la cause des persécutés, soit de la refuser et de se voir censurer impitoyablement, Marmontel préféra de loin la censure. Les avantages et les inconvénients de part et d'autre lucidement évalués, il aurait conclu que les foudres de l'Eglise étaient bien moins à craindre qu'une crise de conscience aiguë, et surtout moins à craindre que les huées des philosophes et le fouet de Voltaire. Par bonheur, intérêt et convictions poussaient dans le même sens.

Mais à cette époque précise, les commissaires avaient le dessus: ils donnaient l'impression de ne vouloir corriger que la religion de *Bélisaire*. En cas de censure ils diraient qu'ils n'attaquaient que l'hérésie. Qu'on le censurât. Soit. Tout bien réfléchi, Marmontel préférait cela. Mais à condition qu'on eût tout à fait l'air de vouloir le censurer – comme c'était sans doute le cas – pour ses opinions tolérantes et humanitaires.

Le plan était astucieux. Il aurait là un argument sans réplique. A la fin du mois de mars, ayant réussi à provoquer les commissaires, et refusé malgré leurs menaces de signer cette partie de la rétractation, il pouvait donc dire partout à qui voulait l'entendre (et les compatissants ne devaient pas manquer):

Ils ont voulu [...] me faire reconnoître le droit de forcer la croyance, d'y employer le glaive, les tortures, les échafauds et les bûchers; ils ont voulu me faire approuver qu'on prêchât l'Evangile le poignard à la main; et j'ai refusé de signer cette doctrine abominable.[1]

Voilà pourquoi on le censurait; et voilà, en haussant le ton, en simplifiant le problème très complexe du xve chapitre et en l'amenant à un niveau bien défini où personne ne pouvait manquer de décider lequel des deux partis avait raison, ce que Marmontel fit croire à tout le monde. On remarquera à quel point la polémique de Marmontel ressemblait en ceci à celle pratiquée par Voltaire.

Sitôt les négociations suspendues, Marmontel écrivit à Voltaire, apparemment pour le remercier de l'*Anecdote sur Bélisaire* qui venait de faire son apparition. Cette lettre toutefois (31 mars-4 avril) n'était en vérité qu'un nouvel appel à l'aide:

Que ne vous dois je pas mon illustre maitre d'avoir pris si généreusement ma défense, et tiré pour moi de votre carquois cette flèche du ridicule qui fait trembler les méchans et les sots! La Sorbone va rugir comme Pompignan des qu'elle en sentira l'atteinte. *Horet lateri letalis arundo.* Mais quelle que soit sa rage, vous m'avez fait un grand bien en attachant le mépris à la persécution que j'éprouve de la part de ce troupeau de fanatiques qui n'entendent raison sur rien. Ils me demandent une déclaration; je la ferai tel qu'il me convient. Soyez tranquile sur mon honneur et sur celui de la philosophie. On veut que je modifie mes sentimens sur la tolérance civile. J'ai bien déclaré que je n'en ferai rien. Je serai ferme sur cet article.
Si j'avois prévu que vous auriez la bonté de faire rire aux dépens de

---

[1] *Mémoires*, éd. J. Renwick (Clermont-Ferrand 1972), i.242.

mes censeurs, je vous aurois fourni encore des armes. Le père Bonhomme, cordelier, l'un des commissaires nommés pour l'examen de mon livre étoit un personnage à mettre sur la scène. C'est de tous les docteurs de l'église celui qui vuide le mieux un broc de vin; et son visage rubicon annonce l'ardeur de son zèle. Il est bon de savoir aussi que la Sorbonne est divisée en Molinistes et en Jansenistes et que ceux cy prétendent que les bonnes œuvres et les vertus des infidèles sont vicieuses devant dieu et autant d'offenses pour lui. Ce parti est le dominant depuis l'expulsion des Jésuites, ensorte qu'il y auroit une excellente provinciale à faire entre un docteur janseniste, un docteur moliniste, et moi, ces messieurs n'étant point d'accord sur ce qu'ils me demanderoient, et finissant notre conférance par s'arracher les cheveux. (D14077)

Cette lettre était une pièce complémentaire à ajouter au dossier, à exploiter sans trop de délais. Mais si Marmontel avait cru indiquer à Voltaire le ton, la teneur et le contenu d'un nouveau pamphlet, il se faisait en cela beaucoup d'illusions, tout comme d'Alembert qui, le 6 avril, aurait voulu que le Maître, en écrivant la première *Anecdote*: 'eût ajouté un petit compliment de condoléance à la Sorbonne sur l'embarras où elle doit être au sujet du sort des Payens Vertueux' (D14090). Les conseils de l'un et de l'autre étaient de trop. Des deux l'auteur de *Bélisaire* allait sans doute être le plus déçu par le peu d'importance que Voltaire devait y attacher. En effet, une *provinciale*, où deux sages docteurs, l'un janséniste, l'autre moliniste, conféreraient avec Marmontel pour ne finir que par s'arracher les cheveux, faute de politique commune, ne semble pas une aussi 'excellente' idée que le pensait Marmontel. Aussi Voltaire préféra-t-il rester fidèle à ses propres conceptions des voies de la polémique.

Personne – et il le savait – n'avait de conseils à lui donner dans ce domaine. Tout en rejetant le scénario proposé, Voltaire n'a pourtant pas dédaigné les renseignements fournis. Bien au contraire, il entendait les utiliser. Et en les utilisant, il écrivit une de ces rares facéties qui nous permettent de saisir son imagination créatrice au travail. La *Seconde anecdote sur Bélisaire*, hormis la référence à une prochaine censure (renseignement qu'il devait à d'Alembert), prit forme dans l'esprit de Voltaire à la seule lecture de la lettre de Marmontel.

Que le lecteur compare, en effet, les détails arides à l'état brut et leur forme finale. Il verra que les trois éléments de base, remarquables de pauvreté chez Marmontel, se retrouvent chez Voltaire dépouillés de leur banalité, transformés comme par enchantement, alliés à une estimation personnelle de la Sorbonne depuis longtemps conçue. L'intérêt de cette *Seconde anecdote* réside effectivement à la fois dans le travail de refonte et dans le choix du cadre général où Voltaire décida de le situer.

Pour la seconde fois il harcela les censeurs de Marmontel de manière impitoyable; il amusa ses lecteurs par l'insolence de ses fictions et lança de nouvelles accusations cinglantes en direction de la Faculté entière. Encore une fois la dignité de celle-ci devait être ébranlée. Mieux encore, son autorité morale devait être mise en doute, car, par un procédé dont nous voyons ici clairement les contours, il mêlait tellement bien à ces accusations et fictions des *pointes de vérité* incontestables que la fiction devenait ainsi quasi-réelle.

La lettre de Marmontel ayant sans aucun doute servi de prétexte et de base à une nouvelle intervention de la part de Voltaire, le lecteur s'étonnera peut-être de ce que le Maître n'ait pas utilisé tous les renseignements fournis. Si Voltaire se proposait de miner la position de la Sorbonne, pour quelle raison omettre de mentionner la rétractation qu'on attendait toujours de son disciple, et, omission encore plus étonnante, pourquoi négliger de brocarder la Faculté au sujet de la tolérance? Après tout, dans la première *Anecdote sur Bélisaire*, Voltaire semblait faire une allusion voilée à la rétractation, tandis que d'autre part il ne craignait pas de tirer un coup de semonce sur les défenseurs de l'intolérance religieuse et civile.

En opérant un choix parmi les éléments disponibles, avait-il à cœur de ne pas rendre son pamphlet touffu et pesant? Réflexion faite, il est peu probable que des considérations esthétiques aient présidé à son choix. Nous ne savons que trop bien le peu de valeur proprement littéraire que Voltaire accordait à ses 'rogatons' ou 'fromages'. S'il existe une étonnante précision de détails et de thèmes dans cette seconde facétie, il convient d'en chercher ailleurs l'explication. Et ici nous entrons dans le vif de la polémique telle que Voltaire la comprenait.

En somme, la première *Anecdote* n'avait été, comme nous l'avons caractérisée, qu'un coup de semonce où il était parfaitement loisible de faire entendre à l'adversaire qu'on n'ignorait rien du cas en litige, et que malmener *Bélisaire* n'aurait d'autre effet que de provoquer des représailles. Mais une fois la guerre déclarée et la tranchée ouverte (comme elle l'était dès le 6 avril: date de la décision officielle de censurer Marmontel), cette tactique – ou plutôt cette promesse de tactique – devait faire place à une autre, plus perspicace et subtile. Une des règles élémentaires de la polémique chez Voltaire, hormis celle de ne jamais parler des difficultés de ses amis, était de ne riposter qu'après avoir pu juger sur pièce, écrite ou imprimée, émanant du camp ennemi. Si donc Voltaire semble avoir dédaigné de parler de la tolérance dans sa *Seconde anecdote*, nous ne pouvons nous empêcher de proposer qu'il attendait, pour agir, pour en parler de nouveau, que la Sorbonne se fût définitivement compromise.[2] En portant la guerre dans les camps ennemis, c'est là qu'il trouvait ses armes, et c'est là, bien souvent, qu'il provoquait ses adversaires à lui en fournir de nouvelles.

Le 28 janvier 1764, Voltaire avait conseillé à Marmontel de rendre 'ridicules certains sots, et certaines sotises, certaines méchancetés et certains méchants; le tout avec discrétion en prenant bien vôtre temps, et en rognant les ongles de la bête quand vous la trouverez un peu endormie' (D11667). Au mois

---

[2] En ce qui concerne la tolérance, la Sorbonne devait donner entière satisfaction à Voltaire vers le 20 mai, date à laquelle il reçut l'*Indiculus*. Evidemment, il le reçut trop tard pour pouvoir s'en servir dans la *Seconde anecdote*, également trop tard pour pouvoir en faire mention dans la *Défense de mon oncle*, mais assez à temps pour s'en inspirer dans le onzième chapitre de l'*Ingénu*. S'il ne devait plus jamais parler de l'indiscrétion de la Sorbonne – et cela pour des raisons bien curieuses – c'est que Coger lui en avait enlevé toute envie. A ce propos, voir notre introduction à la *Réponse catégorique au sieur Cogé*.

d'avril 1767, le Maître prêche d'exemple, surtout en prenant bien son temps. Mais ne parlons surtout pas d'indifférence: il est évident, à la lecture de sa correspondance, que Voltaire était toujours fort préoccupé par *Les Scythes* et non moins par Sirven. Veut-on objecter que *Bélisaire* et le sort de la philosophie tolérante étaient tout aussi importants? Certes ils l'étaient. Surtout dans l'esprit de Voltaire; et nous pouvons être sûrs que ce dernier aurait pu réagir avec cette étonnante agilité qui lui permit – dès réception des plaintes de Marmontel au mois de mars – de rédiger, de faire imprimer et d'envoyer vers Paris, en moins de cinq jours, sa première *Anecdote*. Mais à quoi au juste, à cette époque précise, aurait pu servir une telle rapidité d'exécution? La décision de censurer un ouvrage étant pratiquement irréversible, Voltaire savait qu'il faudrait au moins deux mois à la Sorbonne pour réussir à formuler ses objections à *Bélisaire*. En conséquence, à quoi aurait servi une telle précipitation? Il valait mieux que sa nouvelle attaque fût déclenchée dans la capitale lorsque la Sorbonne serait trop engagée pour pouvoir reculer et vers l'époque où la prochaine parution de la censure serait attendue, y compris la condamnation des païens vertueux. Par là son pamphlet aurait le mérite de l'à-propos, ce qu'il aurait moins s'il paraissait trop tôt.

Bien des choses semblent militer en faveur d'une telle conclusion. A la lumière de l'habitude qu'avait prise Voltaire de laisser percer dans sa correspondance les idées qui le préoccupaient et auxquelles il était en train de donner une forme littéraire, les dates limites de la composition de la *Seconde anecdote* se situent entre le 23/24 avril et le 1er mai. Par ailleurs, au lieu d'expédier son nouveau pamphlet vers Paris par le chemin le plus court, Voltaire le confia, le 3 mai, à Necker, qui s'y rendait, tout en ne sachant pas à quelle date ce dernier comptait y arriver (D14164). Et même une fois reçu – en l'occurrence le destinataire était d'Alembert – la destinée de ce pamphlet n'allait pas encore être accomplie: il s'agissait de le réimprimer et de le distribuer parmi les philosophes et surtout parmi les colporteurs et libraires de confiance.

Somme toute, bien que la précision ne soit malheureusement

pas possible, il semble que cette *Seconde anecdote* ne fit son apparition dans la capitale que dans la seconde semaine de juin.[3]

Que devait-elle accomplir? Ne lui accordons pas des honneurs auxquels Voltaire lui-même n'aurait pas prétendu. Toute seule, elle aurait fait 'rugir la Sorbonne comme Pompignan', aurait égayé l'atmosphère étouffante, aurait encore une fois attiré l'attention du public sur la question du salut des païens vertueux et souligné le ridicule de la Faculté. Mais par une heureuse conjonction de circonstances, le pamphlet de Voltaire parut en même temps que celui de Turgot, intitulé *Les Trente-sept vérités opposées aux trente-sept impiétés de Bélisaire*, réponse acerbe et écrasante à l''infâme' *Indiculus*, ou liste des propositions condamnables extraites du livre de Marmontel.[4]

La publication de celui-ci (vers le 12 mai 1767), par les soins des philosophes, avait mis la Sorbonne dans le dernier embarras, car ses commissaires avaient lancé l'anathème contre trente-sept idées exposées dans *Bélisaire* (la plupart d'entre elles concernant la tolérance), et surtout contre celle-ci: *la vérité luit de sa propre lumière, et on n'éclaire pas les esprits avec la flamme des bûchers*. Autrement dit, le public malin pouvait comprendre que le contraire seul était catholique. La Sorbonne fut en fait si décontenancée par la réception accordée à son *Indiculus* (mi-mai, mi-juin) que, pendant quelques semaines, elle se demanda si une censure de *Bélisaire* serait désormais prudente.

L'intervention de Voltaire et de Turgot fut pour elle un sujet de réflexions utiles. En somme, devant ces pamphlets et libelles, ces réquisitoires, il lui parut non seulement prudent, mais *urgent* de censurer Marmontel. La décision n'était pas tout à fait inattendue. Se taire – en posture difficile – aurait voulu dire, à l'avis des spectateurs, honte, confusion, défaite et culpabilité.

Les philosophes, de plus en plus ardents au combat, n'avaient donc qu'à attendre la prochaine apparition de cette censure (belle

---

[3] Pour de plus amples renseignements sur l'affaire telle qu'elle se déroulait à Paris pendant la période mars-juin 1767, voir Renwick, p.213-64.

[4] Sur l'*Indiculus*, voir Renwick, p.237-41, 244-59.

cible fragile) dont le projet ne roulait plus que sur *dix-neuf* propositions. Les plus brûlantes, concernant la tolérance, n'étaient plus là.

La part des responsabilités est donc assez aisée à cerner. C'est l'intervention de Turgot qui fut décisive. La Sorbonne jugea important de lui répondre, de rectifier les fausses interprétations qu'il avait données de la doctrine orthodoxe.[5] Mais il ne faudrait pas minimiser l'apport de Voltaire. C'est lui que la Faculté craignait le plus à long terme. Une censure demandait un air de gravité et de bienséance approprié à la gravité des fautes de Marmontel. Le sage de Ferney, par ses notables incursions, avait déjà garanti qu'elle allait pourtant être publiée dans une atmosphère de carnaval. Avec raison il avait écrit à Damilaville le 16 mai 1767: 'J'ai toujours fait une prière à Dieu, qui est fort courte. La voicy: *Mon Dieu, rendez nos ennemis bien ridicules*! Dieu m'a exaucé' (D14181).

Voltaire ayant toujours le dernier mot pourquoi le lui refuser ici?

Editions et copies manuscrites

On ne connaît qu'une édition séparée de la *Seconde anecdote*; pour les autres éditions et impressions du texte, voir ci-dessus, p.170-78. La *Seconde anecdote* figure dans la *Correspondance littéraire* sous la date du 15 juin 1767: voir ICL 67:173 (i.204).

---

[5] Voici comment. Ecoutons Marmontel lui-même: 'Comme il [Turgot] étoit bon théologien lui-même, et encore meilleur logicien, il établit d'abord ce principe évident et universellement reconnu, que de deux propositions contradictoires, si l'une est fausse, l'autre est nécessairement vraie. Il mit ensuite en opposition, sur deux colonnes parallèles, les trente-sept propositions réprouvées par la Sorbonne, et les trente-sept contradictoires, bien exactement énoncées. Point de milieu; en condamnant les unes [contenues dans l'*Indiculus*], il falloit que la Faculté adoptât, professât les autres' (*Mémoires*, éd. J. Renwick, i.243).

67A

[*ornement typographique*] (I) [*ornement typographique*] / [*filet gras-maigre, 65 mm*] / SECONDE / *ANECDOTE* / SUR / BÉLISAIRE. / Frère Triboulet, de l'ordre de frère / [...]

8°. sig. a⁴; pag. 7; \$2 signé, chiffres romains; sans réclames.

Cette édition a été imprimée à Genève, sans doute pour Voltaire. Elle nous fournit notre texte de base.

Leningrad: BV 3481 (2 exemplaires); ImV: D Seconde 1/1767/1.

Principes de cette édition

Notre texte de base est 67A, la première édition du texte.

Traitement du texte de base

Nous avons respecté la ponctuation du texte de base et en avons conservé les italiques.

Le texte de 67A a fait l'objet d'une modernisation portant sur la graphie et l'accentuation. Les particularités du texte de base dans ces deux domaines étaient les suivantes:

I. *Particularités de la graphie*

1. Consonnes
   - absence de la consonne *t* dans les finales en *-ans*: enfans
   - redoublement de consonnes contraire à l'usage actuel: appaisa, deffendons
   - présence d'une seule consonne là où l'usage actuel prescrit son doublement: apuyaient, souflets

2. Voyelles
   - emploi de *y* à la place de *i* dans: joye, payen
   - emploi de *i* à la place de *y* dans: martir, Scithes, tirans

3. Divers
   - utilisation systématique de la perluette.

4. Graphies particulières   .
   - l'orthographe moderne a été rétablie dans les cas suivants: massons, prophane, sçait

5. Majuscules supprimées

a. Nous mettons la minuscule aux mots suivants qui portent une majuscule dans le texte de base: Anges, Cordelier, Décrets, Diable, Docteur, Enfer, Jacobin, Jésuites, Louis, Mademoiselle, Martir, Messieurs, Papes, Roi, Univers, Ville

b. Nous mettons la minuscule à l'adjectif qualificatif suivant qui porte une majuscule dans le texte de base: Séraphiques

II. *Particularités d'accentuation*

L'accentuation a été rendue conforme aux usages modernes dans les cas suivants:

1. L'accent aigu
   - il est employé au lieu du grave dans: entiérement, Moliére

2. L'accent grave
   - il est présent dans: celà

3. L'accent circonflexe
   - il est employé dans l'adjectif possessif: nôtre
   - il est absent dans: ame, brulante, git, grace

SECONDE ANECDOTE SUR BÉLISAIRE

Frère Triboulet,[1] de l'ordre de frère Montepulciano,[2] de frère Jaques Clément,[3] de frère Ridicous,[a] etc. etc. etc. et de plus docteur de Sorbonne chargé de rédiger la censure de la fille aînée du roi, appelée le Concile perpétuel des Gaules, contre Bélisaire, s'en retournait à son couvent tout pensif. Il rencontra dans la rue 5 des maçons[5] la petite Fanchon dont il est le directeur, fille du cabaretier qui a l'honneur de fournir du vin pour le *prima mensis*[6] de messieurs les maîtres.

Le père de Fanchon est un peu théologien, comme le sont tous les cabaretiers du quartier de la Sorbonne. Fanchon est jolie, et 10 frère Triboulet entra… pour… boire un coup.

[a] Consultez les Mémoires de L'Etoile, et vous verrez ce qui arriva en place de Grève à ce pauvre frère Ridicous.[4]

[1] Sur ce personnage, voir ci-dessus, *Anecdote sur Bélisaire*, p.186, n.15.
[2] Bernard-Politien de Montepulciano, moine dominicain, est accusé d'avoir empoisonné Henri VII, empereur d'Allemagne (mort à Sienne en 1313), avec du vin consacré ou avec une hostie (*Essai sur les mœurs*, ch.68; *Essai*, i.670). Mais, même au dix-huitième siècle, cette thèse était fragile.
[3] Jacques Clément, assassin d'Henri III (mort le 2 août 1589), fut tué par les gardes du roi. Les ligueurs en firent un martyr, placèrent son image sur l'autel et demandèrent sa canonisation à Rome. Le prieur des jacobins, Bourgoin, l'appela dans ses sermons 'enfant bienheureux et martyr'; le jésuite Commelet, en 1593, le mit au nombre des anges; le père Guignard le rangea au nombre des martyrs, et le jésuite Mariana consacra son célèbre traité *De rege et de regis institutione* (1599) à justifier et à glorifier le régicide.
[4] Pierre de L'Estoile (1546-1611), chroniqueur, auteur du *Journal des règnes de Henri III et de Henri IV* plus connu sous le titre de *Mémoires de L'Estoile* qui sont les souvenirs d'un bourgeois de Paris transcrits au jour le jour. La référence à frère Ridicous demeure mystérieuse: impossible de le trouver. Le message toutefois est clair (BV, no.2063, 2064).
[5] La rue des Maçons-Sorbonne est l'actuelle rue Champollion.
[6] Les assemblées de la Faculté de théologie se tenaient le premier jour de chaque mois: *prima mensis die*.

Quand Triboulet eut bien bu, il se mit à feuilleter les livres d'un habitué de paroisse, frère du cabaretier, homme curieux, qui possède une bibliothèque assez bien fournie.

Il consulta tous les passages par lesquels on prouve évidemment que tous ceux qui n'avaient pas demeuré dans le quartier de la Sorbonne, comme par exemple les Chinois, les Indiens, les Scythes, les Grecs, les Romains, les Germains, les Africains, les Américains, les blancs, les noirs, les jaunes, les rouges, les têtes à laine, les têtes à cheveux, les mentons barbus, les mentons imberbes, étaient tous damnés sans miséricorde, comme cela est juste, et qu'il n'y a qu'une âme atroce et abominable qui puisse jamais penser que Dieu ait pu avoir pitié d'un seul de ces bonnes gens.

Il compilait, compilait, compilait,[7] quoique ce ne soit plus la mode de compiler, et Fanchon lui donnait de temps en temps de petits soufflets sur ses grosses joues; et frère Triboulet écrivait; et Fanchon chantait; lorsqu'ils entendirent dans la rue la voix du docteur Tamponet,[8] et de frère Bonhomme[9] cordelier à la grande manche qui argumentaient vivement l'un contre l'autre, et qui ameutaient les passants. Fanchon mit la tête à la fenêtre; elle est

15

20

25

30

---

30   K: manche et du grand couvent, qui

[7] Vers du *Pauvre diable* (M.x.108) au sujet de l'abbé Trublet.

[8] Tamponet joua un grand rôle dans l'affaire de la thèse de l'abbé de Prades; il est sans doute juste que, ayant participé à la *première* affaire philosophique, il joue un rôle, si minime soit-il, sur le plan littéraire de la *dernière* affaire philosophique. Voltaire venait d'ailleurs de mettre sur son compte la 'traduction' des *Questions de Zapata* (voir Voltaire 62, p.369-70).

[9] Le frère Pierre Bonhomme, cordelier, docteur de Sorbonne, bibliothécaire des cordeliers à Paris, était un des commissaires de Sorbonne nommés, le 1er mars 1767, pour faire agréer à Christophe de Beaumont la nécessité d'une censure. L'archevêque étant hostile à cette mesure, Bonhomme et les sept autres commissaires furent maintenus dans leurs fonctions pour examiner *Bélisaire* et pour dresser la rétractation publique que Marmontel devait signer. Ce dernier ayant refusé sa signature, la Sorbonne invita les commissaires à préparer une censure (décision du 6 avril 1767). Bonhomme jouait le rôle de rapporteur.

fort connue de ces deux docteurs, et ils entrèrent aussi… pour… boire.

Pourquoi faisiez-vous tant de bruit dans la rue? dit Fanchon. C'est que nous ne sommes pas d'accord, dit frère Bonhomme. Est-ce que vous avez jamais été d'accord en Sorbonne? dit Fanchon. Non, dit Tamponet, mais nous donnons toujours des décrets; et nous fixons à la pluralité des voix ce que l'univers doit penser. Et si l'univers s'en moque, ou n'en sait rien? dit Fanchon. Tant pis pour l'univers, dit Tamponet. Mais de quoi diable vous mêlez-vous? dit Fanchon. Comment, ma petite! dit frère Triboulet, il s'agit de savoir si le cabaretier qui logeait dans ta maison il y a deux mille ans a pu être sauvé ou non. Cela ne me fait rien, dit Fanchon; ni à moi non plus, dit Tamponet; mais certainement nous donnerons un décret.

Frère Triboulet lut alors tous les passages qui appuyaient l'opinion, que Dieu n'a jamais pu faire grâce qu'à ceux qui ont pris leurs degrés en Sorbonne, ou à ceux qui pensaient comme s'ils avaient pris leurs degrés; et Fanchon riait, et frère Triboulet la laissait rire. Tamponet était entièrement de l'avis du jacobin; mais le cordelier Bonhomme était un peu plus indulgent. Il pensait que Dieu pouvait à toute force faire grâce à un homme de bien qui aurait le malheur d'ignorer notre théologie, soit en lui dépêchant un ange, soit en lui envoyant un cordelier pour l'instruire.

Cela est impossible, s'écria Triboulet; car tous les grands hommes de l'antiquité étaient des paillards. Dieu aurait pu, je l'avoue, leur envoyer des cordeliers; mais certainement il ne leur aurait jamais député des anges.

Et pour vous prouver, frère Bonhomme, par vos propres docteurs, que tous les héros de l'antiquité sont damnés sans exception, lisez ce qu'un de vos plus grands docteurs séraphiques déclare expressément dans un livre que mademoiselle Fanchon m'a prêté: voici les paroles de l'auteur.

48-49   K: degrés; et Fréron

Le cordelier plein d'une sainte horreur,   65
Baise à genoux l'ergot de son seigneur;
Puis d'un air morne il jette au loin la vue
Sur cette vaste et brûlante étendue,
Séjour de feu qu'habitent pour jamais
L'affreuse mort, les tourments, les forfaits;   70
Trône éternel où sied l'esprit immonde,
Abîme immense où s'engloutit le monde;
Sépulcre où gît la docte antiquité,
Esprit, amour, savoir, grâce, beauté,
Et cette foule immortelle, innombrable   75
D'enfants du ciel créés tous pour le diable.
Tu sais, lecteur, qu'en ces feux dévorants
Les meilleurs rois sont avec les tyrans.
Nous y plaçons Antonin, Marc Aurèle,
Ce bon Trajan, des princes le modèle,   80
Ce doux Titus, l'amour de l'univers,
Les deux Catons, ces fléaux des pervers;
Ce Scipion maître de son courage,
Lui qui vainquit et l'amour et Carthage;
Vous y grillez, sage et docte Platon,   85
Divin Homère, éloquent Cicéron,
Et vous, Socrate, enfant de la sagesse,
Martyr de Dieu dans la profane Grèce;
Juste Aristide, et vertueux Solon,
Tous malheureux morts sans confession.[10]   90

Tamponet écoutait ce passage avec des larmes de joie; Cher
frère Triboulet, dans quel père de l'Eglise as-tu trouvé cette brave
décision? Cela est de l'abbé Trithème,[11] répondit Triboulet; et

[10] *La Pucelle*, v.64 ss (Voltaire 7, p.347-48).
[11] Johannes Heidenberg (1462-1516), né à Trittenheim (et dit soit Trittenheim
soit Tritemius), fut abbé des bénédictins de Spannheim (vers 1483) et plus tard
de ceux de Wurzburg (1506). Il est l'auteur du *Chronicon monasterii Hirsaugiensis*
(Bâle 1559), plus connu sous le nom de *Chronique de Hirschau*, recueil très
important de faits concernant l'histoire générale du Moyen Age. L'abbé Tritème
figure dans *La Pucelle d'Orléans* (Voltaire 7, p.414, 496, 505, 539, 559, 562, 563,

pour vous le prouver *a posteriori*, d'une manière invincible, voici
la déclaration expresse du modeste traducteur au chapitre seize   95
de sa Moelle théologique.

> Cette prière est de l'abbé Trithême,
> Non pas de moi, car mon œil effronté
> Ne peut percer jusqu'à la cour suprême,
> Je n'aurais pas tant de témérité.[12]   100

Frère Bonhomme prit le livre pour se convaincre par ses
propres yeux, et ayant lu quelques pages avec beaucoup d'édifica-
tion, Ah, ah! dit-il au jacobin, vous ne vous vantiez pas de tout.
C'est un cordelier en enfer qui parle, mais vous avez oublié qu'il
y rencontre St Dominique, et que ce saint est damné pour avoir   105
été persécuteur, ce qui est bien pis que d'avoir été païen.[13]

Frère Triboulet piqué, lui reprocha beaucoup de bonnes aventures de cordeliers. Bonhomme ne demeura pas en reste; il reprocha
aux jacobins de croire à l'immaculation en Sorbonne, et d'avoir
obtenu des papes une permission de n'y pas croire dans leur   110
couvent. La querelle s'échauffa, ils allaient se gourmer. Fanchon
les apaisa en leur donnant à chacun un gros baiser. Tamponet
leur remontra qu'ils ne devaient dire des injures qu'aux profanes,
et leur cita ces deux vers qu'il dit avoir lus autrefois dans les
ouvrages d'un licencié nommé Molière;   115

> N'apprêtons point à rire aux hommes
> En nous disant nos vérités.[14]

---

670) où sa chronique est citée par Voltaire comme source de *La Pucelle* (p.391,
393). Tritème figure aussi dans un autre texte de cette année 1767 (*Les Honnêtetés
littéraires*); il devait reparaître dans l'*Instruction du gardien des capucins de Raguse*
(1769) ainsi que dans les articles 'Abbaye' ou 'Biens de l'Eglise' des *Questions
sur l'Encyclopédie* (1770).

[12] *La Pucelle*, xvi.11-14 (Voltaire 7, p.505)

[13] Saint Dominique 'combattit' les hérétiques albigeois, mais non de la façon
dont Voltaire entend le mot: il ne voulut point s'associer à la croisade guerrière
décidée par Innocent III et s'obstina à pratiquer une prédication pacifique.
Toutefois, au dix-huitième siècle, on prétendait le contraire (tout à fait à tort),
allant même jusqu'à l'accuser d'avoir été l'inquisiteur en chef de Simon de
Montfort (cf. *Essai sur les mœurs*, ch. 52; *Essai*, i.629).

[14] *Amphitryon*, prologue, 146-147.

Enfin, ils minutèrent tous trois le décret, qui fut ensuite signé par tous les sages maîtres.

'Nous, assemblés extraordinairement dans la ville des Facéties, et dans les mêmes écoles où nous recommandâmes au nombre de soixante et onze à tous les sujets, de garder leur serment de fidélité à leur roi Henri III, et en l'année 1592 recommandâmes pareillement de prier Dieu pour Henri IV, etc. etc.[15]

'Animés du même esprit qui nous guide toujours, nous donnons à tous les diables un nommé Bélisaire, général d'armée en son vivant, d'un nommé Justinien; lequel Bélisaire outrepassant ses pouvoirs, aurait méchamment et proditoirement conseillé audit Justinien d'être bon et indulgent, et aurait insinué avec malice que Dieu était miséricordieux. Condamnons cette proposition comme blasphématoire, impie, hérétique, sentant l'hérésie. Défendons sous peine de damnation éternelle, selon le droit que nous en avons, de lire ledit livre sentant l'hérésie, et enjoignons à tous les fidèles de nous rapporter les exemplaires dudit livre, lesquels ne valaient précédemment qu'un écu, et que nous revendrons un louis d'or avec le décret ci-joint.'

A peine ce décret fut-il signé qu'on apprit que tous les jésuites avaient été chassés d'Espagne.[16] Et ce fut une si grande joie dans Paris qu'on ne pensa plus à la Sorbonne.

---

[15] Voir la fin de la première *Anecdote sur Bélisaire.*
[16] Ils le furent par décret de Charles III le 27 février 1767.

Réponse catégorique au sieur Cogé

édition critique

par

John Renwick

INTRODUCTION

L'affaire de *Bélisaire*, à ses débuts, avait fourni à Voltaire, à deux reprises, l'occasion de diffuser ce qu'il pensait honnêtement de la querelle qu'on faisait en Sorbonne à son ami et disciple Marmontel et au chapitre xv du roman politique et moral de ce dernier: il s'agit là, bien entendu, des deux *Anecdotes sur Bélisaire*. En les écrivant, Voltaire s'était proposé de défendre son disciple et, surtout, de malmener la Sorbonne pour son attitude intraitable envers les païens vertueux de l'antiquité que Marmontel avait mis au ciel en compagnie de 'tous les gens de bien, de tous les pays et de tous les âges'. Mais à Paris, et simultanément, l'abbé François-Marie Coger avait entrepris de démolir *Bélisaire* et, dans la mesure du possible, la réputation de son auteur ainsi que celle de ses prétendus inspirateurs en matière religieuse: Jean-Jacques Rousseau et Voltaire. Il s'agit de son *Examen du Bélisaire de M. Marmontel*,[1] où, aux pages 54, 61, 62, 68, 71, il est fait mention, en toutes lettres, de M. de Voltaire et de ses erreurs perfides.

Aucun pas n'étant fait dans ce siècle de la polémique sans provoquer une démarche contraire, Voltaire décida, dès réception du plat libelle de Coger, de relever le défi. Il ajouta (vers le 12 juin; cf. D14223) à la *Défense de mon oncle* qu'il venait de rédiger un chapitre supplémentaire, le vingt-deuxième, où il mit encore quelques jugements salés sur la Faculté de théologie et un compliment adressé au 'folliculaire Cogéos'. Puis, jugeant ces quelques mots insuffisants, Voltaire ajouta à ce vingt-deuxième chapitre un post-scriptum désinvolte de deux pages, où il est question d'un passage 'lâchement falsifié' tiré de la *Religion naturelle* se trouvant à la page 54 de l'*Examen*.[2]

---

[1] Paris, De Hansy le jeune, 1767, 119 pages in-8°, portant une approbation du 14 avril 1767 (BV, no.803).

[2] Voir *La Défense de mon oncle*, éd. J.-M. Moureaux (Voltaire 64, p.265-69).

Mais à Paris, et précisément à la même époque, Coger, pour sa part, était en train de faire une nouvelle édition augmentée de son *Examen*. Unique porte-parole de cette Sorbonne si sauvagement maltraitée dans les deux *Anecdotes* (dont la seconde venait de paraître), il crut nécessaire (ou bien son supérieur, l'abbé Riballier, lui en montra la nécessité) de mettre fin à de telles attaques, qui, quoique anonymes, ne pouvaient partir que de Voltaire. Le fait qu'une contre-attaque de poids fut jugée indispensable tend à prouver, entre parenthèses, que les deux pamphlets du Maître avaient fait beaucoup de mal à l'adversaire. En somme, il fallait ôter à Voltaire toute envie de se mêler d'affaires qui ne le concernaient pas. Dans sa nouvelle édition,[3] Coger se fit donc un devoir d'appliquer fermement ces étrivières que Voltaire lui-même aimait si bien appliquer à ses propres ennemis, et mit en note une diatribe bien choisie, car psychologiquement pertinente:

Ils [les philosophes] affichent la vérité; ils étalent par-tout la vertu; il semble qu'ils en aient à revendre: et leurs écrits enfantent tous les jours des monstres, et déshonorent la France [...] A force de crier par-tout Philosophie, je crains que nos Sages ne lui fassent tort. Pour être respectée, il ne faut pas qu'elle se prostitue, dit M. d'Alembert dans ses *Mélanges de littérature*, 1767, tom. 5. page 456. Rien de plus vrai: Mais hélas! peut-elle se prostituer davantage, que de servir à l'impiété, que d'enhardir au crime! Ne sait-on pas que les jeunes empoisonneurs et blasphémateurs de Picardie, condamnés au feu l'année dernière, ont avoué que c'étoit la lecture de quelques écrits modernes contre la Religion, qui les avoit portés aux horreurs dont ils étoient coupables! Que n'avons-nous pas à craindre pour la génération prochaine, si nos enfans ne craignent pas de boire dans la coupe empoisonnée de nos prétendus esprits forts! C'est la réflexion très-sensée de M. l'Archevêque de Paris, et de M. Joly de Fleury, premier Avocat général, à l'auteur de cet examen, qui gémissoit devant eux des progrès que le Voltéranisme faisoit parmi la jeunesse.

Lorsque M. le Président Hénault, et MM. Caperonier et le Beau,

---

[3] *Examen du Bélisaire de M. Marmontel.* Nouv. éd. augm. (Paris, De Hansy le jeune, 1767), p.94-96 (BV, no.804). L'exemplaire personnel de Voltaire porte des traces de lecture (CN, ii.671-74).

eurent l'honneur de présenter au Roi les deux derniers volumes des Mémoires de l'Académie des Inscriptions et Belles-Lettres, Sa Majesté témoigna devant eux l'indignation la plus grande contre le *Dictionnaire Philosophique* de M. de V. qui commençoit alors à paraître; et qui depuis a été brûlé.

Il y a là, en somme, deux accusations fondamentales qui étaient destinées, en connaissance de cause, n'en doutons point, à faire en sorte que Voltaire se retire de l'affaire de *Bélisaire*; deux accusations dirigées contre les points les plus faibles de son caractère. Tous les amateurs de Voltaire ne savent que trop bien que le public contemporain et ceux qui se faisaient un (désagréable) devoir de suivre sa carrière étaient conscients de trois choses à son sujet. Coger en mentionne deux,[4] qui eurent pour plus grand et durable effet de faire battre Voltaire en retraite. Paraissant abandonner Marmontel à son sort, il se refusa désormais, et pendant sept mois, à s'égayer aux dépens de cette Sorbonne dont Louis xv était le défenseur objectif.[5] Evidemment, il devait se plaindre tout de suite et amèrement à tous ses amis de l'impudence de Coger[6] et nier, dans une réponse du 27 juillet à son accusateur (D14310), être l'auteur soit du *Poème sur la religion naturelle* soit du *Dictionnaire philosophique*. Et avec cet habituel mélange d'innocence outragée et de pathétique réservé aux occasions difficiles, il accusait Coger d'avoir voulu 'perdre un vieillard de soixante et quatorze ans qui ne fait que du bien dans sa retraite'.

Vers le 10 août, Coger répondit à son tour (D14352); il se défendit d'avoir jamais eu l'intention de calomnier aucun citoyen,

---

[4] Coger ne manque pas non plus de mentionner la troisième. A la page 133, il écrivit: 'ce vieux guerrier, qui compte déjà plus de quarante campagnes contre la religion chrétienne; et qui cependant, malgré son intrépidité apparente, tremble et frissonne toutes les fois qu'il croit toucher aux portes de la mort. Puisse cette frayeur enfin lui devenir salutaire!'

[5] La lettre à d'Alembert du 4 septembre (D14404) prouve indirectement, mais d'une manière assez convaincante, que Voltaire ne voulait pas prendre l'initiative de nouveaux pamphlets dirigés contre la Sorbonne.

[6] D14311, D14313, D14314, D14317, D14342, D14344, D14347, etc.

affirma catégoriquement encore une fois que Louis xv avait bien marqué une vive indignation contre le *Dictionnaire* et laissa clairement entendre qu'il n'ignorait point d'où venait la *Défense de mon oncle*, parue peu de temps auparavant, où, en compagnie de la Sorbonne, il était lui-même insulté et outragé. Tout ceci, joint à des exhortations de bonne conduite, constituait une leçon de morale d'une élévation et d'une intention palpables. Voltaire semble l'avoir soufferte en silence. Il n'y a, par exemple, aucune trace dans sa correspondance de l'effet que produisit cette lettre quelque peu intimidante.

Et pourtant, il ne se tut pas. Sa réaction se situe sur un tout autre plan. Car il est probable que ce fut Voltaire qui ajouta à la fin de l'*Honnêteté théologique (Pièces relatives à Bélisaire*, second cahier, p.12-13) les 'compliments' adressés à Coger, et qui y joignit en même temps (qui d'autre aurait pu le faire?) sa lettre à Marmontel du 7 août (D14342)[7] où la conduite de *Coge pecus* est encore évaluée en termes acerbes.

Cette *Honnêteté théologique*, d'une violence qui ressemble étrangement à celle que Voltaire réservait pour ceux qu'il avait pris en aversion, est censée être l'ouvrage de Damilaville. L'attribution n'est pas prouvée et n'est guère susceptible de preuves. Mais, d'autre part, il est tout à fait évident que ce n'est point Voltaire lui-même qui en prit l'initiative: la Sorbonne, qu'il croyait politique d'épargner en ce moment, y est trop insultée pour qu'elle pût être de lui. Mais çà et là, et surtout dans les deux dernières pages (et pour cause), la griffe du Maître ne manque pas de se laisser reconnaître.

Le pamphlet en question – débordant de malice à l'égard de Riballier et de Coger, rempli d'accusations de fanatisme, de mauvaise foi et de fraude à l'égard de la Sorbonne – était impi-

---

[7] Lors de son utilisation il est certain que Marmontel ne l'avait reçue que depuis peu, et n'avait certainement pas pu en envoyer des copies d'Aix-la-Chapelle, où il se trouvait alors, à Paris. De plus, rien ne donne à croire que l'auteur était au courant de l'existence de l'*Honnêteté* et de sa publication incessante.

toyable. Marmontel lui-même était de l'avis que 'cet excellent papier' était 'le plus terrible qui ait paru en faveur de Bélisaire' (D14471). Il va de soi qu'il pensait en être redevable à Voltaire. Il n'était pas le seul à se méprendre sur l'identité de son allié: Grimm (CLT, vii.418-19) fit de même... ainsi que Coger.

Vers le 20 septembre, ce dernier, très peiné d'apprendre que ses exhortations du mois d'août étaient tombées dans l'oreille d'un sourd, outré par la grossièreté de l'*Honnêteté*, reprit la plume. Que nous partagions ou non ses convictions, nous nous devons de reconnaître que ce qu'il écrivit (D14433) ne manque, en ces circonstances, ni de modération ni de bon sens:

Monsieur, dans la lettre que j'ai eu l'honneur de vous écrire pour répondre à la vôtre, je me suis justifié du reproche que vous me faisiez d'avoir voulu vous *outrager* & vous *perdre*. Mais vous, monsieur, comment pourrez vous faire agréer aux personnes sages & judicieuses les injures grossières que vous me prodiguez dans votre lettre du 7 auguste à M. Marmontel, & celles qui se trouvent dans l'*Honnêteté théologique*? Est ce ainsi que vous observez la tolérance, que vous prêchez partout avec tant de chaleur, & dont vous jouissez avec trop de sécurité? Ou bien avez vous oublié ce que vous avez dit vous même tant de fois, que les injures sont les raisons de ceux qui ont tort?

Comment prêter un discours de ligueur & de forcené à un syndic choisi par le roi, pour maintenir la paix & le bon ordre dans la faculté de théologie, honoré de la confiance de la cour & de l'estime du public? Est il possible qu'un grand peintre pèche contre le costume d'une manière si ridicule? Vous avez voulu décrier & mortifier deux personnes occupées utilement à former des citoyens à l'état; mais vous vous êtes trompé: toutes vos invectives ne pourront ni flétrir notre réputation, ni ralentir notre amour pour la vérité. Nous rendrons toujours justice à vos talents littéraires; & cependant nous gémirons sur l'abus que vous en faites, au scandale des mœurs & de la religion.

La vieillesse est le temps du repos & de la tranquillité: eh! pourquoi, monsieur, appeler l'orage & la tempête jusque dans le port? Pourquoi verser vous même sur vos derniers jours une coupe de fiel & d'amertume? De quel œil osez vous envisager l'éternité qui s'avance à grands pas, et qui doit vous *éclaircir* au moins *de grands doutes*, pour me servir de l'expression du philosophe Gassendi, au lit de la mort?

Vous avez, monsieur, des panégyristes enthousiastes qui vous enivrent de leur encens: vous avez des ennemis jaloux, qui vous déchirent par leurs traits satiriques; & vous n'avez pas un seul ami qui ait le courage de vous dire la vérité, aussi sincèrement que moi. Je suis donc, plus que personne, monsieur, votre très humble &c.

Dès réception de cette représentation, que nous avons cru préférable de citer *in extenso*, Voltaire réagit de nouveau. Pour quelles raisons? L'attitude de Coger, qui, en toute impartialité, ne laissait rien à désirer, provoqua-t-elle chez lui un sentiment de culpabilité? Après tout, ce dernier n'était pas absolument dénué de scrupules. Nous laisserons à d'autres le soin de démêler, si besoin en est, les raisons psychologiques de la *Réponse catégorique au sieur Cogé* et de la *Lettre de Gérofle à Cogé* où le malheureux licencié en théologie est encore cruellement insulté. Il serait sans doute plus prudent, même plus exact, de dire que Voltaire – excédé – voulait tout simplement écraser ce 'misérable' importun qui lui avait fait si peur et qui ne cessait de le catéchiser.

Vers le début du mois d'octobre, et en guise de correction, il rédigea la *Réponse*; mais pour une raison mal définie et tout aussi peu convaincante, il la garda en portefeuille jusqu'au milieu du mois de décembre. L'explication donnée par Voltaire à Damilaville et à Marmontel était la suivante: 'J'avais préparé une réponse qu'on trouvait assez plaisante, mais je trouve que ces marauds là ne valent pas la plaisanterie. Il ne faut point railler les scélérats, il faut les pendre' (D14464; cf. D14480).

Cela se peut. Mais le *on* anonyme, qui avait trouvé la réponse plaisante, avait-il conclu d'autre part qu'elle était inutilement compromettante? La personne en question (qui, tout bien réfléchi, pourrait bien être Voltaire lui-même) indiqua-t-elle que nier sans délai l'*Honnêteté théologique*, qui, pour une fois, n'était pas de lui, ne serait pas avantageux? Les autorités, éclairées par sa pratique habituelle dans ce domaine, étaient conscientes que, chez lui, dénégation signifiait aveu. Et Voltaire n'avait pas à s'avouer l'auteur d'un pamphlet violemment hostile à la Sorbonne dont il n'était pas, à strictement parler, l'auteur.

Quoi qu'il en fût, le Maître renonça momentanément à utiliser la *Réponse*, et mit à sa place (2-3 octobre) la *Lettre de Gérofle à Cogé* qui devait être envoyée à Damilaville le 4 octobre afin d'être imprimée par Merlin (D14464). Mais voici le mystère: il n'y a aucune trace de cette *Lettre* dans la capitale, aucune réaction de la part de Grimm ou de Bachaumont, aucune mention de son apparition chez les correspondants de Voltaire. Elle aurait pu figurer dans une des toutes dernières éditions des *Pièces relatives à Bélisaire*, et pourtant elle ne s'y trouve pas.

En ce qui concerne la *Réponse catégorique au sieur Cogé* il n'y a pas, par contre, de mystère. Sans avoir subi, pour autant que nous puissions en juger, de changement depuis le mois d'octobre, elle fut envoyée à Damilaville le 19 décembre (D14603), et Marmontel indiqua, le 29 décembre, qu'elle circulait (D14628).

En réagissant ainsi Voltaire estimait-il que Coger n'avait pas encore assez souffert, non dans son attitude et ses croyances, mais dans sa personne? On serait sans doute tenté de le croire. Car on dirait que la punition ainsi doublement infligée n'avait même plus le mérite de l'à-propos, encore moins celui de la nécessité polémique: Coger était déconfit dès le mois de septembre, époque de l'*Honnêteté* où Damilaville l'avait tourné en dérision et où Voltaire, ajoutant le dernier mot, l'avait achevé. La nouvelle attaque de Voltaire à son égard était donc superflue, et peut-être ne s'explique-t-elle que par le désir de faire mal. L'hypothèse est au moins partiellement fondée. Mais n'oublions pas que le public, qui n'était pas censé savoir que Voltaire avait contribué à l'*Honnêteté*, attendait précisément une riposte de l'ordre de la *Lettre* et de la *Réponse catégorique*, ou, pour le dire plus explicitement, une sentence: toute justice émanait de la cour de Ferney et Voltaire préférait, pour des raisons bien évidentes, ne pas la rendre par 'personne interposée'.

La *Lettre* et la *Réponse* étaient donc nécessaires sur le plan stratégique. Mais lisons ces deux sentences, assurément fort spirituelles, et puis avouons qu'il ne s'agit pas là d'une victoire judiciaire des plus honorables.

217

Manuscrits et éditions

La *Réponse catégorique* a été insérée dans la *Correspondance littéraire* de Grimm en janvier 1768, sans doute à partir de l'imprimé (67). L'édition Buisson de la *Correspondance littéraire* (Paris 1813, v.529-30) en a présenté un texte incomplet, sous le titre de *Défense de mon maître*; celle de Tourneux (Paris 1877-1882, viii.29-30) y ajoute les trois derniers alinéas, mais garde le titre adopté par l'édition Buisson.[8] La *Réponse* ne figure dans les œuvres complètes de Voltaire qu'à partir de l'édition Clogenson (Paris 1824-1832, lxi.493-94).

La *Lettre de Gérofle à Cogé*, qui a paru pour la première fois dans le deuxième volume des *Choses utiles et agréables* (CU70), a été reprise elle aussi par Clogenson, lxi.489-92.

Le brouillon d'une réponse à Coger (MS) a été publié par Ira O. Wade, 'The search for a new Voltaire', *Transactions of the American philosophical society* (Philadelphia July 1958), p.182-83, et par Andrew Brown, 'Calendar of Voltaire manuscripts', *Studies* 77 (1970), p.79-81.

67

[*titre de départ*] / [*ornement typographique*] (1) [*ornement typographique*] / [*filet gras-maigre*] / *REPONSE* / CATHEGORIQUE / *Au Sieur Cogé.* / Mon maître, outre plusieurs Lettres / [...]

Un feuillet, paginé 1-2.

Cette édition genevoise, dont on ne connaît que les deux exemplaires conservés dans la bibliothèque de Voltaire, nous fournit notre texte de base.

Leningrad: BV 3765, 9-53 (Pot pourri [de V.], tome IV); – 11-178 (Pot pourri 63 [Diabolique]).

---

[8] Il existe quatre manuscrits de la livraison du 15 janvier 1768 de la *Correspondance littéraire*, où fut inséré le texte de la *Réponse*: 1. Gotha, 1138 G, f.320; 2. Stockholm, Vu 29:9, p.35; 3. Moscou, Archives d'Etat d'actes anciens, F.181N.1433, 3-4, f.23r; 4. Bh, c.p.3850, f.22r. Voir ICL 68:032 (i.228).

5. Brouillon d'une réponse à Coger (ms), de la main de Wagnière avec des corrections et additions holographes (Bibliothèque nationale, Paris).

CU70

LES | CHOSES | UTILES | ET AGRÉABLES. | TOME SECOND. |

8°. sig. A-Z⁸ Aa²; pag. 371; $4 signé, chiffres arabes (– A1-2, L1, O3, P4, Aa2); tomaison '*Tom. II.*'; réclames aux cahiers et aux rubriques.

[1] titre; [2] bl.; [3] A2r '*LES | ADORATEURS | OU | LES LOUAN-GES | DE DIEU. | Ouvrage | unique de Monsieur* IMHOF, *| TRADUIT DU LATIN. | [ornement typographique] | BERLIN, | [filet gras-maigre, 60 mm] | 1769.*'; [4] bl.; [5]-112 autres textes; 113-116 Lettre de Géroflé à Cogé; 117-368 autres textes; 369-371 Table des pièces contenues dans ce volume.

Cette édition fournit notre texte de base pour la *Lettre de Gérofle à Cogé*.

Bn: Rés. Z Beuchot 157 *bis*; – Z 20862.

MS

Copie par Wagnière du brouillon d'une réponse à Coger, écrite sur la partie droite de quatre pages (paginées 5-8), avec des additions et corrections de la main de Voltaire.

Bn: N24342, f.186-87.

Il est à croire que ce brouillon date de l'époque même de la *Réponse catégorique* et de la *Lettre de Gérofle à Cogé*. Une comparaison de ces textes et du brouillon s'impose.

Principes de cette édition

L'édition choisie comme texte de base pour la *Réponse catégorique au sieur Cogé* est 67, et CU70 pour la *Lettre de Gérofle à Cogé*. Les principes de modernisation de l'orthographe sont ceux énoncés ci-dessus, p.58.

Le texte du brouillon d'une réponse à Coger, d'après la copie de Wagnière, avec corrections de Voltaire (MS), n'a pas été modernisé.

RÉPONSE CATÉGORIQUE AU SIEUR COGÉ[1]

Mon maître, outre plusieurs lettres anonymes, a reçu deux lettres outrageantes et calomnieuses, signées *Cogé licencié en théologie et professeur de rhétorique au collège Mazarin*.[2] Mon maître âgé de soixante et quatorze ans, et achevant ses jours dans la plus profonde retraite, ne savait pas il y a quelques mois s'il y avait   5
un tel homme au monde. Il peut être licencié, et ses procédés sont assurément d'une grande licence. Il écrit des injures à mon maître; il dit que mon maître est l'auteur d'une *Honnêteté théologique*;[3] mon maître sait quelles malhonnêtetés théologiques on a faites à M. Marmontel,[4] qui est son ami depuis vingt ans; mais il n'a jamais   10
fait d'*honnêteté théologique*; il ne conçoit pas même comment ces deux mots peuvent se trouver ensemble. Quiconque dit que mon maître a fait une pareille honnêteté est un malhonnête homme, et en a menti. On est accoutumé à de pareilles impostures. Mon maître n'a pas même lu cet ouvrage, et n'en a jamais entendu   15
parler. Il a lu Bélisaire, et il l'a admiré avec toute l'Europe. Il a

---

[1] Jules Taschereau, dans la deuxième édition de la *Correspondance littéraire* (1829-1831), v.365-66, adopta comme titre: *Défense de mon maître*. Nous ignorons pourquoi, à moins qu'il ne l'ait trouvé dans D14480, une lettre à Marmontel, publiée dès 1784, où Voltaire parle de la *Réponse catégorique*: 'Croiriez-vous bien que ce maroufle de *Cogé* a osé m'écrire? Je lui avais fait répondre par mon laquais; la lettre était assez drôle; c'était *La Défense de mon maître*'. Le titre de Taschereau sera adopté par Tourneux et par Moland.

[2] D14352 (vers le 10 août 1767) et D14433 (vers le 20 septembre 1767). L'abbé François-Marie Coger (1723-1780), licencié en théologie, professeur de rhétorique au collège des Quatre-Nations, secrétaire de Riballier, et plus tard recteur de l'Université de Paris. Voltaire écrit Cogé et non Coger. Le 'Coge pecus' virgilien (*Bucolica*, iii.20) semble avoir été généralement accepté.

[3] D14433. L'*Honnêteté théologique*, qui n'est certainement pas de Voltaire, se trouve dans les *Pièces relatives à Bélisaire*, second cahier (Genève 1767), 13p.

[4] C'est dire la mutilation de la pensée de Marmontel: la Sorbonne s'était adonnée à son habitude de mutiler, d'altérer et de transposer des passages de *Bélisaire* pour en faire sortir le 'sens caché'.

221

lu les plats libelles du sieur Cogé contre Bélisaire, et ne sachant pas de qui ils étaient, il a écrit à M. Marmontel qu'ils ne pouvaient être que d'un maraud. Si on a imprimé à Paris la lettre de mon maître,[5] si on y a mis le nom de Cogé, on a eu tort; mais le sieur 20 Cogé a eu cent fois plus de tort d'oser insulter M. Marmontel, dont il n'est pas digne de lire les ouvrages. Un régent de collège qui fait des libelles mérite d'être enfermé dans une maison qui ne s'appelle pas collège.

Un régent de collège qui dans ce libelle compromet M. le 25 président Hainaut et M. Caperonier,[6] qui reçoit un démenti public de ces deux messieurs, qui ose profaner le nom du roi et le faire parler, qui pousse ainsi l'impudence et l'imposture à son comble, mérite d'être mené non pas dans une maison publique, mais dans la place publique. 30

C'est à ces indignes excès que l'esprit de parti, le pédantisme et la jalousie conduisent. Si tous ces faiseurs de libelles savaient combien ils sont méprisables et méprisés, ils se garderaient bien d'exercer un métier aussi infâme.

Voilà tout ce que mon maître m'ordonne de répondre. 35

Valentin.

15ᵉ Xbre 1767.

---

[5] Cette lettre du 7 août 1767 (D14342) fut publiée à la suite de l'*Honnêteté* et fut réimprimée dans le cinquième cahier des *Pièces relatives à Bélisaire*, p.1-3.

[6] *Examen du Bélisaire de M. Marmontel*, nouv. éd., p.94-96 notes; cf. ci-dessus, p.212-13.

LETTRE DE GÉROFLE A COGÉ

Moi Gérofle, je déclare que mon maître étant trop vieux et trop malade pour répondre à la lettre[1] de maître Cogé professeur au collège Mazarin, je mets *la plume à la main*[2] pour mon maître, étant persuadé qu'un bon domestique doit prendre la défense de son maître, comme le neveu de l'abbé Bazing[3] a soutenu la cause 5 de son oncle. J'entre en matière; car le patron n'aime pas le verbiage.

Si une noble émulation soutenue par le génie, produit les bons livres, l'orgueil et l'envie produisent les critiques, on le sait assez; mais de quel droit maître Cogé serait-il envieux et orgueilleux? 10

Quand l'immortel Fénelon donna son roman moral du Télémaque, Feidit[4] et Gueudeville[5] firent des brochures contre lui, et eurent même l'insolence de faire entrer la religion dans leurs rapsodies, dernière ressource des lâches et des imposteurs.

Quand un digne académicien a donné le roman moral de 15 Bélisaire, traduit dans presque toutes les langues de l'Europe, il

---

[1] D14433.

[2] Echo du début de la première édition du *Supplément à la philosophie de l'histoire* par Larcher (Amsterdam 1767): 'J'ai exposé, dans ma Préface, les raisons qui m'ont fait mettre la plume à la main: sans autre préambule j'entre en matière.' Ce début devait être supprimé (et il fallait s'y attendre vu le persiflage de Voltaire) dans la seconde édition (1769); cf. *La Défense de mon oncle*, 'Avertissement essentiel ou inutile' et ch.2 (Voltaire 64, p.189, 197).

[3] L'abbé Bazin, l'auteur supposé de la *Philosophie de l'histoire*, dont le neveu avait pris la défense quelques mois plus tôt dans *La Défense de mon oncle*.

[4] L'abbé Pierre-Valentin Faydit (1640-1709) se vit expulser de la congrégation de l'Oratoire (1671), enfermer à Saint-Lazare (1696) et reléguer à Riom par ordre de Louis XIV: *La Télémacomanie* (A Eleutérople, chez Pierre Philalethe, 1700).

[5] Nicolas Gueudeville (c.1650-c.1720), *Critique des Aventures de Télémaque* (Cologne 1700) et *Critique générale des Aventures de Télémaque* (Cologne 1700).

a trouvé son Feidit et son Gueudeville dans le régent de collège Cogé et dans Ribalier.[6]

Cogé et Ribalier ont été les serpents qui non seulement ont cru ronger la lime, mais qui ont essayé de mordre l'auteur. Ils se 20 sont imaginé que la nation était au quatorzième siècle parce qu'ils y sont. Ils ont cabalé dans la sacrée faculté de théologie de Paris pour engager icelle à écrire en latin contre un roman écrit en français. Mais la sacrée faculté ayant eu la modestie de soupçonner que son latin n'est pas celui de Cicéron, et que son français n'est 25 pas celui de Vaugelas, il a semblé bon à ladite faculté de ne se hasarder dans aucune de ces deux langues.[7] On lui a proposé de donner son thème en grec, attendu que Bélisaire parlait grec, mais elle a répondu que tout cela était du grec pour elle. Qu'est-il arrivé de tout ce fracas? 30

La Sorbonne en travail enfante une souris.[8]

C'est ainsi que la vinaigrier Abraham Chaumeix,[9] brave convul-

---

20 CLOGENSON: mais encore qui

[6] L'abbé Ambroise Riballier (1712-1785) fut docteur de Sorbonne (1738) et en même temps vicaire de la paroisse Saint-Paul. Le roi, en 1765, sur la proposition de Christophe de Beaumont, nomma Riballier pour remplir les fonctions de syndic provisoire, fonctions qu'il remplit jusqu'à sa mort. Il fut également censeur royal et grand'maître du collège des Quatre-Nations (Mazarin).

[7] Voltaire aurait cru que la Sorbonne avait supprimé sa censure de *Bélisaire* (D14416). La lettre de d'Alembert (D14436), qu'il dut recevoir vers la fin du mois de septembre (époque du pamphlet), lui apprit et les difficultés de la Sorbonne sur la question de la tolérance et la possibilité de la suppression de sa censure.

[8] Horace, *Ars poetica*, 139 (et Boileau, *Art poétique*, iii.274.)

[9] Abraham-Joseph Chaumeix, auteur des *Préjugés légitimes contre l'Encyclopédie* (Paris 1758) et adversaire des philosophes qu'il fallut rendre ridicule pour l'empêcher de devenir redoutable. Il parut contre lui le *Mémoire pour Abraham Chaumeix, contre les prétendus philosophes Diderot et d'Alembert* (par Morellet), la *Justification de plusieurs articles du Dictionnaire philosophique, ou préjugés légitimes contre A.-J. de Chaumeix* (attribué à Leclerc de Montlinot), et *Le Pauvre diable* (que Voltaire lui dédia). Chaumeix se retira à Moscou, où il mourut en 1790.

sionnaire, entreprit d'aigrir les esprits de tous les parlements du royaume contre l'Encyclopédie. Abraham avait été éconduit par les illustres et savants hommes qui dirigeaient ce célèbre recueil des connaissances humaines. Il imagina pour avoir du pain d'accuser les auteurs d'athéisme, et voici comme il s'y prit juridiquement. Les semences de l'athéisme sont jetées, dit-il, au premier volume dans les articles, beurre, brouette, chapeau, elles se développeront dans toute leur horreur aux articles falbala, jésuite et culotte.

Cet ouvrage, en vingt volumes in-folio, devait immanquablement exciter une sédition dans les halles et au port Landri. L'ouvrage a paru, tout a été tranquille, Abraham Chaumeix honteux d'avoir été faux prophète à Paris, est allé prophétiser à Moscou. Et l'impératrice a daigné mander à mon maître qu'elle avait mis Abraham à la raison.[10]

Si notre ami Cogé est prophète aussi, il est assurément prophète de Baal. L'esprit mensonger est au bout de sa plume. Il fait un libelle infâme contre Bélisaire et dans ce libelle non content de médire comme un vilain, d'un vieux capitaine qui ne donnait que de bons conseils à son empereur, il médit aussi de mon maître qui ne donne de conseils à personne.

C'est une étrange chose que la cuistrerie. Dès que ces drôles-là combattent un académicien sur un point d'histoire et de grammaire, ils mêlent au plus vite Dieu et roi dans leurs querelles. Ils s'imaginent dans leurs galetas que Dieu et le roi s'armeront en leur faveur de tonnerres et de lettres de cachet. Eh maroufles, ne prenez jamais le nom de Dieu et du roi en vain.

[10] 22 août (2 septembre, nouveau style) 1765 (D12865).

225

[BROUILLON D'UNE RÉPONSE À COGER]

[f.186r] vilipender et persécuter leurs chers confrères, imitant les chiens qui regardent tranquilement leurs camarades tués dans un fossé lêchent leur sang et passent leur chemin. Mon maître a toujours pris le parti des gens de Lettres oprimés; aussi n'ont-ils jamais pris le sien.

Qu'a fait le cuistre Cogé; il accuse mon maître dans son libelle d'être secrètement moliniste et athée, et il dit qu'il le tient du roi qui l'a dit à M^r. le président Hénaut, à M^r. Caperonier et à m^r. Le Beau[1] en soupant avec eux au retour de la chasse, qu'un Laquais du président Hénaut l'a redit au balaieur du Collège Mazarin, qui l'a redit au sacristain, qui l'a redit au S^r. Cogé.

Et voilà justement comme on écrit l'histoire.[2]

Or comme j'ai vu entre les mains de mon maître les Lettres de M^r. le président Hénaut et de M^r. Caperonier[3] qui sont indignés de l'impudence de ce polisson, et qui démentent formellement cette imposture, il demeure constant, sauf respect, que le nommé Cogé en a menti, et qu'aucun père de famille ne doit envoier

---

9   MS: ⟨Baut⟩ $^{V\uparrow}$ Beau
     MS: eux $^{V\uparrow}$ au retour de la chasse$^+$, qu'un
17   MS: menti, ⟨qu'il mérite le carcan⟩, et

---

[1] Charles Le Beau, secrétaire perpétuel de l'Académie des inscriptions et belles-lettres, figurait, avec le président Hénault et Jean Capperonier, dans le passage concernant le *Dictionnaire philosophique* (voir ci-dessus, p.212-13).

[2] *Charlot, ou la comtesse de Givry* (1767), I.vii (M.vi.360).

[3] L'existence de ces lettres est problématique. Voir D14310, D14311, D14313, D14333, D14342.

étudier son fils chez un drôle qui [f.186*v*] ose prostituer le nom du roi pour colorer ses calomnies punissables.[4]

Sçais tu bien Cogé comme on traitait à Babilone les professeurs   20
qui osaient mentir au nom du Roy? Ils étaient fouetez par les écoliers dans tous les carefours, comme nous l'aprenons de Pachimere.[5] Plutarque dit qu'en Egipte on leur coupait les deux oreilles, et nous avons encor vingt édits des meilleurs empereurs Romains qui condamnent les délateurs calomniateurs, les Cogé   25
de leurs temps, ad virgas, ad deportationem, ad bestias.

Cogé dans son libelle accuse mon maître d'avoir fait le dictionaire philosophique. Il est bon d'instruire le lecteur que ce livre est une collection ramassée par deux éditeurs chez Marc Michel Rei libraire d'Amsterdam, que l'article miracle est pris tout entier   30

---

18   MS: un ⟨maraut⟩ ᵛ↑ drôle
20-26   MS: ⟨Et quand même la chose serait aussi vraie qu'elle est fausse ne pourais-je pas dire avec la comtesse de Pimbeche

Que t'importe cela?[6]

Qu'est ce qui t'en revient, faussaire abominable? De quoi te mêles tu? Les affaires de Belizaire sont elles les tiennes? Le Belizaire fut-il coupable d'avoir dit que Dieu est bon, était ce à toi pédant de collège à prononcer qu'il est méchant? Que ne laissais tu la Sorbonne s'expliquer? Quoi, la Sorbonne se tait et tu parles?⟩ ᵛ←β
20   MS: Cogé ⟨ce qu'on fesait⟩ ᵛ↑ comme on traitait à
27-41   MS, ajouté par Voltaire

---

[4] A cet endroit A. Brown s'avoue indécis sur l'ordre qu'il faut adopter, les diverses indications fournies par Voltaire à propos des paragraphes à ajouter (de son cru, et de sa propre main) étant ambiguës. Nous pensons, ayant examiné le manuscrit à notre tour, qu'il convient de respecter l'ordre proposé par A. Brown. Ce paragraphe se trouve en marge en tête de la page, tandis que le second (lignes 27-41; tous deux de la main de Voltaire) se trouve en bas de la page.

[5] Faisant appel à George Pachymère (1242-c.1310), historien byzantin, que Voltaire cite par ailleurs dans l'*Essai sur les mœurs* (ch.3 et 22), il fait allusion en même temps à son ouvrage *Histoire d'Orient*, publiée pour la première fois, avec une traduction latine et un commentaire, à Rome (1666), et traduite en français par Louis Cousin en 1673.

[6] Racine, *Les Plaideurs*, I.viii.

de Midleton,[7] apocalipse et christianisme sont mot à mot
d'Abausit.[8] Liberté n'est qu'une traduction de Colins.[9] Messie est
d'un ministre très connu et est entièrement tiré du grand dictionaire enciclopédique.[10] En un mot l'ouvrage est un recueil de plus
de vingt autheurs différents. Aucune des éditions de ce livre ne   35
l'attribue à mon maître. Ce sont des faits connus de tous les gens
de lettres. Comment donc un vil calomniateur a t'il l'impudence
de l'en acuser? Quoy parce que mon maître estime Belizaire parce
qu'il croit que Dieu est bon et juste, il faudra qu'un gueux de S[t]
Médard le calomnie, et que ce gueux mêle le nom du Roy dans   40
ses grossiers mensonges. Je ne soufrirai pas cela.

Cogé et consorts n'auraient pas osé [f.187r] débiter de pareilles
calomnies du temps du Pape Benoit quatorze,[11] le bon ami de mon
maître. Ils les aurait fait excommunier. Benoit et lui s'écrivaient
familièrement des lettres bien édifiantes.[12] Un grand roi même   45

31   MS: apocalypse ⟨est mot à mot⟩ et christianisme
38   MS: Quoy parce ⟨qu'il⟩ ᵛ↑ que mon maitre

[7] Conyers Middleton (1683-1750), théologien anglais, auteur d'une *Letter from
Rome* (1729), où il attaque les miracles du pape, et ensuite d'une *Free inquiry into
the miraculous powers which are supposed to have subsisted in the Christian Church from
the earliest ages, through several successive centuries* (1747); cf. BV, no.2447, 2448.

[8] Firmin Abauzit (1679-1767) écrivait sur les matières les plus diverses
(mathématiques, astronomie, sciences physiques, archéologie, histoire, géo-
graphie); mais il se vouait surtout à la théologie, et proposa une interprétation
rationaliste et déiste des dogmes chrétiens pour en éliminer le mystère, et à
l'exégèse, particulièrement de l'Apocalypse. Sur l'identité de l'auteur de l'article
'Apocalypse', voir Mina Waterman, 'Voltaire and Firmin Abauzit', *Romanic
review* 33 (1942), p.236-49.

[9] Anthony Collins (1676-1729), auteur du *Discours sur la liberté de penser*, dont
Voltaire possédait l'édition de 1766 (BV, no.816).

[10] L'article 'Messie' est du pasteur Jean-Antoine-Noé Polier de Bottens. Voir
Voltaire 33, p.225-26.

[11] Benoît XIV (pape de 1740 à 1758) était – à la différence de son successeur,
le réactionnaire Clément XIII – beaucoup admiré par les philosophes pour son
esprit de justice, sa tolérance, sa charité, ses talents et la pureté de ses mœurs.

[12] '[...] s'écrivaient *familièrement* des lettres *bien édifiantes*'? Laissons à Voltaire
la responsabilité de cette déclaration. Mais voir D3192, D3193, D3210. Consulter
encore D3111, D3112, D3128.

(damné à la vérité, mais grand Roi), avait nommé mon maître
son plénipotentiaire auprès de ce bon Pape Benoit, au sujet
d'une relique qu'on devait placer dans une église catholique à la
construction de laquelle mon maître contribuait de ses propres
deniers. Mon maître aurait été probablement Cardinal; mais   50
malheureusement en allant à Rome il passa auprès d'un trou
qu'un philosophe avait creusé jusqu'au centre de la terre,[13] par
lequel on allait droit aux antipodes disséquer des cervelles de
géants pour connaître au juste la nature des Songes, et pour
éxalter son âme afin de lire clair dans l'avenir. Mon maître tomba   55
dans ce trou, s'y [f.187v] cassa la jambe, et ne put aller à Rome.
C'est ce qui l'empêcha d'être Cardinal; mais d'autres l'ont été; ce
qui revient au même.

Mon maître n'en a pas moins persisté dans le dessein de bâtir
une église. C'est assurément la plus jolie du Canton, et je doute   60
fort qu'il y en ait une plus agréable dans le voisinage de
Montauban.[14] Ah! si Cogé et Nonotte[15] le voiaient seulement
rendre le pain béni dans cette église, ou bien mademoiselle
Agathe[16] le rendre pour lui, comme ils tomberaient en extase! Et
après la messe s'agit-il en sortant de donner l'aumône aux pauvres;   65
mon maître ne donne pas un sou. Pourquoi celà, Cogé? C'est

60 MS: ⟨belle⟩ ᵛ↑ jolie

[13] Maupertuis.

[14] Tout comme le Maître à Ferney, Lefranc de Pompignan avait beaucoup
contribué à la réédification de sa propre paroisse dans les environs de Montauban.
Or pour cette raison il eut le malheur (D10989) de figurer dans le *Discours
prononcé dans l'église de Pompignan, le jour de sa bénédiction* [24 octobre 1762].
Voltaire sautera sur l'occasion dans sa *Lettre de M. de L'Ecluse*, l'*Hymne chanté
au village de Pompignan* et la *Relation du voyage de M. le marquis Lefranc de
Pompignan*.

[15] Claude-François Nonnotte – auteur en 1762 des *Erreurs de Voltaire*, ouvrage
qui avait profondément irrité Voltaire.

[16] Mademoiselle Agathe (Agathe Frik, native d'Alsace) est la cuisinière de
Voltaire; plus tard elle sera la femme de chambre de Mme Denis.

qu'il n'y a plus de pauvres chez lui. Tous les cultivateurs sont à leur aise, et ils bénissent Dieu et le [...][17]

---

[17] Ayant lu ce brouillon, le lecteur comprendra pour quelles raisons Voltaire jugea bon de ne pas l'utiliser tel quel.

Préface de M. Abauzit

édition critique

par

Christopher Todd

INTRODUCTION

Cette préface fut composée pour accompagner la *Réponse d'un solitaire de la Trappe à la lettre de l'abbé de Rancé*, par Jean-François de La Harpe ('J'ai lu, triste Rancé, ta lamentable épître'), poème fait à Ferney pour répondre à l'héroïde de Nicolas-Thomas Barthe, intitulée *Lettre de l'abbé de Rancé à un ami, écrite de son abbaye de la Trappe* (Genève 1765). Voltaire parle de la réponse de La Harpe pour la première fois le 16 mars 1767, en la présentant comme quelque chose à mettre entre les mains des novices: 'il n'y aurait plus de profès; jamais on n'a mieux peint l'horreur de la vie monacale' (D14044). Le poème de La Harpe est effectivement une attaque en règle contre le cloître, et la préface de Voltaire constitue à la fois une défense de son protégé et une arme de plus dans sa campagne contre 'l'infâme'. Le 18 mars, Voltaire envoya le poème à Damilaville et au marquis de Ximenès (D14053, D14054). Ce dernier se plaignit de quelques longueurs dans le début de l'œuvre, et celles-ci furent retranchées vers le 23 du même mois (D14064). La Harpe suivit fidèlement les conseils et les corrections de son hôte.[1] Le poème s'étant répandu librement à Paris avant la mi-avril, le public remarqua combien il reflétait les idées et la manière de Voltaire: 'Tout cela est fait de main de maître, et bien des gens sont tentés de croire que M. de Voltaire y a mis sa touche'.[2]

La préface a paru pour la première fois dans un recueil sans date, les *Pièces fugitives, recueillies par un amateur* (siglum PF), sous le titre de 'Préface faite de main de maître'. Cette brochure de 40 pages a été imprimée à Genève, sans doute par Gabriel Grasset, et il en existe trois exemplaires dans la bibliothèque de Voltaire à Leningrad. Chaque exemplaire est relié dans un 'pot pourri'

---

[1] Longchamp et Wagnière, *Mémoires sur Voltaire*, i.258.
[2] Bachaumont, iii.171 (11 avril 1767).

(recueil factice) et les publications rassemblées dans ces trois volumes datent respectivement de 1766-1767, de 1768 et de 1763-1770. Les *Pièces fugitives* contiennent, outre la préface de Voltaire et la réponse de La Harpe, l'épître de Barthe et deux autres poèmes de La Harpe: des vers à Voltaire sur la réhabilitation de la famille Calas, envoyés à Voltaire en mars 1765 (D12519) et publiés dans *Les Choses utiles et agréables* (ii.176-79); et des vers récités à Ferney le 9 juillet 1765 avant une représentation d'*Alzire*, cités par Voltaire dans une lettre du 11 juillet 1765 (D12795) et imprimés avec une réponse de Voltaire dans le *Mercure de France*, décembre 1768, p.67-68 (Bengesco, i.307). Nous n'avons pas retrouvé ailleurs le dernier poème du recueil, des *Vers à Mr. de Voltaire*, qui commencent: 'Assis sur un trophée où t'a placé la gloire'.

Le poème et la préface figurent ensuite dans le tome 2 des *Choses utiles et agréables* ([Genève, Grasset], 1770; siglum CUA), qui fournit notre texte de base. La Harpe réimprima les deux textes dans les *Œuvres de Mr. de la H**** (Yverdon 1777), i.247-56, et dans *Mélanie ou la religieuse* [...] *suivie* [...] *du Camaldule* [...] *et de quelques poésies diverses* (1792), p.87-97. La préface et le poème furent publiés dans les *Etrennes à M. de La Harpe* (1802), p.29-38, parmi les pièces 'philosophiques' déterrées par Palissot pour narguer La Harpe, après sa conversion au catholicisme. La préface fut imprimée pour la première fois dans une édition collective des œuvres de Voltaire en 1821, quand Louis-François Dubois la communiqua à Renouard, qui l'inséra dans le deuxième volume des mélanges (édition de Renouard, xliii.439-41). Dubois aurait trouvé le texte dans les *Œuvres de La Harpe* (1820), iii.405-408.

PF

PIECES / FUGITIVES, / *RECUEILLIES* / PAR UN AMATEUR. /

8°. sig. A-B⁸ C⁴; pag. 40; \$4 signé, chiffres romains (– A1, C3-4); sans réclames.

[1] titre; [2] bl.; 3 Avertissement de l'éditeur; 4 [note sur Rancé]; 5-18 Lettre de l'abbé de Rancé à un ami, écrite de l'abbaye de La Trappe;

19-22 Préface faite de main de maître; 23-32 Réponse d'un solitaire de La Trappe à la lettre de l'abbé de Rancé; 33-34 Prologue composé et recité par M. D. au château de ... le mardi 9 juillet 1765. Avant la représentation d'Alzire; 35-38 Vers de M. D**. à M. D**. Sur la réhabilitation de la famille Calas; 39-40 Vers à Mr de Voltaire ['Assis sur un trophée où t'a placé la gloire'].

Les caractères et les ornements typographiques de ce volume sont typiques de l'atelier de Gabriel Grasset. Nous situons sa date de publication dans les années 1767-1770 (voir ci-dessus, p.234).

Leningrad: BV 2729 (11-166, 11-173, 11-177); Bn: Ye 30094.

PF*

Un des exemplaires des *Pièces fugitives* est corrigé par Voltaire: voir l'apparat critique, l.38-39.

Leningrad: BV 2729 (11-173).

CUA

LES | CHOSES | UTILES | ET AGRÉABLES. | TOME SECOND. |

8°. sig. A-Z⁸ Aa²; pag. 371; \$4 signé, chiffres arabes (– A1-2, L1, O3, P4, Aa2); tomaison *'Tom. II.'* (– A1, L1); réclames par cahier et aux rubriques.

[1] titre; [2] bl.; [3]-159 autres textes; [160] bl.; [161] L1*r 'HÉROIDE | D'UN MOINE | DE | LA TRAPPE.'*; [162] bl.; 163-166 Préface de Mr Abauzit; 167-175 Réponse d'un solitaire de La Trappe à la lettre de l'abbé de Rancé. Par Mr de La H**; 176-368 autres textes; 369-371 Table des pièces contenues dans ce volume.

Egalement imprimée par Gabriel Grasset, cette édition offre quelques menues variantes.

Bn: Z 20862.

Principes de cette édition

Nous reproduisons le texte des *Choses utiles et agréables* (CUA), repris par Beuchot en 1827 (édition Lefèvre, xliii.618-20). La

Harpe et Renouard suivent le texte des *Pièces fugitives* (PF), qui présente quelques variantes mineures.

Traitement du texte de base

Nous avons respecté la ponctuation du texte de base et l'orthographe des noms propres de personnes et de lieux.

Nous n'avons pas conservé les italiques du texte de base.

Le texte des CUA a fait l'objet d'une modernisation portant sur la graphie et l'accentuation. Les particularités du texte de base dans ces deux domaines étaient les suivantes:

- utilisation systématique de la perluette.
- l'orthographe moderne a été rétablie dans les cas suivants: attribue, Faquirs, très-beaux, vû
- nous avons mis la minuscule aux mots suivants qui portent en général une majuscule dans le texte de base: Abbé, Auteur, Chrétienté, Dieux, Divinité, Epîtres, Faquirs, Héroïdes, Jésuites, Lettre, Magistrats, Moine, Ordre, Ouvrages, Religion, Roi, Royaume
- l'accent aigu est employé au lieu du grave dans: allégue, entiére, piéce
- nous mettons M. pour Mr.

PRÉFACE DE M. ABAUZIT[1]

Un jeune homme plein de mérite et distingué par de très beaux ouvrages, est l'auteur de la pièce suivante. C'est une réponse à une de ces épîtres qu'on nomme *héroïdes*. Un auteur s'était diverti à écrire une lettre en vers au nom de l'abbé de Rancé, fondateur de la Trappe, homme autrefois voluptueux, mais alors se dévouant lui et ses moines à une horrible pénitence. Un moine devenu sage répond ici à l'abbé de Rancé.

Si jamais on a mis dans tout son jour le fanatisme orgueilleux des fondateurs d'ordre, et la malheureuse démence de ceux qui se sont faits leurs victimes, c'est assurément dans cette pièce. L'auteur nous a paru aussi religieux qu'ennemi de la superstition. Il fait voir que pour servir Dieu il ne faut pas s'ensevelir dans un cloître pour y être inutile à Dieu et aux hommes. Il écrit en adorateur de la Divinité et en zélateur de la patrie. En effet, tant d'hommes, tant de filles que l'Etat perd tous les ans, sans que la religion y gagne, doivent révolter un esprit droit et faire gémir un cœur sensible.

Cette épître se borne à déplorer le malheur de ces insensés que la séduction enterre dans ces prisons réputées saintes, dans ces tombeaux des vivants, où la folie du moment auquel on a prononcé ses vœux est punie par des regrets qui empoisonnent la vie entière.

Que n'aurait pas dit l'auteur s'il avait voulu joindre à la description des maux que se font ces énergumènes, le tableau des maux qu'ils ont causés au monde? On prendrait, j'ose le dire,

5

10

15

20

25

---

1   PF: plein de vertu et distingué
3   PF: auteur de mérite s'était

[1] Firmin Abauzit (1679-1767), qui avait déjà servi de prête-nom pour l'article 'Apocalypse' du *Dictionnaire philosophique* (voir D12138).

plusieurs d'entre eux pour des damnés qui se vengent sur le genre
humain des tourments secrets qu'ils éprouvent. Il n'est presque
aucune province de la chrétienté dans laquelle les moines n'aient
contribué aux guerres civiles, ou ne les aient excitées; il n'est
point d'Etats où l'on n'ait vu couler le sang des magistrats ou des   30
rois, tantôt par les mains mêmes de ces misérables, tantôt par
celles qu'ils ont armées au nom de Dieu. On s'est vu plus d'une
fois obligé de chasser quelques-unes de ces hordes qui osent se
dire sacrées. Trois royaumes[2] qui viennent de vomir les jésuites
de leur sein, donnent un grand exemple au reste du monde; mais   35
ces royaumes eux-mêmes ont bien peu profité de l'exemple qu'ils
donnent. Ils chassent les jésuites qui au moins enseignaient gratis
la jeunesse tant bien que mal; et ils conservent un ramas d'hommes
oisifs dont plusieurs sont connus par leur ignorance et leurs
débauches; objets de l'indignation et du mépris, et qui s'ils ne   40
sont pas convaincus de toutes les infamies qu'on leur attribue,
sont assez coupables envers le genre humain puisqu'ils lui sont
inutiles.

La moitié de l'Europe[3] s'est délivrée de toute cette vermine,
l'autre moitié s'en plaint et n'ose la secouer encore. On allègue   45
pour justifier cette négligence qu'il y a des fakirs dans les Indes.
C'est pour cela même que nous ne devrions point en avoir,
puisque nous sommes plus éclairés aujourd'hui et mieux policés
que les Indiens. Quoi! nous faudra-t-il consacrer des oignons et
des chats, et adorer ce que nous mangeons, parce que des   50
Egyptiens ont été assez maniaques pour en user ainsi?

Quoi qu'il en soit, nous invitons le très petit nombre d'honnêtes

27-28   PF: Il n'est aucune
38-39   PF: un ramas d'hommes oisifs qui ne sont connus que par
         PF*: ⟨un ramas d'hommes oisifs⟩ V↑ certains ordres+ qui ne sont
40   PF: et que s'ils

[2] Le Portugal, en septembre 1759; la France, en 1764; l'Espagne, le 2 avril
1767. Les jésuites ne furent chassés de Naples qu'en novembre 1768.
[3] Les pays protestants.

gens qui ont du goût, à lire la réponse du moine à l'abbé de Rancé. Puissent de pareils écrits nous consoler quelquefois des vers insipides et barbares dont on farcit des journaux de toute espèce, et puisse le vulgaire même sentir le mérite et l'utilité de l'ouvrage que nous lui présentons! 55

Essai historique et critique sur les dissensions des Eglises de Pologne

édition critique

par

Daniel Beauvois

et

Emanuel Rostworowski

INTRODUCTION

1. *Cadre historique général: l'affaire des dissidents*

La situation politique de la Pologne en 1767, année de l'*Essai historique et critique*, peut se résumer comme suit. Après la mort d'Auguste III, électeur de Saxe et roi de Pologne, Catherine II de Russie impose militairement Stanislas Auguste Poniatowski sur le trône de Pologne (1764). Celui-ci entretient une correspondance très amicale avec Voltaire qui croit – et bientôt voudra croire – que les deux souverains sont d'accord. En réalité, l'impératrice compte sur une soumission complète de son protégé dont elle veut faire l'instrument de sa domination en Pologne. Dans le jeu des manœuvres russes, les exigences concernant les dissidents occupent une place importante, surtout à partir de 1764.

Après le triomphe de la contre-réforme, vers le milieu du dix-septième siècle, la Pologne cesse d'être l'un des pays les plus tolérants d'Europe. Les changements à l'égard des non-catholiques sont beaucoup plus dans la mentalité que dans les institutions, mais l'on relève quand même, en 1658, l'expulsion des arianistes (sociniens) et l'interdiction aux 'dissidents' (orthodoxes et protestants) de siéger au sénat, à la chambre des députés (diète) et au tribunal (1733 et 1736). Aux préventions religieuses s'ajoutent des raisons politiques car, au cours des guerres, les protestants de Pologne se sont souvent alliés aux Suédois et les orthodoxes aux Russes. Or, depuis Pierre le Grand, la Russie s'attribue un rôle de protecteur des minorités religieuses, tant orthodoxes que luthériennes ou calvinistes, en Pologne. Parmi celles-ci, beaucoup d'orthodoxes sont paysans et de nombreux protestants sont bourgeois, l'élément noble y est très peu représenté. Ce sont pourtant les droits politiques de ces derniers qui, seuls, intéressent Catherine: elle veut garantir la possibilité d'anoblissement et d'acquisition de biens fonciers des orthodoxes russes en Pologne et surtout s'assurer ainsi un parti permanent à la diète. Le système polonais du *liberum veto* permet, en effet, d'y agir par un tout petit groupe: l'unanimité étant requise, un seul veto suffit à la dissolution.

La noblesse catholique s'oppose farouchement aux idées de Catherine et s'appuie sur le clergé, que Rome encourage. Le roi Stanislas Auguste cherche un compromis. Il est pour la tolérance, mais contre la présence des non-catholiques à la diète! Très vite, il se montre 'ingrat' envers Catherine qui lui a offert le trône, tente de s'émanciper et de promouvoir des réformes, dont la suppression du *liberum veto*. Mais il a contre lui les magnats et la noblesse. En 1766, les rapports avec Catherine se tendent à l'extrême.

En 1767, la tsarine envoie à nouveau des troupes dans une Pologne toute démilitarisée et y entreprend deux manœuvres apparemment incompatibles: elle suscite la confédération de Radom, catholique et conservatrice, pour priver le roi de tout pouvoir, sans voir que ses membres veulent tout simplement le détrôner. Elle constitue, d'autre part, des confédérations non-catholiques (à Thorn – aujourd'hui Toruń – et à Sluck) pour imposer le parti dissident à la diète. Dans ce double but, elle s'attache les services d'un habile intrigant, l'évêque Gabriel Podoski, ennemi du roi, et oblige Stanislas à agir sur la curie romaine pour que Podoski devienne primat de Pologne. Ce prélat est présenté à Voltaire sous les traits les plus flatteurs, comme le modèle des évêques tolérants. Lorsque, le 5 octobre 1767, encerclée par l'armée russe, la diète s'assemble à Varsovie, c'est Podoski et l'ambassadeur Nicolas Repnin qui sont chargés d'imposer la périlleuse manœuvre de la souveraine, mais une partie de la confédération de Radom, déçue que le roi soit encore en place, s'insurge contre les prétentions des dissidents. On trouve un reflet de ce changement d'attitude dans l'affaire de l'évêque de Cracovie, Gaetan Soltyk, qui causa tant de tracas à Voltaire: longtemps ami politique de Podoski, cet évêque incarne ensuite le 'fanatisme' – il se fait alors arrêter et déporter à Kalouga par

Repnin, dans la nuit du 13 au 14 octobre, en même temps que quelques opposants.

Un auteur anonyme polonais se gausse doucement des difficultés de Voltaire à suivre ces subtilités des rapports russo-polonais:

Le public aura, sans doute, été surpris de voir dans un ouvrage fait sur les mémoires fournis par l'ambassadeur de Russie, comme on en juge bien, et qui a paru sur la fin de 1767, un éloge de l'évêque de Cracovie, éloge qui ne cadrait pas avec la conduite de la Russie envers cet évêque. Ce qu'on a dit ici de l'évêque de Cracovie éclaircit cette énigme. Le temps de son accession à la confédération de Radom était celui où l'*Essai sur les dissensions des Eglises en Pologne*, à Bâle, 1767, a été demandé. Deux cent exemplaires de cet *Essai*, parvenus à l'ambassadeur de Russie à Varsovie, depuis l'enlèvement de l'évêque de Cracovie, furent supprimés par cet ambassadeur.[1]

2. *Genèse du texte*

De même que plus tard pour *Le Tocsin des rois*, Voltaire a travaillé ici sur des matériaux fournis spécialement par le gouvernement russe afin de justifier l'intervention en Pologne (voir ci-après, p.249-50). Dès la réception de l'accord de Voltaire, A. R. Vorontsov, ambassadeur de Russie à La Haye, qui avait expédié 'les mémoires' à partir desquels il faudrait élaborer cet *Essai*, ne cache pas sa satisfaction: 'je ne puis résister au plaisir de vous témoigner ma reconnoissance, Monsieur, pour la bonté avec la quelle vous paroissez vouloir entrer dans ce qu'on désireroit de vous par la cause des dissidens. Je les félicite très fort d'avoir l'Impératrice pour soutien et vous pour leur avocat, après cela leur affaire doit être bien décidé. J'attend avec impatience de voir ce que Votre

---

[1] *Traité d'amitié perpétuelle et de garantie de la part de la Russie entre Catherine II, impératrice de toutes les Russies et Stanislas-Auguste, roi, et la république de Pologne, signé à Varsovie le 24/13 février 1768, avec des observations par un confédéré de Bar* (Cracovie et Paris, Merlin, 1769; BV, no.3329).

humanité dictera à Votre plume.' Cette lettre est datée de Spa, le 12 septembre 1767 (D14419), et déjà la commande est prête, imprimée, expédiée. Voltaire écrit, en effet, à l'ambassadeur le 22 septembre 1767 (D14435):

J'étais fort malade, quand je reçus les mémoires en question. Je travaillai sur le champ, comme si je faisais mon testament. Je vous envoyai huit jours après mes petites idées imprimées, que j'adressai à la Haye. Je supplie votre excellence de les regarder comme mes dernières volontés. Et voici un autre exemplaire que je vous adresse à tout hasard à Spa. Vous verrez que mes dernières volontés sont la liberté de conscience pour tous les hommes, et des statues pour l'impératrice. Puisse-t-elle vivre longtemps et augmenter vos honneurs et vos plaisirs!

Comme le signale Bengesco, c'est à la date du 15 septembre 1767 – Kehl (lxx.422) dit par erreur 1766 – que l'*Essai* est connu du public. La *Correspondance littéraire* de Grimm dit: 'Nous n'en avons qu'un seul exemplaire [...] à Paris, et c'est un grand malheur: de tels écrits devraient être la nourriture du peuple; il en serait plus sage et meilleur' (CLT, vii.421). Le 18 octobre l'ouvrage était encore 'fort rare' à Paris et les *Mémoires secrets* n'en faisaient que cette mention sommaire: 'On parle beaucoup d'un *Mémoire historique et critique sur l'affaire des dissidents de Pologne*. On l'attribue à M. de Voltaire'.[2] Cet ouvrage 'fort rare' est de toute évidence l'édition de Bâle (Genève) qui nous servira ici de base et qui a dû être imprimée, comme on voit, dans la première décade de septembre 1767. Dès sa parution, l'*Essai* est envoyé par l'auteur à Catherine II, par l'entremise du prince D. M. Golitsyn, à Paris, lequel remercie, le 24 septembre: 'Je les ferai passer à mon Impératrice, qui certainement sera très sensible aux choses flatteuses que vous dites d'Elle dans un de vos ouvrages que vous avez eu la bonté de me faire tenir' (D14439). Catherine est, en effet, tellement flattée que son ambassadeur à La Haye se voit confier la mission d'une réimpression. Vorontsov écrit à Voltaire le 4 octobre 1767 qu'il a bien reçu, lui aussi, le 'mémoire' et qu''il

---

[2] Bachaumont, iii.238; cf. Bachaumont (15 novembre 1767), xviii.305-307.

se réimprime actuelement à la Haye d'où il sera envoyé en Russie et en Pologne' (D14467). La joie est grande également de voir Catherine si bien servie et il félicite l'auteur: 'Coment avez vous pû faire un si charmant ouvrage et tirer l'essence de tout ce fatras de pédanterie des chancelleries polonaises que je vous avais envoyé?' On pourrait identifier la réimpression de La Haye avec l'édition 67D, décrite ci-dessous.

Ce n'est que vers la fin de l'année que l'ouvrage tombe entre les mains des autorités françaises. Sous la date du 17 décembre 1767, d'Hémery note dans son journal de la Librairie: 'Essai historique et critique sur les dissentions des Eglises de Pologne par Joseph Bourdillon Professeur de Droit public. 54 p^{eti} in 12. imp^{ée} à Basle et dist.^{ée} ici avec p^{on} [= permission] tacite.' La dernière phrase a été biffée ('à Basle ... tacite.') et porte l'annotation 'c'est faux'. A la fin on a ajouté 'c'est M. de Voltaire qui en est l'auteur.' (Bn F22164, f.134r). D'Hémery décrit-il la première édition ou une des réimpressions en 54 pages, 67A et 67C?

On a vu comment Soltyk, l'évêque de Cracovie, que Voltaire encensait dans les quatre derniers paragraphes de son *Essai*, avait été emprisonné par Repnin et comment Voltaire, qui se croyait déjà autorisé à donner des conseils au roi Stanislas Auguste (cf. sa lettre à celui-ci du 6 décembre 1767; D14572), avait vu son œuvre interdite et confisquée à Varsovie. Il se voit alors contraint de présenter des excuses à Catherine: 'ce pauvre Bourdillon s'est plaint à moi amèrement de ce qu'on l'avait trompé sur l'évêque de Cracovie. Je l'ai consolé en lui disant qu'il avait raison sur tout le reste, et que l'événement l'a bien justifié' (29 janvier 1768; D14704). Néanmoins, parlant à Vorontsov du geste de Repnin, il ne cache pas une certaine amertume: 'Il dit [Bourdillon] que mr le prince Repnin a très bien fait et qu'il l'en remercie de tout son cœur', mais, tout de même, il est 'étonné que vous n'ayez pas eu la bonté de réparer sa faute en faisant mettre en marge quelque petite note honnête sur la perfidie épiscopale' (16 février 1768; D14759). Vorontsov étant le pourvoyeur en documentation, et supervisant la réédition à La Haye, est ainsi considéré par Voltaire comme le responsable du malentendu. Peut-être cette légère fâcherie fait-elle qu'il ne modifie que peu son texte avant 1775: toutes les rééditions qui paraissent pendant huit ans sont identiques – à quelques menues variantes près – au texte de 1767 y compris le premier état de w75G. Ce n'est que dans un carton ajouté à cette dernière, que Voltaire modifie totalement les quatre derniers paragraphes (voir 611-642v). Il semble y expliquer le démembrement de la Pologne par le tableau de la splendide supériorité militaire de la Russie et par les divisions internes de la Pologne. L'assassinat dont il y est question est, en fait, l'attentat manqué contre le roi Stanislas Auguste, le 3 novembre 1771, auquel Voltaire a consacré *Le Tocsin des rois*. On remarquera que les deux dernières lignes du nouveau texte marquent le même relativisme désabusé que l'additif à la note 15 des *Lois de Minos*: 'Misérables que nous sommes! Nos crimes ont surpassé tous les crimes de l'antiquité'. Voltaire est aussi flagorneur en 1775 qu'en 1767, mais mieux informé et moins naïf quant à l'affaire polonaise.

Paradoxalement, les traductions russes suivent une démarche plus incertaine: celle, presque immédiate, de 1768 et sa réédition de 1787, dues à V. K. Tredjakovskij, font logiquement disparaître la mention de l'évêque de Cracovie et la remplacent par un vague 'et quelques évêques à l'esprit supérieur', mais celles de 1776 et 1778, dues à V. P. Mechtcherskoj, reprennent bizarrement le texte français de 1767 dans son intégralité. L''explication' du partage de la Pologne de 1772 que Voltaire croit devoir donner à la fin de l'*Essai* dans l'édition encadrée (w75G carton) n'est évidemment reprise dans aucune traduction russe car l'écrivain ne cache plus, malgré ses louanges, qu'il s'agit d'un coup de force.

Indiquons encore que le pseudonyme Bourdillon a donné lieu à plusieurs quiproquos. Bien que la paternité de Voltaire ait été indiquée dès la parution, en 1767, par les *Mémoires secrets* et le *Mercure historique et politique* de La Haye, de graves auteurs continuent longtemps à croire en l'existence de Bourdillon. Ainsi Senebier dans son *Histoire littéraire de Genève* (1786), iii.56, prend tellement ce personnage au sérieux qu'il lui trouve un 'véritable' prénom: Jacob au lieu de Joseph. Un Jacob Bourdillon a effectivement existé (cf. Haag, *La France protestante*); Beuchot relève cette erreur (M.xxvi.451n) et Bengesco (ii.209) précise que ce Jacob Bourdillon, né en 1712, était pasteur à Londres et membre de la société établie pour la propagation de la foi. A noter aussi qu'un des exemplaires recensés de la première édition de l'*Essai* porte la signature d'un Léonard Bourdillon, conseiller d'Etat à Genève au dix-huitième siècle.

3. *Sources du texte*

L'opuscule commandé à Voltaire par 'voie diplomatique' devait servir la campagne de propagande qui accompagna en Europe la diète varsovienne dite 'de Repnine' et renforce la mainmise russe sur la Pologne. C'est pourquoi les sources de Voltaire sont univoques et exclusivement fournies par les Russes. A. R. Vorontsov, ambassadeur à La Haye, a procuré un ensemble de mémoires, sept imprimés et deux manuscrits, qui figurent dans la bibliothèque de l'écrivain à Leningrad sous une même reliure et sous le titre général de *Dissiden*[ts] (BV, Pot-pourri 59).

Mémoires imprimés

1. *Exposition des droits des dissidents, joints à ceux des puissances intéressées à les maintenir* (St. Petersbourg 1766; BV, no.1257; deux exemplaires (CN, iii.451-53); texte cité dans nos notes sous le sigle *Exposition*), texte également édité à Saint-Pétersbourg en polonais, latin et allemand.

2. Catherine II, *Déclaration de la part de sa majesté, l'impératrice de toutes les Russies à sa majesté le roi et à la république de Pologne* (St. Petersbourg [1767]; BV, no.666).

3. *Confédération faite par les dissidens du royaume de Pologne à Thorn le 20 mars de l'année 1767* (s.l. 1767; BV, no.842; cité dans nos notes sous le sigle *Manifeste*), texte publié également en polonais.

4. *Déduction fondamentale des libertés de religion, dont les luthériens, les réformés et les grecs doivent jouir dans le royaume de Pologne et le grand duché de Lithuanie, démontrées par les loix les plus anciennes de la république* (s.l. 1764; BV, no.960).

249

5. D. E. Jabłoński, *Jura et libertates dissidentium in religione christiana, in regno Poloniae, & M. D. Lituaniae* (s.l.n.d.; BV, no.1721).

6. *L'Acte de la confédération des nobles & citoyens du grand deché* [sic] *de Litvanie du rit grec & des dux* [sic] *confessions évangéliques fait à Sluck l'an 1766 le 20 de mars* (s.l. 1767; BV, no.11; CN, i.67-68). Une indication en pages 2 et 3 de ce texte de trois pages précise que ce manifeste a été signé à Varsovie, au nom des dissidents du grand-duché de Lituanie, le 3 décembre 1766. Ce texte a également été publié en anglais. Il est cité dans nos notes sous le sigle *Confédération*.

7. N. I. Panin, *Lettre de monsieur de Panin au prince de Repnin* (s.l. 1767; BV, no.2642).

Mémoires manuscrits

1. *Mémoire sur les affaires des dissidents en Pologne* (BV, annexes manuscrites, no.26).

2. *Traduction de l'union des dissidents du rit grec et des deux confessions évangéliques faite à Vilna l'an 1599* (BV, annexes manuscrites, no.26).

4. Les éditions[3]

La première édition (sigle 67) est sortie chez Gabriel Grasset en 1767 et a été suivie de quatre autres la même année (67A et 67B, françaises; 67C, allemande; et 67D, hollandaise). En 1768 l'ouvrage a paru dans les deux impressions du tome 7 des *Nouveaux mélanges*, et dans deux éditions séparées, dont une avec une traduction et commentaire grecs. Il figure ensuite dans le tome 3 de l'*Evangile du jour* (1769; nouvelle édition en 1776) et dans sept éditions collectives des œuvres de Voltaire, y compris celle de Kehl.

67

ESSAI / HISTORIQUE / ET CRITIQUE / *SUR LES* / DISSENTIONS DES EGLISES / DE POLOGNE. / *Par* Joseph Bourdillon, *Pro- / feſſeur*

[3] Section établie par Andrew Brown.

en Droit public. / [*bois gravé, guirlande de fleurs, 29 x 24 mm*] /A BASLE, / [*filet gras-maigre, 59 mm*] / *MDCCLXVII.* /

[*faux-titre*] ESSAI / HISTORIQUE / ET CRITIQUE / *SUR LES* / DIS-SENTIONS DES EGLISES / DE POLOGNE. /

8°; sig. A-C⁸ D⁴ (D4 bl.); pag. 54; $4 signé, chiffres romains (– A1-2, D3-4; B3 signé *B*iij); réclames par cahier.

[1] faux-titre; [2] bl.; [3] titre; [4] bl.; [5]-54 Essai historique et critique sur les dissensions des Eglises de Pologne.

Il s'agit de la première édition, publiée à Genève par Gabriel Grasset: voir Brown et Kölving, p.162.

Leningrad: BV, no.3583 (six exemplaires: voir ci-dessous, 67*1); Bn: M 24370 (voir ci-dessous, 67*2); Compagnie des pasteurs de l'Eglise nationale protestante, Genève: G12 (avec l'inscription manuscrite 'Leonard Bourdillon, Conseiller d'Etat').

67*1

Des six exemplaires de 67 conservés dans la bibliothèque de Voltaire à Leningrad, deux portent des corrections manuscrites: 11-119 et 11-129. Dans les deux cas il s'agit d'une seule correction, de la main de Wagnière: voir l'apparat critique, lignes 619-620. Cette correction n'a pas été reproduite dans les éditions.

67*2

L'exemplaire M 24370 de la Bibliothèque nationale porte une correction différente, à la ligne 491, reprise par 67A-D et 68.

67A

ESSAI / HISTORIQUE / ET CRITIQUE / *SUR LES* / DISSENTIONS DES EGLISES / DE POLOGNE. / *Par* JOSEPH BOURDILLON, *Pro- / feffeur en Droit public.* / [*ornement typographique*] /A BASLE, / [*filet gras-maigre, 70 mm*] / *MDCCLXVII.* /

[*faux-titre*] ESSAI / HISTORIQUE / ET CRITIQUE / *SUR LES* / DIS-SENTIONS DES EGLISES / DE POLOGNE. /

8°; sig. A-C⁸ D⁴ (D4 bl.); pag. 54 (p.35 numérotée '25'); $4 signé, chiffres romains (– A1-2, D3-4); réclames par cahier.

[1] faux-titre; [2] bl.; [3] titre; [4] bl.; [5]-54 Essai historique et critique sur les dissensions des Eglises de Pologne.

Une nouvelle édition de 67, que l'on pourrait identifier avec l'édition parisienne dont parle Damilaville (voir D12345); l'erreur de 67 en bas de la p.42 (l.491) a été corrigée.

Leningrad: BV, no.3584; Bn: M 17303; ImV: Essai 1/1767/1.

67B

ESSAI / HISTORIQUE / ET CRITIQUE / *SUR LES* / DISSENTIONS DES EGLISES / DE POLOGNE. / *Par* Joseph Bourdillon, *Pro- / feſſeur en Droit public.* / [*ornement typographique*] /A BASLE, / [*filet gras-maigre, 73 mm*] / *MDCCLXVII.* /

[*faux-titre*] ESSAI / HISTORIQUE / ET CRITIQUE / *SUR LES* / DIS-SENTIONS DES EGLISES / DE POLOGNE. /

8°; sig. A-C⁸; pag. 48; $4 signé, chiffres romains (– A1-2, 4); réclames par cahier.

[1] faux-titre; [2] bl.; [3] titre; [4] bl.; [5]-48 Essai historique et critique sur les dissensions des Eglises de Pologne.

Une autre édition française, copiée sur 67A: voir Charles Wirz, 'L'Institut et musée Voltaire en 1985', *Genava* n.s. 34 (1986), p.193-94.

ImV: 85/1976.

67C

ESSAI / HISTORIQUE / ET CRITIQUE / *SUR LES* / DISSENTIONS DES EGLISES / DE POLOGNE. / PAR / JOSEPH BOURDILLON, / *Profeſſeur en Droit public.* / [*filet orné, 70 mm*] / [*ornement typographique*] / [*filet orné, 70 mm*] / *A BASLE,* / [*filet orné, 58 mm*] / M DCC LXVII. /

[*faux-titre*] ESSAI / HISTORIQUE / ET CRITIQUE / *SUR LES* / DIS-SENTIONS DES EGLISES / DE POLOGNE. /

8°. sig. A-C⁸ D⁴ (D4 bl.); pag. 54; $5 signé, chiffres arabes; (– A1-2, D3-4); réclames par page.

[1] faux-titre; [2] bl.; [3] titre; [4] bl.; [5]-54 Essai historique et critique sur les dissensions des Eglises de Pologne.

Les caractères typographiques, les ornements et le papier de cette édition nous permettent de l'attribuer à un imprimeur allemand.

Niedersächsische Staats- und Universitätsbibliothek, Göttingen: 8° H. Polon. 258/35.

67D

ESSAI / HISTORIQUE / ET CRITIQUE / *SUR LES* / DISSENTIONS DES EGLISES / DE POLOGNE. / *Par* JOSEPH BOURDILLON, *Pro-* / *feſſeur en Droit public.* / [*bois gravé, 51 x 31 mm*] / A BASLE, / [*filet gras-maigre, 49 mm*] / *MDCCLXVII.* /

[*faux-titre*] ESSAI / HISTORIQUE / ET CRITIQUE / *SUR LES* / DISSENTIONS DES EGLISES / DE POLOGNE. /

8°. sig. A-C⁸ (C8 bl.); pag. '43'[=45] (p.33-45 numérotées '31'-'43'); $5 signé, chiffres arabes (– A1-2); réclames par cahier.

[1] faux-titre; [2] bl.; [3] titre; [4] bl.; [5]-'43'[=45] Essai historique et critique sur les dissensions des Eglises de Pologne.

Il s'agit en toute probabilité d'une édition hollandaise, peut-être la réédition de La Haye dont parle Vorontsov (voir ci-dessus, p.247).

Niedersächsische Staats- und Universitätsbibliothek, Göttingen: 8° H. Polon. 258/35a.

68

ΠΕΡΙ ΤΩΝ / ΔΙΧΟΝΟΙΩΝ / ΤΩΝ ΕΝ ΤΑΙΣ / ΕΚΚΛΗΣΙΑΙΣ ΤΗΣ ΠΟΛΟΝΙΑΣ. / ΔΟΚΙΜΙΟΝ / ΙΣΤΟΡΙΚΟΝ ΚΑΙ ΚΡΙΤΙ-ΚΟΝ / Ἐκ τῆς / Γαλλικῆς εἰς τὴν κοινοτέραν τῶν καθ' ἡμᾶς / Ἑλλλώων Διάλεκτον Μεταφρασθέν / Μετὰ καὶ Σημειωμάτων τινῶν Ἰϛορικῶν καὶ Κριτικῶν / οἷς ἐν τέλει προσετέθη / ΚΑΙ / ΣΧΕΔΙΑΣΜΑ / ΠΕΡΙ / ΤΗΣ ΑΝΕΞΙΘΡΗΣΚΕΙΑΣ. / [*bois gravé, 39 x 20 mm*] / [*filet orné, 95 mm*] / 1768.

8°; sig. χ⁴ A-R⁸ S⁴ T²; pag. [8] 284; $5 signé, chiffres arabes (– χ1, 4, R5, S4; S3 signé 'S4'); réclames irrégulières.

[1] titre; [2] bl.; [3-8] Ωφιλαναινωϛα; [1]-216 Essai historique et critique sur les dissensions des Eglises de Pologne; 217-284 autre texte.

Une édition bilingue greco-française, imprimée en Allemagne et publiée à Leipzig, selon Emile Legrand *et al.*, *Bibliographie hellénique, ou description raisonnée des ouvrages publiés par des Grecs au dix-huitième siècle* (Paris 1918-1928), no. 691. La traduction est due à Evghenios Voulgaris: voir

253

Stephen K. Batalden, *Catherine II's Greek prelate Eugenios Voulgaris in Russia 1771-1806* (New York 1982), p.16-17, où il apparaît que Voltaire et Voulgaris s'étaient rencontrés à Halle.

Le texte français de cette édition suit celui de 67A-D, puisqu'il reproduit la version corrigée de la ligne 491.

Bn: M 17307.

68A

Le catalogue collectif de la Hesse à la Hessische Landes- und Hochschul-bibliothek, Darmstadt, signale l'existence d'une 'nouv. éd., revue corri-gée augmentée' en '7 Bl., 40 f.' (54 pages?), publiée à Bâle en 1768. Nous n'avons pas pu retrouver l'exemplaire en question.

NM7A (1768)

NOUVEAUX / MELANGES / PHILOSOPHIQUES, / HISTORI-QUES, / CRITIQUES, / &c. &c. / *SEPTIÉME PARTIE.* / [*bois gravé, sceptre et trompette, 47 x 32 mm*] / [*filet gras-maigre, 71 mm*] / M. DCC. LXVIII. /

[*faux-titre*] NOUVEAUX / MELANGES / PHILOSOPHIQUES, / HIS-TORIQUES, / CRITIQUES, / &c. &c. &c. / *SEPTIÉME PARTIE.* /

8°. sig. A-Y⁸ Z⁴ Aa²; pag. 364 (p.43 numérotée '34', 337-352 '333'-'348'); \$4 signé, chiffres arabes (– A1-2, Z3-4, Aa2); tomaison '*Nouv. Mél.* VII. Part.' (sig. I 'Nouv. Mél. *VII. Part.*'); réclames par page.

[1] faux-titre; [2] bl.; [3] titre; [4] bl.; [5]-32 Essai historique et critique sur les dissensions des Eglises de Pologne. Par un professeur de droit public; 33-357 autres textes; 358-364 Table des articles contenus dans cette septième partie.

Le texte de cette première impression du tome 7 des *Nouveaux mélanges* suit 67.

Taylor: VF; Bn: Rés. Z Beuchot 28 (7).

NM7B (1768)

Une réimpression du tome 7 des *Nouveaux mélanges*, également par Cramer.

Bn: Rés. Z Bengesco 487 (7).

EJ3A (1769)

L'EVANGILE / DU JOUR / CONTENANT / Le Marseillois & le Lion. / Les trois Empereurs en Sorbonne. / Lettre du *Marquis* d'Argence. / Lettre de *Voltaire* au *Marquis* d'Argence. / Reponse de *Voltaire* à l'Abbé d'Olivet. / Lettre de *Voltaire* à l'Elie de Beaumont. / Déclaration Juridique de la Servante de Mad. Calas. / Lettre d'un Membre du Conseil de Zurich. / Anecdote sur Bélisaire. / Seconde Anecdote sur Bélisaire. / Lettre de l'Archevêque de Cantorberi à l'Archevêque / de Paris. / Lettre Pastorale à l'Archevêque D'auch. / La Prophétie de la Sorbonne. / Instruction Pastorale de l'Evêque d'Alétopolis. / A Warburton. / Essai Historique & Critique sur les Dissentions des Eglises / de Pologne. / Lettre d'un Avocat à l'Ex-Jéfuite Nonnote. / Lettre sur les Panégiriques par Irénée Aléthès. / Lettres à Son Altesse Monseigneur le Prince De ***. / sur *Rabelais*, sur *Vanini*, sur les Auteurs An- / glais, sur *Swift*, sur les Allemands, sur les / Français, sur l'Encyclopédie, sur les Juifs, & / sur *Spinosa*. / [*ornement typographique*] / [*filet gras-maigre, 67 mm*] / *A LONDRES*. / MDCCLXIX.

[*faux-titre*] L'EVANGILE / DU / JOUR. / [*filet, 68 mm*] / *TOME TROISIEME*. / [*filet, 68 mm*] /

8°. sig. π^2 A-N⁸; pag. [4] 207 (p.42 non numérotée); \$5 signé, chiffres arabes (– A1); réclames par cahier.

[*1*] faux-titre; [*2*] bl.; [*3*] titre; [*4*] bl.; [1]-82 autres textes; [83]-107 Essai historique et critique sur les dissensions des Eglises de Pologne, par un professeur en droit public; [108]-207 autres textes.

Uppsala: Lit. fransk.

w68 (1771)

MÉLANGES / PHILOSOPHIQUES, / LITTERAIRES, / HISTORIQUES, &c. / [*filet, 117 mm*] / TOME TROISIEME. / [*filet, 118 mm*] / *GENEVE*. / [*filet gras-maigre, 120 mm*] / M. DCC. LXXI. /

[*faux-titre*] COLLECTION / Complette / DES / *ŒUVRES* / DE / Mᴿ. DE V***. / [*filet gras-maigre, 116 mm*] / *TOME SEIZIEME*. / [*filet maigre-gras, 119 mm*] /

4°. sig. π^2 A-Bbbb⁴ Cccc²; pag. [4] 571; \$3 signé, chiffres romains; tomaison '*Phil. Littér. Hist.* Tom. III.'; réclames par cahier.

[*1*] faux-titre; [*2*] bl.; [*3*] titre; [*4*] bl.; 1-199 autres textes; 200-218 Essai historique et critique sur les dissensions des Eglises de Pologne, par un professeur en droit publique; 219-561 autres textes; 562-571 Table des pièces contenues dans ce volume.

Le texte de l'édition in-quarto imprimée par Gabriel Cramer présente quelques menues variantes par rapport à 67: voir les lignes 32, 164 et 476.

Bn: Rés. m Z 587 (16).

NM7C (1771)

Une seconde réimpression du tome 7 des *Nouveaux mélanges*.

Bn: Z 24771; Z 24634.

W70L

MÉLANGES / *DE* / PHILOSOPHIE, / DE MORALE, / ET DE POLI-TIQUE, / PAR / *MᴿR. DE VOLTAIRE*. / TOME HUITIEME. / [*bois gravé, une lyre et deux trompettes, signé 'Beugnet', 42 x 35 mm*] / *A LON-DRES*. / [*filet gras-maigre, 70 mm*] / M. D. CC. LXXII. /

[*faux-titre*] *COLLECTION* / COMPLETTE / *DES* / ŒUVRES / *DE* / MᴿR. DE VOLTAIRE. / [*filet orné, 75 mm*] / *TOME VINGT-NEU-VIEME*. / [*filet orné, 73 mm*] /

8°. sig. *⁴ A-Bb⁸; pag. VIII 398; $5 signé, chiffres arabes (– *1-2, 4); tomaison '*Mélanges*. Tome VIII.'; réclames par cahier.

[i] faux-titre; [ii] bl.; [iii] titre; [iv] bl.; V-VIII Table des pièces contenues dans le tome VIII des mélanges; 1 Mélanges de philosophie, de morale, et de politique [rubrique]; 1-29 Essai historique et critique sur les dissensions des Eglises de Pologne, par un professeur en droit public; 30-398 autres textes.

L'édition de Lausanne, publiée par François Grasset.

Taylor: V1 1770L (29).

W71 (1773)

MELANGES / PHILOSOPHIQUES, / LITTERAIRES, / HISTORI-QUES, &c. / [*filet, 67 mm* / TOME TROISIEME. / [*filet, 67 mm*] / *GE-NEVE*. / [*filet gras-maigre, 67 mm*] / M. DCC. LXXIII. /

[*faux-titre*] COLLECTION / *COMPLETTE* / *DES* / *ŒUVRES* / DE / M. DE VOLTAIRE, / *TOME SEIZIEME.* /

12°. sig. π² A-CC¹² Dd¹⁰; pag. [*4*] 644 (p.183 numérotée '1 3', 341 '441'); $6 signé, chiffres arabes; tomaison '*Phil. Littér. Hist.* Tom. III.' (sigs I, N, T, V, Aa '*Phil. Litter. Hist.* Tom. III.'; L '*Phil. Littér. Hist.* Tom III.'); réclames par cahier.

[*1*] faux-titre; [*2*] bl.; [*3*] titre; [*4*] bl.; [*1*]-226 autres textes; 227-248 Essai historique et critique sur les dissensions des Eglises de Pologne; 248-636 autres textes; 637-644 Table des pièces contenues dans ce volume.

Cette édition, publiée par Plomteux à Liège, reproduit le texte de w68.

Taylor: VF.

W75G

[*encadrement*] MÉLANGES / DE / *LITTÉRATURE,* / D'HISTOIRE / ET / DE PHILOSOPHIE. / [*filet, 75 mm*] / TOME TROISIÉME. / [*filet, 75 mm*] / *M. DCC. LXXV.* /

[*faux-titre, encadrement*] TOME TRENTE-CINQUIÉME. /

8°. sig. π² A-Dd⁸ Ee⁴ (± D1.8, I4.5, M1.8, M3.6, S2.7); pag. [*4*] 439 (p.197 numérotée '187'); $4 signé, chiffres romains (– Ee3-4); tomaison '*Mélanges, &c.* Tom. III.'; réclames par cahier.

[*1*] faux-titre; [*2*] bl.; [*3*] titre; [*4*] bl.; 1-28 autres textes; 28-50 Essai historique et critique sur les dissensions des Eglises de Pologne. Par un professeur en droit publique; 51-432 autres textes; 433-439 Table des pièces contenues dans ce volume.

Il s'agit de l'édition encadrée, publiée par Cramer. Le carton à D1.8 introduit la variante donnée ci-dessous, lignes 611-642.

Taylor: VF.

W75X

[*encadrement*] MÊLANGES / DE / *LITTÉRATURE,* / D'HISTOIRE / ET / DE PHILOSOPHIE. / [*filet, 73 mm*] / TOME TROISIÈME. / [*filet, 71 mm*] / [*ornement typographique*] / [*filet orné, 78 mm*] / *M. DCC. LXXV.* /

[*faux-titre, encadrement*] ŒUVRES / DE / *Mᴿ. DE VOLTAIRE.* / [*filet, 73 mm*] / TOME TRENTE-CINQUIÈME. / [*filet, 70 mm*] /

8°. sig. π² A-Dd⁸ Ee⁴; pag. [4] 439 (p.173 numérotée '273', 213 '113', 215 '115', 219 '119', 221 '121', 348 '448', 384 '438'); $4 signé, chiffres arabes (– Ee3-4); tomaison *'Mêlanges, &c.* Tom. III.'; réclames par cahier.

[1] faux-titre; [2] encadrement; [3] titre; [4] bl.; 1-27 autres textes; 28-50 Essai historique et critique sur les dissensions des Eglises de Pologne, par un professeur en droit public; 51-432 autres textes; 433-439 Table des pièces contenues dans ce volume.

Une contrefaçon ou réimpression de w75G, dont elle suit le texte cartonné.

Bn: Z 24914.

EJ3B (1776)

L'EVANGILE / *DU JOUR* / CONTENANT / Le Marsellois & le Lion. / Les trois Empereurs en Sorbonne. / Lettre du *Marquis* d'Argence. / Lettre de *Voltaire* au *Marquis* d'Argence. / Reponse de *Voltaire* à l'Abbé d'Olivet. / Lettre de *Voltaire* à Mr. Elie de Beaumont. / Déclaration juridique de la Servante de Mad. Calas. / Lettre d'un Membre du Conseil de Zurich. / Anecdote sur Bélisaire. / Seconde Anecdote sur Bélisaire. / Lettre de l'Archevêque de Cantorberi à l'Archevêque / de Paris. / Lettre Pastorale à l'Archevêque d'Auch. / La Prophétie de la Sorbonne. / Instruction Pastorale de l'Evêque d'Alétopolis. / A Warburton. / Essai historique & critique sur les Dissentions des Eglises / de Pologne. / Lettre d'un Avocat à l'ex-Jésuite Nonnote. / Lettre sur les Panégyriques par Irénée Aléthès. / Lettres à Son Altesse Monseigneur le Prince de ***. / sur *Rabelais,* sur *Vanini,* sur les Auteurs An- / glais, sur *Swift,* sur les Allemands, sur les / Français, sur l'Encyclopédie, sur les Juifs, & / sur *Spinosa.* / [*ornement typographique*] / [*filet gras-maigre, 59 mm*] / *A LONDRES* / MDCCLXXVI.

[*faux-titre*] L'EVANGILE / DU / JOUR. / [*filet, 75 mm*] / *TOME TROISIEME.* / [*filet, 77 mm*] /

8°. sig. π² A-L⁸ π²; pag. [4] 179 [1] (p.39 numérotée '3', 177-179 '205'-'207'); $5 signé, chiffres arabes (F4 signé 'E4'); réclames par cahier (– B).

[1] faux-titre; [2] bl.; [3] titre; [4] bl.; [1]-69 autres textes; 70-91 Essai historique et critique sur les dissensions des Eglises de Pologne, par un professeur en droit public; [92]-179 autres textes.

La seconde édition du tome 3 de l'*Evangile*, publié pour la première fois en 1769.

ImV: BA 1769/1 (3).

K84

OEUVRES / COMPLETES / DE / VOLTAIRE. / TOME VINGT-HUI-TIEME. / [*filet anglais, 32 mm*] / DE L'IMPRIMERIE DE LA SOCIÉTÉ LITTÉRAIRE- / TYPOGRAPHIQUE. / 1784.

[*faux-titre*] OEUVRES / COMPLETES / DE / VOLTAIRE. /

8°. sig. π² A-Aa⁸ Bb² (Bb2 bl.); pag. [2] 386; \$4 signé, chiffres arabes; tomaison '*Mélanges hist*. Tome II.'; réclames par cahier.

[*1*] faux-titre; [*2*] bl.; [*3*] titre; [*4*] bl.; [1] A1r 'MELANGES / HISTORI-QUES. / *Mélanges hist*. Tome II.   A'; [2] bl.; [3] Fragments sur l'histoire [rubrique]; [3]-141 autres textes; 141-167 Article XXI. Sur les dissensions des Eglises de Pologne; 167-382 autres textes; [383]-386 Table des pièces contenues dans ce volume.

La catégorie de 'Fragments sur l'histoire' est une invention des éditeurs de Kehl. Le texte de l'*Essai* suit celui ce w75G, cartonné.

Taylor: VF.

K85

OEUVRES / COMPLETES / DE / VOLTAIRE. / TOME VINGT-HUI-TIEME. / [*filet anglais, 38 mm*] / DE L'IMPRIMERIE DE LA SOCIÉTÉ LITTÉRAIRE- / TYPOGRAPHIQUE. / 1785.

[*faux-titre*] OEUVRES / COMPLETES / DE / VOLTAIRE. /

8°. sig. π² A-Aa⁸ Bb² (Bb2 bl.); pag. [2] 386; \$4 signé, chiffres arabes; tomaison '*Mélanges hist*. Tome II.'; réclames par cahier.

[*1*] faux-titre; [*2*] bl.; [*3*] titre; [*4*] bl.; [1] A1r 'MELANGES / HISTORI-QUES. / *Mélanges hist*. Tome II.   A'; [2] bl.; [3] Fragments sur l'histoire [rubrique]; [3]-141 autres textes; 141-167 Article XXI. Sur les dissensions des Eglises de Pologne; 167-382 autres textes; [383]-386 Table des pièces contenues dans ce volume.

La deuxième version de l'édition de Kehl.

Taylor: VF.

Traductions

En russe:

Опыт исторический и критический о разгласиях церьквей в Польше сочинен Иосифом Бурдильлионом (Saint Petersbourg 1768). Traduit par Vasilij Kirilovitch Tredjakovskij, le texte est précédé d'un avant-propos de celui-ci.

Опыт исторический и критический о разгласиях церьквей в Польше сочинен Иосифом Бурдильлионом (Moscou 1787). Seconde edition de la traduction de Tredjakovskij.

Опыт исторический и критический о несогласиях церквей в Польще (Moscou 1776). Cette traduction n'attribue plus l'original à Bourdillon, mais ne donne pas non plus le nom de Voltaire. Une dédicace à Ivan Vasilevitch Plechtcheev donne le nom du traducteur: le prince Vasilij P. Mechtcherskoj. Celui-ci dit avoir exécuté cette traduction à la demande du premier pour ce qu'elle contient de grandes louanges à la souveraine. La fin du texte est ici conforme à la première version: 'L'évêque de Cracovie et le nouveau primat, tous deux génies supérieurs, entrèrent par cela même dans des vues si salutaires [...]'.

En allemand:

Betrachtungen über die Kirchlichen und politischen Zwiste von Pohlen. Mit Anmerkungen über die heutige Revolution (Frankfurt, Leipzig 1773). Signalé dans un catalogue de Joseph Baer (Frankfurt-am-Main, April 1864), p.410, n° 8321 et par S. P., de Wiesbaden, dans l'*Intermédiaire des chercheurs et curieux* 1 (1864), p.112.

Der Kirchenzwist der Pollen historisch critisch beleuchtet aus dem Französischen des Herrn Bourdillon (Lemberg 1781). Un exemplaire se trouve dans la Bibliothèque Jagellonienne, Cracovie.

5. *Principes de cette édition*

L'édition choisie comme texte de base est la première (67). Les variantes proviennent de 67A-D, 68, NM7A, W68, W75G et K.

Traitement du texte de base

On a respecté l'orthographe des noms propres de personnes et de lieux. L'accent a cependant été ajouté à: Barthelemi.

On a respecté les italiques du texte de base.

On a aussi scrupuleusement respecté la ponctuation, à deux exceptions près: les guillemets au long sont remplacés par des guillemets ouvrants et fermants; le point qui suit les chiffres romains et arabes a été supprimé.

Par ailleurs le texte de 67 a fait l'objet d'une modernisation portant sur la graphie et l'accentuation. Les particularités du texte de base sont les suivantes:

I. *Particularités de la graphie*

1. Consonnes
   - emploi hésitant de *p* dans: tems/temps (mais: longtemps).
   - emploi hésitant de *t* dans les finales en *-ans* et en *-ens*: enfans/enfants, protestans/protestants, adhérans (mais: innocents, puissants, résidents).
   - redoublement de consonnes: appaiser, appella, jetter, renouvella, tempéramment.
   - présence d'une seule consonne: aprendre, apartient, suplice.
   - 'Jésu' figure à côté de 'Jésus'.
   - loix, Sarrazin, solemnelle.

2. Voyelles
   - emploi de *y* à la place de *i*: payen, vraye.
   - emploi de *i* à la place de *y*: citoien (et: citoyen), raia, sinagogue, siriaque, sirien, sistême, tiran.

3. Majuscules supprimées
   - adjectifs designant des nations et des religions: Grec, Romain,

Protestant; Evangélique/évangélique, Réformés/réformés, Unitaires/unitaires.

– Apôtre, Baron, Catholicisme, Césars, Chambre, Chancelier, Chrêtien, Christianisme, Clergé, Concile, Cour, Couronne, Curé, Dame, Diocèse, Dissident, Duc, Duché, Ecole, Electeur, Empereur, Empire, Equestre, Evêque, Généraux, Hérétique, Hopitaux, Impératrice, Impérial, Inquisiteur, Jésuite, Marguillier, Métropolitain, Monarque, Noble (sub.), Noblesse, Nonce, Pairs, Pape, Paradis, Patriarche, Payen, Potentat, Prince, Princesse, Puissances, République, Roi, Saint, Seigneur, Seigneuries, Sénat, Souverains (sub.).

II. *Particularités d'accentuation*

1. L'accent aigu

– employé au lieu du grave dans les finales -*er* et -*e* muet: appellérent, carriére, cimetiére, entiére (et: entière), entiérement, guerriére, maniére, particuliérement, premiére; mais: lumière.

– dans le suffixe -*ième* des adjectifs numéraux ordinaux: dixiéme, etc.

– dans: éxécution, éxistait, interrégne, sacrilége, siége.

2. L'accent grave

– présent dans: fète.

– absent dans: déja, diete (et: diète).

3. L'accent circonflexe

– employé au lieu de l'aigu dans: Chrêtien; et au lieu du grave dans: batême, emblême, sistème.

– présent dans: plûpart, scêlées.

– employé dans l'adjectif possessif: nôtre.

– absent dans: ame, ane, aumone, brulé, Boheme, bucher, disgrace, grace, Hopitaux, Jérome, sureté; connait, plait.

4. Le tréma

– présent dans: jouïr, païs, reçuës.

ESSAI
HISTORIQUE
ET CRITIQUE
SUR LES
DISSENTIONS DES EGLISES
DE POLOGNE.

Par JOSEPH BOURDILLON, *Professeur en Droit public.*

A BASLE,

MDCCLXVII.

6. *Essai historique et critique sur les dissensions des Eglises de Pologne*: page de titre de la première édition (67), imprimée par Gabriel Grasset (Bibliothèque publique et universitaire, Genève).

ESSAI HISTORIQUE ET CRITIQUE
SUR LES DISSENSIONS DES
ÉGLISES DE POLOGNE

Avant de donner au public une idée juste des différends qui divisent aujourd'hui la Pologne, avant de déférer au tribunal du genre humain la cause des dissidents grecs, romains et protestants,[1] il est nécessaire de faire voir premièrement ce que c'est que l'Eglise grecque.

Il faut avouer d'abord que les Eglises grecque et syriaque furent instituées les premières, et que l'Orient enseigna l'Occident. Nous n'avons aucune preuve que Pierre ait été à Rome; et nous sommes sûrs qu'il resta longtemps en Sirie, et qu'il alla jusqu'à Babilone. Paul était de Tarse en Cilicie. Ses ouvrages sont écrits en grec. Nous n'avons aucun Evangile qui ne soit grec. Tous les Pères des quatre premiers siècles jusqu'à Jérôme ont été Grecs, Syriens ou Africains. Presque tous les rites de la communion romaine attestent encore par leurs noms même leur origine grecque; église, baptême, paraclet, liturgie, litanie, symbole, eucharistie, agape, épiphanie, évêque, prêtre, diacre, pape même, tout annonce que l'Eglise d'Occident est la fille de l'Eglise d'Orient, fille qui dans sa puissance a méconnu sa mère.

Aucun évêque de Rome ne fut compté, ni parmi les Pères, ni même parmi les auteurs approuvés, pendant plus de six siècles entiers. Tandis qu'Athénagore, Ephrem, Justin, Tertullien, Clément d'Alexandrie, Origène, Ciprien, Irénée, Athanase, Eusèbe, Jérôme, Augustin, remplissaient le monde de leurs écrits, les évêques de Rome en silence se bornaient au soin d'établir leur troupeau qui croissait de jour en jour.

[1] S'il est clair que les 'dissidents grecs' sont les orthodoxes, les dissidents romains semblent être les uniates, de rite grec et d'obédience romaine. Les Russes avaient-ils, à cette date, déjà entrepris de les 'défendre' pour les annexer, comme ils le feront en 1839? Voltaire anticipe.

Nous n'avons sous le nom d'un évêque de Rome que les Récognitions de Clément. Il est prouvé qu'elles ne sont pas de lui; et si elles en étaient, elles ne feraient pas honneur à sa mémoire. Ce sont des conférences de Clément avec Pierre, Zachée, Barnabé, et Simon le magicien. Ils rencontrent vers   30
Tripoli un vieillard, et Pierre devine que ce vieillard est de la race de César, qu'il épousa Mathidie dont il eut trois enfants; que Clément est le cadet de ces enfants; ainsi Clément est reconnu pour être de la maison impériale. C'est apparemment cette re-connaissance qui a donné le titre au livre; encore cette rapsodie   35
est-elle écrite en grec.

Mais aucun prêtre chrétien, soit grec, soit syriaque, ou africain, ou italien, n'eut certainement d'autre puissance que celle de parler toutes les langues du monde, de faire des miracles, de chasser les diables, puissance admirable que nous sommes bien loin de leur   40
contester.

Qu'il nous soit permis de le dire, sans offenser personne; si l'ambition pouvait s'en tenir aux paroles expresses de l'Evangile, elle verrait évidemment que les apôtres n'ont reçu aucune domina-tion temporelle de Jésus-Christ, qui lui-même n'en avait pas. Elle   45
verrait que ses disciples étaient tous égaux, et que Jésus-Christ même a menacé de châtiment ceux qui voudraient s'élever au dessus des autres.[2]

Pour peu qu'on soit instruit, on sait que dans le premier siècle il n'y eut aucun siège épiscopal particulier. Les apôtres et leurs   50
successeurs se cachaient tantôt dans un lieu, tantôt dans un autre; et certainement lorsqu'ils prêchaient de village en village, de cave en cave, de galetas en galetas, ils n'avaient ni trône épiscopal, ni juridiction, ni gardes; et quatre principaux barons ne portaient point à leur entrée les cordons d'un dais superbe, sous lequel on   55
eût vu André et Luc portés pompeusement comme des souverains.

---

32   w68, w75G, K: Mathilde

---

[2] Matthieu xx.26, 27; Luc xxii.26.

Dès le second siècle la place d'évêque fut lucrative par les aumônes des chrétiens, et conséquemment les évêques des grandes villes furent plus riches que les autres: étant plus riches ils eurent plus de crédit et de pouvoir. 60

Si quelque évêque avait pu prétendre à la supériorité, c'eût été assurément l'évêque de Jérusalem, non pas comme le plus riche, mais comme celui qui selon l'opinion vulgaire avait succédé à St Jaques le propre frère de Jésus-Christ. Jérusalem était le berceau de la religion chrétienne. Son fondateur y était mort par un 65 supplice cruel; il était reçu que Jaques son frère y avait été lapidé. Marie mère de Dieu y était morte. Joseph son mari était enterré dans le pays. Tous les mystères du christianisme s'y étaient opérés. Jérusalem était la ville sainte qui devait reparaître dans toute sa gloire pendant mille années. Que de titres pour assurer 70 à l'évêque de Jérusalem une prééminence incontestable!

Mais, lorsque le concile de Nicée régla la hiérarchie qui avait eu tant de peine à s'établir, le gouvernement ecclésiastique se modela sur le politique. Les évêques appelèrent leurs districts sprituels du nom temporel de *diocèse*. Les évêques des grandes 75 villes prirent le titre de métropolitains. Le nom de patriarche s'établit peu à peu; on donna ce titre aux évêques de Constantinople et de Rome qui étaient deux villes impériales, à ceux d'Aléxandrie et d'Antioche qui étaient encore deux considérables métropoles, et enfin à celui de Jérusalem qu'on n'osa pas dépouil- 80 ler de cette dignité, quoique cette ville nommée alors Elia, fût presque dépeuplée et située dans un terrain ingrat, dans lequel elle ne pouvait s'affranchir de la pauvreté, n'ayant jamais fleuri que par le grand concours des Juifs qui venaient autrefois y célébrer leurs grandes fêtes; mais ne tirant alors quelque argent 85 que des pèlerinages peu fréquents des chrétiens. Le district de ce patriarche fut très peu de chose. Les quatre autres au contraire furent très étendus.

Il ne tomba dans la tête ni d'aucun évêque, ni d'aucun patriarche

89   68: ne tomba pas dans

de s'arroger une juridiction temporelle. On n'en trouve aucun   90
exemple que dans la subversion de l'empire romain en Occident.

Tout y changea, lorsque Pipin d'Austrasie, premier domestique
d'un prince franc nommé Childeric, se lia avec le pape Zacharie,
et ensuite avec le pape Etienne second, pour rendre son usurpation
respectable aux peuples. Il se fit sacrer à St Denis en France par   95
ce même pape Etienne: en récompense cet usurpateur lui donna
dans la Romagne quelques domaines aux dépens des usurpateurs
lombards.

Voilà le premier évêque devenu prince. On conviendra sans
peine que cette grandeur n'est pas des temps apostoliques. Aussi   100
fut-elle signalée par le meurtre et par le carnage peu de temps
après sous le pape Etienne III. Le clergé romain partagé en deux
partis inonda de sang la chaire de bois dans laquelle on prétend
que St Pierre avait prêché au peuple romain. Il est vrai qu'il n'est
pas plus vraisemblable que du temps de l'empereur Tibère un   105
Galiléen ait prêché en chaire dans le *Forum romanum*, qu'il n'est
vraisemblable qu'un Grec vînt prêcher aujourd'hui dans le grand
bazar de Stamboul. Mais enfin, il y avait à Rome du temps
d'Etienne III, une chaire de bois; et elle fut entourée de cadavres
sanglants.   110

Lorsque Charlemagne partit de la Germanie pour usurper la
Lombardie, lorsqu'il eut privé ses neveux de l'héritage de leur
père Pipin, lorsqu'il eut enfermé en prison ces enfants innocents
dont on n'entendit plus parler depuis, lorsque ses succès eurent
couronné ce crime, lorsqu'il se fut fait reconnaître empereur dans   115
Rome, il donna encore de nouvelles seigneuries au pape Léon III,
qui lui mit dans l'église de St Pierre une couronne d'or sur la tête,
et un manteau de pourpre sur les épaules.

Cependant, remarquons que ce pape Léon III encore sujet
des empereurs résidants à Constantinople, n'osa pas sacrer un   120
Allemand, tant ce vieux respect pour l'empire romain prévalait
encore. Ce n'était qu'une cérémonie de plus, mais elle était réputée

105   68:   pas vraisemblable
       68:    Tiberius

sainte, et on n'osait la faire. La faiblesse se joignait à l'audace de l'esprit, qui souvent n'ose franchir la seconde barrière après avoir abattu la première. 125

Charlemagne fut toujours le maître dans Rome; mais dans la décadence de sa maison, le peuple romain reprit un peu sa liberté, et la disputa toujours contre l'évêque, contre la maison de Toscanelle, contre les Gui de Spolette, contre les Bérengers et d'autres tyrans, jusqu'à ce qu'enfin l'imprudent *Octavien Sporco* 130 qui le premier changea son nom à son avènement au pontificat, appelât Othon de Saxe en Italie. Ce Sporco est connu sous le nom de Jean XII. Il était fils de cette fameuse Marosie qui avait fait pape son bâtard Jean XI né de son inceste avec le pape Sergius III. 135

Jean XII était patrice de Rome ainsi qu'Albéric son père dernier mari de Marosie. Ils tenaient cette dignité de l'empereur Constantin Porphirogenète; preuve évidente que les Romains au milieu de leur anarchie reconnaissaient toujours les empereurs grecs pour les vrais successeurs des césars; mais dans leurs troubles ils 140 avaient recours tantôt aux Allemands, tantôt aux Hongrois, et se donnaient tour à tour plusieurs maîtres pour n'en avoir aucun.

On sait comment le roi d'Allemagne Othon, appelé à Rome par ce Jean XII et ensuite trahi par lui, le fit déposer pour ses crimes. Le procès verbal existe, il fait frémir. 145

Tous les papes ses successeurs eurent à combattre les prétentions des empereurs allemands sur Rome, les anciens droits des empereurs grecs, et jusqu'aux Sarrasins mêmes. Ils ne furent puissants que par l'intrigue et par l'opinion du vulgaire, opinion qu'ils surent établir, et dont ils surent toujours profiter. 150

Grégoire VII qui à la faveur de cette opinion, et surtout des fausses décrétales, marcha sur les têtes des empereurs et des rois, ne put jamais être le maître dans Rome. Les papes ne purent enfin avoir la souveraineté de cette ville que lorsqu'ils se furent emparés du môle d'Adrien appelé depuis St Ange, qui avait toujours 155 appartenu au peuple ou à ceux qui le représentaient.

144   68: déposer par ses

La vraie puissance des papes et celle des évêques d'Occident ne s'établit en Allemagne que dans l'interrègne et l'anarchie, vers le temps de l'élection de Rodolphe de Habsbourg à l'empire: ce fut alors que les évêques allemands furent véritablement souverains.

160

Jamais rien de semblable ne s'est vu dans l'Eglise grecque. Elle fut toujours soumise aux empereurs jusqu'au dernier Constantin; et dans le vaste empire de la Russie elle est entièrement dépendante du pouvoir suprême. On n'y connaît pas plus qu'en Angleterre la distinction des deux puissances; l'autel est subordonné au trône; et ces mots même *les deux puissances* y sont un crime de lèse-majesté. Cette heureuse subordination est la seule digue qu'on ait pu opposer aux querelles théologiques et aux torrents de sang que ces querelles ont fait répandre dans les Eglises d'Occident depuis l'assassinat de Priscilien jusqu'à nos jours.

165

170

Personne n'ignore comme au seizième siècle, la moitié de l'Europe lassée des crimes d'Alexandre VI, de l'ambition de Jules II, des extorsions de Léon X, de la vente des indulgences, de la taxe des péchés, des superstitions et des friponneries de tant de moines, secoua enfin le joug appesanti depuis longtemps. Les grecs avaient enseigné l'Eglise d'Occident, les protestants la réformèrent.

175

Je ne prétends point parler ici des dogmes qui divisent les grecs, les romains, les évangéliques, les réformés et d'autres communions. Je laisse ce soin à ceux qui sont éclairés d'une lumière divine. Il faut l'être sans doute pour bien savoir si le Saint-Esprit procède par spiration du père et du fils, ou du fils seulement, lequel fils étant engendré et n'étant point fait, ne peut pourtant engendrer. Il n'y a qu'une révélation qui puisse apprendre clairement aux saints comment on mange le fils en corps et en âme dans un pain qui est anéanti, sans manger ni le père ni le Saint-Esprit, ou comment le corps et l'âme de Jésus sont incorporés au pain, ou comment on mange Jésus par la foi.

180

185

164   w68, w75G, κ: empire de Russie

Ces questions sont si divines qu'elles ne devraient point mettre 190
la discorde entre ceux qui ne sont qu'hommes, et qui doivent se
borner à vivre en frères, et à cultiver la raison et la justice sans
se persécuter pour des mystères qu'ils ne peuvent entendre.

Tout ce que j'oserais dire en respectant les évêques de toutes
les communions, c'est que ceux qui iraient à pied de leur maison 195
à l'église prêcher la charité et la concorde, ressembleraient peut-
être plus aux apôtres, au moins à l'extérieur, que ceux qui diraient
quelques mots dans une messe en musique en quatre parties,
entourés de hallebardiers et de mousquetaires, et qui ne sortiraient
de l'église qu'au son des tambours et des trompettes. 200

Je me garderai bien d'examiner si celui qui naquit dans une
étable entre un bœuf et un âne, qui vécut et qui mourut dans
l'indigence, se plaît plus à la pompe et aux richesses de ses
ministres qu'à leur pauvreté et à leur simplicité. Nous ne sommes
plus au temps des apôtres; mais nous sommes toujours au temps 205
des citoyens; il s'agit de leurs droits, de la liberté naturelle, de
l'exécution des lois solennelles, de la foi des serments, de l'intérêt
du genre humain. Tout cela existait avant qu'il y eût des prélats,
et existera encore si jamais (ce qu'à Dieu ne plaise) on a le
malheur de se passer de prélatures. Les dignités peuvent s'abolir, 210
les sectes peuvent s'éteindre; le droit des gens est éternel.

FAIT

La religion chrétienne ne pénétra que très tard chez les Sarmates.[3]
La nation était guerrière et pauvre. Le zèle des missionnaires la
respecta. La Pologne proprement dite ne fut chrétienne qu'à la
fin du dixième siècle. Boleslas en l'an 1001 de notre ère vulgaire 215

---

[3] Il s'agit du mythe, répandu dès le seizième siècle, selon lequel la noblesse
polonaise provenait des anciens Sarmates, voisins des Scythes, dont une partie
se serait installée sur la Vistule, réduisant les autochtones en esclavage (les
paysans serfs).

271

fut le premier roi chrétien, et il signala son christianisme en faisant crever les yeux au roi de Bohème.[4]

Le grand-duché de Lithuanie, vaste pays qui fait presque la moitié de la Pologne entière, ne fut chrétien que dans le quinzième siècle, après que Jagellon grand-duc de Lithuanie[5] eut épousé la princesse Edvige au quatorzième en 1387 à condition qu'il serait de la religion de la princesse, et que la Lithuanie serait jointe à la Pologne.

On demandera de quelle religion étaient tous ces peuples avant qu'ils fussent chrétiens. Ils adoraient Dieu sous d'autres noms, d'autres emblêmes, d'autres rites; on les appelait païens. La grâce de Jésus-Christ qui est venu pour tout le monde, leur avait été refusée ainsi qu'à plus des trois quarts de la terre. Leur temps n'était pas venu; toutes leurs générations étaient livrées aux flammes éternelles; du moins c'est ainsi qu'on pense à Rome, ou ce qu'on feint d'y penser. Cette idée est grande: tu seras puni à jamais si tu ne penses pas sur le bord du Volga ou du Gange comme je pense sur le bord de l'Anio. On ne peut porter ses vues plus haut et plus loin.

Il arriva un grand malheur à ces nouveaux chrétiens au seizième siècle. L'hérésie pénétra chez eux; et comme l'hérésie damne les hommes encore plus que le paganisme, le salut des Polonais était en grand danger. Ces hérétiques se disaient enfants de la primitive Eglise, et on les appelait novateurs; ainsi on ne pouvait convenir des qualités.

Outre ces réformés d'Occident, il y avait beaucoup de grecs d'Orient. Ces grecs étaient répandus dans cinq provinces de la Lithuanie converties autrefois à la foi grecque, et annexées depuis à la Pologne. Ils n'étaient pas à la vérité aussi damnés que les

[4] Le prince polonais Boleslas Ier le Vaillant (966-1025) ne devint roi qu'en 1025; il aveugla le prince (et non le roi) tchèque Boleslas le Roux.

[5] Ladislas II Jagellon (1351-1434), grand-duc de Lituanie à partir de 1377 et roi de Pologne en 1386, après son baptême et son mariage – en cette même année 1386 et non pas 1387 – avec Hedwige d'Anjou (1374-1399), reine de Pologne depuis 1384.

évangéliques et les réformés; mais enfin ils l'étaient, puisqu'ils ne 245
reconnaissaient pas l'évêque de Rome comme le maître du monde
entier.

Il est à remarquer que ces provinces grecques, et la Pologne
proprement dite, et la Lithuanie et la Russie sa voisine, avaient
été converties par des dames, ainsi que la Hongrie et l'Angleterre.[6] 250
Cette origine devait faire espérer de la tolérance, de l'indulgence,
de la bonté, des mœurs douces et faciles. Il en arriva tout
autrement.

Les évêques de Pologne sont puissants; ils n'aimaient pas à
voir leur troupeau diminuer. Outre ces évêques il y avait toujours 255
à Varsovie un nonce du pape. Ce nonce tenait lieu de grand
inquisiteur, et son tribunal était très redoutable.[7] Les grecs, les
évangéliques et les réformés, et les unitaires qui survinrent, tout
fut persécuté.[8] Le *contrains-les d'entrer*,[9] fut employé dans toute sa
rigueur. C'est une chose admirable que ce *contrains-les d'entrer*, qui 260
n'est dans l'Evangile qu'une invitation pressante à souper, ait

[6] Le duc de Pologne Mesco 1er (Mieszko) se baptisa en 966, suite à son mariage
avec la princesse tchèque Dobrava. Le grand-duc de Lituanie, Jagellon, se
baptisa suite à son mariage avec la reine de Pologne Hedwige. Le grand-duc
de Kiev, Vladimir le Grand, se baptisa en 988 ou 989 suite à son mariage avec
Anne, sœur de l'empereur de Bysance, Basile II. Il n'est pas sûr que le prince
hongrois Gejza 1er se soit baptisé vers 970 suite à son mariage avec la princesse
polonaise Adélaïde (sœur ou fille de Mieszko). La véritable christianisation de
la Hongrie est due à son fils, saint Etienne 1er, marié à Gisèle, princesse bavaroise.
Le roi du Kent Æthelberth (Ethelbert) fut, dit-on, le premier souverain anglo-
saxon à se baptiser, en 597, sous l'influence de son épouse chrétienne Berthe.

[7] Bien entendu, le nonce n'exerçait pas la fonction de grand inquisiteur; par
contre, en 1635, l'appel à Rome contre les jugements de tribunaux ecclésiastiques
fut remplacé par l'appel au tribunal des nonces apostoliques de Varsovie.
L'action de ce tribunal renforça la position des nonces.

[8] Les unitaires, dits aussi Frères Polonais (fratres poloni), ou arianistes, ou
sociniens (réfugiés surtout en Hollande) furent expulsés de Pologne en 1658
par décision de la diète. Voltaire, très intéressé par leur cas, imagina toujours
qu'il en restait en Pologne. Voir R. E. Florida, *Voltaire and the socinians*, Studies
122, 1974.

[9] Luc xiv.23.

toujours servi de prétexte à l'Eglise romaine pour faire mourir les gens de faim.

Les évêques ne manquaient pas d'excommunier tout gentil-homme du rite grec ou de la communion protestante;[10] et par un abus étrange, mais ancien, cette excommunication les privait dans les diètes de voix active et passive. L'excommunication peut bien priver un homme de la dignité de marguillier, et même du paradis. Mais elle ne doit pas s'étendre sur les effets civils. Un prince de l'empire, un électeur qu'un évêque ou un chapitre excommunie-rait, n'en serait pas moins prince de l'empire. On peut juger par cette seule oppression combien les dissidents étaient véxés par les tribunaux ecclésiastiques; il suffit de dire qu'ils étaient jugés par leurs ennemis.

Sigismond-Auguste le dernier des Jagellons fit cesser ce dévot scandale. Sa probité lui persuada qu'il ne faut persécuter personne pour la religion. Il se souvint que Jésus-Christ avait enseigné et non opprimé. Il comprit que l'oppression ne pouvait faire naître que des guerres civiles entre des gentilhommes égaux: il fit plus dans la diète solennelle de Vilna le 16 juin 1563: *il anéantit toute différence qui pourrait jamais naître entre les citoyens pour cause de religion.* Voici les paroles essentielles de cette loi devenue fondamentale.

'A compter depuis ce jour, non seulement les nobles et sei-gneurs avec leurs descendants qui appartiennent à la communion romaine, et dont les ancêtres ont obtenu aussi des lettres de noblesse dans le royaume de Pologne, mais encore en général

265

270

275

280

285

267-268   68: peut priver

---

[10] Il est faux de dire que les évêques excommuniaient 'tout gentilhomme du rite grec ou de la communion protestante', les privant ainsi de droits politiques. Avant l'Union de Lublin (1569), les orthodoxes, groupés surtout dans les vastes territoires de l'est, occupaient les plus hautes fonctions de l'Etat sans dépendre des juridictions épiscopales catholiques. Voltaire extrapole ce qu'il lit dans l'*Exposition* (p.10) et qui n'est qu'approximatif: 'ils [les nobles polonais] restaient encore soumis à l'autorité des jugements épiscopaux qui les tenaient à quelques égards dans une espèce de servitude puisque les excommunications leur ôtaient l'activité dans les diètes et diétines'.

274

tous ceux qui sont de l'ordre équestre et des nobles, soit Lithua-
niens, soit Russes d'origine, *pourvu qu'ils fassent profession du christianisme*, quand même leurs ancêtres n'auraient pas acquis les droits
de noblesse dans le royaume de Pologne, doivent jouir dans toute   290
l'étendue du royaume de tous les privilèges, libertés et droits de
noblesse à eux accordés, et en jouir à perpétuité en commun.

'On admettra aux dignités du sénat et de la couronne, à toutes
les charges nobles, non seulement ceux qui appartiennent à
l'Eglise romaine, mais aussi tous ceux qui sont de l'ordre équestre,   295
pourvu qu'ils soient chrétiens...... nul ne sera exclu, pourvu qu'il
soit chrétien.'[11]

La diète de Grodno en 1568 confirma solennellement ces
statuts, et elle ajouta, pour rendre la loi, s'il était possible, encore
plus claire, ces mots essentiels: *de quelque communion ou confession*   300
que l'on soit.[12]

Enfin dans la diète d'Union encore plus célèbre tenue à Lublin
en 1569, diète qui acheva d'incorporer pour jamais le grand-duché
de Lithuanie à la couronne, on renouvela, on confirma de nouveau
cette loi humaine qui regardait tous les chrétiens comme des   305
frères, et qui devait servir d'exemple aux autres nations.

Après la mort de Sigismond Auguste, ce héros de la tolérance,
la république entière confédérée en 1573 pour l'élection d'un
nouveau roi, jura de ne reconnaître que celui qui ferait serment
de maintenir cette paix des chrétiens. Henri de Valois,[13] trop   310
accusé d'avoir eu part aux massacres de la St Barthélemi ne
balança pas à jurer, *devant le Dieu tout-puissant, de maintenir les droits*

311-312   68: ne balance pas

[11] Tout ce passage (l.283-297) est presque littéralement, avec quelques coupu-
res mais sans altération de fond, repris de l'*Exposition*, p.8-9; cf. CN, iii.451-52,
où le texte porte les traces des corrections de Voltaire: 'à présent' est devenu
'ce jour' (l.283), 'qu'ils soient' 'soit' (l.287), 'Russiens' 'Russes' (l.288), etc.

[12] Citation de l'*Exposition*, p.14, avec omission du mot 'chrétienne' après
'confession'.

[13] Henri de Valois (1551-1589), élu roi de Pologne en 1573, quitta ce royaume
dès 1574, pour monter sur le trône de France sous le nom d'Henri III.

des dissidents; et ce serment de Henri de Valois servit de modèle à ses successeurs. Etienne[14] ne lui succéda qu'à cette condition. Ce fut une loi fondamentale et sacrée. Tous les nobles furent égaux par la religion comme par la nature. 315

C'est ainsi qu'après l'union de l'Angleterre et de l'Ecosse, les pairs d'Ecosse presbytériens ont eu séance au parlement de Londres avec les pairs de la communion anglicane. Ainsi l'évêché d'Osnabruck en Allemagne appartient tantôt à un évangélique, 320 tantôt à un catholique romain. Ainsi dans plusieurs bourgs d'Allemagne les évangéliques viennent chanter leurs psaumes dès que le curé catholique a dit sa messe. Ainsi les chambres de Vetzlar et de Vienne ont des assesseurs luthériens. Ainsi les réformés de France étaient ducs et pairs et généraux des armées sous le grand 325 Henri iv et l'on peut croire que le Dieu de miséricorde et de paix n'écoutait pas avec colère les différents concerts que ses enfants lui adressaient d'un même cœur.

Tout change avec le temps. Un roi de Pologne nommé aussi Sigismond, de la race de Gustave Vasa,[15] voulut enfin détruire ce 330 que le grand Sigismond, le dernier des Jagellons, avait établi. Il était à la fois roi de Pologne et de Suède, mais il fut déposé en Suède par les états assemblés en 1592 et malheureusement la religion catholique romaine lui attira cette disgrâce. Les états du royaume élurent son frère Charles qui avait pour lui le cœur des 335 soldats et la confession d'Augsbourg. Sigismond se vengea en Pologne du catholicisme qui lui avait ôté la couronne de Suède.

Les jésuites qui le gouvernèrent lui ayant fait perdre un royaume, le firent haïr dans l'autre. Il ne put à la vérité révoquer une loi devenue fondamentale, confirmée par tant de rois et de 340 diètes, mais il l'éluda, il la rendit inutile. Plus de charges, plus de

[14] Etienne Bathory (1553-1586), prince de Transylvanie, élu roi de Pologne en 1576.

[15] Sigismond iii Wasa (1566-1632), élu roi de Pologne en 1587. Il devint roi de Suède à la mort de son père, en 1592. La diète de Suède le détrôna en 1599 (et non 1592), au profit de son oncle (et non de son frère) Charles ix qui fut formellement intrônisé en 1604.

dignités données à ceux qui n'étaient pas de la communion de Rome. On ne leur ravit pas leurs biens, parce qu'on ne le pouvait pas, on les vexa par une persécution sourde et lente; et si on les tolérait, on leur fit sentir bientôt qu'on ne les tolérerait plus dès qu'on pourrait les opprimer impunément. 345

Cependant la loi fut toujours plus forte que la haine. Tous les rois à leur couronnement firent le même serment que leurs prédécesseurs. Ladislas VI fils de Sigismond le Suédois[16] n'osa s'en dispenser. Son frère Jean Casimir, quoiqu'il eût d'abord été 350 jésuite et ensuite cardinal,[17] fut obligé de s'y soumettre: tant le respect extérieur pour les lois reçues a de force sur les hommes.

Michel Viesnovisky,[18] l'illustre Jean Sobiesky vainqueur des Turcs,[19] n'imaginèrent pas d'éluder cette loi à leur couronnement. L'électeur de Saxe Auguste[20] ayant renoncé à la religion évangé- 355 lique de ses pères pour acquérir le royaume de Pologne, jura avec plaisir cette grande loi de la tolérance, dont un roi qui abandonne sa religion pour un sceptre, semble avoir toujours besoin, et qui assurait la liberté et les droits de ses anciens frères.

L'Europe sait combien son règne fut malheuruex; il fut détrôné 360 par les armes d'un roi luthérien,[21] et rétabli par les victoires d'un czar[22] de la communion grecque.

345   67D, 68: les tolérait plus
349-350 68: n'ose s'en

[16] Il faut lire Ladislas IV Wasa (1595-1648), roi de Pologne en 1632.

[17] Jean II Casimir (1609-1672) se fit jésuite à Lorette en 1644, puis quitta l'ordre en 1645, avec un chapeau de cardinal auquel il renonça peu après. Elu roi en 1648, il abdiqua en 1668.

[18] Michel-Korybut Wisnowiecki (1640-1673), élu roi en 1669.

[19] Jean III Sobieski (1629-1696), élu roi de Pologne en 1674, fit la guerre à la Turquie, d'abord comme grand hetman (général) de la couronne, puis comme roi.

[20] L'électeur de Saxe Frédéric-Auguste Ier (1670-1733) adopta le catholicisme après sa désignation au trône de Pologne (1697); il pris alors le nom d'Auguste II.

[21] Le roi de Suède Charles XII obligea Auguste II à abdiquer en 1706.

[22] La victoire de Pierre le Grand sur la Suède permit à Auguste II de recouvrer son trône en 1709.

Les prêtres catholiques romains et leurs adhérants crurent se venger du roi de Suède Charles XII en persécutant les Polonais évangéliques dont il avait été le protecteur: ils en trouvèrent 365 l'occasion l'année 1717 dans une diète toute composée de nonces de leur parti: ils eurent le crédit, non pas d'abolir la loi, elle était trop sacrée, mais de la limiter. On ne permit aux non-conformistes le libre exercice de leur religion que dans leurs églises précédemment bâties; et on alla même jusqu'à prononcer des peines 370 pécuniaires, la prison, le bannissement contre ceux qui prieraient Dieu ailleurs. Cette clause d'oppression ne passa qu'avec une extrême difficulté. Plusieurs évêques même, plus patriotes que prêtres, et plus touchés des droits de l'humanité que des avantages de leur parti, eurent la gloire de s'y opposer quelque temps. 375

Cette diète de 1717 ne songeait pas qu'en se vengeant du luthérien Charles XII son ennemi, elle insultait le grec Pierre le Grand son protecteur. Enfin, la loi passa en partie; mais le roi Auguste la détruisit en la signant. Il donna un diplôme le 3 février 1717, dans lequel il s'exprime ainsi: 380

'Quant à la religion des dissidents, afin qu'ils ne pensent point que la communion de la noblesse, leur égalité et leur paix aient été lésés par les articles insérés dans le nouveau traité, nous déclarons que ces articles insérés dans le traité ne doivent déroger en aucune manière aux confédérations des années 1573, 1632, 385 1648, 1669, 1674, 1697 et à nos *Pacta conventa*, en tant qu'elles sont utiles aux dissidents dans la religion. Nous conservons lesdits dissidents en fait de religion, dans leurs libertés énoncées dans toutes ces confédérations, selon leur teneur (laquelle doit être tenue pour insérée et exprimée ici) et nous voulons qu'ils soient 390 conservés par tous les états, officiers et tribunaux. En foi de quoi nous avons ordonné de munir ces présentes signées de notre main, et scélées du sceau du royaume. Donné à Varsovie le 3 février 1717 et le 20 de notre règne.'[23]

367   68: ne permit pas aux

[23] Emprunt littéral à l'*Exposition*, p.39-40 (CN, iii.452).

Après cette contradiction formelle d'une loi décernée et abolie 395
en même temps;[24] contradiction trop ordinaire aux hommes, le
parti le plus fort l'emporta sur le plus faible; la violence se donna
carrière. Il est vrai qu'on ne ralluma pas les bûchers qui mirent
autrefois en cendre toute une province du temps des Albigeois;
on ne détruisit point vingt-quatre villages inondés du sang de 400
leurs habitants comme à Mérindol et à Cabriére. Les roues et les
gibets ne furent point d'abord dressés dans les places publiques
contre les grecs et les protestants comme ils le furent en France
sous Henri II. On n'a point encore parlé en Pologne d'imiter les
massacres de la St Barthélemi, ni ceux d'Irlande, ni ceux des 405
vallées du Piémont. Les torrents de sang n'ont point encore coulé
d'un bout du royaume à l'autre pour la cause d'un Dieu de paix.
Mais enfin, on a commencé à ravir à des innocents la liberté et la
vie. Quand les premiers coups sont une fois portés, on ne sait
plus où l'on s'arrêtera: Les exemples des anciennes horreurs que 410
le fanatisme a produites, sont perdus pour la postérité: les esprits
de sang froid les détestent, et les esprits échauffés les renouvellent.

Bientôt on démolit des églises, des écoles, des hôpitaux de
dissidents. On leur fit payer une taxe arbitraire pour leurs baptê-
mes et pour leurs communions, tandis que deux cent cinquante 415
synagogues juives chantaient leurs psaumes hébraïques sans
bourse délier.

Dès l'année 1718[25] un nonce du nom de Pietrosky fut chassé
de la chambre uniquement parce qu'il était dissident.[26] Le capitaine

[24] Voltaire exagère beaucoup la force de loi de cette 'garantie privée' procurée
par la chancellerie particulière du roi. L'*Exposition* lui présentait pourtant la
chose exactement: 'L'autorité royale seule, il est vrai, n'est pas suffisante pour
anéantir l'effet d'une diète' (p.34).

[25] Tout ce passage s'appuie sur le *Manifeste* (Thorn, 1767).

[26] Le calviniste André Piotrowski, nonce (député) à la diète de 1718 fut privé
de son mandat, d'après le *Manifeste*, 'uniquement pour avoir été dissident'.
Voltaire est donc fidèle à son informateur. L'affaire des protestations de Piotrowski contre les décisions de 1717 avait fait du bruit et c'est le clergé qui avait
obtenu son éviction. Mais six autres nonces non-catholiques siégeaient encore
à cette diète: ce n'est qu'en 1733 et 1736 que les dissidents sont privés du droit
d'être nonces.

Keler[27] accusé par l'avocat Vindeleusky[28] d'avoir soutenu contre 420
lui la religion protestante, eut la tête tranchée à Petekou[29] comme
blasphémateur. Le bourgeois Hébers[30] fut condamné à la corde
sur la même accusation. Le gentilhomme Rosbiky[31] fut obligé de
sortir des terres de la république. Le gentilhomme Unrug avait
écrit quelques remarques et quelques extraits d'auteurs évangé- 425
liques contre la religion romaine; on lui vola son portefeuille; et
sur cet effet volé, sur des écrits qui n'étaient pas publics, sur
l'énoncé de ses opinions permises par les lois, sur le secret de sa
conscience tracé de sa main, il fut condamné à perdre la tête. Il
fallut qu'il dépensât tout son bien pour faire casser cette exécrable 430
sentence.[32]

Enfin en 1724 l'exécution sanglante de Thorn[33] renouvela les
anciennes calamités qui avaient souillé le christianisme dans
tant d'autres Etats. Quelques malheureux écoliers des jésuites et
quelques bourgeois protestants ayant pris querelle, le peuple 435
s'attroupa, on força le collège des jésuites, mais sans effusion de
sang; on emporta quelques images de leurs saints, et malheureusement une image de la Vierge qui fut jetée dans la boue.

Il est certain que les écoliers des jésuites ayant été les agresseurs

---

[27] Le capitaine Kehler fut condamné et exécuté en 1712.

[28] Lire Wendelewski.

[29] Piotrkow, siège du tribunal de la couronne.

[30] D'après le *Manifeste*, Eberts, 'condamné à la confiscation de son bien et
décrété de prise de corps, ne sauva sa vie que par la fuite'.

[31] Rozbicki.

[32] Voltaire présente l'affaire de Sigismond Unrug (1676-1732) de manière
un peu différente de celle du *Manifeste* et semble avoir utilisé une source
supplémentaire. L'affaire avait fait grand bruit. Unrug, officier et diplomate au
service de Stanislas Leszczynski, puis d'Auguste II, avait été accusé de sacrilège
et condamné par le tribunal en 1715 (son accusateur voulait s'emparer de ses
biens confisqués). Il s'enfuit à l'étranger et agita les milieux diplomatiques:
Rome, Paris, Vienne. Le 24 juillet 1718, la Sorbonne rendit un arrêt le lavant
de l'opprobre, suivie par la curie romaine en 1723. La diète cassa enfin le
jugement du Tribunal en 1726.

[33] La célèbre affaire du 'tumulte de Thorn' est à peine évoquée dans le
Manifeste. Voltaire s'inspire donc d'une autre publication. De nombreuses relations de l'événement sont connues.

étaient les plus coupables. C'était une grande faute d'avoir pris 440
les images des jésuites, et surtout celle de la Ste Vierge. Les
protestants devaient être condamnés à la rendre ou à en fournir
une autre, à demander pardon, à réparer le dommage à leurs
frais, et aux peines modérées qu'un gouvernement équitable peut
infliger. L'image de la Vierge Marie est très respectable; mais le 445
sang des hommes l'est aussi. La profanation d'un portrait de la
Vierge dans un catholique est une très grande faute; elle est
moindre dans un protestant qui n'admet point le culte des images.

Les jésuites demandèrent vengeance au nom de Dieu et de sa
mère; ils l'obtinrent malgré l'intervention de toutes les puissances 450
voisines.[34] La cour assessoriale à laquelle le chancelier préside,
jugea cette cause. Un jésuite y plaida contre la ville de Thorn;
l'arrêt fut porté tel que les jésuites le désiraient. Le président
Rosner accusé de ne s'être pas assez opposé au tumulte fut
décapité malgré les privilèges de sa charge.[35] Quelques assesseurs 455
et d'autres principaux bourgeois périrent par le même supplice.
Deux artisans furent brûlés, d'autres furent pendus. On n'aurait
pas traité autrement des assassins. Les hommes n'ont pas encore
appris à proportionner les peines aux fautes. Cette science cependant n'est pas moins nécessaire que celle de Copernic, qui décou- 460
vrit dans Thorn le vrai système de l'univers, et qui prouva que
notre terre souvent si mal gouvernée et affligée de tant de
malheurs, roule autour du soleil dans son orbite immense.

La Pologne semblait donc destinée à subir le sort de tant
d'autres Etats que les querelles de religion ont dévastés. 465

---

[34] Cette intervention était celle de Pierre le Grand, de Frédéric-Guillaume de
Prusse et de Georges Ier d'Angleterre. Ils voulaient amener l'empereur Charles
VI à garantir le traité d'Oliva (1660). Le nonce apostolique Santini s'efforçait
aussi de calmer les esprits, mais la mort de Pierre, qui était prêt à intervenir
militairement, fit oublier l'affaire.
[35] Le bourgmestre Gottfried Rösner et 9 bourgeois furent décapités. Les corps
des quatre accusés de sacrilège furent brûlés hors les murs après décapitation.
Personne ne fut brûlé vif, comme semble le suggérer Voltaire.

Un[36] ministre évangélique nommé Mokzulky[37] fut tué impunément en 1753 dans un grand chemin, par le curé de Birze;[38] voilà déjà une hostilité de l'église militante. Un dominicain de Popiel en 1762 assomma à coups de bâton le prédicant Jaugel[39] à la porte d'un malade qu'il allait consoler.

Le curé de la paroisse de Cone[40] rencontrant un mort luthérien qu'on portait au cimetière, battit le ministre, renversa le cercueil, et fit jeter le corps à la voirie.

En 1765 plusieurs jésuites avec d'autres moines voulurent changer les grecs en romains à Mscislau en Lithuanie. Ils forçaient à coups de bâton les pères et les mères de mener les enfants dans leurs églises. Soixante et dix gentilhommes s'y opposèrent; les missionaires se battirent contre eux. Les gentilhommes furent traités comme des sacrilèges; ils furent condamnés à la mort, et ne sauvèrent leur vie qu'en allant à l'église des jésuites.[41]

On priva alors en Lithuanie du droit de bourgeoisie, on raya du corps des métiers les bourgeois et les artisans qui n'allaient

470

475

480

---

477   w68, w75G, к: dans les églises.

[36] Tout ce passage (l.466-480), basé sur *Confédération* (Sluck, 1767), p.1 (CN, i.67-68), concerne des événements survenus dans le grand-duché de Lituanie.
[37] Lire Moczulski.
[38] Il s'agit du P. Rubowicz. Birze est une bourgade de Samogitie, sur les terres des Radziwill, où les calvinistes restaient nombreux, ayant été longtemps protégés par cette illustre famille.
[39] Jaugel était prédicateur dans la bourgade de Solomiescie également dépendante des Radziwill.
[40] Kowno, aujourd'hui Kaunas.
[41] Le récit de Voltaire concernant les événements de Mscislaw est très arrangé par rapport à *Confédération* où il n'est question que de prêtres de la mission (non de jésuites) et où on ne parle pas d'enfants battus et contraints, ni de bataille avec des nobles orthodoxes. Les pères de la mission voulaient, il est vrai, convertir les orthodoxes à l'Eglise uniate et traitaient les récalcitrants comme des rebelles ('avoient été déclarés rebelles' dit le texte), non comme des sacrilèges. Par contre Voltaire est fidèle à *Confédération* quand il dit que 70 nobles ont été menacés de mort pour les obliger à renoncer à leur foi orthodoxe. L'affaire de Mscislaw est inconnue par d'autres sources et ses dimensions sont peut-être exagérées.

pas à la messe latine. Enfin, on a exclu des diétines, tous les gentilhommes dissidents, que les droits de la naissance et les lois du royaume y appellent.[42]

485

Tant de rigueurs, tant de persécutions, tant d'infractions des lois, ont enfin réveillé des gentilhommes que leurs ennemis croyaient avoir abattus. Ils s'assemblèrent, ils invoquèrent les lois de leur patrie, et les puissances garantes de ces lois.

Il faut savoir que leurs droits avaient été solennellement confirmés par la Suède, l'empire d'Allemagne, la Pologne entière, et particulièrement par l'électeur de Brandebourg dans le traité d'Oliva en 1660. Ils l'avaient été plus expressément encore par la Russie en 1686, quand la Pologne céda l'ancienne Kiovie, la capitale de l'Ukraine, à l'empire russe. La religion grecque est nommée la *religion orthodoxe* dans les instruments signés par le grand Sobiesky.

490

495

Ces nobles ont donc eu recours à ce qu'il y a de plus sacré sur la terre, les serments de leurs pères, ceux des princes garants, les lois de leur patrie, et les lois de toutes les nations.

500

Ils s'adressèrent à la fois à l'impératrice de Russie Catherine seconde, à la Suède, au Dannemarc, à la Prusse. Ils implorèrent leur intercession. C'était un bel exemple dans des gentilhommes accoutumés autrefois à traiter dans leurs diètes des affaires de l'Etat le sabre à la main, d'implorer le droit public contre la persécution. Cette démarche même irritait leurs ennemis.

505

Le roi Stanislas Poniatosky, fils de ce célèbre comte Poniatosky

---

491   67*2: Suède, ↑une partie de⁺ l'empire
        67A-D, 68: Suède, une partie de l'empire d'Allemagne

---

[42] Ceci n'est pas conforme à *Confédération*, ni au droit alors en vigueur. On ne parle pas dans ce texte de privation du 'droit de bourgeoisie', mais d'éviction des dissidents des responsabilités municipales. De même, il ne s'agit pas d'interdiction dans les diétines (assemblées locales de la noblesse), mais à la diète, et de difficultés dans les diétines.

si connu dans les guerres de Suède,[43] élu du consentement una-
nime de ses compatriotes, ne démentit pas dans cette affaire
délicate l'idée que l'Europe avait de sa prudence. Ennemi du   510
trouble, zélé pour le bonheur et la gloire de son pays, tolérant
par humanité et par principe, religieux sans superstition, citoyen
sur le trône, homme éclairé et homme d'esprit, il proposa des
tempéraments qui pouvaient mettre en sûreté tous les droits de
la religion catholique romaine et ceux des autres communions.   515
La plupart des évêques et de leurs partisans opposèrent le zèle
de la maison de Dieu au zèle patriotique du monarque, qui attendit
que le temps pût concilier ces deux zèles.

Cependant, les gentilhommes dissidents se confédérèrent en
plusieurs endroits du royaume.[44] On vit le 20 mars 1767 près de   520
quatre cents gentilshommes demander justice par un mémoire
signé d'eux,[45] dans cette même ville de Thorn qui fumait encore
du sang que les jésuites avaient fait répandre. D'autres confédérations se formaient déjà en plus grand nombre, et surtout dans la
Lithuanie où il se fit vingt-quatre confédérations.[46] Toutes ensem-   525
ble formèrent un corps respectable. La substance de leurs manifestes contenait, 'qu'ils étaient hommes, citoyens, nobles, membres
de la législation et persécutés; que la religion n'a rien de commun
avec l'Etat, qu'elle est de Dieu à l'homme, et non pas du citoyen
au citoyen; que la funeste coutume de mêler Dieu aux affaires   530
purement humaines a ensanglanté l'Europe depuis Constantin:
qu'il doit en être dans les diètes et dans le sénat, comme dans les

[43] Stanislas Poniatowski (1676-1762) avait été général de Charles XII. Voltaire
lui accorde une large place dans son *Histoire de Charles XII* d'après des matériaux
fournis par lui-même.
[44] 'En plusieurs endroits': on sait que des confédérations dissidentes ne se
formèrent qu'à Thorn et Sluck.
[45] 'Près de quatre cents': l'acte de la confédération de Thorn est suivi de 308
signatures.
[46] 'Vingt-quatre confédérations'. La seule confédération formée en Lithuanie
est celle de Sluck. Comme pratiquement, la noblesse orthodoxe n'y existait plus,
il ne peut s'agir que de quelques nobles protestants. On ignore combien de
signatures se trouvaient sur l'acte, peut-être celles de 24 confédérés?

batailles, où l'on ne demande point à un capitaine qui marche aux ennemis, de quelle religion il est; qu'il suffit que le noble soit brave au combat et juste au conseil; qu'ils sont tous nés libres, et 535 que la liberté de conscience est la première des libertés, sans laquelle celui qu'on appelle libre serait esclave; qu'on doit juger d'un homme non par ses dogmes, mais par sa conduite, non par ce qu'il pense mais par ce qu'il fait; et qu'enfin l'Evangile qui ordonne d'obéir aux puissances païennes n'ordonne certainement 540 pas de dépouiller les législateurs chrétiens de leurs droits, sous prétexte qu'ils sont autrement chrétiens qu'on ne l'est à Rome.'[47] Ils fortifiaient toutes ces raisons par la sanction des lois, et par les garanties protectrices de ces lois sacrées.

On ne leur opposa qu'une seule raison, c'est qu'ils réclamaient 545 l'égalité, et que bientôt ils affecteraient la supériorité; qu'ils étaient mécontents, et qu'ils troubleraient une république déjà trop orageuse. Ils répondaient: Nous ne l'avons pas troublée pendant cent années: mécontents nous sommes vos ennemis, contents nous sommes vos défenseurs. 550

Les puissances garantes de la paix d'Oliva prenaient hautement leur parti, et écrivaient des lettres pressantes en leur faveur. Le roi de Prusse se déclarait pour eux.[48] Sa recommandation était

---

[47] Ce résumé de manifestes dissidents est évidemment apocryphe.

[48] Frédéric II exprime son opinion sur la politique russe à l'égard des dissidents dans ses lettres à son ministre plénipotentiaire à Saint-Petersbourg, V.F. Solms: 'Toute puissance quelconque, souverain ou Etat républicain, a droit chez elle d'abolir ou de promulguer des lois. La Pologne a usé de ce droit. Elle a jugé que les dissidents ne devaient point posséder de charges, et les en a exclus. Or, voilà la question: comment l'impératrice de Russie peut-elle se mêler d'une affaire intérieure de la Pologne? De quel droit s'en mêle-t-elle? En vertu de quelle autorité? Voilà à quoi on ne vous répondra que par de mauvaises raisons [...] Toutefois, quoi qu'il en soit, je pousse encore la complaisance à me prêter à ces démarches que je ne puis justifier dans le fond de mon âme, mais je prétends qu'on m'en tienne compte' (5 février 1767, *Politische Correspondenz Friedrichs des Grossen*, xxvi.42-43). 'La plus grande de toutes mes complaisances pour elle [l'impératrice] est ce qui s'est passé à présent relativement aux dissidents de Pologne. Car vous devez croire que certainement personne n'envisage cette affaire comme une affaire de religion, hormis peut-être quelques évêques de Pologne. Pour le reste, dans toute l'Europe, on en dit publiquement que

puissante, et devait avoir plus d'effet que celle de la Suède sur les esprits, puisqu'il donnait dans ses Etats des exemples de tolérance que la Suède ne donnait pas encore. Il faisait bâtir une église aux catholiques romains de Berlin sans les craindre, sachant bien qu'un prince victorieux, philosophe et armé n'a rien à redouter d'aucune religion. Le jeune roi de Dannemarc[49] né bienfaisant et son sage ministère parlaient hautement. 555
560

Mais de tous les potentats nul ne se signala avec autant de grandeur et d'efficace que l'impératrice de Russie. Elle prévit une guerre civile en Pologne, et elle envoya la paix avec une armée.[50] Cette armée n'a paru que pour protéger les dissidents en cas qu'on voulût les accabler par la force. On fut étonné de voir une armée russe vivre au milieu de la Pologne avec beaucoup plus de discipline que n'en eurent jamais les troupes polonaises. Il n'y a pas eu le plus léger désordre. Elle enrichissait le pays au lieu de le dévaster, elle n'était là que pour protéger la tolérance; il fallait que ces troupes étrangères donnassent l'exemple de la sagesse; et elles le donnèrent. On eût pris cette armée pour une diète assemblée en faveur de la liberté. 565
570

Les politiques ordinaires s'imaginèrent que l'impératrice ne voulait que profiter des troubles de la Pologne pour s'agrandir. On ne considérait pas que le vaste empire de Russie, qui contient onze cent cinquante mille lieues carrées, et qui est plus grand que ne fut jamais l'empire romain, n'a pas besoin de terrains nouveaux, mais d'hommes, de lois, d'arts et d'industrie. 575

Catherine seconde lui donnait déjà des hommes en établissant chez elle trente mille familles qui venaient cultiver les arts néces- 580

l'impératrice de Russie voudrait mettre la Pologne sur le pied de la Courlande et y établir un roi qui gouverne le pays sous sa direction et qui ne fasse nul pas sans sa permission' (12 février 1767, xxvi.53).

[49] Christian VII (1749-1808), roi de Danemark depuis 1766. Son premier ministre, J. Hartwig von Bernstorff, et son ambassadeur à Varsovie, Armand de Saint-Saphorin, étaient très engagés dans la défense des dissidents pour leurs convictions protestantes et philosophiques, mais aussi par complaisance pour l'impératrice.

[50] En mars 1767, 30 000 Russes pénètrent en Pologne.

saires. Elle lui donnait des lois en formant un code universel[51] pour ses provinces qui touchent à la Suède et à la Chine. La première de ces lois était la tolérance.[52]

On voyait avec admiration cet empire immense se peupler, s'enrichir en ouvrant son sein à des citoyens nouveaux, tandis que de petits Etats se privaient de leurs sujets par l'aveuglement d'un faux zèle; tandis que sans citer d'autres provinces, les seuls émigrants de Saltzbourg avaient laissé leur patrie déserte.[53]

Le système de la tolérance a fait des progrès rapides dans le Nord, depuis le Rhin jusqu'à la mer Glaciale, parce que la raison y a été écoutée, parce qu'il y est permis de penser et de lire. On a connu dans cette vaste partie du monde que toutes les manières de servir Dieu peuvent s'accorder avec le service de l'Etat. C'était la maxime de l'empire romain dès le temps des Scipions jusqu'à celui des Trajans. Aucun potentat n'a plus suivi cette maxime que Catherine II. Non seulement elle établit la tolérance chez elle, mais elle a recherché la gloire de la faire naître chez ses voisins. Cette gloire est unique: Les fastes du monde entier n'ont point d'exemple d'une armée envoyée chez des peuples considérables pour leur dire: Vivez justes et paisibles.

Si l'impératrice avait voulu fortifier son empire des dépouilles de la Pologne, il ne tenait qu'à elle. Il suffisait de fomenter les troubles au lieu de les apaiser. Elle n'avait qu'à laisser opprimer les grecs, les évangéliques et les réformés, ils seraient venus en foule dans ses Etats. C'est tout ce que la Pologne avait à craindre. Le climat ne diffère pas beaucoup, et les beaux-arts, l'esprit, les plaisirs, les spectacles, les fêtes qui rendent la cour de Catherine II la plus brillante de l'Europe, invitaient tous les étrangers. Elle

585

590

595

600

605

607   w75G carton, K: qui rendaient la
608-609   w75G carton, K: Elle formait un

[51] Il s'agit du *Nakaz* de 1767, resté en projet.
[52] Voir la lettre de Catherine du 9 juillet 1766 (D13433).
[53] Allusion à l'exil des protestants de Salzbourg en 1731.

forme un empire et un siècle nouveau, et on irait chez elle de plus loin pour l'admirer.

Tandis qu'elle parcourait les frontières de ses Etats,[54] et qu'elle passait d'Europe en Asie pour voir par ses yeux les besoins et les ressources de ses peuples, son armée au milieu de la Pologne fit naître longtemps des soupçons, des craintes, des animosités. Mais

---

609 w75G carton, к: et on eût été chez elle

611-642 w75G carton, к: Tandis que l'impératrice de Russie faisait naître chez elle les lois et les plaisirs, la discorde, sous le masque de la religion, bouleversa la Pologne; les plus ardents catholiques ayant le nonce du pape à leur tête, implorèrent l'Eglise des Turcs contre la grecque et la protestante. L'Eglise turque marcha sur la frontière avec l'étendard de Mahomet; mais Mahomet fut battu pendant quatre années de suite par St Nicolas patron des Russes, sur terre et sur mer. L'Europe vit avec étonnement des flottes pénétrer du fond de la mer Baltique auprès des Dardanelles, et brûler les flottes turques vers Smyrne. Il y eut sans doute plus de héros russes dans cette guerre, qu'on n'en supposa dans celle de Troye. L'histoire l'emporta sur la fable. Ce fut un beau spectacle que ce peuple naissant, qui seul écrasait partout la grandeur ottomane si longtemps victorieuse de l'Europe réunie, et qui faisait revivre les vertus des Miltiades, lorsque tant d'autres nations dégénéraient.

La faction polonaise opposée à son roi, n'eut d'autre ressource que l'intrigue. Et comme la religion était mêlée dans ces troubles, on eut bientôt recours aux assassinats.

A quelques lieues de Varsovie est une Notre Dame aussi en vogue dans le Nord, que celle de Lorette en Italie. Ce fut dans la chapelle de cette statue que les conjurés s'engagèrent par serment de prendre le roi mort ou vif, au nom de Jésus et de sa mère. Après ce serment, ils allèrent se cacher dans Varsovie chez des moines, et n'en sortirent que pour accomplir leur promesse à la vierge. Le carosse du roi fut entouré, plusieurs domestiques tués aux portières, le roi blessé de coups de sabre, et effleuré de coups de fusil. Il ne dut la vie qu'aux remords d'un des assassins. Ce crime, qu'on avait voulu sacré, ne fut que lâche et inutile.

La suite de tant d'horreurs fut le démembrement de la Pologne, que Stanislas Leksinski avait prédit. L'impératrice-reine de Hongrie Marie-Thérèse, l'impératrice Catherine II, Frédéric le grand roi de Prusse, firent valoir les droits qu'ils réclamaient sur trois provinces polonaises. Ils s'en emparèrent; on n'osa s'y opposer. Tel fut le débrouillement du chaos polonais.

---

[54] En avril-juin 1767 Catherine effectue un grand voyage à travers les provinces de l'empire. De Kazan, elle écrit à Voltaire: 'me voilà en Asie' (D14219).

enfin, quand on fut bien convaincu que ces soldats n'étaient que 615
des ministres de paix, ce prodige inouï ouvrit les yeux à plusieurs
prélats. Ils rougirent de n'être pas plus pacifiques que des troupes
russes.

L'évêque de Cracovie et le nouveau primat,[55] tous deux génies
supérieurs, entrèrent par cela même dans des vues si salutaires. 620
Ils sentirent qu'ils étaient Polonais avant d'être romains, qu'ils
étaient sénateurs, princes, patriotes, autant qu'évêques. Mais il ne
fallait pas moins qu'un roi philosophe, un primat, des évêques
sages, une impératrice qui se déclarait l'apôtre de la tolérance
pour détourner les malheurs qui menaçaient la Pologne. La 625
philosophie a jusqu'ici prévenu dans le Nord le carnage dont le
fanatisme a souillé longtemps tant d'autres climats.

Dans ces querelles de religion, dans cette grande dispute sur
la liberté naturelle des hommes, quelques intérêts particuliers se
sont jetés à la traverse, comme il arrive en tout pays et surtout 630
chez une nation libre, mais ils sont perdus dans l'objet principal;
et comme ils n'ont pas retardé d'un seul moment la marche
uniforme dirigée vers la tolérance, nous n'avons pas fatigué
le lecteur de ces petits mouvements qui disparaissent dans le
mouvement général. 635

Il semble par la disposition des esprits que les trois communions
plaignantes[56] rentreront dans tous leurs droits, sans que la communion romaine perde les siens. Elle aura tout, hors le droit d'opprimer dont elle ne doit pas être jalouse. Et si une grande partie du
Nord a dû son christianisme à des femmes, c'est à une femme 640
supérieure qu'on devra le véritable esprit du christianisme qui
consiste dans la tolérance et dans la paix.

619-620 67*: ⟨β⟩ ᵂ↑Quelques évêques et le nouveau primat entrèrent
d'abord dans des vues si⁺ salutaires

[55] A propos du primat Podoski et de l'évêque de Cracovie, Soltyk, voir notre
introduction, p.244-45.
[56] Les trois communions: orthodoxes, luthériens et calvinistes.

Le Dîner du comte de Boulainvilliers

édition critique

par

Ulla Kölving

avec la participation de

José-Michel Moureaux

INTRODUCTION

1. *Publication et diffusion*

Le Dîner du comte de Boulainvilliers, imprimé et édité à Genève par Gabriel Grasset à la fin de 1767, parut sous le nom de Saint-Hyacinthe et la date de 1728. Une lettre du 30 décembre 1767 adressée au marquis de Florian pourrait contenir une première référence à l'ouvrage: 'Le solitaire envoye au solitaire ces vieilles êtrenes. C'est un chifon très rare que l'on a déterré avec beaucoup de peine [...] Je suis indigné de voir que tous les jours on imprime de pareils livrets en Holande' (D14629). Le 2 janvier, dans une lettre au marquis d'Argence, Voltaire, après avoir parlé de Saint-Hyacinthe comme de l'auteur du *Militaire philosophe*[1] qu'il venait de lire, ajoute: 'Il parait une autre brochure du même s^t Hyacinte, intitulée, *le Dîner du comte de Boulainvillers*. On pourait vous l'envoyer par la poste de Lyon'. Même ton dans une lettre à Damilaville du 15 janvier: 'M. Boursier [un des masques de Voltaire] m'a dit que vous vouliez avoir je ne sais quel rogaton d'un nommé Saint-Hyacinthe' (D14674) et, au même, le 18 janvier: 'M. Boursier demande s'il y a sûreté à vous envoyer l'ancien ouvrage de Saint-Hyacinthe' (D14688).

[1] 'Savez vous bien qu'on a imprimé en Hollande un petit livre intitulé le philosophe militaire? [...] Il est de St Hyacinthe que la chronique scandaleuse a cru fils de l'Evêque de Meaux Bossuet' (D14639). Comment Voltaire connaît-il l'identité de l'auteur du *Militaire philosophe, ou difficultés sur la religion proposées au R. P. Malebranche* (Londres [Amsterdam, Marc-Michel Rey] 1768; BV, no.2550)? Nous n'avons pas trouvé trace de cette attribution ailleurs. Grimm, il est vrai, la rapporte, mais sans vraiment y ajouter foi ('On prétend qu'il est l'auteur'), dans sa livraison du 1er janvier 1768. On est enclin à penser, avec Frédéric Deloffre, que c'est Voltaire lui-même qui a inventé et fait circuler cette attribution afin de donner plus de crédibilité à son propre pseudonyme. Voir l'introduction à Robert Challe, *Difficultés sur la religion*, éd. F. Deloffre et M. Menemencioglu, Studies 209 (1982), p.2-3.

Mais personne n'était dupe. Encore un d'Alembert est-il discret, et joue-t-il le jeu: 'Ces lettres [*Lettres à S. A. Mgr le prince de ****] me rappellent un certain diner du comte de Boulainvilliers auquel j'assistai il y a quelques jours, et dont j'aurois bien voulu que vous eussiez été un des convives; on y traita fort gaiment des matières très sérieuses entre la poire et le fromage' (à Voltaire, 18 janvier 1768; D14691). Les *Mémoires secrets* du 10 janvier étaient plus explicites:

On parle d'une plaisanterie récente de M. de Voltaire, intitulée le *Dîner du comte de Boulainvilliers*. C'est un dialogue entre un grand vicaire, l'abbé Couet, M. et Mme de Boulainvilliers, et Fréret, ce fameux athée, de l'Académie des Belles Lettres. Il est en trois parties, embrassant l'avant-dîner, le dîner et l'après-dîner. La religion est ordinairement la matière principale des nouveaux pamphlets de M. de Voltaire. Celui-ci est encore fort rare: on le dit très gai et très impie.[2]

Et dans la livraison du 1er janvier 1768 de la *Correspondance littéraire*,[3] Grimm écrit:

On nous a servi pour nos étrennes un *Dîner du Comte de Boulainvilliers*, en trois services bien garnis, c'est à dire trois entretiens bien étoffés, l'un avant dîner, l'autre pendant le dîner, le troisième après dîner, pendant le café. Le titre de ce *Dîner* porte l'année 1728, et nomme pour auteur M. de Saint-Hyacinthe; mais ceux qui ont du palais prétendent que ce dîner n'est pas servi depuis quarante ans, et qu'il sort tout fraîchement de la casserole du grand maître des cuisines de Ferney. [...] Il n'y a eu pendant très longtemps qu'un seul exemplaire à Paris, qui a passé de mains en mains avec une rapidité étonnante; et la fureur d'avoir ce *Dîner* a été si grande qu'on en a tiré des copies en manuscrit, quoique la brochure ait 60 pages in-12[4] bien serrées, et d'un menu caractère.

L'inspecteur de police d'Héméry était également bien renseigné. A la date du 28 janvier, son journal renferme la notice suivante:

---

[2] Bachaumont, iii.280-81.

[3] CLT, viii.9. La livraison de Grimm est sans doute antidatée, comme souvent vers cette époque (voir U. Kölving et J. Carriat, *Inventaire de la Correspondance littéraire de Grimm et Meister*, Studies 225-227, i.xxi).

[4] C'est en réalité un in-8° de petit format.

Le Dîner du Comte de Boulainvilliers par M. S^r. Hiacinte. 60 pages petit in-8° imprimé à Geneve et dont il y a eu quelques exemplaires venus par la poste. Cette brochure est encore une nouvelle production de M. de Voltaire.[5]

Quand ces commentaires, ou d'autres, parviennent à Ferney, Voltaire s'affole. Il songe moins dorénavant à diffuser l'ouvrage qu'à le désavouer, comme le montrent deux lettres écrites le 22 janvier, l'une à Marmontel, l'autre à Morellet. 'J'aprends avec une extrême surprise', écrit-il au premier, 'qu'on m'impute un certain diner du comte de Boulainvilliers, que tous les gens un peu au fait savent être de s^t Hyacinte. Il le fit imprimer en Hollande en 1728. C'est un fait connu de tous les écumeurs de la Littérature. J'attends de vôtre amitié que vous détruirez un bruit si calomnieux et si dangereux' (D14694). La lettre se termine par une phrase qui est à la fois un aveu de paternité et un aveu d'angoisse: 'Gardez moi un secrêt inviolable'. La lettre à Morellet contient le même démenti (D14695). Et dès le lendemain, Voltaire écrit au comte d'Argental (D14697):

je vous supplie de croire par amitié, et de faire croire aux autres par raison et par l'intérêt de la cause commune, que je n'ai point été le cuisinier qui a fait ce dîner [...] Il doit être constant que ce petit morceau de haut goût est de feu s^t Hyacinthe. La description du repas est de 1728. Le nom de s^t Hyacinthe y est; comment peut on après cela me l'attribuer?

Pendant un mois, Voltaire multiplie désaveux et objurgations: à Damilaville, le 27 janvier; à Panckoucke, le 1er février; à Saurin, à Damilaville, à Mme de Saint-Julien, trois lettres du 5 février; à d'Argental le 6; à Damilaville le 8 et le 10; à Chabanon, à M. et Mme de Rochefort d'Ally, deux lettres du 12, etc.[6] Le thème de ces lettres est toujours le même: 'Le diner dont vous me parlez est sûrement de s^t Hyacinthe', écrit-il à Saurin le 5 février. 'On a

[5] Bn F22165, f.3*v*.
[6] D14700, D14716, D14726, D14727, D14728, D14730, D14738, D14743, D14747, D14749.

de lui un Militaire philosophe qui est beaucoup plus fort, et qui est très bien écrit. Vous sentez d'ailleurs, mon cher confrère, combien il serait affreux qu'on m'imputât cette brochure, évidemment faitte en 1726 ou 27, puisqu'il y est parlé du commencement des convulsions'. A Mme de Saint-Julien, même date: 'Vous me faittes, Madame, beaucoup d'honneur et un mortel chagrin en m'attribuant l'ouvrage de St Hyacinthe, imprimé il y a quarante ans.' Et le 12, à M. et Mme de Rochefort d'Ally: 'Il est très certain que ce dîner dans lequel on ne servit que des poisons contre la religion chrétienne, est de s^t Hyacinte et qu'il fut imprimé et supprimé il y a quarante ans juste. Cela est si vrai qu'on parle dans ce petit livre du commencement des convulsions et du cardinal de Fleury'. Mais cela ne suffit pas: Voltaire demande à ses correspondants d'intervenir, auprès de Suard, de l'abbé Arnaud,[7] de Morellet, de d'Alembert, de Grimm, encore de Suard et d'Arnaud... Avec Panckoucke, Voltaire est moins familier, dissimule davantage: 'Plus vous me témoignez d'amitié, moins je conçois comment vous pouvez vous adresser à moi pour vous procurer l'infâme ouvrage intitulé: *le dîner du comte de Boulainvilliers*. J'en ai eu par hasard un exemplaire et je l'ai jeté dans le feu'.[8] Voltaire a également dû protester avec force auprès des propriétaires de la *Gazette de Berne* qui lui avait ouvertement attribué 'une brochure intitulé le Dîné': 'Ce dernier Ecrit est très défendu, par conséquent très recherché'. Le numéro du 20 février 1768 porte cette rectification: 'Depuis l'avis inséré dans la gazette du 10 février concernant l'imputation faite à Monsieur de Voltaire par une lettre écrite d'Avignon de [...] avec une brochure intitulé le Dîné, M. de Voltaire ayant écrit à Son Excellence d'Erlach, avoyer

---

[7] Lettre à Saurin: 'Engagés vos amis, et surtout m^r Suard et m^r L'abbé Arnaud, à repousser l'imposture qui m'accuse de la chose du monde la plus dangereuse' (D14726). Voltaire qui connaissait bien les activités journalistiques de Suard et d'Arnaud – il avait lui-même collaboré à leur *Gazette littéraire* en 1764-1765 – s'attendait-il à ce qu'ils insèrent un désaveu dans un des journaux auxquels ils collaboraient?

[8] 1er février 1768 (D14716). Panckoucke s'était-il adressé à Voltaire dans le but d'obtenir la permission de réimprimer *Le Dîner* à Paris?

régnant, que non seulement il n'avait eu aucune part à cet ouvrage, mais même il ne le connaissait pas, on croit devoir avertir le public que cette imputation doit être regardée comme fausse et calomnieuse'.[9]

Faut-il croire, comme l'écrit Dupan à Freudenreich le 15 février, que Voltaire 'seroit bien fâché qu'on ne le crût pas l'auteur des ouvrages qu'il désavoüe' (D14755, commentaire)? En général, sans doute est-ce le cas; cette fois, on peut croire que non, et que Voltaire dévoile sa pensée à ses vrais amis, quand il écrit:

Je n'ai qu'un azile au monde. Mon âge, ma santé très dérangée, mes affaires qui le sont aussi, ne me permettent pas de chercher une autre retraitte contre la calomnie. Il faut que les sages s'entr'aident; ils sont trop persécutés par les fous [...] On ne fait nul tort à la mémoire de s^t Hyacinthe en lui attribuant une plaisanterie faitte il y a quarante ans. Les morts se moquent de la calomnie, mais les vivants peuvent en mourir.[10]

Mon désert me devient plus précieux que jamais. Je serais obligé de le quitter, si la calomnie m'imputait le petit écrit de Saint-Hyacinthe.[11]

Le 8 février, il adresse à Damilaville une longue lettre, pleine de précautions, où il s'indigne contre tous les ouvrages qui attaquent la religion – tout en admirant leur style et en citant *Le Militaire*

[9] Cité par L.-E. Roulet, *Voltaire et les Bernois* (Berne 1950), p.181. Voir aussi la lettre adressée par Albrecht Friedrich von Erlach, avoyer de Berne, à Voltaire en date du 13 février (D14754).

[10] Le 5 février 1768, à Saurin (D14726). Voltaire continuera à tout mettre en œuvre pour associer les deux ouvrages qu'il attribue à Saint-Hyacinthe. C'est sans doute sur sa suggestion que Gabriel Grasset réimprime *Le Militaire philosophe* en même temps que *Le Dîner* (voir D14964, lettre en date du 18 avril 1768 adressée à Mme Du Deffand): *Le Militaire philosophe, ou difficultés sur la religion proposées au R. P. Malebranche, prêtre de l'Oratoire, par un ancien officier. Nouvelle édition* (Londres 1768, 200 p.; Taylor: Vet.Fr.IIB.1170; BV, no.2551). La présentation typographique est identique à celle des éditions Grasset recensées dans A. Brown et U. Kölving, 'Voltaire and Cramer?', *Le Siècle de Voltaire: hommage à René Pomeau*, éd. C. Mervaud et S. Menant (Oxford 1987), i.149-83. *Le Militaire philosophe* figure dans les catalogues de Grasset conservés dans le ms 1161 de la Bibliothèque publique et universitaire de Neuchâtel.

[11] Le 5 février 1768, à Damilaville (D14727).

philosophe – et il ajoute: 'Mais comment puis-je soutenir l'imposture qui me charge du petit livre intitulé Le diner du comte de Boulainvillers, ouvrage imprimé il y a quarante ans dans une maison particulière de Paris,[12] [...] et dont on ne tira je crois que peu d'éxemplaires?' (D14738). Le 15, il adresse copie de la même lettre à d'Argental, en vue évidemment d'une diffusion aussi large que possible: 'Je vous envoye une profession de foy que je fis l'autre jour à un de mes amis. Je vous donne pour pénitence de la lire. Expiés par là votre énorme péché d'avoir jugé témérairement votre prochain. Vous sentés bien que c'est absolument s[t] Hiacinte et non pas moy, qui a diné' (D14755).

Ces angoisses étaient-elles excessives? Peut-être pas. On connaît l'importance attachée par Voltaire à sa stratégie de lutte contre les défenseurs de la religion catholique. Des personnages haut placés, tels les ministres Praslin et Choiseul auxquels il venait de dédier *Les Scythes*, y jouaient un rôle de premier plan. Leur soutien à la cause était crucial; il fallait donc à tout prix éviter de les placer dans une situation où, de par leur position officielle, ils seraient obligés de désavouer ouvertement Voltaire. Dès octobre 1767, Voltaire avait justifié devant Damilaville ses attaques contre Coger en soulignant qu'il 'est très important de détromper certaines personnes sur le dictionnaire philosophique que Cogé m'impute. Vous ne savez pas ce qui se passe dans les bureaux des ministres, et même dans le conseil du roi, et je sais ce qui s'y est passé à mon égard' (D14464). Au début du mois de décembre, Voltaire avait entre les mains le *Dictionnaire antiphilosophique* de Chaudon,[13] qui lui attribuait ouvertement le *Dictionnaire philosophique* tout en soulignant, dans la préface, le rôle joué par cet ouvrage dans le procès La Barre, et en publiant *in extenso* l'arrêt du parlement de Paris le condamnant au feu. Le moment

---

[12] Cf. la lettre à Marmontel citée ci-dessus (p.295) où Voltaire dit qu'on le fit imprimer en Hollande en 1728 (D14694).

[13] *Dictionnaire anti-philosophique, pour servir de commentaire & de correctif au Dictionnaire philosophique & aux autres livres, qui ont paru de nos jours contre le christianisme* (Avignon 1767; BV, no.728).

était donc délicat. Voltaire fait valoir à ses correspondants l'importance de rester unis dans la guerre commune contre l'infâme, et de s'assurer l'appui du duc de Choiseul (cf. D14565). L'année 1767 se termine finalement sur un ton optimiste dont témoignent les lettres du début du mois de janvier 1768.

Mais il faut procéder avec précaution, et Voltaire exhorte Marmontel qui venait de s'attirer l'ire des autorités par son *Bélisaire*: 'Je vous demande en grâce de ne jamais dire que je suis vôtre correspondant; cela est essentiel pour vous et pour moi. On est épié de tous côtés' (D14694). Il y avait donc un réel danger de voir s'évanouir l'attitude relativement bienveillante d'un duc de Choiseul, soucieux de rester en place. Grimm se fait d'ailleurs l'écho de l'attitude des milieux officiels en écrivant le 15 avril 1768 que s'il est faux de dire que le roi est décidé à sévir et qu'un ministre a conseillé à Voltaire de se sauver, il est vrai 'que M. Pasquier[14] avait dit cet hiver à M. l'abbé de Chauvelin qu'il n'était pas possible de souffrir davantage les entreprises de M. de Voltaire contre la religion, et que, si le *Dîner du Comte de Boulainvilliers* lui tombait entre les mains, il le dénoncerait au parlement[15] et ferait décréter M. de Voltaire de prise de corps'. Ce n'est pas très dangereux, puisque Voltaire ne vit pas dans le ressort du parlement de Paris;[16] mais on a discuté en haut lieu pour savoir s'il

[14] Denis-Louis Pasquier, conseiller au parlement (1718-1782). On connaît le rôle joué par Pasquier dans l'affaire d'Abbeville (voir Marc Chassaigne, *Le Procès du chevalier de La Barre*, Paris 1920, p.168-74).

[15] Signalons que G. Peignot, *Dictionnaire critique, littéraire et bibliographique, des principaux livres condamnés au feu, supprimés ou censurés* (Paris 1806), précise que *Le Dîner du comte de Boulainvilliers* a été 'condamné au feu' (ii.189). Nous n'avons pu trouver trâce de cette condamnation ni dans l'*Index librorum prohibitorum*, ni dans les arrêts du parlement de Paris. Félix Rocquain, *L'Esprit révolutionnaire avant la révolution (1715-1789)* (Paris 1878), ne le mentionne pas non plus dans sa liste d'ouvrages qui ont motivé les arrêts du Conseil d'Etat, du parlement, du Châtelet et du Grand Conseil.

[16] Il y avait déjà eu une alerte en janvier 1767 au moment où la femme Lejeune, domestique des d'Argental, avait été arrêtée près de Ferney pour contrebande de livres défendus avec, dans ses bagages, 80 exemplaires du *Recueil nécessaire*. Voltaire a multiplié les démarches pour étouffer l'affaire et surtout pour empêcher qu'elle ne soit traduite devant le parlement de Dijon. Il trace

fallait emprisonner ou exiler Voltaire; il l'a su, et, ajoute Grimm, ce sont là des questions 'qui ne s'agitent jamais sans quelque danger pour celui qui en est l'objet' (CLT, viii.52-53). Voltaire savait sans doute aussi qu'entre autres on lui avait attribué, l'automne précédent, un ouvrage sur Spinoza[17] publié sous le nom de Boulainviller;[18] or à cette époque, qui dit Spinoza dit athéisme. Les démentis de Voltaire ont donc une cause bien précise et on peut croire qu'ils sont sincères.[19]

D'ailleurs d'Alembert a compris, et s'efforce de rassurer le patriarche. Il lui écrit le 18 février (D14762) qu'il sait et soutiendra

alors à d'Argental ce tableau des conséquences éventuelles: 'ajournement personnel contre celui qui est nommé dans le procez [Voltaire], décrêt de prise de corps s'il ne comparaît pas, confiscation des biens attachée à tout décrêt de prise de corps auquel on n'obéit pas, une famille entière tombée tout d'un coup de l'opulence dans la pauvreté, sept ou huit personnes accoutumées à vivre ensemble depuis dix ans séparées pour jamais, la nécessité de chercher une retraitte en traversant des montagnes de glaces et des précipices, quand on est au lit accablé de vieillesse et de maladies, voilà, sans aucune éxagération tout ce qui peut arriver, et ce qui arrivera infailliblement' (D13904).

[17] *Mémoires secrets* du 6 et du 26 octobre 1767 (iii.233, 244-45). Il s'agit des *Doutes sur la religion, suivis de l'analyse du traité théologi-politique de Spinosa. Par le comte de Boulainvilliers* (Londres 1767; BV, no.503). A la suite des travaux de Norman L. Torrey ('Boulainvilliers: the man and the mask', *Studies* 1, 1955, p.159-73) et de Renée Simon (H. Boulainviller, *Œuvres philosophiques*, éd. R. Simon, La Haye 1973-1975), on s'accorde à ne plus attribuer ce texte au comte de Boulainviller. A en juger par les *Mémoires secrets* du 31 octobre, on avait également un moment attribué à Voltaire *Le Militaire philosophe*.

[18] Boulainviller: orthographe des signatures et des épitaphes de la famille. Voir Renée Simon, *Un révolté du grand siècle, Henri de Boulainviller* (Garches 1948), p.68.

[19] La communion de Pâques 1768 est sans doute à placer dans le même contexte. Le journaliste du *Courier du Bas-Rhin* l'explique ainsi: 'On s'imagine tenir la clef de la conduite de M. de Voltaire, en supposant, ce qui est facile à croire, qu'il ait toujours un désir ardent de rentrer dans sa patrie, ou du moins de venir à Paris. On veut que sur ses sollicitations auprès d'un grand ministre, celui-ci lui a fait entendre que la Reine s'y opposoit, prévenue contre lui et le regardant comme auteur de tous les libelles contre la Religion qui se répandent depuis quelque temps en France; que la seule façon de démentir ces calomnies & de mériter l'indulgence de Sa Majesté, étoit de faire un acte de catholicité qui détruisît les imputations de ses ennemis' (28 mai; p.339).

urbi et orbi que Voltaire n'est pour rien dans le fameux *Dîner*. Le 29 février (D14782), il constate: 'Il me semble que les criailleries au sujet de l'ouvrage de s¹ Hyacinthe sont appaisées', et il ajoute: 'Il est bien cruel que le repos des honnêtes gens dépende de certain conseiller [Pasquier] aux yeux de veau & au cœur de Tigre'. A la fin de février et au début de mars, Voltaire bouleversé par la trahison de La Harpe et le départ de Mme Denis paraît ne plus songer au *Dîner du comte de Boulainvilliers*. Mais le nom de Saint-Hyacinthe subsiste en 1769, lors de la publication du *Dîner* dans le premier tome des *Choses utiles et agréables*.

2. *Composition*

En choisissant le cadre de ses dialogues, Voltaire a cherché à suggérer une certaine atmosphère des années 1720 bien connue de ses contemporains. Non seulement il a donné au *Dîner* la date de 1728 – et quelques détails sont là pour l'étayer tant bien que mal – mais il a surtout choisi de mettre en scène des personnages historiques bien réels qui jouissaient encore en 1767 d'une certaine réputation et surtout d'une certaine actualité.

Voltaire a l'habitude d'attribuer ses productions les plus hardies à quelque mort, car les morts ne risquent pas la Bastille. Cette fois, il a fait imprimer le nom de Saint-Hyacinthe sur la page de titre de la brochure. Le choix de Thémiseul de Saint-Hyacinthe, auteur du célèbre *Chef d'œuvre d'un inconnu* ou *Mathanasius*,[20] peut surprendre. Ce personnage, mort en 1746, avait eu avec Voltaire d'assez mauvais rapports.[21] Les deux hommes ont dû faire connaissance vers 1716-1718 (on sait qu'ils ont assisté ensemble à une

---

[20] C'est sous ce titre que Voltaire parle du *Chef d'œuvre d'un inconnu, poème heureusement découvert et mis au jour avec des remarques savantes et recherchées par M. le docteur Chrisostome Matanasius* (La Haye 1714). Une édition largement complétée, notamment par la *Déification d'Aristarchus Masso*, parut en 1732 (BV, no.3067).

[21] Pour plus de détails sur Saint-Hyacinthe et ses relations avec Voltaire, voir Elisabeth Carayol, *Thémiseul de Saint-Hyacinthe (1684-1746)*, Studies 221 (1984).

des premières représentations d'*Œdipe*); ils ont renoué contact à Londres en 1728 précisément; un différend mal éclairci intervient alors qui semble les avoir définitivement brouillés.[22] En décembre 1738 survient la publication par Desfontaines dans la *Voltairomanie* d'un passage extrait de la *Déification d'Aristarchus Masso* qui relate la fameuse bastonnade donnée à Voltaire par Beauregard. La guerre est désormais ouverte. Voltaire n'a de cesse de se venger: il affirme à ses divers correspondants en 1739, et surtout publiquement dans les *Conseils à un journaliste* publiés en novembre 1744 dans le *Mercure*, que c'est à tort que Saint-Hyacinthe s'est arrogé le titre d'auteur du célèbre *Mathanasius*.[23] Cependant, en 1767 Voltaire semble avoir oublié ses anciennes rancunes: 'St Hyacinte était à la vérité un sot dans la conversation; mais il écrivait bien. Il a fait de bons journaux' (D14730). En lui faisant endosser la paternité du *Dîner*, il préfère plutôt attirer l'attention sur la hardiesse de sa pensée et sa réputation d'auteur irréligieux. Pour l'étayer il lui attribue *Le Militaire philosophe*, 'lequel est ce qu'on a fait peut être de plus fort contre le fanatisme'.[24]

Des quatre personnages mis en scène par Voltaire, tous morts

---

[22] Voir Jean Lévesque de Burigny, *Lettre de M. de Burigny à M. l'abbé Mercier, sur les démêlés de Voltaire avec M. de St Hyacinthe* (Londres et Paris 1780). Voltaire n'a probablement pas apprécié la publication à ce moment-là par Saint-Hyacinthe des *Lettres critiques sur la Henriade* (Londres et La Haye 1728), dont il ne parut d'ailleurs qu'une seule lettre.

[23] Une lettre à Berger du 16 février 1739 donne le ton de la campagne: 'Il [Saint-Hyacinthe] n'a pas plus réparé l'infâme outrage qu'il m'a fait, qu'il n'est l'auteur du *Mathanasius*. N'avez vous pas vu l'un et l'autre ouvrage? N'y reconnaissez vous pas la différence des styles! C'est Sallingre et Sgravesande qui ont fait le *Mathanasius*. St Hiacinthe n'y a fourni que sa chanson. Il est bien loin, ce misérable, de faire de bonnes plaisanteries. Il a escroqué la réputation d'auteur de ce petit livre, comme il a volé mad. Lambert. Infâme escroc et sot plagiaire, voilà l'histoire de ses mœurs et de son esprit' (D1881); voir aussi D1948.

[24] D14730. Il s'en explique à d'Argental: 'Je ne suis pas encore bien sûr que le militaire philosophe soit de s[t] Hyacinthe; mais les fureteurs de littérature le croient, et cela suffit pour faire penser qu'il n'était pas indigne de dîner avec le comte de Boulainvilliers' (19 février 1768; D14763); voir ci-dessus, n.1.

bien avant 1767,[25] deux appartiennent à l'actualité toute récente: le comte de Boulainviller lui-même sous le nom duquel on venait de publier les *Doutes sur la religion suivis du traité théologi-politique de Spinosa*, et Fréret auquel on attribuait une série d'ouvrages sortis des presses d'Amsterdam et de Genève, notamment en dernier lieu l'*Examen critique des apologistes de la religion chrétienne*.

Nous savons que Voltaire avait fréquenté Henri de Boulainviller, comte de Saint-Saire, avant son voyage en Angleterre. Le comte était fort connu au début du dix-huitième siècle comme... devin. Voltaire, à qui Boulainviller avait prédit qu'il devait mourir à l'âge de 32 ans,[26] songe à lui le jour d'une éclipse de soleil: 'Que dira le Boulinvilliers / sur ce terrible phénomène' (à Fontenelle, 1er juin 1721; D92). Et quand il publie cette lettre et ces vers en 1732, Voltaire ajoute en note: 'Le Comte de Boulainvilliers, homme d'une grande érudition; mais qui avoit la foiblesse de croire à l'Astrologie'.[27] Dans le catalogue des écrivains du *Siècle de Louis XIV*, Voltaire condamne l'apologie que fait Boulainviller du système féodal en France, mais il précise que le comte 'était excellent citoyen, comme malgré son faible pour l'astrologie judiciaire[28] il était philosophe, de cette philosophie qui compte la vie pour peu de chose et qui méprise la mort. Ses écrits', ajoute-t-il, 'qu'il faut lire avec précaution, sont profonds et utiles' (*OH*, p.1143). Voltaire avait en effet dans sa bibliothèque deux ouvrages posthumes du comte dont les traces de lecture et les notes marginales prouvent qu'ils lui ont été fort utiles dans son travail de préparation pour l'*Essai sur les mœurs* et *Le Siècle de Louis XIV*:

[25] Boulainviller dès 1722, la comtesse sa veuve en 1723, l'abbé Couet en 1736 et Fréret en 1749.

[26] Voir R. Pomeau, *La Religion de Voltaire* (Paris 1969), p.98.

[27] Cité par Th. Besterman (D92, commentaire). Saint-Simon (*Mémoires*, éd. Yves Coirault, v.222-23) rapporte longuement les prédictions de Boulainviller relatives à la mort de Louis XIV, tout en soulignant 'la fausseté, la vanité, le néant, de cette prétendue science' (cité par R. Simon, *Henry de Boulainviller, historien, politique, philosophe, astrologue (1658-1722)*, Paris 1941, p.634).

[28] Notons en effet que cet intérêt bien connu du comte pour l'astrologie judiciaire est passé sous silence par l'auteur du *Dîner*.

il s'agit de l'*Histoire de l'ancien gouvernement de la France* (La Haye et Amsterdam 1727), dont il possédait deux exemplaires, et l'*Etat de la France* (Londres 1737).[29] Certes, comme beaucoup de ses contemporains, Voltaire voyait aussi en Boulainviller un philosophe antichrétien.[30] Il fut un 'honnête vulgarisateur' de Spinoza[31] et Paul Vernière[32] fait cas de ses travaux. Il était vraisemblablement déiste, et il animait un de ces groupes fermés qui, vers 1720, diffusaient la littérature clandestine.[33] Nous ne savons pas au juste quels furent les rapports de Voltaire avec la 'coterie' de Boulainviller. René Pomeau pense que Voltaire n'a connu alors en lui que l'astrologue.[34] Mais, vers 1767, beaucoup des ouvrages posthumes du comte ont été publiés, et Voltaire est mieux renseigné qu'en 1720.

---

[29] BV, no.504-506. Pour les traces de lecture, voir CN, i.431-97. Ajoutons que Voltaire s'est également documenté dans sa *Vie de Mahomet*, publié en 1730 (voir Pomeau, *La Religion de Voltaire*, p.149-51, 157). Cet ouvrage ne figure plus dans sa bibliothèque.

[30] En septembre 1767, son nom figure à côté de ceux de Bolingbroke, Woolston, Spinoza, Maillet, Meslier, Fréret, Boulanger et La Mettrie (voir D14445); voir aussi D14695 et les *Lettres à S. A. Mgr le prince de* *** (M.xxvi.502).

[31] Son *Essai de métaphysique dans les principes de B. de Spinosa*, qui avait circulé en manuscrit de son vivant, avait été publié en 1731 par Lenglet Dufresnoy sous le titre trompeur de *Réfutation des erreurs de Benoit de Spinosa*; voir Geraldine Sheridan, *Nicolas Lenglet Dufresnoy and the literary underworld of the ancien régime*, Studies 262 (1989), p.133 ss.

[32] P. Vernière, *Spinoza et la pensée française avant la Révolution* (Paris 1954), i.322 ss. M. Vernière, qui fait allusion au *Dîner du comte de Boulainvilliers*, ne semble pas du tout penser que Voltaire ait trahi le personnage.

[33] Ira O. Wade, *The Clandestine organization and diffusion of philosophic ideas in France between 1700 and 1750* (Princeton 1938), p.98. Il est curieux de noter que des érudits tels que Marais et le président Bouhier possédaient plusieurs des manuscrits clandestins de Boulainviller et qu'ils en faisaient cas; voir la *Correspondance du président Bouhier*, éd. Henri Duranton, p. ex. vi.243, 255 et 285, où Marais constate: 'Il faut avoir ses manuscrits dans une bibliothèque et non au-delà'. A propos de sa *Vie de Mahomet*, qu'il a vue en manuscrit, il souligne qu'il 'faut lire ce livre avec quelque précaution, à cause de certaines critiques indirectes de la religion chrétienne, et il n'appartient pas à tout le monde de manier des matières si hautes et si délicates' (*Journal et mémoires* [...] *sur la régence et le règne de Louis XV, 1715-1737*, éd. M. de Lescure, Paris 1863-1868, ii.213-14).

[34] R. Pomeau, *La Religion de Voltaire*, p.98.

Quant à la comtesse de Boulainviller, si Voltaire l'a connue, ce ne peut être que la seconde femme du comte, Claude Catherine d'Alègre, car la première était morte en 1696. Boulainviller se remaria en 1710. D'ailleurs, que Voltaire l'ait rencontrée ou non, peu importe: à part un racontar de Mathieu Marais[35] nous ne savons rien d'elle, et cette personne très réelle n'a pas pour nous d'autre vérité que la comtesse de Hiss-Priest-Craft des *Questions sur les miracles*: une vérité qui doit tout à Voltaire.

Rien ne prouve non plus qu'il ait jamais fréquenté Nicolas Fréret, le savant secrétaire de l'Académie des inscriptions,[36] même s'il l'a sans doute rencontré.[37] Celui-ci avait une solide réputation d'athéisme. Voltaire se montre toujours avide de recevoir les ouvrages clandestins qui lui sont attribués, et les réclame à ses correspondants.[38] Il consacre à 'l'illustre et profond Fréret' un long passage dans la septième des *Lettres à S. A. Mgr le prince de **** (contemporaines du *Dîner*). Il y parle de Fréret auteur de l'*Examen critique des apologistes de la religion chrétienne* et souligne son hétérodoxie. Fréret était depuis longtemps en relations amicales avec Boulainviller, et l'estimait fort.[39]

Pour l'abbé Bernard Couet, Voltaire l'a connu avant le 'miracle' du faubourg Saint-Antoine, en 1725. Une certaine Mme La Fosse avait été 'miraculeusement' guérie; Voltaire a voulu la voir, le cardinal de Noailles en a fait un mandement, et l'abbé Couet, 'grand vicaire de son Eminence', a envoyé le mandement au poète. Celui-ci, qui vient de faire jouer *Mariamne*, adresse sa pièce à l'abbé avec le quatrain suivant:

[35] Marais lui attribue pour amant l'évêque de Rennes, Christophe Crissé de Sausay, et dit qu'on l'appelait 'la sacrée comtesse' (*Journal*, iii.36).
[36] Pour plus de détails, voir Renée Simon, *Nicolas Fréret, académicien*, Studies 17 (1961).
[37] Le ton, courtois mais distant, de la lettre adressée par Fréret à Voltaire en date du 2 décembre 1742 (D2693) pour le remercier du prêt d'un ouvrage de John Greaves prouve bien que les deux hommes n'étaient pas en relations suivies.
[38] A Damilaville, 16 octobre 1765 (D12938); à G. Cramer, octobre ou novembre 1765 (D12959), etc.
[39] R. Simon, *Nicolas Fréret*, p.15.

Vous m'envoiez un mandement,
Recevez une tragédie,
Et qu'ainsi mutuellement
Nous nous donnions la comédie.[40]

Ce qui prouve au moins que l'abbé entendait la plaisanterie. Grimm le donne pour janséniste (CLT, viii.9-10): pouvait-on ne pas l'être plus ou moins dans l'entourage du cardinal de Noailles? L'abbé Couet devait mourir assassiné, le 2 mai 1736: le dimanche 29 avril, à huit heures du matin comme il venait de dire sa messe, un particulier, chapelier du faubourg Saint-Antoine, l'avait frappé avec un couteau aiguisé en poignard à la porte même de l'arche-vêché. L'événement fit scandale et Voltaire, qui était à Paris à ce moment-là (voir D1068), en a certainement entendu parler.[41] Mais l'abbé Couet a-t-il connu Boulainviller? C'est probable, car il était grand vicaire du cardinal de Noailles, et le duc de Noailles, neveu du cardinal, était très lié avec Boulainviller.[42]

Les trois principaux personnages du *Dîner* sentent donc le fagot d'une manière ou d'une autre: Fréret comme athée, Boulainviller comme spinoziste – ce qui est presque identique au jugement du dix-huitième siècle – Couet, comme janséniste. Mais cela ne suffit pas.

Voltaire souligne l'époque à laquelle il veut placer les trois entretiens en terminant le dernier par l'arrivée du président de

[40] Voltaire le raconte lui-même dans une lettre à la marquise de Bernières (20 août 1725; D246).

[41] 'Toute la France est venue chez lui. M. le chancelier y a été, le Duc d'Antin dont il était confesseur, et tout ce qu'il y avait de plus grand à la cour et à la ville. Le meurtrier […] fut arrêté le même jour. On lui trouva un second poignard; il voulait encore tuer M. le lieutenant civil, M. Hérault, et le curé de Sainte-Madeleine du Faubourg Saint-Antoine. Il a été jugé au Châtelet, poing coupé, amende honorable, roué vif et brûlé' (lettre de Marais au président Bouhier du 4 mai 1736: *Correspondance littéraire du président Bouhier*, xiv.148). Voir aussi les *Lettres du commissaire Dubuisson au marquis de Caumont*, éd. A. Rouxel (Paris 1882), p.203.

[42] Voir Marais, *Journal*, ii.227 et Saint-Simon, *Mémoires*, v.222. Signalons d'ailleurs que Fréret avait été chargé de l'éducation des fils du duc de Noailles en 1720 et 1721 (R. Simon, *Nicolas Fréret*, p.21).

Maisons, de l'abbé de Saint-Pierre, de M. Dufay[43] et de M.
Dumarsais. Or Voltaire a certainement fréquenté lui-même, vers
1720, le cercle de son ami le président de Maisons, à l'hôtel de
Maisons à Paris et au château de Maisons, un des plus beaux
châteaux construits par Mansart, situé à la limite de la forêt de
Saint-Germain. On peut supposer que c'est là qu'il a rencontré
Dumarsais, ex-précepteur de son ami de Maisons,[44] et que la lettre
assez nostalgique qu'il adresse au vieux Dumarsais le 12 octobre
1755 se réfère à cette époque lointaine: 'Nous ne nous verrons
plus. [...] Nous voilà morts l'un pour l'autre, j'en suis bien fâché.
[...] je m'unis à vos pensées, je vous aime toujours au bord de
mon lac, comme lorsque nous soupions ensemble' (D6536). Nous
savons que Voltaire faisait cas de ce grammairien philosophe qu'il
appelait volontiers 'le dialecticien Dumarsais'[45] et qu'il a mis en
scène dans un chapitre du *Pot-pourri* (M.xxv.263). Il venait d'ailleurs d'éditer et de publier lui-même en 1766 dans le *Recueil
nécessaire* une *Analyse de la religion chrétienne* qu'il lui attribuait.[46]
Voltaire a connu aussi l'abbé de Saint-Pierre, mort en 1743; il
parle de lui comme d'un partisan du 'pur théisme' dans la septième
des *Lettres à S. A. Mgr le prince de* *** (M.xxvi.501). Dans le
catalogue des écrivains du *Siècle de Louis XIV*, il fait un grand
éloge de son projet de 'taille tarifée', et lui prête, à l'article de la
mort, un propos assez voltairien.[47] La *Correspondance littéraire*

[43] Celui-ci est le moins connu. Charles-François de Cisternay Du Fay (1698-
1739) était membre de l'Académie des sciences, restaurateur du Jardin du roi,
où Buffon lui succéda.

[44] Voltaire se souvient encore de lui en 1778: 'Le président de Maisons prit
chez lui Dumarsais sur ce qu'on disait qu'il était athée' (à d'Alembert, le 4
janvier 1778; D20971).

[45] *Lettres à S. A. Mgr le prince de* *** (M.xxvi.503; voir aussi M.xxvii.118).

[46] *Recueil nécessaire* (Leipsik [Genève, Cramer] 1765), p.1-60. Le manuscrit
utilisé par Voltaire se trouve encore dans sa bibliothèque et porte des traces
évidentes de son travail de rédaction (voir F. Caussy, *Inventaire des manuscrits de la
bibliothèque de Voltaire*, Paris 1913, p.44: vol.ix, no.449). L'ouvrage fut également
publié séparément: *Analyse de la religion chrétienne, par Dumarsais* (s.l.n.d., 60 p.;
BV, no.1141).

[47] 'Je lui demandai, quelques jours avant sa mort, comment il regardait ce
passage. Il me répondit: "Comme un voyage à la campagne".' (*OH*, p.1204).

affirme, à propos du *Dîner du comte de Boulainvilliers*, que dans le cercle du président de Maisons, tout le monde était athée, sauf Voltaire.[48] Ainsi, les personnages du *Dîner* auraient pu vraisemblablement se trouver réunis avant 1728, ou plutôt avant 1722, date de la mort du comte; mais en reculant dans le temps la rédaction de l'ouvrage, Voltaire n'en atténue pas la portée; au contraire, puisque, de fait ou de réputation, ces personnages sont tous résolument sceptiques quand il s'agit des dogmes chrétiens.

Par contre, il lui est échappé deux négligences qui empêcheraient de croire – eussions-nous des doutes – que l'ouvrage est de 1728. D'abord, il y est fait allusion à l'affaire des convulsionnaires de Saint-Médard,[49] qui n'a commencé qu'après la mort du diacre Pâris en 1727: or Boulainviller est mort en 1722, et en 1728 nul ne pouvait l'ignorer. Ensuite, Voltaire cite, à la fin des 'Pensées détachées de M. l'abbé de St Pierre', l'*Histoire critique de la philosophie* de Boureau-Deslandes, qui est de 1737, et que l'auteur n'a signée qu'en 1756. Après cela, Voltaire peut bien écrire qu'"il y a cent traits dans cet ouvrage qui indiquent évidemment le temps auquel il fut composé' (D14728). Bien sûr: mais ce temps est l'automne de 1767.

Est-il possible de cerner de plus près la date de composition de ce *Dîner* dans lequel Grimm ne trouve guère qu'"une répétition des *Lettres sur les miracles*, du *Caloyer*, du *Zapata*' (CLT, viii.9)? Faut-il la placer après octobre 1767 et la lecture de la plaisante *Théologie portative*[50] qui pourrait bien avoir incité Voltaire à entreprendre pour les étrennes de 1768 un ouvrage qui fît mépriser lui aussi 'les querelles théologiques' et 'les écoles d'arguments'? C'était sans doute au risque de se répéter, Voltaire ne l'ignorait

---

[48] CLT, viii.10. Cideville écrit à Voltaire le 31 juillet 1731: 'Mandés-moi [...] si mr. de Maisons persiste dans son athéisme' (D420).

[49] II.343 (p.379) et 'Pensées détachées de M. l'abbé de St Pierre', lignes 78-80 (p.408).

[50] Voltaire la jugeait ainsi le 12 octobre: 'Ce n'est qu'une plaisanterie continuelle par ordre alphabétique; mais il faut avouer qu'il y a des traits si comiques, que plusieurs théologiens même ne pourront s'empêcher d'en rire. Les jeunes gens et les femmes lisent cette folie avec avidité' (D14474).

pas, mais comme il le dit lui-même avec une certaine indulgence dans *L'Homme aux quarante écus*, en chantier à la même époque: 'Je suis bien vieux; j'aime quelquefois à répéter mes contes, afin de les inculquer mieux dans la tête des petits garçons pour lesquels je travaille depuis si longtemps' (M.xxi.334).

Comme souvent pour les œuvres polémiques de Voltaire, il est difficile de fixer une date de composition exacte. Ces œuvres, souvent écrites dans la hâte et le secret, ne sont guère mentionnées dans la correspondance au stade de la composition. On est donc obligé de recourir à la critique interne pour essayer de fixer approximativement un *terminus a quo* qui délimiterait, avec le *terminus ad quem* probable de la fin de la première semaine de décembre 1767, la période de gestation et de composition du *Dîner*. La tâche est loin d'être facile. Le dialogue se place au carrefour des multiples préoccupations de Voltaire en cet automne de 1767, et tout se passe comme si, une fois l'idée de l'ouvrage conçue, il avait puisé un peu au hasard au fil de la plume, parfois en se trompant,[51] dans les nombreux feuillets et notes qui l'entouraient pendant cette période de travail très intense. La parenté avec *L'Examen important de milord Bolingbroke*, dont il a donné une nouvelle édition augmentée au mois de septembre (D14447),[52] ainsi qu'avec *Les Questions de Zapata* (de mars) est évidente. On y trouve également l'écho des *Lettres à S. A. Mgr le prince de *** sur Rabelais et sur d'autres auteurs accusés d'avoir mal parlé de la religion chrétienne*, publiées vers la fin du mois de novembre (cf. D14557).[53] Par ailleurs certains rapprochements peuvent être faits avec la révision en cours du *Siècle de Louis XIV*[54]

---

[51] Voir I.145-158, II.330-332 et notes.

[52] Voir en particulier II.146-177, 220-228 et notes. Pour plus de détails, voir nos notes au *Dîner* où sont signalés de nombreux rapprochements avec d'autres ouvrages en cours de rédaction ou de révision.

[53] Sans compter le thème général de la lutte contre l'infâme et le rôle attribué à Fréret, on peut y discerner quelques traces possibles de sa relecture récente de Rabelais; voir II.68, II.103, III.90 et notes.

[54] Voir III.31 (l'abbé de Corbie), III.46 (sainte Geneviève), III.70 (les légats *a latere*) et notes.

pour l'édition séparée de 1768 et de l'*Essai sur les mœurs*[55] pour l'édition in-quarto des œuvres complètes procurée par Cramer (w68). Il a aussi puisé abondamment dans ses carnets, en particulier pour les 'Pensées detachées de M. l'abbé de St Pierre'. Faute de repères temporels précis pour les étapes de rédaction de ces divers ouvrages, ces rapprochements ne font cependant que confirmer ce que l'on savait déjà: *Le Dîner* a été conçu à l'automne de 1767 pendant une phase de production abondante qui se reflète dans l'œuvre.

Un examen des lectures de Voltaire se révèle-t-il plus fructueux? La correspondance nous fournit quelques indices, pour la plupart indirects. Dans une lettre datée par Theodore Besterman de la fin du mois d'octobre mais que nous plaçons, avec Jean-Daniel Candaux,[56] au mois de septembre, Voltaire demande à Henri Rieu de lui procurer 'les *Doutes sur la religion* suivi de l'*Analyse de Spinoza* par Boulainvillers; L'*Esprit du clergé ou le christianisme primitif vengé*, traduit de l'anglais; *La Théologie portative* de l'abbé Bernier; *Le recueil de Passeran*'. Il ajoute: 'Vous pourriez aisément me faire avoir ces livres par votre ami m^r Cramer', ce qui permet de croire que ces ouvrages ont pu parvenir à Ferney dans un délai relativement court.[57] Le 28 septembre il a lu le *Tableau philosophique du genre humain* dont l'auteur 'attaque si cruellement les mystères sacrés de la religion chrétienne' (D14445), et le 12 octobre 'cette plaisanterie continuelle par ordre alphabétique' qu'est la *Théologie portative* (D14474). La première mention sous sa plume du *Militaire philosophe* – 'Il est excellent. Le père Mallebranche n'aurait jamais pu y répondre' – est plus tardive, du 18 novembre (D14536). Sans compter les grands thèmes – mise en doute de l'authenticité du Pentateuque, des miracles de l'Ancien et du Nouveau Testament,

---

[55] Voir II.48-60 (Henri VIII / Amnon et Thamar), II.272-278 (saint Pierre à Rome / Saint-Jean de Latran), III.142-143 (chute des anges / Shasta) et notes.

[56] J.-D. Candaux, 'Précisions sur Henri Rieu', *Le Siècle de Voltaire*, i.230.

[57] D 14512. La *Théologie portative* et L'*Esprit du clergé* lui avaient été signalés par d'Alembert dans une lettre du 22 septembre (D14436), avec *Les Prêtres démasqués*, *Le Militaire philosophe*, et le *Tableau philosophique* (de Charles Bordes).

des prophéties, du témoignage des martyrs, etc. – on peut proposer de nombreux rapprochements de détail entre *Le Dîner* et ces
ouvrages qui sont tous dirigés contre la religion révélée et le
clergé catholique. Le *compelle intrare* est également relevé dans le
Recueil de Radicati di Passerani,[58] ainsi que Luc xiv.13-14 (p.20),
les miracles de saint Antoine et de saint Janvier (p.74) et les 12
millions (chiffre avancé par Las Casas) massacrés en Amérique
(p.95). Le cas d'Ananie et de Saphire est cité dans le *Tableau
philosophique*.[59] Esdras y est aussi proposé comme auteur du Pentateuque (p.51). L'expression 'l'homme selon le cœur de Dieu' à
propos de David y est plusieurs fois soulignée (p.29-31), de
même que dans la *Théologie portative*.[60] Ce dernier ouvrage fait
également état (p.202) de Matthieu v.22 (il est défendu d'appeler
son frère Raka), d'Ezéchiel et son déjeuner (p.113), du calembour
pierre/Pierre (p.189), etc. Et on pourrait continuer. Il est cependant difficile, voire impossible, de prouver un lien direct entre ces
ouvrages et *Le Dîner*: ils puisent tous dans un fonds de référence
commun.

Quelques lettres du début de décembre nous permettent de
proposer un *terminus ad quem* probable à la fin de la première
semaine du mois. Le 2 décembre, dans une lettre adressée à
Marmontel (D14565), il est question de la citation de Boureau-
Deslandes qui figure dans une des dernières 'Pensées' de l'abbé
de Saint-Pierre. Une lettre à Damilaville du 1er fait écho à la
dernière 'pensée' (D14562). Le 7 décembre Voltaire parle pour
la première fois de l'ouvrage de J. Z. Holwell, *Interesting historical
events, relative to the provinces of Bengal, and the empire of Indostan* (2e
éd., London 1766-1767), dont on croit trouver trace dans une
phrase du troisième entretien (III.142-143). Ajoutons cependant

---

[58] Alberto Radicati, comte de Passerani, *Recueil de pièces curieuses sur les matières
les plus intéressantes* (Londres 1749; BV, no.2659), p.71.
[59] Charles Bordes, *Tableau philosophique du genre humain depuis l'origine du monde,
jusqu'à Constantin* (Londres [Lyon] 1767; BV, no.476), p.104.
[60] *Théologie portative, ou dictionnaire abrégé de la religion chrétienne. Par M. l'abbé
Bernier, licencié en théologie* (Londres [Amsterdam, Marc-Michel Rey], 1768; BV,
no.1663), p.93.

que cette courte phrase en fin d'alinéa a très bien pu être ajoutée au dernier moment sur l'épreuve. Il en va d'ailleurs de même pour les dernières 'Pensées' de l'abbé de Saint-Pierre (l.72-90) qui n'ont pas de parallèle dans les carnets.

Compte tenu de ces indices, nous situons la composition du *Dîner* au mois d'octobre 1767 et la correction des épreuves de la première édition en novembre et dans le premiers jours de décembre. Une fois les corrections exécutées, Grasset aurait pu imprimer les quatres feuilles de son édition en autant de jours.

3. *Réception*

Le Dîner du comte de Boulainvilliers semble avoir eu un succès immédiat dans les salons parisiens.[61] La grande gaieté qui y règne a fait oublier qu'il ne s'agit que d'une répétition – si brillante soit-elle – de thèmes maintes fois ressassés. 'Dans le fait', avoue Grimm, 'cela a des longueurs: c'est une répétition de tout ce qui a été réchauffé bien souvent dans cette cuisine', et il ajoute: 'mais cela fourmille de traits gais, brillants et plaisants'. Il signale qu'on a reproché à Voltaire de ne pas avoir fait parler ses personnages selon leurs caractères respectifs. Mais 'on ne peut reprocher à un homme de n'avoir pas exécuté ce qu'il ne s'est pas proposé', dit-il, 'Son but était de faire, sous la forme d'un *Dîner*, un précis et un catéchisme de la religion naturelle, et non de faire parler trois ou quatre personnages célèbres selon leur caractère' (CLT, viii.9).

La 'gaieté intarissable' dont fait état Grimm a certainement contribué au grand succès du *Dîner*, succès qui semble d'ailleurs avoir été plus que momentané. Sinon, on voit mal pourquoi Louis

---

[61] Le journaliste du *Monthly review*, par contre, qui annonce une édition in-8° de 1768 (peut-être L2 ou L3) sous la rubrique 'Catalogue; or, a brief view of some other late foreign publications', le juge sévèrement: 'A poor dinner truly! nothing but a little soup meagre for infidels, cooked (as it is said) by M. Voltaire' (xxxviii.599, 1768; cité par A.-M. Rousseau, *L'Angleterre et Voltaire*, Studies 145-147, 1976, iii.663).

Viret, cordelier et auteur d'une *Réponse à la Philosophie de l'histoire. Lettres à M. le marquis de C**** (Lyon 1767), aurait attendu l'année 1770 pour lancer sa contre-attaque. *Le Mauvais dîner, ou lettres sur le Dîner du comte de Boulainvilliers*[62] avait reçu l'approbation entière des autorités ecclésiastiques: 'On ne peut lire ce bon Ouvrage', dit l'approbation, 'sans concevoir des sentimens de compassion, & tout à la fois d'indignation contre le malheureux Auteur qui y est réfuté'. L'écrit de Viret (282 pages!) a sans doute été conçu à l'instigation directe des défenseurs de la religion et du dogme qui s'employaient activement depuis quelques années à réfuter les nombreuses productions de l'impiété. Il s'en explique dans sa préface (p.III-IV):

Le mépris que l'Auteur affecte pour la Religion, les erreurs & les vices qu'il ose lui attribuer, les blasphèmes qu'il vomit contre Jésus-Christ, & contre tout ce qu'il y a de plus sacré & de plus respectable, les accusations qu'il forme contre l'Eglise & les Ministres, ont fait désirer à plusieurs personnes qu'on répondît à cet Ouvrage; les uns par zèle pour la Religion, les autres par simple curiosité; les premiers souhaitent qu'on en fasse voir la fausseté, les moins zélés désirent de sçavoir ce qu'on peut y répondre.

L'ouvrage est une réfutation minutieuse, sous forme de trois lettres répondant aux trois entretiens, des affirmations du Comte, de la Comtesse, voir même de l'Abbé, mais surtout de Fréret. Viret suit Voltaire de très près, en republiant fidèlement son texte, d'ailleurs reproduit en caractères italiques, pour le faire suivre immédiatement de sa propre réfutation. L'effet est curieux: le lecteur y trouve reproduit mot à mot plus de la moitié des répliques du Comte et de Fréret, et parfois les plus blasphématoires. S'il omet une expression telle que 'ces archives infâmes du mensonge, que vous appelez fraudes pieuses' (II.305-306), des passages comme celui sur la Vierge Marie (II.326-329), ou celui sur l'évêque de Rome (II.413-415), il reproduit dans leur quasi totalité certaines longues répliques de Fréret et du Comte.[63] Viret défend l'existence

---

[62] Paris, Bailly, 1770. L'approbation signée De Monty est du 27 août 1769.
[63] II.72-82, 207-259, 271-304, 311-324, etc.

de l'ixion, soutient qu'Epictète a lu les Evangiles, et que seule la Révélation donne la connaissance de la Divinité, comme Rousseau en a, dit-il, convenu dans l'*Emile*. 'Si dans tout cela', dit-il à propos de II.98-105, 'il y avoit de l'abus, ce ne seroit pas la Religion qu'on devroit en accuser, mais les Ministres qui manqueroient de faire ce qu'elle ordonne' (p.53). Le style est lourd, l'ironie pesante.

Une autre réfutation, encore plus tardive, est venue du même camp. Il s'agit de la *Lettre de Mr de L** à Mr l'abbé D*** sur le Dîner du comte de Boulainvilliers* par François-Xavier de Feller, ce défenseur intransigeant des traditions et de la foi dont Voltaire sera le cible préféré. Feller, qui donnait des articles de théologie et de littérature à la *Clef du cabinet des princes de l'Europe* depuis 1769, avait consacré un long article dans le numéro de mars 1772 (p.169-82) aux erreurs historiques du *Dîner*. Cet article fut ensuite repris et développé dans la *Lettre de Mr de L*** qui date de la même année.[64] Après une entrée en matière assez violente – l'auteur du *Dîner* est 'un blasphémateur grossier, qui parle le langage des halles [...] un déclamateur et un enthousiaste aveugle qui ne se connoît ni en matière d'Histoire, ni en matière de Littérature, ni en matière de raisonnement' (p.90) – le père jésuite dresse un catalogue-réquisitoire annoté, divisé en cinq sections: 1) erreurs historiques, 2) erreurs littéraires, 3) erreurs de logique, 4) erreurs de dogme, 5) contradictions. Les griefs d'accusation sont ceux de Viret, les termes parfois identiques, même si l'approche est plus systématique. Feller signale que Catherine d'Aragon était la veuve, et non pas la sœur d'Arthur;[65] qu'Epictète 'a tiré sa morale de l'Evangile'; que 'Rome a été constamment appellée Babylone par les premiers Chrétiens'; que les témoignages sur le voyage

---

[64] Nous citons d'après le texte des *Opuscules théologico-philosophiques* de Feller (Malines 1824), p.87-106. Signalons que Feller publia également en 1772 un *Entretien de Mr de Voltaire et de Mr P**, docteur en Sorbonne, sur la nécessité de la religion chrétienne et catholique par rapport au salut* (Strasbourg 1772). Pour plus de détails, voir R. Trousson, 'L'abbé F.-X. de Feller et les "philosophes"', *Etudes sur le XVIIIe siècle* 6 (1979), p.103-15.

[65] Voir 'Second entretien', lines 56-58: 'le mariage du roi d'Angleterre Henri VIII avec la sœur du prince Arthur son frère' (le texte a été remanié dans к).

de saint Pierre à Rome abondent,[66] même 'les Protestans éclairés n'en ont jamais douté'; que 'le martyre des Apôtres est une vérité constante' et il ajoute en note que les témoignages de saint Polycarpe et de saint Clément d'Alexandrie et 'la tradition constante des Chrétiens suppléent abondamment à l'authenticité qui manque à leurs histoires'. La liste pourrait s'allonger et ne constitue qu'une répétition des arguments souvent énoncés par les défenseurs de la religion catholique et du dogme. A propos des lettrés de la Chine, le père jésuite ajoute en note: 'Nos Philosophes ont beau prôner les Chinois: aucun Sage en Europe n'a encore embrassé les loix, les usages, les mœurs, la religion des Chinois [...] Quand Mr de Voltaire aura sacrifié ses biens, sa liberté, sa vie à la Religion et à la morale des Chinois, nous examinerons de plus près ce qu'il faut en penser' (p.93). Tout comme Viret, Feller cite à plusieurs reprises Rousseau à l'appui (p. ex. p.103). Il finit par constater que l'auteur du *Dîner* 'prétend qu'il faut reconnoître un Dieu rémunérateur', et ajoute: 'qui nous convaincra qu'il a raison? Plusieurs de ses collègues le nient; et pourquoi le *système de la nature* seroit-il moins accueilli que le *Dîner de Boulainvilliers*' (p.106)?

Voltaire n'a jamais répondu à ces deux pamphlets et rien n'indique qu'il ait été au courant de leur existence.[67]

[66] Il cite les noms de saint Clément pape, saint Ignace d'Antioche, saint Irénée, Papias, Denys de Corinthe.

[67] Certes, le père Viret a servi de cible aux railleries de Voltaire, mais c'est surtout comme auteur de la *Réponse à la Philosophie de l'histoire*. Voir les articles 'Auteurs' (1770), 'Gargantua' (1772) et 'Humilité' (1771) des *Questions sur l'Encyclopédie* (M.xvii.500; xix.214, 392); voir aussi *Le Père Nicodème et Jeannot* (1771; M.x.162).

Signalons qu'en 1784 quand Linguet annonçait son 'édition corrigée' des œuvres de Voltaire – projet auquel il a vite renoncé – *Le Dîner* comptait parmi les ouvrages à expurger: 'Je laisse le champ *libre* [...] aux philosophes qui veulent avoir des *Voltaires* complets, & qui verront sans doute sans inquiétude dans les mains de leurs jeunes filles *la Pucelle*, *La Vieille de Candide*, &c. ou dans celles de leurs garçons le dîner du *Comte de Boulainvilliers*' (*Courier de l'Europe*, 4 mai 1784, dans Gunnar et Mavis von Proschwitz, *Beaumarchais et le Courier de l'Europe*, Studies 273-274, 1990, ii.815).

4. *Les entretiens*

Le premier dialogue n'est qu'un prélude à deux personnages seulement (le Comte et l'Abbé Couet), destiné à montrer, comme l'énoncent les deux premières lignes, que la philosophie est pour le moins aussi utile à l'humanité que la religion apostolique, catholique et romaine, ce dont persuadent aisément 'ces grandes leçons de vertu que l'antiquité nous a laissées' (I.103). Il s'agit en somme de montrer que le christianisme n'a rien apporté à l'humanité de décisivement neuf, que les sages de l'Antiquité avaient déjà trouvé par eux-mêmes le meilleur de son message, par ailleurs entaché de regrettables ambiguïtés, de franches contradictions et d'expressions absurdes.

Le deuxième dialogue, beaucoup plus étoffé et qui comprend deux personnages de plus (la Comtesse et Fréret), se déroule à table et ne cesse, par des attaques multiformes, d'instruire le procès du christianisme: d'abord dénonciation de ses absurdes et ridicules inconséquences et surtout de ses constantes variations – 'tout change toujours' (II.43) – à propos de l'obligation de faire maigre le vendredi et de la permission, tantôt donnée, tantôt refusée, d'épouser deux sœurs; ensuite âpre dénonciation par Fréret de tout ce qui, dans les croyances du christianisme, le réduit à une simple dérivation du judaïsme, comme de tout ce qui, dans ses pratiques cultuelles, l'apparente à l'idolâtrie et au polythéisme du paganisme. Couet ayant alors l'imprudence de se prévaloir de l'authenticité des prophéties, des miracles de Moïse, de ceux de Jésus et du témoignage des martyrs, va essuyer sur chacun de ces points une attaque en règle menée respectivement par le Comte, Fréret, la Comtesse et Fréret à nouveau, qui s'en prend moins à l'authenticité du témoignage des martyrs qu'aux énormes invraisemblances de l'histoire du premier pape et à toutes ces 'fraudes pieuses' des premiers chrétiens qui ne sont que les 'archives infâmes du mensonge' (II.305). Couet, ne trouvant rien à répondre, essaie alors un autre retranchement: le succès même du christianisme ne constitue-t-il pas une preuve de son authenticité? Belle occasion, pour l'auteur de *La Vie de Mahomed*, de lui opposer la réussite bien plus éclatante de l'islam, qui reste au moins exempt de ces changements absurdes par lesquels l'Eglise actuelle a entièrement perverti le christianisme primitif. Pour trouver dans cette absurdité même une raison de croire et une preuve de divinité, il faut avoir la tête aussi peu solide que l'inventeur du 'Credo quia absurdum'; la Comtesse, pour sa part, ne voit se dévoiler dans cette absurdité rien d'autre que les origines populaires de la secte chrétienne; proposition aussitôt développée par Fréret, qui retrace à grands traits l'essor d'une secte sortie de son obscurité pour avoir trouvé un support dogmatique dans le néo-platonisme et une audience populaire croissante par les pratiques magiques et les prétendus miracles. Lorsqu'elle se sentit assez forte pour mettre en question la religion d'Etat, la secte nouvelle fut réprimée et persécutée, en attendant de devenir persécutrice à son tour, sitôt que Constantin eut assuré son triomphe. Elle n'a jamais cessé depuis d'ensanglanter ses propres annales par sa constante intolérance; l'Abbé Couet lui-même se sent obligé d'en convenir. Prétendre, comme il le fait alors, qu'il ne faut incriminer là que de regrettables abus de la religion, mais non la religion elle-même, c'est aux yeux du Comte établir une distinction illusoire: quand ces abus se manifestent constamment, c'est qu'ils sont inhérents à la religion et que celle-ci est à supprimer. L'Abbé cette fois proteste: mieux vaut la réformer que la détruire, car elle a tout de même produit parfois de bons effets. Mais le Comte ne la croit pas réformable: en dépit du célèbre ouvrage de Locke, l'avènement serein d'un 'christianisme raisonnable' n'est pas possible, l'histoire sanglante de la Réforme ne l'a que trop montré. La seule solution est d'assujettir fermement cette religion au pouvoir civil, pourvu que par ailleurs ce dernier se montre tolérant à l'égard de toutes les autres religions. Et si cette tolérance favorise la naissance de troubles civils, comme le redoute Couet, on pourra toujours faire intervenir la troupe, ainsi que le préconise Fréret, ou tâcher plutôt d'instruire les hommes avant de les punir, comme le Comte le suggère. C'est la Comtesse qui clôt le deuxième dialogue, apparemment à brûle-pourpoint, par l'anecdote d'Hassan au bain récompensant l'esclave qui l'a involontairement ébouillanté, parce que cette générosité lui vaudra d'être placé au troisième degré dans le paradis: magnanimité qu'admire Boulainvilliers et qui illustre bien la supériorité de l'islam sur un christianisme dont on vient de flétrir l'intolérance sanguinaire; mais les motifs de cette mansuétude restent trop intéressés aux yeux du déiste qu'est Fréret, ce qui proclame implicitement la supériorité du déisme à son tour sur l'islam et dispose le lecteur à aborder le dernier dialogue.

Le troisième dialogue vise en effet à persuader le lecteur qu'il est nécessaire de travailler à l'avènement du déisme. Les quatre interlocuteurs, maintenant sortis de table pour prendre le café, admettent tous la proposition initiale de l'Abbé Couet: il faut une religion aux hommes. Aux yeux du Comte, ce ne peut être que le déisme, que l'humanité pratiquait aux temps des Noachides et d'Abraham, mais dont elle s'est malheureusement écartée par la suite. Fréret fait à ce propos observer à la Comtesse qu'aux progrès matériels réalisés par l'humanité répond malheureusement une évolution régressive en matière de religion, qui l'a fait rétrograder de l'universalité du déisme aux particularismes des sectes. L'Abbé Couet juge cette évolution irréversible: les hommes sont trop attachés à leurs superstitions actuelles pour se satisfaire d'une religion épurée; mais la Comtesse proteste: s'ils ont déjà pu pratiquer le déisme dans les temps primitifs, pourquoi les en juger incapables désormais? Parce que, répond Couet, l'Eglise est riche et qu'il faudrait bouleverser la société par des conflits sanglants pour lui faire restituer ces richesses. Mais le Comte le rassure: il ne s'agit pas de dépouiller le clergé, mais seulement d'éclairer les hommes. Ce qui suppose, rétorque Couet, que les hommes veuillent être éclairés: rien n'est moins sûr, quand on constate leur attachement persistant à leurs superstitions. Rien n'est plus sûr au contraire, selon Fréret, lorsqu'on prend en compte les progrès qu'ils ont déjà accomplis. Si on laisse encore au pape les richesses et les territoires qu'il a usurpés, on ne tolérerait plus aujourd'hui de nouveaux empiètements politiques de la papauté. Le Comte enchérit: on peut au moins se proposer de faire progresser la France jusqu'au point auquel est aujourd'hui parvenue l'Europe protestante. Couet a beau objecter qu'on aboutirait tout au plus à une épuration du christianisme, mais pas à l'instauration souhaitée du déisme, Fréret estime que ce serait déjà beaucoup que d'avoir débarrassé le christianisme de ses superstitions et ainsi disposé le peuple à recevoir un jour le déisme. Couet redoute alors les conséquences sociales dangereuses de l'incrédulité, si, à l'occasion de cette réforme, elle venait à gagner le peuple. Celui-ci a besoin d'un frein qui le retienne et d'une erreur qui le console. Mais Fréret explique à l'Abbé comment le déisme peut jouer ce rôle de frein, quel effet social très bénéfique s'attache à l'idée d'un Dieu rémunérateur et vengeur, tandis que c'est au contraire l'horreur d'une religion superstitieuse qui peut aisément dévoyer vers l'athéisme. Ou encore la promesse d'une absolution après chaque forfait peut constituer un encouragement au crime. Enfin si l'enfer chrétien est absurde et risible, l'idée d'une divinité qui récompense ou punit après la mort ne l'est nullement. Le Comte tient à établir pour sa part qu'une religion épurée est beaucoup plus consolante que le christianisme: celui-ci reste impuissant à consoler les victimes pitoyables qu'il a faites dans la personne des religieuses et des moines, ordinairement livrés à la tristesse et au désespoir. Les moines ne peuvent même pas se targuer d'une supériorité en matière d'austérité et de mortifications: fakirs, derviches et bonzes les surpassent là-dessus de beaucoup. Il suffirait donc de prêcher Dieu et la morale pour que les hommes fussent à la fois plus vertueux et plus heureux. Et c'est bien là l'avis non seulement de la Comtesse et de Fréret, mais de l'Abbé Couet lui-même!

Arrive alors l'Abbé de Saint-Pierre, accompagné du Président de Maisons, de Dufay et de Dumarsais, et venant lire à la compagnie ses 'pensées du matin'. Il ne semble pas que se pose un réel problème d'attribution de ces 'pensées détachées', tant il est évident et par l'écriture et par le contenu que ce texte est essentiellement de Voltaire. Nous retrouvons dans ses carnets la plupart de ces remarques,[68] mais ce fait en soi ne démontre pas nécessairement que Voltaire en est l'auteur, d'autant plus que la source des carnets en question est l'édition des *Pensées, remarques et observations de Voltaire* de 1802. Cet ouvrage, quoique relativement fiable, ne respecte pas l'ordre des manuscrits et n'en offre aucune description: il ne fait donc que confirmer ce que l'on savait déjà, que le texte attribué à l'abbé de Saint-Pierre est passé par les mains de Voltaire.

Il existe, dans l'œuvre de Saint-Pierre, de nombreux passages que l'on peut rapprocher du texte de Voltaire, mais nous n'avons pas pu établir de correspondances certaines.[69] Un examen des notes marginales de Voltaire sur les principaux ouvrages de Saint-Pierre a été également infructueux.

De toute façon, le procédé de Voltaire n'a rien de surprenant: il a plus d'une fois fait parler les morts à sa place. L'abbé de Saint-Pierre, décédé depuis un quart de siècle, constitue ici un prête-nom commode qui sera à nouveau utilisé en 1769 dans l'article 'Credo' du *Dictionnaire philosophique* que Voltaire termine par la 'citation' d'un prétendu 'credo de l'abbé de Saint-Pierre' dont la simple lecture suffit à tirer au clair tout problème de paternité.[70]

En outre, la discontinuité de ces pensées dites 'détachées' est beaucoup plus apparente que réelle et il est difficile d'imaginer qu'elles ont été tirées de plusieures sources différentes. D'une part, il existe un rapport étroit et complémentaire entre les pensées et les deuxième et troisième dialogues. D'autre part, il y a une continuité évidente entre certaines des pensées, qui les rattache fortement l'une à l'autre: 1-2-3-4, 5-6-7-8, 11 et 13, etc.

[68] Voir ci-dessous, les notes au texte (p.402-408).
[69] Cette question a été abordée par Merle L. Perkins, 'Voltaire and the abbé de Saint-Pierre', *French review* 34 (1960), p.154-55, qui conclut: 'some of these ['Pensées détachées'] are Saint-Pierre's, but for the most part the thought and tone belong to Voltaire [...]. Using sentiments and ideas scattered through Saint-Pierre's *Projet de paix perpétuelle*, *Annales politiques* and *Ouvrages de politique*, Voltaire forcefully molds them into a vigorous attack on the Church'.
[70] M. L. Perkins précise d'ailleurs (p.155) n'avoir trouvé aucun trace de ce credo dans les manuscrits ou les œuvres imprimées de Saint-Pierre.

La forme de l'ouvrage, le dialogue, est souvent utilisé par Voltaire à des fins polémiques. On retrouve, dans *Le Dîner du comte de Boulainvilliers*, les qualités et les défauts bien typiques des dialogues voltairiens: la clarté dans l'exposition, l'art des formules heureuses et des raccourcis saisissants, la vertu didactique et la pratique de l'ironie nécessaires aux œuvres de propagande d'une part; mais aussi, de l'autre, une sorte de raideur démonstrative procédant d'une certitude d'avance acquise et qui nous situe aux antipodes de ce que Roland Mortier a judicieusement nommé le dialogue heuristique. Il en résulte, une fois de plus, un amoindrissement psychologique du personnage combattu, dégradé en fantoche ridiculisé ou vite réduit au silence.

Tel est le cas de l'Abbé Couet, personnage dénué de cohérence psychologique. Les propos qu'il tient dans le premier dialogue peuvent confiner à la naïveté la plus stupide (I.104-121) et cette sottise cadre mal avec la prise de position finale de l'Abbé livrant enfin son 'secret' et donnant à entendre qu'il ne peut pas ne pas partager la plupart des vues de ses contradicteurs (III.195). Fanatique grotesque inconscient de son ridicule, ou prêtre 'éclairé' et malicieux qui a seulement voulu sauver les apparences devant les laquais, sans cesser d'avoir sa pensée de derrière? Le dernier dialogue n'incline pas plus à parier pour le fanatique que le premier ne donnait à deviner un esprit subtil et rusé... Quant au second dialogue, Couet joue dans son orientation un rôle important, tout en y étant la constante cible des trois autres interlocuteurs. C'est lui qui l'ouvre par le problème du menu des vendredis; qui indique à ses contradicteurs les quatre pistes sur lesquelles ils ne manqueront pas de s'engager tour à tour (authenticité des prophéties, miracles de Moïse, miracles de Jésus, témoignage des martyrs); qui suscite le parallèle avec l'islam mené par Boulainvilliers; qui plaide pour la réforme de la religion plutôt que sa suppression; et qui propose l'objection des troubles civils que peut engendrer la tolérance. Toujours réfuté et réduit au silence, Couet doit constamment chercher une position nouvelle dont on va le déloger et il se trouve devenir par là le meneur du jeu auquel il ne cesse de perdre. Dans le troisième dialogue, en revanche, il accède à une sorte de statut d'égalité avec ses contradicteurs qui lui avait été jusqu'ici refusé: c'est que les objections qu'il formule à l'avènement du déisme, souvent empreintes du plus grand réalisme, ne sont plus de celles qu'on pulvérise aisément. Ce troisième dialogue est sans doute le seul à donner l'impression d'une vérité recherchée en commun et finalement trouvée, même si elle demeure modeste: en prêchant seulement Dieu et la morale, on ne procédera sans doute pas à l'éradication du christianisme que souhaitaient Fréret, Boulainvilliers et la Comtesse, on n'établira pas non plus le pur déisme; mais on rendra au moins les hommes plus vertueux et plus heureux.

5. *Editions*[71]

Nous connaissons trois éditions genevoises du *Dîner du comte de Boulainvilliers*, dont les ornements et les pratiques typographiques nous permettent de les attribuer sans hésitation aux presses de Gabriel Grasset. La première (G1), qui porte la date de 1728[72] et qui nous sert de texte de base, fut suivie, directement ou indirectement, par la deuxième édition de Grasset (G2) et par les deux éditions hollandaises (A1 et A2); A1 à son tour semble avoir donné lieu à trois éditions anglaises (L1, L2 et L3); une des deux autres éditions de Grasset (G2 ou G3) a dû servir de base à l'édition x2 dont le lieu d'impression nous est inconnu.

Une des dix éditions séparées décrites ci-dessous, que nous désignons par le sigle x1, présente un texte d'une provenance différente. Les multiples divergences entre ce texte et celui des autres éditions indiquent qu'il s'agit en toute probabilité d'une impression faite à partir d'un manuscrit rédigé lors d'une lecture orale de l'ouvrage.

[71] Section établie par Andrew Brown.
[72] Voir ci-dessus, p.301.

322

Le Dîner figure dans le premier tome des *Choses utiles et agréables* (1769), éditées par Gabriel Grasset, dont certaines variantes ne seront reprises par aucune édition postérieure. Quelques autres modifications au texte apparaissent dans le tome 11 des *Nouveaux mélanges* de 1772, où *Le Dîner* figure sous le titre, volontairement plus anodin, d'*Entretiens singuliers*. Il s'agit là de la dernière édition à laquelle Voltaire a participé. Il ne semble pas avoir été responsable des volumes pertinents de l'édition encadrée (w75G) ou de l'édition in-quarto (w68).

Exception faite de l'édition x1, sans doute basée sur une lecture orale de l'ouvrage, le texte du *Dîner* a subi peu de changements depuis la première édition, G1, jusqu'à l'édition de Kehl (K), et rien ne nous permet de dire avec certitude que les quelques modifications apportées au texte proviennent de Voltaire lui-même. Elles peuvent fort bien être le fait des éditeurs ou des protes. Cela est sans aucun doute le cas pour certaines variantes introduites dans l'édition de Kehl. Comme nous n'avons retrouvé aucun manuscrit d'origine voltairienne du *Dîner*, nous avons choisi comme texte de base la première édition sortie des presses de Gabriel Grasset (G1) qui a par la suite servi de modèle direct ou indirect à toutes les éditions postérieures.

MS 1

Une copie manuscrite du *Dîner* se trouve dans un recueil à la Bibliothèque municipale de Bordeaux, MS 828 (XXXVI,8). Elle présente un texte proche à celui de G1 mais comporte des variantes qui indiquent soit une rédaction hâtive et peu soignée, soit l'influence d'une autre tradition textuelle, éventuellement celle représentée par x1. Nous remercions M. Pierre Botineau, conservateur en chef de la Bibliothèque, d'avoir bien voulu nous fournir des renseignements sur cette copie.

G1

LE DINER / *DU COMTE* / *DE BOULAINVILLIERS.* / PAR / Mr. St. Hiacinte. / [*bois gravé, un pélican, 36 x 30 mm*] / [*filet gras-maigre, 59 mm*] / 1728. /

[*faux-titre*] LE DINER / *DU COMTE* / *DE BOULAINVILLIERS.* /

8°. sig. A⁸ (A1 + χ1) B-C⁸ D⁶; pag. [1-2] [2] [3]-60; $4 signé, chiffres romains (– A1, D4); réclames par cahier et par rubrique.

[1] faux-titre; [2] bl.; [*1*] titre; [2] bl.; [3]-54 Le Dîner du comte de Boulainvilliers; 54-60 Pensées détachées de Mr l'abbé de St Pierre.

La première édition, due à Gabriel Grasset,[73] et sans doute celle qu'ont vue d'Hémery et Grimm. Ce dernier signale que le prix courant du peu d'exemplaires qui avaient échappé à la vigilance de la police était de 36 francs (CLT, viii.12). La page de titre a été ajoutée après coup, et manque dans l'exemplaire Rés. Z Bengesco 316.

Cette édition nous fournit notre texte de base.

Leningrad: BV 3548 (5 exemplaires: 2-74, annoté par Voltaire sur la page de titre 'livre dangereux'; 9-42; 9-117, dans un 'Recueil secret', même annotation que 2-74; 11-178; 11-184); Bn: Rés. Z Beuchot 216; – Rés. Z Beuchot 217; – Rés. Z Bengesco 315; – Rés. Z Bengesco 316 (χ1 absente); – Rés. D² 5324 (4); – D² 12134 (non rogné); ImV: D Dîner 1767 / 1; Taylor: V8 C10 1769 (1/4); Bpu: Broch. 206; Br: FS 243 A; Stockholm: 156 A Meister, *De l'orig.* 1768.

G2

LE DINER / *DU COMTE* / *DE BOULAINVILLIERS*, / PAR / Mr. St. Hiacinte. / [*bois gravé, un pélican, 35 x 29 mm*] / *A AMSTERDAM*, / Chez Marc Michel Rey. / [*filet gras-maigre, 50 mm*] / 1768. /

[*faux-titre*] LE DINER / *DU COMTE* / *DE BOULAINVILLIERS* /

8°. sig. A-C⁸; pag. 48; $4 signé, chiffres romains (– A1-2); réclames par cahier et par rubrique.

[1] faux-titre; [2] bl.; [3] titre; [4] bl.; [5]-45 Le Dîner du comte de Boulainvilliers; 45-48 Pensées détachées de Mr l'abbé de St Pierre.

Une autre édition due à Gabriel Grasset. Elle a été décrite par Charles Wirz ('Institut et musée Voltaire', *Genava* n.s. 27, 1979, p.290). La composition est plus serrée que celle de G1 aux pages 43-48. Cette édition, ou bien la suivante, serait la réimpression dont parle Voltaire dans sa lettre à Mme Du Deffand du 18 avril 1768 (D14964).

---

[73] Sur Gabriel Grasset éditeur de Voltaire, voir Brown et Kölving, 'Voltaire and Cramer?', *Le Siècle de Voltaire*, i.149-83.

Le texte du *Dîner* a subi quelques corrections: I.18, 44, 132; II.20, 51, 93-94, 472; III.31-32, 143, 146, 148; 'Pensées', 32; l'erreur à II.142 n'est pas corrigée, mais une autre est introduite à 1.63.

Leningrad: BV 3549; Arsenal: 8° T 10401 (A1 absente); Taylor: V8 D9 1768; ImV: BE 33 (2); Neuchâtel: 5 B 1.11 (9114); Bibliothèque municipale, Dijon: 121 (2).

G3

LE DINER / *DU COMTE* / *DE BOULAINVILLIERS*; / PAR / Mr. St. Hiacinte. /

8°. sig. A-C⁸; pag. 47; $4 signé, chiffres romains (– A1); réclames par cahier et par rubrique.

[1] titre; [2] bl.; [3]-43 Le Dîner du comte de Boulainvilliers; 43-47 Pensées détachées de Mr l'abbé de St Pierre.

Gabriel Grasset était également l'imprimeur et l'éditeur de cette édition, qui présente un texte quelque peu corrigé par rapport à celui de G2: I.61, 104; II, n.*i*; III.117, 124; il introduit deux erreurs dont une à II.245 corrigée par Voltaire dans un des exemplaires de sa bibliothèque; voir aussi 'Pensées', 73.

En 1772, Gabriel Grasset vendait une de ses éditions, vraisemblablement celle-ci, au prix de 7 sols (9 sols en 1773, 8 en 1774): voir Bibliothèque publique et universitaire, Neuchâtel, MS 1161, f.22 (12 exemplaires), f.26 (catalogue manuscrit), f.32 (bulletin de livraison), f.45 (50 exemplaires), f.51 (catalogue imprimé). A noter que Grasset comptait 6 feuilles par exemplaire et qu'il échangeait une feuille du *Dîner* (et d'autres productions de la 'partie philosophique') contre deux feuilles des 'ouvrages courants' de la Société typographique de Neuchâtel.

Leningrad: BV 3551 (4 exemplaires: 11-121; 11-134, annoté par Voltaire sur la page de titre 'pot pourri curieux'; 11-138, avec une correction par Voltaire, p.22, l.29, 'arraignées, ce' devient 'arraignées; c'est'; 11-183); Bn: Rés. D² 5296 (3); Arsenal: 8° T 10399(1); ImV: D Dîner 1768 / 3.

AI

LE DÎNER / *DU COMTE* / *DE BOULAINVILLIERS*. / PAR / Mr. St. Hiacinte. / [*ornement typographique*] / [*filet gras-maigre, composé de quatre éléments, 60 mm*] / 1728. /

[*faux-titre*] LE DÎNER / *DU COMTE* / *DE BOULAINVILLIERS.* /

8°. sig. π^2 A-C^8 D^6; pag. [*4*] 60; $5 signé, chiffres romains (– D5); réclames par cahier.

[*1*] faux-titre; [*2*] bl.; [*3*] titre; [*4*] bl.; [1]-54 Le Dîner du comte de Boulainvilliers; 55-60 Pensées détachées de Mr l'abbé de St Pierre.

Une édition hollandaise, dont le texte suit G1, en y introduisant une variante (II.339). Il est possible que cette édition (ou A2) ait été imprimée pour le compte de Marc-Michel Rey: Du Peyrou lui a envoyé un exemplaire d'une édition, sans doute genevoise, le 14 mars 1768 (voir D14848).

Bn: Rés. Z Beuchot 218; – Rés. D^2 12133; Br: FS 244 A (π1 absente); Bayerische Staatsbibliothek, München: Polem. 2433 h.

A2

LE DÎNER / DU COMTE / *DE BOULAINVILLIERS.* / PAR / M$_R$. S$_T$. HIACINTE. / [*ornement typographique*] / *A LONDRES.* / [*filet, 72 mm*] / [*filet, 61 mm*] / MDCCLXVIII. /

8°. sig. A-C^8; pag. 48; $5 signé, chiffres arabes (– A1); réclames par cahier.

[1] titre; [2] bl.; [3]-43 Le Dîner du comte de Boulainvilliers; 44-48 Pensées détachées de Mr l'abbé de St Pierre.

Une autre édition hollandaise, décrite par Charles Wirz, 'L'Institut et musée Voltaire en 1984', *Genava* n.s. 33 (1985), p.163. Voir la variante à la fin du deuxième entretien (II.506), où Amsterdam a été ajouté à la liste des villes.

Leningrad: BV 3550; ImV: D Dîner 1768/ 4; BL: 12316 g 13 (1).

L1

LE DÎNER / DU COMTE / DE BOULAINVILLIERS. / PAR / M$_R$. S$_T$. H$_{IACINTE}$. / [*filet, 78 mm*] / [*bois gravé, deux oiseaux, 40 x 32 mm*] / [*filet gras-maigre, 72 mm*] / 1728. /

[*faux-titre*] LE DÎNER / DU COMTE / DE BOULAINVILLIERS. /

8°. sig. π^2 A-D^8; pag. [*4*] 63; $4 signé, chiffres romains; réclames par cahier.

[*1*] faux-titre; [*2*] bl.; [*3*] titre; [*4*] bl.; [1]-57 Le Dîner du comte de Boulainvilliers; 58-63 Pensées détachées de Mr l'abbé de St Pierre.

Une édition anglaise, qui semble basée sur l'édition hollandaise A1 plutôt que sur la première édition (voir II.339); elle emploie la forme 'consubstantialité' (I.117; III.87).

Taylor: V8 D9 1728; Toronto: volt pam v65 d565 1768d.

L2

LE DÎNER / *DU COMTE* / *DE BOULAINVILLIERS*. / PAR / Mr. St. Hiacinte. / [*ornement typographique*] / [*filet gras-maigre, 76 mm*] / *À GENEVE*. / [*filet gras-maigre, 24 mm*] / 1768. /

[*faux-titre*] LE DÎNER / *DU COMTE* / *DE BOULAINVILLIERS*. /

8°. sig. π^2 A-C^8 D^6; pag. [4] 60; \$4 signé, chiffres arabes (+ A5; – B3); réclames par cahier; 'press figures' 1 (D2*v*), 2 (A2*v*, B5*v*, C7*v*), 6 (A3*v*), 7 (B8*v*).

[*1*] faux-titre; [*2*] bl.; [*3*] titre; [*4*] bl.; [1]-54 Le Dîner du comte de Boulainvilliers; 55-60 Pensées détachées de M. l'abbé de St Pierre.

Une édition anglaise basée sur A1 (cf. II.339: 'devin' pour 'divin') dont elle reprend le texte page par page; elle introduit une variante à I.104.

ImV: D Dîner 1768 / 1 (exemplaire du chevalier d'Eon de Beaumont, avec des corrections de sa main); Bpu: Hf 5095; Toronto: volt V65 D565 1768c.

L3

LE DÎNER / *DU COMTE* / *DE BOULAINVILLIERS*. / PAR / Mr. St. Hiacinte. / [*ornement typographique*] / [*filet, 82 mm*] / [*filet, 72 mm*] / A ROME: / *Avec la Pérmiſſion du Saint Pere*. / 1768. /

[*faux-titre*] LE DÎNER / *DU COMTE* / *DE BOULAINVILLIERS*. /

8°. sig. π^2 A-G^4; pag. [4] 56; \$2 signé, chiffres arabes (– C2); sans réclames; 'press figures' 1 (A4*r*, B3*v*, C1*v*, D4*r*), 3 (E4*r*, F1*v*).

[*1*] faux-titre; [*2*] bl.; [*3*] titre; [*4*] bl.; [1]-51 Le Dîner du comte de Boulainvilliers; 52-56 Pensées détachées de Mr l'abbé de St Pierre.

Une édition anglaise, basée sur A1 ou L2 (voir I.104; III.158).

Bn: Rés. Z Beuchot 219; – Rés. Z Beuchot 219 *bis*; – Rés. Z Bengesco

317; Arsenal: 8° T 10400 (non rogné); ImV: D Dîner 1768 / 2; Uppsala: Teol. symb. & polem.

XI

[*titre de départ*] [*ornement typographique, 73 x 14 mm*] / LE DINER / *DU* / COMTE DE BOULAINVILLIERS. / [*filet triple, 72 mm*] / PREMIER ENTRETIEN. / *Avant dîner.* / L'ABBÉ COUET. / Quoi, M. le Comte, vous croyez la / […]

8°. sig. A-D⁸ (D8 bl.); pag. 62; $4 signé, chiffres romains (B4 signé 'Aiv'); réclames par cahier.

Cette édition présente un grand nombre de variantes uniques et il est probable qu'elle a été imprimée sur une des copies manuscrites de G1 dont parle Grimm (voir ci-dessus, p.294), éventuellement sur une copie faite à la lecture (la plupart des notes manquent, par exemple).

Bn: Rés. Z Beuchot 220; – R 33757 (D8 absente).

X2

[*encadrement, 87 x 162 mm*] LE DINER / DU COMTE / DE / *BOULAIN-VILLIERS* / PAR / Mr. St. Hiacinte. / [*ornement typographique*] / A AMSTERDAM, / Chez Marc Michel Rey. / [*filet triple, composé de deux éléments, 40 mm*] / 1769. /

8°. sig. A-D⁴; pag. 31; $2 signé, chiffres arabes (– A1-2); réclames par cahier.

[1] titre; [2] bl.; 3-29 Le Dîner du comte de Boulainvilliers; 29-31 Pensées détachées de Mr l'abbé de St Pierre.

Cette édition est probablement basée sur G2 ou G3 (elle les corrige à I.62-63 et II.20).

Taylor: V8 D9 1769.

CUA

LES / *CHOSES* / UTILES / ET AGRÉABLES. / *TOME PREMIER.* / [*ornement typographique*] / *BERLIN,* / [*filet gras-maigre, 67 mm*] / 1769. /

[*faux-titre*] *LES* / *CHOSES* / UTILES / ET AGRÉABLES. / *TOME PREMIER.* /

328

8°. sig. π^4 A-Y^8 Z^4 (Z4 bl.); pag. VII [1] 358 (le '43' de p.243 inverti; p.358 numérotée '538'); \$4 signé, chiffres arabes (– A1, H4, R4, T4, Z4; H3 signé 'H4'); tomaison 'Tom. I.'; réclames aux cahiers et aux rubriques.

[i] faux-titre; [ii] bl.; [iii] titre; [iv] bl.; V-VII Table des pieces contenus [*sic*] dans ce volume; [viii] bl.; [1]-294 autres textes; [295] T4r 'LE DINER / *DU COMTE* / *DE BOULAINVILLIERS*, / PAR / MR. ST. HIACINTE.'; [296] bl.; 297-352 Le Dîner du comte de Boulainvilliers; 353-'538' [=358] Pensées détachées de Mr l'abbé de St Pierre.

Les *Choses utiles et agréables* ont été imprimées et éditées par Gabriel Grasset. Le texte du *Dîner* suit G3 tout en y introduisant quelques variantes qui ne seront pas reprises par les éditions postérieures: I.22, 86; II.247, 257-258 (saut du même au même), 290, 389, 395; III.162-163, 179, 183-184; 'Pensées', 20-21; pour II.20, cette édition garde la leçon du texte de base (G1); à II.245, un effort maladroit a été fait pour corriger l'erreur de G3.

Bn: Rés. D^2 5302; – Z 20861.

NM (1772)

NOUVEAUX / MÉLANGES / PHILOSOPHIQUES, / HISTORI-QUES, / CRITIQUES, / &c. &c. / *ONZIEME PARTIE*. / [*ornement typographique*] / [*filet gras-maigre, 61 mm*] / M. DCC. LXXII. /

8°. sig. π^2 A-Y^8 Z^2; pag. [*4*] 355 (p.241 numérotée '341', 242 '342', 254 '354', 329 '529'); \$4 signé, chiffres arabes (– Z2); tomaison '*Nouv. Mél.* XI. Part.' (sigs A, E '*Nouv. Mél. XI.* Part.'; sig. B '*Nouv. Mél.* Part. XI.'); réclames par cahier.

[*1*] titre; [*2*] bl.; [*3-4*] Table des articles contenus dans cette onzième partie; 1-202 autres textes; 203-251 Entretiens singuliers [Le Dîner du comte de Boulainvilliers]; 251-256 Pensées détachées de Mr l'abbé de St Pierre; 257-autres textes.

Les premiers volumes des *Nouveaux mélanges* ont été publiés par Cramer: nous ne savons pas quel rôle il a joué dans la production de celui-ci. Cette édition, qui adopte le titre inoffensif d'*Entretiens singuliers*, semble basée sur G2 plutôt que G3 (voir I.61, 104; III.117). Elle introduit des variantes à I.49, 126-127, n.*p*, 151; II.2, 8, 34, 91, 348-349, 356-357, 412, 506-507; III.13, 135-136; 'Pensées', 53; elle corrige une erreur (I.62-

329

63) et en introduit quelques-unes: 1.97 (corrigée dans K84E), 106-107 (corrigée dans K), 'Pensées', 8 (corrigée dès W75G).

Bn: Rés. Z Bengesco 487 (11); – Rés. Z Beuchot 28 (11); – Z 24638; – Z 24774; ImV: BA 1765/1 (11); – A 1770/1 (43).

NM (1774)

NOUVEAUX / MÉLANGES / *PHILOSOPHIQUES*, / HISTORI-QUES, / CRITIQUES, / &c. &c. &c. / *ONZIEME PARTIE*. / [*ornement typographique*] / [*filet gras-maigre, 74 mm*] / *M. DCC. LXXIV*. /

8°. sig. π^2 A-Y^8 Z^2; pag. [4] 355 (p.56 numérotée '65', 170 '270', 236 '336', 252 '225', 271 '221', 317 '237'); $4 signé, chiffres arabes (– Z2; K3 signé 'H3'); tomaison *Nouv. Mél.* XI. Part. (sig. A '*Nouv. Mél. XI. Part.*'; P, X, Z '*Nouv. Mêl.* XI. Part.'; B '*Nouv. Mél.* Part. XI.'; I, Q, Y '*Nouv. Mélang.* XI. Part.'; E '*Nouv. Mêlang.* XI. Part.'); réclames par cahier.

[*1*] titre; [*2*] bl.; [*3-4*] Table des articles contenus dans cette onzième partie; [1]-202 autres textes; 203-251 Entretiens singuliers [Le Dîner du comte de Boulainvilliers]; 251-256 Pensées détachées de Mr l'abbé de St Pierre; 257-355 autres textes.

Une nouvelle édition (française) du tome 11 des NM de 1772, dont elle reproduit le texte.

Taylor: VF.

W75G

[*encadrement*] PIÉCES / *DÉTACHÉES*, / ATTTRIBUÉES / À / DIVERS HOMMES CÉLÈBRES. / [*filet, 74 mm*] / TOME SECOND. / [*filet, 75 mm*] / *M. DCC. LXXV*. /

[*faux-titre, encadrement*] *PIÈCES DÉTACHÉES*. / TOME SECOND. /

8°. sig. π^2 A-Ee^8 (± A1.8); pag. [4] 448; $4 signé, chiffres romains; tomaison '*Pièces attribuées, &c.* II. Part.'; réclames par cahier.

[*1*] faux-titre; [*2*] bl.; [*3*] titre; [*4*] bl.; 1 Pièces détachées, attribuées à divers hommes célèbres. Seconde partie (rubrique); 1-125 autres textes; 126-163 Le Dîner du comte de Boulainvilliers; 163-167 Pensées détachées de Mr l'abbé de St Pierre; 168-443 autres textes; 444-448 Table des pièces contenues dans ce volume.

L'édition encadrée, éditée par Gabriel Cramer, qui suit le texte des NM tout en restituant le titre primitif de l'ouvrage. Elle introduit quelques variantes: II.10, 14, 273-274; III.13, 96-97; 'Pensées', 8 (corrigeant une erreur des NM), 28.

Taylor: V1 1775 (39); ImV: A 1775/1 (39).

W75X

[encadrement] PIÉCES / DÉTACHÉES, / ATTTRIBUÉES / A / DIVERS HOMMES CÉLÈBRES. / [filet, 70 mm] / TOME SECOND. / [filet, 70 mm] / [ornement typographique] / [filet orné, 79 mm] / M. DCC. LXXV. /

[faux-titre, encadrement] PIÉCES / DÉTACHÉES. / [filet, 72 mm] / TOME SECOND. / [filet, 70 mm] /

8°. sig. π² A-Y⁸ Z⁶; pag. [4] 364 (p.302 numérotée '202'); $4 signé, chiffres arabes (– Z4); tomaison 'Pièces attribuées, &c. II. Part.'; réclames par cahier.

[1] faux-titre; [2] bl.; [3] titre; [4] bl.; 1 Pièces détachées, attribuées à divers hommes célèbres. Seconde partie (rubrique); 1-52 autres textes; 53-89 Le Dîner du comte de Boulainvilliers; 90-94 Pensées détachées de Mr l'abbé de St Pierre; 94-360 autres textes; 361-364 Table des pièces contenues dans ce volume.

Une contrefaçon, copie ou version parallèle de W75G, éventuellement lyonnaise, dont (dans le cas des Pièces détachées) elle reprend le texte.

Bn: Z 24918.

W71 (1776)

PIÉCES / DÉTACHÉES, / ATTTRIBUÉES / A / DIVERS HOMMES CÉLÈBRES. / [filet, 66 mm] / TOME SECOND. / [filet, 67 mm] / GE-NEVE. / [filet gras-maigre, 66 mm] / M. DCC. LXXVI. /

[faux-titre] COLLECTION / COMPLETTE / DES / ŒUVRES / DE / M. DE VOLTAIRE, / [filet orné, 72 mm] / TOME VINGT-NEU-VIEME. / [filet orné, 72 mm] /

12°. sig. π² A-P¹² Q⁸; pag. [4] 375; $6 signé, chiffres arabes (– Q5-6); tomaison 'Piéces attribuées, &c. II. Part.' (sig. A 'Piéces attribuées, &c. II. part.'; sig. E 'Piéces attribuées, &c. II. Part.'); réclames par cahier.

[1] faux-titre; [2] bl.; [3] titre; [4] bl.; [1] Pièces détachées, attribuées à

331

divers hommes célèbres (rubrique); 1-204 autres textes; 205-242 Le Dîner du comte de Boulainvilliers; 242-246 Pensées détachées de Mr l'abbé de St Pierre; 247-371 autres textes; 372-375 Table des pièces contenues dans ce volume.

Cette édition a été publiée à Liège par Plomteux. Ce volume reproduit le texte de w75G.

Taylor: VF; ImV: A 1771/1 (29).

w68 (1777)

MÉLANGES / PHILOSOPHIQUES, / LITTÉRAIRES, / HISTORI-QUES, &c. / [*filet, 117 mm*] / TOME SEPTIÈME. / [*filet, 115 mm*] / *GENÈVE.* / [*filet maigre-gras, 112 mm*] / M. DCC. LXXVII. /

[*faux-titre*] COLLECTION / Complette / DES / *ŒUVRES* / DE / M^R. DE ***. / [*filet gras-maigre, 114 mm*] / *TOME VINGT-NEUVIÈME.* / [*filet maigre-gras, 118 mm*] /

4°. sig. π^2 *^{2} A-Ttt^4 Vvv^2; pag. [4] iv 524 (p.148 numérotée '248', 314 '14'; p.8, 56 non numérotées); \$2 signé, chiffres arabes (– *2, Vvv2; *1 signé '*a', Ppp signé 'PPP', 'PPP2'); tomaison '*Phil. Littér. Hist.* Tom. VII.' (sig. B '*Phil. Litt. Hist.* Tom. VII.'; sig. E '*Phil. Litter. Hist.* Tom. VII.'); réclames par cahier.

[*1*] faux-titre; [*2*] bl.; [*3*] titre; [*4*] bl.; i-iv Table des pièces contenues dans le tome septième; [1]-48 autres textes; 49-84 Le Dîner du comte de Boulainvilliers; 85-88 Pensées détachées de Mr l'abbé de Saint-Pierre; 89-524 autres textes.

Les derniers six volumes de l'édition in-quarto (25-30) furent imprimés en France, peut-être pour le compte de Panckoucke. Ce volume reprend une partie des *Pièces détachées* de w75G, éventuellement de w75X.

Bn: Rés. m Z 587 (29); Taylor: VF; ImV: A 1768/1 (20).

w70L (1781)

MÉLANGES / *PHILOSOPHIQUES,* / LITTÉRAIRES, / HISTORI-QUES, &c. / CONTENANT / L'ÉPITRE AUX ROMAINS, &c. / [*filet, 78 mm*] / *TOME VINGTIEME.* / [*filet, 79 mm*] / [*bois gravé, un monument avec putti, 50 x 34 mm*] / *A LONDRES.* / [*filet gras-maigre, 78 mm*] / M. DCC. LXXXI. /

[faux-titre] *COLLECTION* / COMPLETTE / DES ŒUVRES / DE / Mʀ. DE VOLTAIRE. / *[filet gras-maigre, 79 mm]* / *TOME CINQUANTE-SIXIEME.* / *[filet maigre-gras, 79 mm]* /

8°. sig. π^2 A-Bb^8 (Bb8 bl.); pag. [*4*] 398; $4 signé, chiffres arabes; réclames par cahier.

[*1*] faux-titre; [*2*] bl.; [*3*] titre; [*4*] bl.; [*1*]-71 autres textes; 72-122 Le Dîner du comte de Boulainvilliers; 123-127 Pensées détachées de Mr l'abbé de Saint-Pierre; 128-396 autres textes; 397-398 Table des articles contenus dans ce volume.

Cette édition a été publiée à Lausanne par François Grasset.

ImV: A 1770/3 (51); Lausanne: AA 185 (56).

κ84, κ84ε

OEUVRES / COMPLETES / DE / VOLTAIRE. / TOME TRENTE-SIXIEME. / *[filet anglais, 38 mm]* / DE L'IMPRIMERIE DE LA SOCIÉTÉ LITTÉRAIRE- / TYPOGRAPHIQUE. / 1784.

[faux-titre] OEUVRES / COMPLETES / DE / VOLTAIRE. /

8°. sig. π^2 A-Ll^8 Mm^4 ($\pm$ Bb6); pag. [*4*] 552; $4 signé, chiffres arabes (– Mm3-4); tomaison '*Dialogues.*'; réclames par cahier.

[*1*] faux-titre; [*2*] bl.; [*3*] titre; [*4*] bl.; [1] A1ʳ 'DIALOGUES / ET / ENTRETIENS / PHILOSOPHIQUES. / *Dialogues.* A'; [2] bl.; [3]-356 autres textes; 357-394 XXVI. Le Dîner du comte de Boulainvilliers; 394-397 Pensées détachées de M. l'abbé de St Pierre; 398-549 autres textes; [550]-552 Table des dialogues et entretiens philosophiques.

Le carton Bb6 concerne les p.395-96, donc les lignes 16 à 66 des 'Pensées détachées'; une nouvelle variante y est introduite ('Pensées', 61).

L'édition de Kehl du *Dîner* reprend le texte de w75ɢ en y introduisant quelques variantes stylistiques (1.21, 51-52; 11.60, 151, 472; 111.84, 92, 96) et en changeant carrément le texte à 11.55, 283-284 (voir ci-dessous, p.374, n.46); elle corrige des erreurs à 1.106-107; 11.20. D'autres erreurs de κ84 sont corrigées dans les 'Eclaircissements, additions et corrections' qu'on trouve au tome 70 de l'édition (sigle κ84ε): 1.97; 11.348-349, 412; ces corrections seront intégrées au texte de κ85 qui introduit également quelques autres modifications (11.91; 111.87, 143, 148).

Taylor: VF; ImV: A 1784/1 (36).

к85

OEUVRES / COMPLETES / DE / VOLTAIRE. / TOME TRENTE-SIXIEME. / [*filet anglais, 41 mm*] / DE L'IMPRIMERIE DE LA SOCIÉTÉ LITTÉRAIRE- / TYPOGRAPHIQUE. / 1785.

[*faux-titre*] OEUVRES / COMPLETES / DE / VOLTAIRE. /

8°. sig. π^2 A-Ll^8 Mm^4; pag. [*4*] 552; \$4 signé, chiffres arabes (– Mm3-4); tomaison '*Dialogues.*'; réclames par cahier.

[*1*] faux-titre; [*2*] bl.; [*3*] titre; [*4*] bl.; [1] A1r 'DIALOGUES / ET / ENTRETIENS / PHILOSOPHIQUES. / *Dialogues.* A'; [2] bl.; [3]-356 autres textes; 357-394 XXVI. Le Dîner du comte de Boulainvilliers; 394-397 Pensées détachées de M. l'abbé de Saint-Pierre; 398-549 autres textes; [550]-552 Table des dialogues et entretiens philosophiques.

La deuxième version de l'édition de Kehl, datée de 1785, avec quelques corrections au texte du *Dîner* (voir ci-dessus, к84).

Taylor: VF; ImV: A 1785/1 (36).

6. *Principes de cette édition*

L'édition choisie comme texte de base est la première (GI), sortie des presses de Gabriel Grasset. Les variantes figurant dans l'apparat critique proviennent des éditions suivantes: G2, G3, AI, A2, LI, L2, L3, XI, X2, CUA, NM, W75G et к. Ces variantes ne portent pas sur la ponctuation, sauf quand elles entraînent des modifications du sens.

Traitement du texte de base

On a respecté l'orthographe des noms propres de personnes et de lieux, ainsi que celle des mots étrangers. Mais un compromis s'est parfois imposé en ce qui concerne les accents. Nous écrivons ainsi: Alexandre pour Aléxandre, Barthélemi pour Barthelemi, Geneviève pour Genevieve, Josèphe pour Josephe, Sénèque pour Senèque. Jésus s'écrit indifféremment Jésus, Jesus et Jésu, nous écrivons Jésus; Moïse et Moyse coexistent, nous écrivons Moïse.

334

Une erreur a été corrigée à II.142.

On a conservé les italiques du texte de base.

On en a aussi respecté scrupuleusement la ponctuation.

Par ailleurs, le texte de base a fait l'objet d'une modernisation portant sur la graphie, l'accentuation et la grammaire. Les particularités du texte de base dans ces trois domaines étaient les suivantes:

I. *Particularités de la graphie*

1. Consonnes
- absence de la consonne *t* dans les finales en -*ans* et en -*ens*: enfans, fondemens, habitans, raisonnemens, Régimens, etc (mais aussi: différents, moments, parents).
- redoublement de consonnes contraire à l'usage actuel: appeller, caffé, datté (et: daté), jetter, platte, renouveller.
- présence d'une seule consonne là où l'usage actuel prescrit son doublement: apartient, aporter, aprendre, aproche, aprofondi, boureaux, frapé, goute, grifon, pouriez (mais aussi: pourriez), suplice, supliciés, suposèrent (et: supposé), Supots.

2. Voyelles
- emploi de *y* à la place de *i* dans: aye, ayent, croyoient, effraye (et: effraient), Payen, playes, pluye, soye, taye, voyent, voyes, yvre.
- emploi de *i* à la place de *y* dans: effraiant, desennuier, hidre, hipocrite, mistères (et: mystères), païs (et: pays), Sibilles, Sindic, Sinagogue, Sirien, tirannie.

3. Divers
- emploi de la graphie -*oi* pour -*ai* dans les formes de l'imparfait et du conditionnel; et dans: connoître, foible, foiblesse.
- orthographe 'étymologique' dans: dissention
- utilisation systématique de la perluette, sauf en tête de phrase.

4. Graphies particulières
- l'orthographe moderne a été rétablie dans les mots suivants: Anabatistes, autenticité, avanture, batême, baze, bled, Bracmanes, cahos, dépends, dragme, encor, galimathias, solemnellement, sols, Térapeutes, transubstantiation.

5. Abréviations
- Mr., St. et Ste. deviennent respectivement M., St et Ste; nous écrivons Saint-Esprit.
- chap. devient ch. (qui est plus courant).

6. Le trait d'union
- il a été supprimé dans: mal-aisé, tout-à-l'heure, très-bien.
- il a été rétabli dans: celles là, gens là, petites maisons.

7. Majuscules rétablies
- nous mettons la majuscule initiale aux titres d'ouvrage (christianisme raisonnable, histoire de la philosophie).
- conformément à l'usage moderne, nous mettons la majuscule à: académie des sciences, église (l'), état (l'), être suprême (l'), grande Bretagne, Hérode le grand, Hérode le tétrarque, mer rouge, pères de l'Eglise, petites maisons, pont-neuf, providence.

8. Majuscules supprimées
a. L'emploi des majuscules est très irrégulier. Nous mettons la minuscule aux substantifs suivants qui portent en général une majuscule dans le texte de base:

Abbé, Anabatistes, Apôtres, Archevêque, Ariens, Arlequins, Athanasiens, Auteur, Bonze, Bracmanes, Bulle, Calvinistes, Cardinal, Carême, Catin, Chérubin, Chrétiens, Christianisme, Comédien, Comte, Concile, Curé, Derviche, Diable (le), Dieux, Donatistes, Duché, Duchesse, Dulie, Empereur, Empire, Esséniens, Eunuque, Evêque, Fakir, Faubourg, Fermier (général), Galiléens, Gentils, Hérodiens, Hussites, Janvier, Jésuites, Jeudi, Joanistes, Jubilé, Judaïtes, Langue, Latin (le), Légat, Législateur, Lettre, Lettrés, Loix, Luthériens, Lynx, Madame, Magistrats, Mahométisme, Marabout, Martyrs, Messe, Ministre, Moine, Moka, Monseigneur, Monsieur, Morale, Mosquée, Musulman, Noël, Pape, Paradis, Parlement, Paroissiens, Patriarche, Payens, Pharisiens, Platoniciens, Prêche, Président, Prêtre, Prince, Protestants, Quakers, Récabites, Régimens de Dragons, Religion, Religion Chrétienne, République, Rhéteur, Roi, Royaume, Sacrements, Saducéens, Sagesse, Saints, Sauvages, Sciences, Secte, Seigneurs, Séraphin, Sibilles, Sinagogue, Sindic, Sorciers, Souverain, Supots, Talmudistes, Térapeutes, Terre, Théologie, Théologien, Théologienne, Vendredi, Vicaire.

b. Nous mettons la minuscule aux adjectifs qualificatifs suivants qui portent une majuscule dans le texte de base:
- adjectifs désignant des nations ou des peuples: Chinois, Egyptien, Grec, Italien, Juif, Latin, Romain, Sirien.
- adjectifs désignant des sectes, des religions ou des Eglises: Apostolique, Catholique, Manichéen, Papale, Stoïcien.

II. *Particularités d'accentuation*

L'accentuation a été rendue entièrement conforme aux usages modernes à partir des caractéristiques suivantes qu'offre le texte de base:

1. L'accent aigu
   - il est absent dans: Barthelemi, desespoir, deshonorer, liquefier, Senèque.
   - contrairement à l'usage actuel, il est présent dans: Aléxandre, régistre, réveries, sécondaire.
   - il est employé au lieu du grave:
     - dans les finales -*er* + *e* muet: amérement, chaudiére, cimetiére, derriére, entiére, lumiére, mérc, osérent, pepiniére, pléniére, premiére, priére, suposérent.
     - dans le suffixe -*ième* des adjectifs numéraux ordinaux: troisiéme.
     - dans les mots suivants: liévre, piéce, siécle.

2. L'accent grave
   - il est présent dans: celà (et: cela).
   - il est absent dans: déja, Genevieve, Josephe.

3. L'accent circonflexe
   - il est employé au lieu de l'aigu dans: chrêtien; et au lieu du grave dans: achêve, prophête
   - il est présent dans des mots qui ne le comportent pas selon l'usage actuel: aîle, nôces, pourvû, pû, toûjours; les adjectifs possessifs: vôtre Eglise.
   - il est absent dans:
     - la plupart des formes de l'imparfait du subjonctif: attestat, éclairat, épousat, plut (mais aussi: parlât, pût, promenât).
     - ame, ainé, ane, bruler, bucher, diner, épitre, grace, infame, plait, roti, sureté, trainer.

4. Le tréma
   – contrairement à l'usage actuel, on le trouve dans: avouërez, boïte, s'évanouït, fouët, Israëlites, jouït, obéïr, ouï

III. *Particularités grammaticales*

1. L'adjectif numéral cardinal 'cent' demeure invariable.

2. Absence de terminaison en *s* à la 2ᵉ personne du singulier de l'impératif dans: contrain-les

3. Emploi du pluriel en -*x* dans: loix

338

LE DINER

DU COMTE

DE BOULAINVILLIERS,

PAR

Mr. St. Hiacinte.

A AMSTERDAM,

Chez Marc Michel Rey.

1768.

7. *Le Dîner du comte de Boulainvilliers*: page de titre de la deuxième édition
(G2), imprimée par Gabriel Grasset (Taylor Institution, Oxford).

LE DÎNER
DU COMTE DE
BOULAINVILLIERS

PREMIER ENTRETIEN

Avant dîner

L'ABBÉ COUET

Quoi, monsieur le comte, vous croyez la philosophie aussi utile au genre humain que la religion apostolique, catholique et romaine?

LE COMTE DE BOULAINVILLIERS

La philosophie étend son empire sur tout l'univers, et votre Eglise ne domine que sur une partie de l'Europe, encore y a-t-elle bien des ennemis. Mais vous devez m'avouer que la philosophie est plus salutaire mille fois que votre religion, telle qu'elle est pratiquée depuis longtemps.

L'ABBÉ

Vous m'étonnez. Qu'entendez-vous donc par philosophie?

LE COMTE

J'entends l'amour éclairé de la sagesse, soutenu par l'amour de l'Etre éternel, rémunérateur de la vertu et vengeur du crime.

L'ABBÉ

Eh bien, n'est-ce pas là ce que notre religion annonce?

---

2   XI: religion catholique apostolique
6   XI: devez avouer
8a L3:   L'ABBÉ COUET [*passim*]
9   XI: par un philosophe?

LE COMTE

Si c'est là ce que vous annoncez, nous sommes d'accord; je suis bon catholique, et vous êtes bon philosophe; n'allons donc pas plus loin ni l'un ni l'autre. Ne déshonorons notre philosophie 15 religieuse et sainte, ni par des sophismes et des absurdités qui outragent la raison, ni par la cupidité effrénée des honneurs et des richesses qui corrompt toutes les vertus. N'écoutons que les vérités et la modération de la philosophie; alors cette philosophie adoptera la religion pour sa fille. 20

L'ABBÉ

Avec votre permission, ce discours sent un peu le fagot.

LE COMTE

Tant que vous ne cesserez de nous conter des fagots,[1] et de vous servir de fagots allumés au lieu de raisons, vous n'aurez pour partisans que des hypocrites et des imbéciles. L'opinion d'un seul sage l'emporte sans doute sur les prestiges des fripons, et 25 sur l'asservissement de mille idiots. Vous m'avez demandé ce que j'entends par philosophie, je vous demande à mon tour ce que vous entendez par religion?

L'ABBÉ

Il me faudrait bien du temps pour vous expliquer tous nos dogmes. 30

18   G2, G3, X2, CUA, NM, W75G, K: qui corrompent toutes
21   K: un peu trop le fagot.
22   CUA: de conter

[1] '*Fagots*: Conter des Fagots c'est raconter des Fables; l'Eglise a des Fagots dont elle se sert pour répondre aux difficultés que les mécréans opposent aux Fagots qu'elle conte' (*Théologie portative, ou dictionnaire abrégé de la religion chrétienne*, Londres [Amsterdam, Marc-Michel Rey], 1768, p.114). La lecture récente de cet ouvrage, 'une plaisanterie continuelle par ordre alphabétique' (12 octobre 1767; D14474), a-t-elle suggéré à Voltaire l'emploi de cette expression?

344

LE COMTE

C'est déjà une grande présomption contre vous. Il vous faut de gros livres; et à moi il ne faut que quatre mots: *Sers Dieu, sois juste.*[2]

L'ABBÉ

Jamais notre religion n'a dit le contraire.

LE COMTE

Je voudrais ne point trouver dans vos livres des idées contraires.   35
Ces paroles cruelles, *contrains-les d'entrer,*[a][3] dont on abuse avec tant de barbarie, et celles-ci, *Je suis venu apporter le glaive et non la paix,*[b] et celles-là encore; *que celui qui n'écoute pas l'Eglise soit regardé comme un païen, ou comme un receveur des deniers publics;*[c][4] et cent maximes pareilles effraient le sens commun et l'humanité.   40

[a] *Luc* 14, v. 23.
[b] *Matth.* 10, v. 34.
[c] *Matth.* 18, v. 17.

31-32   XI: faut faire de gros
        XI: ne me faut

[2] Dans ses carnets Voltaire a noté: 'Personne ne dispute sur l'essentiel de la relligion, qui est de faire du bien; on dispute sur des dogmes inintelligibles. Si la relligion se contentoit de dire soyez juste, il n'y auroit pas un incrédule sur la terre. Mais les prêtres disent croiez etc. et on ne croit point' (Voltaire 81, p.71; voir aussi p.347).
[3] C'est Bayle, dans son *Commentaire philosophique sur ces paroles de Jésus-Christ: contrains-les d'entrer* (Cantorbery [Rotterdam] 1686), qui a soutenu le premier les 'droits de la conscience errante'. Voltaire a repris le thème, entre autres, dans le *Traité sur la tolérance*, ch.14 (M.xxv.84); cf. D14598 (18 octobre 1767).
[4] '*Qui ecclesiam non audit sicut ethnicus et publicanus*. Voilà la source des persécutions contre les chrêtiens' (Voltaire 81, p.113). Passage souvent cité par Voltaire. Il sera même repris plus bas, I.129-130, sous une forme légèrement différente; un signet annoté signale l'endroit dans le *Commentaire littéral* de Calmet (CN, ii.126).

Y a-t-il rien de plus dur et de plus odieux que cet autre discours;[d] *je leur parle en paraboles, afin qu'en voyant ils ne voient point, et qu'en écoutant ils n'entendent point.* Est-ce ainsi que s'expliquent la sagesse et la bonté éternelles?

Le Dieu de tout l'univers qui se fait homme pour éclairer et 45 pour favoriser tous les hommes, a-t-il pu dire,[e] *je n'ai été envoyé qu'au troupeau d'Israël,* c'est-à-dire à un petit pays de trente lieues tout au plus?

Est-il possible que ce Dieu à qui l'on faisait payer la capitation,[6] ait dit que ses disciples ne devaient rien payer, que les rois[f] *ne* 50 *reçoivent des impôts que des étrangers et que les enfants en sont donc exempts?*

L'ABBÉ

Ces discours qui scandalisent sont expliqués par des passages tout différents.

---

[d] *Matth.* 8, v. 10.[5]
[e] *Matth.* 15, v. 24.
[f] *Matth.* 17, v. 24, 25, 26.

41   XI: Y a-t-il rien de plus odieux
44   G2, G3, XI, X2, CUA, NM, W75G, K: bonté éternelle?
49   NM, W75G, K: fait payer
50   XI: que les disciples
51-52 K: *en sont exempts?*

[5] Inexact: c'est Matthieu xiii.13.
[6] 'Capitation des Juifs. Moyse avoit ordonné que chaque Israélite donneroit un demi sicle par tête pour son âme [...]. Moyse ordonne ici un tribut par tête sur tout le peuple, payable chaque année, pour fournir aux frais de l'entretien du Tabernacle, pour les hosties, le bois, l'huile, le vin, la farine, les habits et la nourriture des Prêtres et des Lévites. Du temps de notre Sauveur on payoit exactement ce tribut au Temple' (Calmet, *Dictionnaire historique, critique, chronologique, géographique et littéral de la Bible,* article 'Capitation des Juifs').

LE COMTE

Juste ciel! qu'est-ce qu'un Dieu qui a besoin de commentaire,   55
et à qui on fait dire perpétuellement le pour et le contre? Qu'est-
ce qu'un législateur qui n'a rien écrit? Qu'est-ce que quatre livres
divins dont la date est inconnue, et dont les auteurs si peu avérés
se contredisent à chaque page?

L'ABBÉ

Tout cela se concilie, vous dis-je. Mais vous m'avouerez du   60
moins que vous êtes très content du discours sur la montagne.

LE COMTE

Oui, on prétend que Jésus a dit qu'on brûlera ceux qui appellent
leurs frères Raka,[g7] comme vos théologiens font tous les jours. Il
dit qu'il est venu pour accomplir la loi de Moïse que vous avez
en horreur.[h] Il demande avec quoi on salera si le sel s'évanouit?[i]   65
Il dit que bienheureux sont les pauvres d'esprit, parce que le

---

g *Matth.* 5, v. 22.
h *Idem* v. 17
i *Idem* v. 13.

---

55   XI: commentaires,
56   XI: dire continuellement le
57-58   XI: qu'est-ce qu'un livre divin dont la date
61   G3, CUA: êtes content
62   XI: Jésus dit
62-63   X2, NM, W75G, K: appellent leur frère Raka
            G2, G3, CUA: leurs frère

---

7 Cf. 'Ah! frère, dit le confessant, ne savez-vous pas que quiconque appelle
son frère Raca est coupable de la géhenne du feu?' (*Relation de la maladie
du jésuite Berthier*, M.xxiv.99). 'Racha, ou Raka; terme syriaque, qui signifie
proprement vuide, vain, gueux, insensé, & qui enferme une grande idée de
mépris' (Calmet, *Dictionnaire*).

royaume des cieux est à eux.[j] Je sais encore qu'on lui fait dire
qu'il faut que le blé[k] pourrisse et meure en terre pour germer;
que le royaume des cieux est un grain de moutarde;[l] que c'est de
l'argent mis à usure;[m] qu'il ne faut pas donner à dîner à ses   70
parents quand ils sont riches.[n] Peut-être ces expressions avaient-
elles un sens respectable dans la langue où l'on dit qu'elles furent
prononcées. J'adopte tout ce qui peut inspirer la vertu; mais ayez
la bonté de me dire ce que vous pensez d'un autre passage que
voici.   75

'C'est Dieu qui m'a formé. Dieu est partout et dans moi: oserai-
je le souiller par des actions criminelles et basses, par des paroles
impures, par d'infâmes désirs?

'Puissé-je à mes derniers moments dire à Dieu, O mon maître,
ô mon père! tu as voulu que je souffrisse, j'ai souffert avec   80
résignation. Tu as voulu que je fusse pauvre, j'ai embrassé la
pauvreté. Tu m'as mis dans la bassesse, et je n'ai point voulu la
grandeur. Tu veux que je meure, je t'adore en mourant. Je sors
de ce magnifique spectacle en te rendant grâce de m'y avoir admis
pour me faire contempler l'ordre admirable avec lequel tu régis   85
l'univers.'[8]

[j] *Idem.* v. 3.
[k] *I. Epît. de Paul aux Corinth. ch.* 15, v. 36.
[l] *Luc* 13, v. 19.
[m] *Matth.* 25.
[n] *Luc* 14, v. 12.

82-83 XI: voulu de grandeur
86 CUA ajoute en note à 'l'univers': Manuel d'Epictète

[8] Voir *Le Manuel d'Epictète*, trad. André Dacier (Paris 1715; BV, no.1225),
ii.79, 119-20, passages marqués de signets annotés dans l'exemplaire personnel
de Voltaire (CN, iii.427-28). Il ne reproduit cependant pas la traduction de
Dacier, mais fournit lui-même une version condensée du texte. Cf. le *Dialogue
du douteur et de l'adorateur* (1766, réédité en 1768 dans NM, vii; M.xxv.135), la fin
de l'entretien entre *Sophronime et Adélos* (M.xxv.468) et les carnets (Voltaire 82,
p.615).

L'ABBÉ

Cela est admirable; dans quel Père de l'Eglise avez-vous trouvé ce morceau divin? est-ce dans St Ciprien, dans St Grégoire de Nazianze ou dans St Cirille?

LE COMTE

Non, ce sont les paroles d'un esclave païen nommé Epictète, et l'empereur Marc-Aurèle n'a jamais pensé autrement que cet esclave.[9]

90

L'ABBÉ

Je me souviens en effet d'avoir lu dans ma jeunesse des préceptes de morale dans des auteurs païens qui me firent une grande impression: je vous avouerai même que les lois de Zaleucus,[10] de Carondas,[11] les conseils de Confucius, les comman-

95

91   XI: ne pensait pas autrement

[9] Les noms d'Epictète et de Marc Aurèle sont souvent cités ensemble par Voltaire; voir par exemple l'article 'Idole, idolâtre, idolâtrie' (Voltaire 33, p.202), le *Fragment des instructions pour le prince royal de* *** (1767; M.xxvi.440) et *Dieu et les hommes* (1769; M.xxviii.133).

[10] Dans *La Philosophie de l'histoire*, ch.27 (1764), Voltaire écrit: 'J'ose ici défier tous les moralistes et tous les législateurs, je leur demande à tous s'ils ont dit rien de plus beau et de plus utile que l'exorde des lois de Zaleucus, qui vivait avant Pythagore, et qui fut le premier magistrat des Locriens. "Tout citoyen doit être persuadé de l'existence de la divinité. Il suffit d'observer l'ordre et l'harmonie de l'univers, pour être convaincu que le hasard ne peut l'avoir formé. On doit maîtriser son âme, la purifier, en écarter tout mal, persuadé que Dieu ne peut être bien servi par les pervers, et qu'il ne ressemble point aux misérables mortels qui se laissent toucher par de magnifiques cérémonies, et par de somptueuses offrandes. La vertu seule, et la disposition constante à faire le bien, peuvent lui plaire"' (Voltaire 59, p.181); voir aussi le carnet dans lequel Voltaire a consigné la première phrase de 'la préface des loix de Zaleucus', avec un renvoi à Warburton, *The Divine legation*, i.127 (Voltaire 82, p.486-87).

[11] Charondas, législateur grec, né à Catane en Sicile, vivait au septième siècle avant J.-C. Il donna des lois d'esprit aristocratique à sa patrie et à quelques cités grecques de la Sicile et de l'Italie méridionale. Voltaire, qui le mentionne en

dements moraux de Zoroastre, les maximes de Pythagore, me parurent dictés par la sagesse pour le bonheur du genre humain: il me semblait que Dieu avait daigné honorer ces grands hommes d'une lumière plus pure que celle des hommes ordinaires, comme il donna plus d'harmonie à Virgile, plus d'éloquence à Cicéron et plus de sagacité à Archimède qu'à leurs contemporains. J'étais frappé de ces grandes leçons de vertu que l'antiquité nous a laissées. Mais enfin tous ces gens-là ne connaissaient pas la théologie,[12] ils ne savaient pas quelle est la différence entre un chérubin et un séraphin;[13] entre la grâce efficace à laquelle on peut résister, et la grâce suffisante qui ne suffit pas:[14] ils ignoraient

100

105

97   NM, W75G, K84: Zoroas [K84E, K85: β]
101-102   X1: Cicéron, plus de
104   G3, L2, L3, X2, CUA: ne connaissent pas
106-107   NM, W75G: on ne peut

passant dans le chapitre 27 de *La Philosophie de l'histoire* (Voltaire 59, p.182), a pu le connaître par la *Divine legation*, où il figure, avec Zaleucus (voir J. Brumfitt, 'Voltaire and Warburton', *Studies* 18, 1961, p.44-45; voir aussi Voltaire 82, p.487). Il a aussi marqué d'un signet annoté le passage où Diodore de Sicile parle des lois données par Charondas aux citoyens de Thurium (*Histoire universelle*, trad. Terrasson, Paris 1758, iii.192-93; CN, iii.144).

[12] Dans ses carnets Voltaire a noté: 'Les philosophes seuls durent avoir de la religion, c'est-à-dire, reconnurent un dieu, et furent vertueux. Ainsi de Confucius, de Zaleucus, de Socrate, qui n'étaient pas prêtres. – Les prêtres durent être athées, car ils trompaient les hommes.' (Voltaire 82, p.560, 635).

[13] Cf. 'De grâce, dites-moi au moins ce que c'est qu'un chérubin?' (*Les Questions de Zapata*, Voltaire 62, p.385). Les séraphins sont des anges de la première hiérarchie, selon les théologiens catholiques, tandis que les chérubins de l'Ancien Testament, espèces d'êtres moitié animaux, moitié hommes, sont des anges du second rang de la première hiérarchie.

[14] Ce rappel allusif et ironique de la fameuse querelle de la grâce entre jésuites et jansénistes semble procéder plus particulièrement d'une réminiscence des *Provinciales*: on sait que le jésuite Molina avait soutenu, dans *L'Accord du libre arbitre et des dons de la grâce divine*, que la grâce est suffisante, mais ne devient efficace qu'avec le concours de notre volonté, toujours libre de la refuser. A quoi Jansénius avait répliqué dans son *Augustinus* que notre nature corrompue et irrésistiblement entraînée par la concupiscence ne peut que faire le mal volontairement, à moins que Dieu ne nous accorde – arbitrairement, car nul ne saurait la mériter – une grâce véritablement efficace, tout à fait distincte de la

que Dieu était mort, et qu'ayant été crucifié pour tous, il n'avait pourtant été crucifié que pour quelques-uns. Ah! monsieur le comte, si les Scipions, les Cicérons, les Catons, les Epictètes, les Antonins avaient su que le père *a engendré le fils, et qu'il ne l'a pas fait; que l'esprit n'a été ni engendré ni fait, mais qu'il procède par spiration, tantôt du père et tantôt du fils; que le fils a tout ce qui appartient au père, mais qu'il n'a pas la paternité*:[15] Si, dis-je, les anciens nos maîtres en tout, avaient pu connaître cent vérités de cette clarté et de cette force enfin, s'ils avaient été théologiens, quels avantages n'auraient-ils pas procuré aux hommes! La consubstantiabilité[16]

110

115

116   XI: force; s'ils
117   LI, XI: La consubstantialité surtout

grâce dont on prétend qu'elle suffisait avant le péché. Dans la deuxième Provinciale, Pascal exposait d'abord la position parfaitement logique des jansénistes: toute grâce véritablement suffisante (c'est-à-dire qui suffit à déterminer notre volonté à faire le bien) se révèle ipso facto pleinement efficace. Après quoi, il ironisait sur la position de ses adversaires en des termes dont Voltaire paraît bien s'être souvenu: 'Et m'informant après la doctrine des nouveaux Thomistes: Elle est bizarre, me dit-il: ils sont d'accord avec les jésuites d'admettre une grâce suffisante donnée à tous les hommes, mais ils veulent néanmoins que les hommes n'agissent jamais avec cette seule grâce et qu'il faille, pour les faire agir, que Dieu leur donne une grâce efficace qui détermine réellement leur volonté à l'action, et laquelle Dieu ne donne pas à tous. De sorte que, suivant cette doctrine, lui dis-je, cette grâce est suffisante sans l'être? Justement, me dit-il' (Pascal, *Œuvres complètes*, éd. Pléiade, p.676) (note de J.-M. Moureaux).

[15] En dépit des italiques, ces différentes propositions constituent probablement moins des citations littérales précises que le rappel plus ou moins parodique de diverses formules employées par théologiens et pères conciliaires, en particulier durant la longue querelle de l'arianisme où l'on a vivement débattu des rapports entre elles des trois personnes de la Trinité.

[16] On se gardera sans doute de penser que le terme de 'consubstantiabilité', qui n'est enregistré dans aucun dictionnaire de l'époque, est une simple coquille d'imprimeur. Ce n'est probablement pas un hasard s'il figure dans les *Doutes sur la religion, suivis de l'Analyse du traité théologi-politique de Spinosa* (Londres 1767; BV, no.503), ouvrage publié sous le nom du comte de Boulainviller et commandé par Voltaire à Henri Rieu en septembre 1767 (D14512): 'Où en seroit la Religion Chrétienne si on lui ôtoit les mots de procession, génération, relation, consubstantiabilité &c mots inventés pour prouver des choses totalement improbables?' (p.50).

surtout, monsieur le comte! la transsubstantiation! sont de si belles choses! plût au ciel que Scipion, Cicéron et Marc-Aurèle eussent approfondi ces vérités! ils auraient pu être grands vicaires   120
de monseigneur l'archevêque, ou syndics[17] de la Sorbonne.

LE COMTE

Çà, dites-moi en conscience, entre nous et devant Dieu, si vous pensez que les âmes de ces grands hommes soient à la broche, éternellement rôties par les diables en attendant qu'elles aient retrouvé leur corps qui sera éternellement rôti avec elles, et cela   125
pour n'avoir pu être syndics de Sorbonne et grands vicaires de M. l'archevêque?

L'ABBÉ

Vous m'embarrassez beaucoup; car, *hors de l'Eglise point de salut. Nul ne doit plaire au ciel que nous et nos amis.*[18] *Quiconque n'écoute*

121   XI: de M. l'archevêque [*passim*]
      XI: ou syndic de
123   XI: les âmes des grands soient
126-127   NM, W75G, K: de monseigneur l'archevêque?

[17] Le syndic de la Sorbonne était alors Ambroise Riballier, en but aux railleries de Voltaire depuis le début de l'affaire *Bélisaire*. Rappelons que l'abbé Couet fut lui-même grand vicaire de l'archevêque de Paris.

[18] 'Nul n'aura de l'esprit, hors nous et nos amis' (Molière, *Les Femmes savantes*, III.ii.924). Ce n'est évidemment pas en ces termes que s'exprime saint Matthieu; cf. les *Lettres à S. A. Mgr le prince de ****: 'Le comble de l'insolence fanatique est de dire: "Nul n'aura de vertu que nous et nos amis; Socrate, Confucius, Marc-Aurèle, Epictète, ont été des scélérats, puisqu'ils n'étaient pas de notre communion"' (1767; M.xxvi.499).

352

pas l'Eglise, qu'il soit comme un païen ou comme un fermier général.[o] 130
Scipion et Marc-Aurèle n'ont point écouté l'Eglise; ils n'ont point
reçu le concile de Trente. Leurs âmes spirituelles sont rôties à
jamais; et quand leurs corps dispersés dans les quatre éléments
seront retrouvés, ils seront rôtis à jamais aussi avec leurs âmes.
Rien n'est plus clair, comme rien n'est plus juste: cela est positif. 135

D'un autre côté il est bien dur de brûler éternellement Socrate,
Aristide, Pythagore, Epictète, les Antonins, tous ceux dont la vie
a été pure et exemplaire, et d'accorder la béatitude éternelle à
l'âme et au corps de François Ravaillac qui mourut en bon
chrétien, bien confessé[20] et muni d'une grâce efficace ou suffisante. 140
Je suis un peu embarrassé dans cette affaire; car enfin, je suis juge
de tous les hommes: leur bonheur ou leur malheur éternel dépend
de moi; et j'aurais quelque répugnance à sauver Ravaillac et à
damner Scipion.

[o]   *Matth.* 18, v. 17.[19]

n.*o-r*   XI, notes *o-r* absentes
132   G2, G3, X2, CUA, NM, W75G, K: spirituelles seront rôties
135   XI: clair, rien n'est plus juste, et cela
136   XI: brûler Socrate
140   XI: efficace et suffisante.

[19] Cf. *L'Examen important de milord Bolingbroke*: 'quel que soit l'auteur de cette
comparaison ridicule, ce ne peut être qu'un écervelé de la boue du peuple, qui
regarde un chevalier romain chargé de recouvrer les impôts établis par le
gouvernement comme un homme abominable. Cette idée seule est destructive
de toute administration' (Voltaire 62, p.232); voir aussi *La Conversation de M.
l'intendant des Menus en exercice avec M. l'abbé Grizel, passim.*
[20] Cf. la *Dissertation sur la mort de Henri IV*: 'Ravaillac se recommande en
pleurant à saint François son patron et à tous les saints; il se confesse avant de
recevoir la question' (Voltaire 2, p.344). Dans ses carnets Voltaire note: 'Ravaillac se confessa au père Daubigni' (Voltaire 81, p.402). Le *Commentaire sur le livre
des délits et des peines*, ch.16, parle plutôt d'une consultation du jésuite d'Aubigny,
dans le cadre sans doute d'une confession, sur l'intention qu'avait Ravaillac
d'entrer dans la Société de Jésus (1766; M.xxv.564-65). Serait-ce plutôt une
allusion à l'absolution conditionnelle obtenue par Ravaillac durant son exécution
et que rapporte Moland (M.viii.298-99)?

Il y a une chose qui me console, c'est que nous autres théolo-   145
giens nous pouvons tirer des enfers qui nous voulons: nous lisons
dans les actes de Ste Thècle, grande théologienne, disciple de
St Paul, laquelle se déguisa en homme pour le suivre, qu'elle
délivra de l'enfer son amie Faconille qui avait eu le malheur de
mourir païenne.^P   150

Le grand St Jean Damascène rapporte[22] que le grand St Macaire,
le même qui obtint de Dieu la mort d'Arius par ses ardentes
prières,[23] interrogea un jour dans un cimetière le crâne d'un païen

^P Voyez *Damascène orat. de iis qui in fide dormierunt*, page 585.[21]

n.*p* NM, W75G, K: *qui in pace dormierunt*
151 NM, W75G, K: Ce grand

[21] *Sancti patris nostri Joannis Damasceni* [...] *opera omnia quae exstant*, éd. Michel
Lequien (Paris 1712), 'De iis qui in fide dormierunt', i.585 [587]. L'exactitude
de la référence donne à penser que Voltaire a bien eu accès à cette édition,
même si elle ne figure pas dans sa bibliothèque conservée à Leningrad. Voltaire
était-il en train de préparer sa *Collection d'anciens évangiles* où est rapportée
l'histoire de Falconille (M.xxvii.448)? Le texte que nous suivons écrit Faconille,
mais l'orthographe habituelle est Falconille.
[22] Que Voltaire ait lui-même utilisé l'ouvrage ou qu'il s'en soit fait faire un
extrait par un secrétaire en vue de la rédaction de la *Collection des anciens évangiles*,
la source est bien ici l'édition Lequien de Jean Damascène. On y trouve en effet:
1) l'anecdote du crâne répondant à l'abbé Macarius que les prières des saints
étaient un soulagement pour les damnés; 2) celle de Trajan sauvé par saint
Grégoire; 3) le texte des notes *q* et *r* (p. [587], p.588 [590]-591; PG, xcv.255,
262). Mais comme souvent, Voltaire a travaillé un peu vite (voir n.24 et 25).
[23] L'anecdote sur la mort d'Arius est un ajout de Voltaire, qui venait d'écrire
dans *L'Examen important*, ch.23: 'un saint catholique nommé Macaire pria Dieu
avec tant de ferveur et de larmes, de faire mourir Arius d'apoplexie, que Dieu
qui est bon, l'exauça' (Voltaire 62, p.319). Selon l'*Histoire ecclésiastique* de Fleury,
que Voltaire utilise souvent, saint Macaire n'est que le compagnon de l'évêque
Alexandre dont les prières sont censées avoir obtenu la mort d'Arius (xi.58; éd.
de Paris 1719-1734, iii.254; BV, no.1350: éd. de Paris 1719-1738).

sur son salut; le crâne lui répondit que les prières des théologiens
soulageaient infiniment les damnés.^q   155

Enfin nous savons de science certaine que le grand St Grégoire
pape tira de l'enfer l'âme de l'empereur Trajan:^r ce sont là de
beaux exemples de la miséricorde de Dieu.

LE COMTE

Vous êtes un goguenard; tirez donc de l'enfer par vos saintes
prières Henri IV qui mourut sans sacrements comme un païen, et   160
mettez-le dans le ciel avec Ravaillac le bien confessé; mais mon
embarras est de savoir comment ils vivront ensemble, et quelle
mine ils se feront.

LA COMTESSE DE BOULAINVILLIERS

Le dîner se refroidit; voilà M. Fréret qui arrive, mettons-nous
à table, vous tirerez après de l'enfer qui vous voudrez.   165

q *Apud Grab. spicileg. pp. t. 1.*[24]
r *Eucholog. c. 96. et alii lib. graec. Damascen. p. 588.*[25]

165 XI: tirerez après cela de l'enfer

[24] Cette référence incomplète au *Spicilegium S.S. patrum* de Grabe, que Voltaire
avait dans sa bibliothèque (BV, no.1509), est tirée mot pour mot de l'édition
Lequien. La référence dans Grabe (i.108-109) vise l'histoire de Thècle et le texte
de la note *q* devrait ainsi faire partie de la note précédente.

[25] Le texte de la première partie de la note *r*, se référant à l'Euchologion, un
des principaux livres liturgiques de l'Eglise byzantine, provient également de
l'édition Lequien, se réfère à Thècle, et appartient ainsi plutôt à la note *p*. La
référence 'Damascène, p.588', par contre, concerne effectivement l'histoire de
l'âme de Trajan sauvée par saint Grégoire qui a été reprise entre autres dans
L.-E. Dupin, *Nouvelle bibliothèque des auteurs ecclésiastiques* (Paris 1690; BV,
no.1167), iv.339-40; et François Bruys la raconte en ces termes dans son *Histoire
des papes, depuis St Pierre jusqu'à Benoît XIII inclusivement* (La Haye 1732-1734;
BV, no.563): 'Paul & Jean Diacre, qui ont écrit la Vie de St Grégoire, ont
raconté devotement une Fable ridicule qui est devenuë l'objet de la raillerie des
Critiques. Ils disent que notre Pape, touché de l'exactitude de Trajan à rendre
la Justice, pria Dieu pour le repos de l'Ame de cet Empereur, & qu'il obtint son
salut. Ce conte qui sert encore aujourd'hui d'amusement au Peuple & aux
Devots, a été refuté par nos plus fameux Auteurs' (i.395).

SECOND ENTRETIEN

Pendant le dîner

L'ABBÉ COUET

Ah! madame, vous mangez gras un vendredi sans avoir la permission expresse de M. l'archevêque ou la mienne! ne savez-vous pas que c'est pécher contre l'Eglise? Il n'était pas permis chez les Juifs de manger du lièvre parce qu'alors il ruminait, et qu'il n'avait pas le pied fendu:[a]1 c'était un crime horrible de manger de l'ixion et du griffon.[b]

LA COMTESSE

Vous plaisantez toujours, monsieur l'abbé; dites-moi de grâce ce que c'est qu'un ixion et qu'un griffon?[2]

[a] *Deutéron. ch.* 14, v. 7.
[b] *Idem*, v. 12 et 13.

2 NM, W75G, K: de monseigneur l'archevêque
n.*a-j* XI, notes *a-j* absentes
8 NM, W75G, K: qu'un ixion.//

[1] Le lièvre est considéré comme un ruminant, non seulement dans Deutéronome xiv, mais aussi dans Lévitique xi.6; un signet annoté 'lievre impur' marque l'endroit dans Calmet, *Commentaire littéral* (CN, ii.52).
[2] Un rapprochement s'impose avec le chapitre IV de *Zadig* et la 'grande dispute sur une loi de Zoroastre qui défendait de manger du griffon' (M.xxi.40-41).
L'ixion est 'une espèce de vautour, qui est blanc, et dont la vue est fort perçante. Saint Jérôme a rendu dans le Lévitique, xi.14, par *milan*, le terme hebreu qu'il traduit ici par *ixion*' (Calmet, *Dictionnaire*, 'Ixion'). Quant au griffon, Calmet (art. 'Griphon') le tient pour un animal purement fabuleux avec d'Herbelot (*Bibliotheca orientalis*). Dans l'article 'Griphus', il précise que les Septante et l'auteur de la Vulgate se servent de ce terme en deux endroits, savoir Lévitique xi.13, et Deutéronome xiv.12 'pour marquer une sorte d'animal impur, dont il est défendu de manger'. Il continue: 'Le terme grec *griphs*, signifie un oiseau qui a le bec crochu, comme l'aigle; et *griphus* se prend pour *le grifon*, qui

356

L'ABBÉ

Je n'en sais rien, madame, mais je sais que quiconque mange
le vendredi une aile de poulet sans permission de son évêque, au   10
lieu de se gorger de saumon et d'esturgeon, pèche mortellement;[3]
que son âme sera brûlée en attendant son corps, et que quand
son corps la viendra retrouver, ils seront tous deux brûlés éternellement sans pouvoir être consumés, comme je le disais tout à
l'heure.   15

LA COMTESSE

Rien n'est assurément plus judicieux ni plus équitable; il y a
plaisir à vivre dans une religion si sage. Voudriez-vous une aile
de ce perdreau?

LE COMTE DE BOULAINVILLIERS

Prenez, croyez-moi; Jésus-Christ a dit, Mangez ce qu'on vous
présentera.[c] Mangez, mangez, que honte ne vous fasse dommage.[4] 20

[c] *Luc, ch.* 10, v. 8.

9   X1: rien: mais
10 W75G, K: sans la permission
13 X1: viendra la retrouver
14 W75G, K: comme je disais
19 X1: ce que l'on
20 G2, G3, NM, W75G: que l'honte ne vous
     X2, K: que la honte

est un oiseau fabuleux, qui a, dit-on, le corps d'un lion, la tête et les ailes d'un
aigle. Mais l'hébreu *pérés*, signifie, selon les uns, un épervier; selons d'autres,
un faucon, ou un milan, ou plutôt une sorte d'aigle. Bochart et Junius croyent
qu'il signifie l'aigle nommée *ossifraga.'*

[3] Illogisme plusieurs fois dénoncé entre autres dans le *Dictionnaire philosophique*:
en 1764 dans les articles 'Catéchisme du Japonais' et 'Guerre'; en 1769 dans
l'article 'Carême' (éd. Benda et Naves, p.92, 231 et 63).

[4] Les diverses éditions semblent hésiter sur la forme exacte de cette locution
proverbiale qui est signalée par *Académie 62* ('On dit proverbialement, que *Honte
ne vous fasse point dommage*') et le *Dictionnaire de Trévoux*, mais qui ne figure pas
dans A.-J. Panckoucke, *Dictionnaire des proverbes français* (Paris 1758).

L'ABBÉ

Ah! devant vos domestiques! un vendredi qui est le lendemain du jeudi![5] ils l'iraient dire par toute la ville.

LE COMTE

Ainsi vous avez plus de respect pour mes laquais que pour Jésus-Christ?

L'ABBÉ

Il est bien vrai que notre Sauveur n'a jamais connu les distinctions des jours gras et des jours maigres, mais nous avons changé toute sa doctrine pour le mieux; il nous a donné tout pouvoir sur la terre et dans le ciel. Savez-vous bien que dans plus d'une province il n'y a pas un siècle que l'on condamnait les gens qui mangeaient gras en carême à être pendus?[6] et je vous en citerai des exemples.

25-26 XI: connu la distinction des

[5] Pourquoi cette précision? A-t-elle une valeur allusive ou ne constitue-t-elle qu'une lapalissade burlesque?

[6] Le 2 décembre 1765, Voltaire écrivait à son ami Christin, avocat à Saint-Claude: 'Il est si juste, Monsieur, de pendre un homme pour avoir mangé du mouton le vendredy, que je vous prie instamment de me chercher des exemples de cette pieuse pratique dans vôtre province' (D13020). Christin dut s'exécuter, car on peut lire dans le *Commentaire sur le livre des délits et des peines*: 'Les archives d'un petit coin de pays appelé Saint-Claude [...] conservent la sentence et le procès-verbal d'exécution d'un pauvre gentilhomme, nommé Claude Guillon, auquel on trancha la tête le 28 juillet 1629. Il était réduit à la misère, et pressé d'une faim dévorante, il mangea, un jour maigre, un morceau d'un cheval qu'on avait tué dans un pré voisin. Voilà son crime. Il fut condamné comme un sacrilège. S'il eût été riche, et qu'il se fût fait servir à souper pour deux cents écus de marée, en laissant mourir de faim les pauvres, il aurait été regardé comme un homme qui remplissait tous ses devoirs' (1766; M.xxv.559). Voltaire reviendra sur le cas de Guillon dans la *Requête à tous les magistrats du royaume*. (1770; M.xxviii.342-43).

LA COMTESSE

Mon Dieu que cela est édifiant! et qu'on voit bien que votre religion est divine!

L'ABBÉ

Si divine que dans les pays mêmes où l'on faisait pendre ceux qui avaient mangé d'une omelette au lard,[7] on faisait brûler ceux   35
qui avaient ôté le lard d'un poulet piqué;[8] et que l'Eglise en use encore ainsi quelquefois; tant elle sait se proportionner aux différentes faiblesses des hommes. – A boire.

LE COMTE

A propos, monsieur le grand vicaire; votre Eglise permet-elle qu'on épouse les deux sœurs?   40

L'ABBÉ

Toutes deux à la fois! non; mais l'une après l'autre selon le besoin, les circonstances, l'argent donné en cour de Rome et la protection: remarquez bien que tout change toujours, et que tout dépend de notre sainte Eglise. La sainte Eglise juive notre mère, que nous détestons et que nous citons toujours, trouve très bon   45
que le patriarche Jacob épouse les deux sœurs à la fois:[9] elle

---

34   NM, W75G, K: dans le pays même
35   XI: mangé une omelette
36-37   XI: en use ainsi
43-44   XI: et que tout dépend de nous, que notre sainte Eglise notre mère

---

[7] L'omelette au lard passait pour le symbole même de la nourriture blasphématoire: ainsi la célèbre omelette de Des Barreaux.

[8] *piquer de la viande*: 'larder de la viande avec de petits lardons' (*Académie 62*). Dans *Candide* (ch.6), on livre à l'auto-da-fé 'deux Portugais qui en mangeant un poulet en avaient arraché le lard' (Voltaire 48, p.138): soupçon de judaïsme.

[9] Allusion à Léa et Rachel, filles de Laban qui fit épouser Léa à Jacob, par ruse, avant Rachel (Genèse xxix.16-28).

359

défend dans le Lévitique de se marier à la veuve de son frère,[d] elle l'ordonne expressément dans le Deutéronome;[e] et la coutume de Jérusalem[11] permettait qu'on épousât sa propre sœur; car vous savez que quand Amnon fils du chaste roi David viola sa sœur Thamar, cette sœur pudique et avisée lui dit ces propres paroles: *mon frère, ne me faites pas de sottises, mais demandez-moi en mariage à notre père, et il ne vous refusera pas.*[f]

Mais pour revenir à notre divine loi sur l'agrément d'épouser les deux sœurs, ou la sœur de son frère, la chose varie selon les temps, comme je vous l'ai dit. Notre pape Clément sept n'osa pas déclarer invalide le mariage du roi d'Angleterre Henri VIII avec la sœur du prince Arthur son frère,[13] de peur que Charles-Quint ne le fît mettre en prison une seconde fois, et ne le fît déclarer bâtard comme il l'était. Mais tenez pour certain qu'en fait de mariage

50

55

60

---

[d] *Lévit. ch.* 18, v. 16.
[e] *Deutéron. ch.* 12, v. 5.[10]
[f] *II. Rois, ch.* 13, v. 12 et 13.[12]

51-52   XI: lui dit: *mon*
51   G2, G3, X2, CUA, NM, W75G, K: ces paroles
55   K: ou la femme de son frère
60   XI, K: comme il était.

---

[10] Inexact: c'est Deutéronome XXV.5.

[11] Cf. *La Défense de mon oncle*, ch.6, où est cité le cas d'Amnon et Thamar (Voltaire 64, p.206). Le mot 'coutume' est peu défendable: voir la mise au point de J.-M. Moureaux dans Voltaire 64, p.296, n.3.

[12] II Samuel xiii.12-13 (dans les anciennes éditions de la Bible les livres de Samuel et des Rois étaient groupés sous l'intitulé générique des Rois).

[13] Erreur relevée par Feller dans sa *Lettre de Mr de L**(voir ci-dessus, p.314). Le futur Henri VIII avait épousé en 1503 Catherine d'Aragon, fille de Ferdinand et d'Isabelle, veuve de son frère aîné Arthur, et tante de Charles-Quint; voir *Essai sur les mœurs*, ch.135, 'Du roi Henri VIII', où Voltaire ajoute, dans w68 précisément, un passage relatif à Amnon et Thamar, avec la citation donnée ci-dessus (*Essai*, ii.252-53).

comme dans tout le reste, le pape et monseigneur l'archevêque sont les maîtres de tout quand ils sont les plus forts.[14] – A boire!

LA COMTESSE

Eh bien, monsieur Fréret, vous ne répondez rien à ces beaux discours! vous ne dites rien!

M. FRÉRET

Je me tais, madame, parce que j'aurais trop à dire.   65

L'ABBÉ

Et que pourriez-vous dire, monsieur, qui pût ébranler l'autorité, obscurcir la splendeur, infirmer la vérité de notre mère sainte Eglise catholique, apostolique et romaine? – A boire.[15]

M. FRÉRET

Pardieu je dirais que vous êtes des Juifs et des idolâtres, qui vous moquez de nous, et qui emboursez notre argent.   70

L'ABBÉ

Des Juifs et des idolâtres! comme vous y allez!

M. FRÉRET

Oui des Juifs et des idolâtres, puisque vous m'y forcez. Votre Dieu n'est-il pas né Juif? n'a-t-il pas été circoncis comme Juif?[g]

[g] *Luc*, ch. 2, v. 22 et 39.[16]

[14] Les dispenses accordées par l'Eglise représentent, aux yeux de Voltaire, un des nombreux abus du pouvoir papal (voir *Défense de mon oncle*, ch.6; Voltaire 64, p.206-207). Il reviendra sur 'cette servitude honteuse' dans *Le Cri des nations* (1769; M.xxvii.566-67).

[15] La répétition de cette demande à boire (cf. l.38 et 62) fait penser à certains chapitres de *Gargantua* (notamment ch.5).

[16] Inexact: c'est Luc ii.21-23.

n'a-t-il pas accompli toutes les cérémonies juives? ne lui faites-vous pas dire plusieurs fois qu'il faut obéir à la loi de Moïse?[h]   75
n'a-t-il pas sacrifié dans le temple? votre baptême n'était-il pas une coutume juive prise chez les Orientaux? N'appelez-vous pas encore du mot juif *Pâques* la principale de vos fêtes? Ne chantez-vous pas depuis plus de dix-sept cents ans dans une musique diabolique des chansons juives que vous attribuez à un roitelet   80
juif, brigand adultère et homicide, homme selon le cœur de Dieu?[17] Ne prêtez-vous pas sur gages à Rome dans vos juiveries que vous appelez *monts de piété*?[18] et ne vendez-vous pas impitoyablement les gages des pauvres quand ils n'ont pas payé au terme?

LE COMTE

Il a raison, il n'y a qu'une seule chose qui vous manque de la   85
loi juive, c'est un bon jubilé,[19] un vrai jubilé, par lequel les seigneurs rentreraient dans les terres qu'ils vous ont données comme des sots dans le temps que vous leur persuadiez qu'Elie et l'Antéchrist allaient venir, que le monde allait finir, et qu'il fallait donner tout son bien à l'Eglise *pour le remède de son âme, et*   90

[h] *Matth. ch.* 5, v. 17 et 18.

[17] L'expression 'l'homme selon le cœur de Dieu', appliquée à David, vient de I Samuel xiii.14: 'Le Seigneur s'est pourvu d'un homme selon son cœur, et il lui a commandé d'être le chef de son peuple' (trad. Lemaistre de Sacy). Cf. *The History of the man after God's own heart* (London 1761) qui figurait dans la bibliothèque de Voltaire (BV, no.624).
[18] 'On appelle en Italie *mont de piété* certains lieux où l'on prête de l'argent à ceux qui en ont besoin en donnant quelques nantissemens' (*Encyclopédie*, 'Mont'). Les monts de piété ne furent introduits en France qu'en 1777 (F. Brunot, *Histoire de la langue française*, vi.1.187-88).
[19] Le jubilé chrétien ne donne que des indulgences; le jubilé juif avait un caractère tout différent: 'En l'année du jubilé tous rentreront dans les biens qu'ils avaient possédés [...] cette année-là tout bien vendu retournera au propriétaire qui l'avait possédé d'abord' (Lévitique xxv.13, 28). Boulainviller était mal dans ses affaires et sans cesse en procès pour des questions d'héritage.

pour n'être point rangé parmi les boucs.[20] Ce jubilé vaudrait mieux que celui auquel vous ne nous donnez que des indulgences plénières: j'y gagnerais pour ma part plus de cent mille livres de rente.

L'ABBÉ

Je le veux bien, pourvu que sur ces cent mille livres vous me   95
fassiez une grosse pension. Mais pourquoi M. Fréret nous appelle-t-il idolâtres?

M. FRÉRET

Pourquoi monsieur? demandez-le à St Christophe qui est la première chose que vous rencontrez dans votre cathédrale, et qui est en même temps le plus vilain monument de barbarie que vous   100
ayez.[21] Demandez-le à Ste Claire[22] qu'on invoque pour le mal des yeux et à qui vous avez bâti des temples, à St Genou[23] qui guérit

---

91   NM, W75G, K84:   *point rangés parmi* [K85: β]
93-94   G2, G3, X2, CUA, NM, W75G, K: de rentes.
101   X1:   Saint Clair que l'on

---

[20] Cf. l'article 'Fin du monde' des *Questions sur l'Encyclopédie* (1771), où est reprise la même citation (M.xix.144). Voir Calmet, 'Boucs', *Dictionnaire*: 'Jésus-Christ dans l'Evangile [Matthieu xxv.33], dit qu'au jour du jugement les boucs, c'est-à-dire les méchans, les réprouvez, seront mis à la gauche, & condamnez au feu éternel.'
[21] Cette statue en bois, qui avait près de 10 mètres de haut, se dressait à l'entrée de Notre-Dame de Paris. Elle était l'objet d'un culte populaire et ne disparut qu'en 1785. 'Qui a renversé ce colosse de St Christophe, proverbial parmi les statues au même titre que la grande salle du Palais parmi les halles?' se lamente Victor Hugo dans *Notre-Dame de Paris* (*Œuvres complètes*, éd. J. Massin, iv.92).
[22] Claire d'Assise (*c.* 1193-1253), fondatrice des religieuses de Saint-François dites clarisses (cf. Voltaire 82, p.609).
[23] La légende fait vivre saint Genou au troisième siècle à Rome, d'où il serait venu en Berry. Est-ce la lecture récente de *Gargantua* (ch.45) qui a rappelé à Voltaire l'exemple de saint Genou sensé guérir de la goutte (le mal de saint Genou)?

363

BIRKBECK LIBRARY COLLEGE

de la goutte, à St Janvier dont le sang se liquéfie si solennellement à Naples quand on l'approche de sa tête,[24] à St Antoine qui asperge d'eau bénite les chevaux dans Rome.[i]   105

Oseriez-vous nier votre idolâtrie, vous qui adorez du culte de dulie dans mille églises le lait de la Vierge, le prépuce et le nombril de son fils, les épines dont vous dites qu'on lui fit une couronne, le bois pourri sur lequel vous prétendez que l'Etre éternel est mort? vous enfin qui adorez d'un culte de lâtrie[26] un morceau de   110 pâte que vous enfermez dans une boîte de peur des souris? Vos catholiques romains ont poussé leur catholique extravagance

[i] *Voyages de Misson, tome 2, page 294;*[25] *c'est un fait public.*

n.*i*   G3, X2, CUA, NM, W75G, K: Voyage de

[24] Voltaire évoque le culte de saint Janvier presque dans les mêmes termes au chapitre 183 de l'*Essai sur les mœurs* (*Essai*, ii.702) et cite à ce propos 'le savant et sage Addison', auteur des *Remarks on several parts of Italy* (London 1705). Il en possédait la traduction française, *Remarques sur divers endroits d'Italie* (Paris 1722; BV, no.15), où on lit: 'ils exposèrent le sang de *saint Janvier* qui se liquéfia à l'aproche de la tête du saint; quoique, comme ils disent, il fût bien figé auparavant. J'eus deux fois l'occasion de voir l'opération de ce prétendu miracle; & j'avoue que si ce n'est pas un miracle réel, c'est un tour le plus grossier que j'aie jamais vû' (p.137-38); cf. les carnets (Voltaire 81, p.353; 82, p.482, 532, 545). Dans l'exemplaire personnel de Voltaire, un signet annoté 'san gennaro' marque l'endroit où Pierre-Jean Grosley parle de la liquéfaction du sang de saint Janvier dans ses *Nouveaux mémoires, ou observations sur l'Italie et sur les Italiens* (Londres 1764), p.104 (CN, iv.193).

[25] François-Maximilien Misson, protestant lyonnais émigré à Londres lors de la révocation de l'édit de Nantes, avait publié un *Nouveau voyage d'Italie* (1691), dans lequel il traite les usages et les légendes catholiques avec toute la sévérité d'une victime de Louis XIV: 'il y a icy un certain S. Antoine [à S. Maria Maggiore], qui est le protecteur des chevaux & des mulets. Le jour de la feste du saint, on mêne tout ce qu'il y a de ces animaux dans la ville à l'église, avec leurs selles & autres harnois. On les y bénit, & on les arrose, avec le sacré gouspillon, moyennant tant pour chaque bête' (BV, no.2471: éd. de 1698, p.294); cf. Voltaire 81, p.185.

[26] Termes de théologie: le culte de dulie, respect et honneur, est rendu aux saints et aux objets vénérables. Le culte de latrie n'est dû qu'à Dieu qui peut seul, selon l'Eglise, faire l'objet d'une 'adoration'.

jusqu'à dire qu'ils changent ce morceau de pâte en Dieu par la
vertu de quelques mots latins, et que toutes les miettes de cette
pâte deviennent autant de dieux créateurs de l'univers. Un gueux   115
qu'on aura fait prêtre, un moine sortant des bras d'une prostituée,
vient pour douze sous, revêtu d'un habit de comédien, me marmo-
ter en une langue étrangère ce que vous appelez une messe,
fendre l'air en quatre avec trois doigts, se courber, se redresser,
tourner à droite et à gauche, par devant et par derrière, et faire   120
autant de dieux qu'il lui plaît, les boire et les manger, et les rendre
ensuite à son pot de chambre![27] et vous n'avouerez pas que c'est
la plus monstrueuse et la plus ridicule idolâtrie qui ait jamais
déshonoré la nature humaine? Ne faut-il pas être changé en bête
pour imaginer qu'on change du pain blanc et du vin rouge en   125
Dieu? Idolâtres nouveaux, ne vous comparez pas aux anciens qui
adoraient le *Zeus*, le *Demiourgos*, le maître des dieux et des hommes,
et qui rendaient hommage à des dieux secondaires; sachez que
Cérès, Pomone et Flore valent mieux que votre Ursule et ses
onze mille vierges;[28] et que ce n'est pas aux prêtres de Marie   130
Magdeleine à se moquer des prêtres de Minerve.

LA COMTESSE

Monsieur l'abbé, vous avez dans monsieur Fréret un rude
adversaire. Pourquoi avez-vous voulu qu'il parlât? c'est votre
faute.

115   XI: créateurs du ciel et de la terre. Un
130   XI: dix mille vierges

[27] Dans l'article 'Transsubstantiation' du *Dictionnaire philosophique*, ajouté en
1767, Voltaire venait d'écrire: 'on voit tous les jours, dans les pays catholiques,
des prêtres, des moines qui, sortant d'un lit incestueux, et n'ayant pas encore
lavé leurs mains souillées d'impuretés, vont faire des dieux par centaines,
mangent et boivent leur dieu, chient et pissent leur dieu' (éd. Benda et Naves,
p.411).
[28] Voltaire a marqué d'un signet les pages (ii.464-65) du *Traité des superstitions*
de Jean-Baptiste Thiers qui concernent l'histoire de sainte Ursule et de ses onze
mille vierges massacrées par les Huns près de Cologne, au retour de leur
pèlerinage à Rome (4e éd., Paris 1741; BV, no.3280).

L'ABBÉ

Oh madame, je suis aguerri, je ne m'effraie pas pour si peu de   135
chose; il y a longtemps que j'ai entendu faire tous ces raisonnements contre notre mère sainte Eglise.

LA COMTESSE

Par ma foi vous ressemblez à certaine duchesse qu'un mécontent appelait catin; elle lui répondit, il y a trente ans qu'on me le
dit, et je voudrais qu'on me le dît trente ans encore.   140

L'ABBÉ

Madame, madame, un bon mot ne prouve rien.

LE COMTE

Cela est vrai; mais un bon mot n'empêche pas qu'on ne puisse
avoir raison.

L'ABBÉ

Et quelle raison pourrait-on opposer à l'authenticité des prophéties, aux miracles de Moïse, aux miracles de Jésus, aux martyrs?   145

LE COMTE

Ah! je ne vous conseille pas de parler de prophéties, depuis
que les petits garçons et les petites filles savent ce que mangea
le prophète Ezéchiel à son déjeuner,[j] et qu'il ne serait pas honnête

---

ʲ *Ezéch. ch.* 4, v. 12.

136 XI: faire ces
142 G1, G2, X2: n'empêche qu'on
144 XI: pourrait-on apporter à
146 XI: prophétie,

366

de nommer à dîner; depuis qu'ils savent les aventures d'Oolla et
d'Oliba[k] dont il est difficile de parler devant les dames; depuis   150
qu'ils savent que le Dieu des Juifs ordonne au prophète Osée de
prendre une catin,[l] et de faire des fils de catin. Hélas! trouverez-
vous autre chose dans ces misérables que du galimatias et des
obscénités?[29]

Que vos pauvres théologiens cessent désormais de disputer   155
contre les Juifs sur le sens des passages de leurs prophètes; sur
quelques lignes hébraïques d'un Amos, d'un Joël, d'un Habacuc,
d'un Jérémiah; sur quelques mots concernant Eliah, transporté
aux régions célestes orientales dans un chariot de feu, lequel Eliah
par parenthèse n'a jamais existé.[30]   160

Qu'ils rougissent surtout des prophéties insérées dans leurs
Evangiles. Est-il possible qu'il y ait encore des hommes assez
imbéciles et assez lâches pour n'être pas saisis d'indignation,
quand Jésus prédit dans Luc:[m] *Il y aura des signes dans la lune et
dans les étoiles; des bruits de la mer et des flots; des hommes séchant de*   165
crainte attendront ce qui doit arriver à l'univers entier. Les vertus des cieux
seront ébranlées, et alors ils verront le fils de l'homme venant dans une

---

[k] *Idem, ch.* 16 et *ch.* 23, v. 20.
[l] *Osée, ch.* 1, v. 2 et *ch.* 3, v. 1 et 2.
[m] *Chap.* 2.[31]

149-150   XI: les aventures d'Oliba dont
n.*k*   XI: Ezech. chap. 16, v.20.
150-151   XI: depuis qu'elles savent
151   K: Juifs ordonna au
        XI: prophète de

---

[29] Cf. *L'Examen important*, ch.10, et *Les Questions de Zapata* (Voltaire 62, p.206-
207, 396-99), où sont cités les mêmes exemples.

[30] Voltaire sera moins affirmatif dans *La Bible enfin expliquée* (M.xxx.200, n.1)
ainsi que dans l'article 'Elie et Enoch' des *Questions sur l'Encyclopédie* (M.xviii.511):
il ne présente cette idée que comme une hypothèse.

[31] Inexact: c'est Luc xxi.25-27, 32. Le même texte est cité dans *L'Examen*
important, tout comme celui de Paul, I Thessaloniciens iv.16 (Voltaire 62, p.246).

nuée avec grande puissance et grande majesté. En vérité je vous dis que
la génération présente ne passera point que tout cela ne s'accomplisse.

Il est impossible assurément, de voir une prédiction plus mar- 170
quée, plus circonstanciée, et plus fausse. Il faudrait être fou pour
oser dire qu'elle fut accomplie, et que le fils de l'homme vint dans
une nuée avec une grande puissance et une grande majesté. D'où
vient que Paul dans son épître aux Thessaloniciens confirme cette
prédiction ridicule par une autre encore plus impertinente. *Nous* 175
qui vivons et qui vous parlons, nous serons emportés dans les nuées pour
aller au devant du Seigneur au milieu de l'air,[32] etc.

Pour peu qu'on soit instruit, on sait que le dogme de la fin du
monde, et de l'établissement d'un monde nouveau, était une
chimère reçue alors chez presque tous les peuples. Vous trouvez 180
cette opinion dans Lucrèce au livre 4. Vous la trouvez dans le Ier
livre des Métamorphoses d'Ovide.[33] Héraclite longtemps auparavant avait dit que ce monde-ci serait consumé par le feu.[34]
Les stoïciens avaient adopté cette rêverie. Les demi-juifs, demi-
chrétiens qui fabriquèrent les Evangiles ne manquèrent pas 185

168   XI: *grande puissance et majesté*
170   XI: impossible de voir
171-172   XI: pour dire
172-174   XI: dans une nuée. D'où vient
174   XI: dans une épître aux Thessaliens
179   XI: l'établissement du nouveau
180   XI: alors reçue
180-182   XI: Vous trouverez cette opinion dans Lucrèce, (Liv.4); dans les
métamorphoses d'Ovide, (Liv.1).
183   XI: que le monde serait
185-186   XI: ne manquèrent point de s'en prévaloir.

[32] I Thessaloniciens iv.16.
[33] Lucrèce, *De rerum natura*, v.98 ss. Dans l'article 'Fin du monde' des *Questions*
sur l'Encyclopédie' (1771), Voltaire cite à l'appui Ovide, *Métamorphoses*, 1.256-258.
[34] D'après Héraclite, philosophe grec d'Ephèse, né vers 550 avant J.-C.,
l'univers est l'effet d'une évolution spontanée du principe igné, dont la vie et
l'âme humaine sont des manifestations. Les stoïciens ont pris de lui l'idée d'une
conflagration universelle.

d'adopter un dogme si reçu et de s'en prévaloir. Mais comme le monde subsista encore longtemps, et que Jésus ne vint point dans les nuées avec une grande puissance et une grande majesté au premier siècle de l'Eglise, ils dirent que ce serait pour le second siècle, ils le promirent ensuite pour le troisième; et de siècle en siècle cette extravagance s'est renouvelée. Les théologiens ont fait comme un charlatan que j'ai vu au bout du Pont-Neuf sur le quai de l'Ecole;[35] il montrait au peuple vers le soir un coq et quelques bouteilles de baume; Messieurs, disait-il, je vais couper la tête à mon coq, et je le ressusciterai le moment d'après en votre présence, mais il faut auparavant que vous achetiez mes bouteilles. Il se trouvait toujours des gens assez simples pour en acheter. Je vais donc couper la tête à mon coq, continuait le charlatan; mais comme il est tard, et que cette opération est digne du grand jour, ce sera pour demain.

Deux membres de l'Académie des sciences eurent la curiosité et la constance de revenir pour voir comment le charlatan se tirerait d'affaire; la farce dura huit jours de suite, mais la farce de l'attente de la fin du monde dans le christianisme a duré huit siècles entiers. Après cela, monsieur, citez-nous les prophéties juives ou chrétiennes.

M. FRÉRET

Je ne vous conseille pas de parler des miracles de Moïse devant des gens qui ont de la barbe au menton. Si tous ces prodiges inconcevables avaient été opérés, les Egyptiens en auraient parlé

188-189 XI: nuées au premier siècle
193 XI: montrait un coq
198 XI: vais donc continua-t-il couper [...] coq; mais
200-203 XI: demain. La farce
204-205 XI: duré dix-huit siècles.
206a XI, le nom de Fréret omis, si bien que tout ce qui suit, jusqu'à la ligne 251 paraît être dans la bouche du comte.

[35] L'actuel quai du Louvre.

dans leurs histoires. La mémoire de tant de faits prodigieux qui 210
étonnent la nature, se serait conservée chez toutes les nations.
Les Grecs qui ont été instruits de toutes les fables de l'Egypte et
de la Sirie, auraient fait retentir le bruit de ces actions surnaturelles
aux deux bouts du monde. Mais aucun historien ni grec, ni syrien,
ni égyptien n'en a dit un seul mot. Flavien Josèphe si bon patriote, 215
si entêté de son judaïsme, ce Josèphe qui a recueilli tant de
témoignages en faveur de l'antiquité de sa nation, n'en a pu
trouver aucun qui attestât les dix plaies d'Egypte, et le passage à
pied sec au milieu de la mer, etc.[36]

Vous savez que l'auteur du Pentateuque est encore incertain; 220
quel homme sensé pourra jamais croire, sur la foi de je ne sais
quel Juif, soit Esdras, soit un autre, de si épouvantables merveilles
inconnues à tout le reste de la terre?[37] Quand même tous vos
prophètes juifs auraient cité mille fois ces événements étranges,
il serait impossible de les croire; mais il n'y a pas un seul de ces 225
prophètes qui cite les paroles du Pentateuque sur cet amas de
miracles, pas un seul qui entre dans le moindre détail de ces
aventures; expliquez ce silence comme vous pourrez.

Songez qu'il faut des motifs bien graves pour opérer ainsi le
renversement de la nature. Quel motif, quelle raison aurait pu 230

210   XI: faits, qui
215-216 XI: Josèphe qui a recueilli
219   XI: la mer.//
224   XI: événements étrangers, il
225-226 XI: il n'y en a aucun qui cite
227-229 XI: miracles. Expliquez ce silence comme vous pourrez; songez
230   XI: Quels motifs, quelles raisons

[36] Cf. *L'Examen important*: 'Flavian Joseph qui pour faire valoir sa nation
méprisée, recherche tous les témoignages des auteurs égyptiens qui ont parlé
des Juifs, n'a pas le front d'en citer un seul qui fasse mention des prodiges de
Moïse. Ce silence universel n'est-il pas une preuve que Moïse est un personnage
fabuleux?' (Voltaire 62, p.177).

[37] En 1767 précisément, Voltaire ajoute un chapitre nouveau (ch.4) à *L'Examen
important* qu'il intitule 'Qui est l'auteur du Pentateuque?' et où il dit: 'Je conjecture
qu'Esdras forgea tous ces Contes du tonneau' (Voltaire 62, p.186).

370

avoir le Dieu des Juifs? était-ce de favoriser son petit peuple? de lui donner une terre fertile? que ne lui donnait-il l'Egypte au lieu de faire des miracles, dont la plupart, dites-vous, furent égalés par les sorciers de Pharaon? pourquoi faire égorger par l'ange exterminateur tous les aînés d'Egypte, et faire mourir tous les animaux, afin que les Israélites au nombre de six cent trente mille combattants, s'enfuissent comme de lâches voleurs? pourquoi leur ouvrir le sein de la mer Rouge afin qu'ils allassent mourir de faim dans un désert?[38] Vous sentez l'énormité de ces absurdes bêtises; vous avez trop de sens pour les admettre, et pour croire sérieusement à la religion chrétienne fondée sur l'imposture juive. Vous sentez le ridicule de la réponse triviale qu'il ne faut pas interroger Dieu, qu'il ne faut pas sonder l'abîme de la Providence. Non, il ne faut pas demander à Dieu pourquoi il a créé des poux et des araignées, parce qu'étant sûrs que les poux et les araignées existent, nous ne pouvons savoir pourquoi ils existent;[39] mais nous ne sommes pas si sûrs que Moïse ait changé sa verge en serpent[40] et ait couvert l'Egypte de poux, quoique les poux fussent familiers à son peuple: nous n'interrogeons point Dieu; nous

235

240

245

---

231   XI: le roi des Juifs?
236   XI: six cent trois mille
237   XI: comme des lâches
238-239   XI: mourir dans un
240   XI: trop de bon sens
245   G3:   araignées, ce que n'étant pas sûrs [G3*: ⟨araignées, ce⟩
V↑ araignées; c'est]
        CUA: parce que n'étant pas sûrs
        XI: poux, des
247   CUA: sommes pas sûrs

[38] Exode vii.11, 22 ss; xii.29; ix.3-6; xii.37 ('près de six cent mille hommes de pied'); cf. Nombres i.46 (603.550 hommes); Exode, xii.31-41; xiv.21-22; xvi.3.

[39] Ce parti, pris en passant, contre les causes finales surprend un peu chez Voltaire; on connaît sa position ordinaire sur ce problème: l'intelligence divine ayant ordonné l'univers y a nécessairement disposé des moyens en vue d'une fin (voir Voltaire 64, p.369, n.17).

[40] Exode iv.3-4.

interrogeons des fous qui osent faire parler Dieu, et lui prêter   250
l'excès de leurs extravagances.

LA COMTESSE

Ma foi, mon cher abbé, je ne vous conseille pas non plus de
parler des miracles de Jésus. Le créateur de l'univers se serait-il
fait juif pour changer l'eau en vin[n] à des noces où tout le monde
était déjà ivre? Aurait-il été emporté par le diable[o] sur une   255
montagne dont on voit tous les royaumes de la terre? aurait-il
envoyé le diable[p] dans le corps de deux mille cochons, dans un
pays où il n'y avait point de cochons? aurait-il séché un figuier[q]
pour n'avoir pas porté des figues, *quand ce n'était pas le temps des
figues?* Croyez-moi, ces miracles[41] sont tout aussi ridicules que   260
ceux de Moïse. Convenez hautement de ce que vous pensez au
fond du cœur.

L'ABBÉ

Madame, un peu de condescendance pour ma robe, s'il vous
plaît; laissez-moi faire mon métier; je suis un peu battu, peut-
être, sur les prophéties et sur les miracles; mais pour les martyrs,   265

---

[n] *Jean, ch.* 2, v. 9.
[o] *Matth. ch.* 4, v. 8.
[p] *Idem, ch.* 8, v. 32.
[q] *Marc, ch.* 11, v. 13.

---

n.*n-t*   XI, notes *n-t* absentes
256   XI: montagne d'où l'on voit
257   XI: deux cents cochons
257-258   CUA: mille cochons? aurait-il
258   XI: il n'y a point
259   XI: porté de figues

---

[41] Ces miracles, comme ceux de l'Ancien Testament, sont très souvent évoqués
par Voltaire, en particulier dans les *Questions sur les miracles* (M.xxv.357), *L'Examen important* (Voltaire 62, p.215, 217, 298-302), etc.

il est certain qu'il y en a eu, et Pascal le patriarche de Port-Royal des Champs a dit, *Je crois volontiers aux faits dont les témoins se font égorger*.[42]

M. FRÉRET

Ah monsieur, que de mauvaise foi et d'ignorance dans Pascal! on croirait, à l'entendre, qu'il a vu les interrogatoires des apôtres, et qu'il a été témoin de leur supplice. Mais, où a-t-il vu qu'ils aient été suppliciés? qui lui a dit que Simon Barjone, surnommé Pierre, a été crucifié à Rome la tête en bas? qui lui a dit même que ce Barjone, un misérable pêcheur de Galilée, ait jamais été à Rome, et y ait parlé latin?[43] hélas! s'il eût été condamné à Rome, si les chrétiens l'avaient su, la première église qu'ils auraient bâtie depuis à l'honneur des saints, aurait été St Pierre de Rome, et non pas St Jean de Latran;[44] les papes n'y eussent pas manqué; leur ambition y eût trouvé un beau prétexte. A quoi est-on réduit,

270

275

273-274 W75G, K: dit que ce Barjone
276-277 X1: qu'ils auraient bâtie aurait été St Pierre

[42] 'Je croy volontiers les histoires dont les témoins se font égorger', dit l'édition de Port-Royal de 1670 (p.271). La formule de Pascal prend des formes légèrement différentes selon les éditions. Voltaire lui-même écrit dans *Le Siècle de Louis XIV*: 'il faut croire aux témoins qui se font égorger pour soutenir leurs témoignages' (ch.37; *OH*, p.1087), d'après l'usage qu'a fait de cette phrase Carré de Montgeron. Dans les *Remarques sur les Pensées de Pascal*, il cite et commente la formule qui figure ici: 'La difficulté n'est pas seulement de savoir si on croira des témoins qui meurent pour soutenir leur déposition, comme ont fait tant de fanatiques, mais encore si ces témoins sont effectivement morts pour cela; si on a conservé leurs dépositions; s'ils ont habité les pays où l'on dit qu'ils sont morts' (M.xxii.46).

[43] Voltaire reparlera du 'Voyage de St Pierre à Rome' dans les *Conseils raisonnables à M. Bergier* (1768; M.xvii.44), qui suit de près ce passage; cf. *Questions sur l'Encyclopédie* (1772; M.xx.592 ss).

[44] Cf. ce passage ajouté dans w68 au chapitre 8 de l'*Essai sur les mœurs*: 'Pour prouver que Pierre ne mourut point à Rome, il n'y a qu'à observer que la première basilique bâtie par les chrétiens dans cette capitale est celle de Saint-Jean de Latran: [...] l'aurait-on dédiée à Jean si Pierre avait été pape?' (*Essai*, i.280).

quand, pour prouver que ce Pierre Barjone a demeuré à Rome,   280
on est obligé de dire qu'une lettre qu'on lui attribue datée de
Babilone était en effet écrite de Rome même,[r][45] sur quoi un auteur
célèbre a très bien dit, que moyennant une telle explication, une
lettre datée de Babilone devait avoir été écrite à Rome.[46]

Vous n'ignorez pas quels sont les imposteurs qui ont parlé de   285
ce voyage de Pierre. C'est un Abdias qui le premier écrivit[47] que
Pierre était venu du lac de Génézaret droit à Rome chez l'empe-

[r] *I. de St Pierre*, ch. 5, v. 13.

281-282 XI: qu'une lettre datée de Babylone
282-284 XI: Rome même?//
284 K: datée de Pétersbourg devait avoir été écrite à Constantinople.

[45] C'était en effet l'explication donnée par toute une tradition d'anciens Pères
que nomme Calmet dans sa 'Dissertation sur le voyage de saint Pierre à Rome':
Papias disciple de saint Jean l'Evangéliste, saint Clément d'Alexandrie, saint
Denys, évêque de Corinthe, saint Irénée, Origène, etc. (voir *Commentaire littéral*,
xxii.xvii ss). Vossius avait repris l'explication à son compte dans son *Traité de
la vérité de la religion chrétienne* en voyant lui aussi en Babylone une désignation
figurative de Rome. Calmet lui-même avait écrit non sans quelque naïveté: 'Je
pourrais avancer que le voyage de saint Pierre à Rome est prouvé par saint
Pierre même, qui marque expressément qu'il a écrit sa lettre de Babylone, c'est-
à-dire de Rome, comme nous l'expliquons avec les Anciens. Cette preuve seule
suffirait pour trancher la difficulté' (*Commentaire littéral*, xxii.xv; note de José-
Michel Moureaux).
[46] Ici il faut sans doute substituer Rome à Babylone et l'inverse, et lire: 'une
lettre datée de Rome devait avoir été écrite à Babylone'. Par l'expression 'auteur
célèbre' Voltaire se désignait en effet lui-même et renvoyait à ce qu'il avait
écrit en 1764 dans l'article 'Pierre' du *Dictionnaire philosophique*: 'des canonistes
judicieux ont prétendu que par Babylone on devait entendre Rome. Ainsi,
supposé qu'il eût daté de Rome, on aurait pu conclure que la lettre avait été
écrite à Babylone' (éd. Benda et Naves, p.348). Les éditeurs de Kehl ont vu le
non-sens du texte et l'ont carrément modifié en remplaçant Babylone par
Pétersbourg et Rome par Constantinople..
[47] Les textes attribués à Abdias, personnage mythique, disciple prétendu de
Jésus, datent vraisemblablement du huitième ou neuvième siècle et figurent dans
le *Codex apocryphus Novi Testamenti* de Fabricius (Hamburgi 1719-1743; BV,
no.1284), ii.567 ss; cf. *L'Examen important*, ch.21 (Voltaire 62, p.259-60).

reur, pour faire assaut de miracles contre Simon le Magicien; c'est lui qui fait le conte d'un parent de l'empereur ressuscité à moitié par Simon, et entièrement par l'autre Simon Barjone. C'est lui qui met aux prises les deux Simons, dont l'un vole dans les airs et se casse les deux jambes par les prières de l'autre. C'est lui qui fait l'histoire fameuse des deux dogues envoyés par Simon pour manger Pierre. Tout cela est répété par un Marcel,[48] par un Egésyppe.[49] Voilà les fondements de la religion chrétienne. Vous n'y voyez qu'un tissu des plus plates impostures faites par la plus vile canaille, laquelle seule embrassa le christianisme pendant cent années.

C'est une suite non interrompue de faussaires. Ils forgent des lettres de Jésus-Christ; ils forgent des lettres de Pilate, des lettres de Sénèque, des constitutions apostoliques, des vers des sibylles en acrostiches, des évangiles au nombre de plus de quarante, des actes de Barnabé, des liturgies de Pierre, de Jaques, de Matthieu

290

295

300

290   CUA: et entièrement par Simon Barjone

[48] Les textes attribués à Marcel, disciple prétendu de saint Pierre, figurent également dans Fabricius (ii.632-53; CN, ii.467). Voltaire a reproduit la 'Relation de Marcel' dans sa *Collection d'anciens évangiles* (1769), avec plusieurs autres textes cités dans le paragraphe qui suit: lettres de Pilate, évangiles dits apocryphes (M.xxvii.542 ss).

[49] On savait déjà au dix-huitième siècle (comme en témoigne par exemple l'article 'Hégésippe' du *Dictionnaire* de Moreri) qu'il convient de ne pas confondre l'historien de ce nom qui a vécu dans la seconde moitié du deuxième siècle, qu'a souvent cité Eusèbe et qu'on regarde communément comme le père de l'histoire de l'Eglise, avec un autre Hégésippe, qui a évoqué les aventures à Rome de Pierre et de Paul au livre III de son *De bello judaïco et urbis Hierosolymitanae excidio*. Mais Voltaire paraît les avoir confondus (voir p. ex. Voltaire 62, p.258, 260). Cet Hégésippe était de toute évidence un chrétien défendant résolument sa foi et qui a écrit son ouvrage probablement dans les toutes dernières années du quatrième siècle. L'histoire de Pierre et de Paul, telle que l'a racontée Hégésippe sera reprise presque mot pour mot dans les chapitres 16 et 17 de l'*Histoire apostolique* d'Abdias (mais Voltaire ne pouvait avoir conscience de cette filiation, puisqu'il croyait Abdias du premier siècle et l'Hégésippe qui est le nôtre du siècle suivant; note de José-Michel Moureaux).

et de Marc, etc. etc. Vous le savez, monsieur, vous les avez lues sans doute, ces archives infâmes du mensonge, que vous appelez fraudes pieuses;⁵⁰ et vous n'aurez pas l'honnêteté de convenir, au moins devant vos amis, que le trône du pape n'a été établi que sur d'abominables chimères pour le malheur du genre humain? 305

L'ABBÉ

Mais comment la religion chrétienne aurait-elle pu s'élever si haut, si elle n'avait eu pour base que le fanatisme et le mensonge? 310

LE COMTE

Et comment le mahométisme s'est-il élevé encore plus haut?⁵¹ Du moins ses mensonges ont été plus nobles, et son fanatisme plus généreux. Du moins Mahomet a écrit et combattu; et Jésus n'a su ni écrire, ni se défendre. Mahomet avait le courage d'Alexandre avec l'esprit de Numa; et votre Jésus a sué sang et eau dès qu'il a été condamné par ses juges. Le mahométisme n'a jamais changé, et vous autres vous avez changé vingt fois toute votre religion. Il y a plus de différence entre ce qu'elle est aujourd'hui 315

---

304 XI: de Marc. Vous

⁵⁰ L'article 'Fraude' du *Dictionnaire philosophique* (1764) avait posé la question de savoir 'S'il faut user de fraudes pieuses avec le peuple?' pour conclure 'qu'il ne faut jamais tromper personne'. Voltaire ne cesse de dénoncer la multitude prodigieuse des fraudes employées par les premiers chrétiens; voir p. ex. *Questions sur les miracles* (1765; M.xxv.360 ss), *L'Examen important*, ch.15-21 (Voltaire 62, p.238-62), *Supplément au Discours de Julien* (1769; M.xxviii.64-65) et *Dieu et les hommes*, ch.36, 'Fraudes innombrables des chrétiens' (1769; M.xxviii.211-16).

⁵¹ Boulainviller avait écrit une *Vie de Mahomet*, publiée en 1730. Il prête à son héros une doctrine déiste assez voltairienne, ainsi dans ce passage: 'réduisant la Foi des Fidelles à la profession d'un seul Dieu infini, Créateur de l'Univers, juste rémunérateur du bien et du mal, [Mahomet] a formé cette loi principale qui condamne les associations avec tous ceux qui méconnoissant la simplicité de l'Etre Divin, lui donnent un fils et un Esprit autre que lui-même' (cité par R. Pomeau, *La Religion de Voltaire*, p.150).

et ce qu'elle était dans vos premiers temps, qu'entre vos usages
et ceux du roi Dagobert. Misérables chrétiens! non, vous n'adorez   320
pas votre Jésus, vous lui insultez en substituant vos nouvelles lois
aux siennes. Vous vous moquez plus de lui avec vos mystères,
vos agnus, vos reliques, vos indulgences, vos bénéfices simples[52]
et votre papauté, que vous ne vous en moquez tous les ans le
cinq janvier par vos noëls dissolus,[53] dans lesquels vous couvrez   325
de ridicule la vierge Marie, l'ange qui la salue, le pigeon qui
l'engrosse,[54] le charpentier qui en est jaloux, et le poupon que les
trois rois viennent complimenter entre un bœuf et un âne, digne
compagnie d'une telle famille.

L'ABBÉ

C'est pourtant ce ridicule que St Augustin a trouvé divin; il   330
disait, *je le crois parce que cela est absurde, je le crois parce que cela est
impossible.*[55]

324   XI: votre pauvreté, que

[52] Le bénéfice simple 'est celui qui peut être possédé, à sept ans par un Clerc
tonsuré, qui n'a d'autre obligation que de dire son Bréviaire. [...] On l'obtient
sur une simple signature de Rome' (*Dictionnaire de Trévoux*, article 'Bénéfice').

[53] Sans doute une référence à la fête du *roi-boit* qui précède traditionnellement
l'Epiphanie ou la fête des Rois (6 janvier). Dans l'article 'Epiphanie' de *L'Encyclopédie*, le chevalier de Jaucourt en souligne le caractère dissolu, en établissant un
parallèle avec les saturnales, dont 'Lucien nous apprend que le plaisir consistoit
à boire, s'enivrer, & crier. C'est à peu près la même chose parmi nous, & nous
marquons notre joie non-seulement par la bonne chère, mais encore par nos
acclamations quand le *roi boit*.' Cf. les carnets où Voltaire a noté quelques noëls
(Voltaire 81, p.276-77).

[54] Le pigeon = la colombe, symbole du Saint-Esprit; cf. la *Relation du
bannissement des jésuites de la Chine* (1768), où Voltaire fait dire à l'abbé Rigolet:
'Le père a engendré le fils avant qu'il fût au monde, le fils a été ensuite engendré
par le pigeon, et le pigeon procède du père et du fils. Or vous voyez bien que
le pigeon qui procède, le charpentier qui est né du pigeon, et le père qui a
engendré le fils du pigeon, ne peuvent être qu'un seul Dieu' (M.xxvii.6).

[55] Cette célèbre citation, souvent donnée sous la forme 'credo quia absurdum',
vient non pas de saint Augustin, mais de Tertullien, *De carne Christi*, v.26-29, où
le texte porte: 'Et mortuus est dei filius; credibile est, quia ineptum est. Et

M. FRÉRET

Eh! que nous importent les rêveries d'un Africain, tantôt manichéen, tantôt chrétien, tantôt débauché, tantôt dévot, tantôt
tolérant, tantôt persécuteur? que nous fait son galimatias théolo-   335
gique? voudriez-vous que je respectasse cet insensé rhéteur,
quand il dit dans son sermon 22, que l'ange fit un enfant à Marie
par l'oreille? *impraegnavit per aurem*.[56]

LA COMTESSE

En effet, je vois l'absurde, mais je ne vois pas le divin. Je trouve
très simple que le christianisme se soit formé dans la populace,   340
comme les sectes des anabaptistes et des quakers se sont établies,[57]

---

339   AI, LI, L2, L3:   le devin. Je

---

sepultus resurrexit; certum est, quia impossible' (PL, ii.761). Cf. les carnets
(Voltaire 81, p.374, et 82, p.565).

[56] Dans *Les Questions de Zapata*, cette opinion était attribuée à saint Ambroise
(Voltaire 62, p.400). Voltaire avait-il lu trop vite un texte de Bolingbroke, pour
ensuite s'apercevoir de sa méprise? A propos du mystère de l'incarnation, celui-
ci avait écrit dans *Essay IV*, section XXIX: 'The words of St. Ambrose are too
obscene to be translated. Take them in Latin therefore. "Non enim, says
this modest archbishop, virilis coitus vulvae virginalis secreta referavit, sed
immaculatum semen inviolabili utero spiritus sanctus infudit." St. Austin softens
the terms, and changes the image a little. But if he does not appear quite so
obscene, he must appear at least as mad as the others. "God spoke by his angel,
says the saint, and the virgin was got with child by the ear." [note: Deus
loquebatur per suum angelum, et virgo per aurem impregnabatur.] There were
those who asserted that Christ did not assume his body in the virgin's womb,
but that he brought it from heaven, and passed thro her as water passes thro a
pipe [note: Aug. de tem. serm. 22]' (*The Works*, London 1754, iv.488). La source
est le sermon pseudo-augustinien 'Appendix 121, Olim de tempore 10; et post,
in Appendice 22' (PL, xxxix.1987).

[57] Dans l'*Essai sur les mœurs*, Voltaire distingue entre les anabaptistes allemands
(ch.131), 'ramas d'hommes rustiques et féroces' et les anabaptistes anglais
(ch.136), plus doux, mais 'secte établie populairement' eux aussi (*Essai*, ii.262)
et pères des quakers. Sur George Fox et les quakers, voir *Lettres philosophiques*,
III.

378

comme les prophètes du Vivarès et des Cévennes[58] se sont formés, comme la faction des convulsionnaires prend déjà des forces.[59] L'enthousiasme commence; la fourberie achève. Il en est de la religion comme du jeu.

        On commence par être dupe,
        On finit par être fripon.[60]

345

M. FRÉRET

Il n'est que trop vrai, madame. Ce qui résulte de plus probable du chaos des histoires de Jésus, écrites contre lui par les Juifs, et en sa faveur par les chrétiens, c'est qu'il était un Juif de bonne foi, qui voulait se faire valoir auprès du peuple comme les fondateurs des récabites, des esséniens, des saducéens, des pharisiens, des judaïtes, des hérodiens, des joanistes, des thérapeutes, et de tant d'autres petites factions élevées dans la Sirie, qui était la patrie du fanatisme. Il est probable qu'il mit quelques femmes dans son parti, ainsi que tous ceux qui voulurent être chefs de secte; qu'il lui échappa plusieurs discours indiscrets contre les magistrats, et qu'il fut puni cruellement du dernier supplice. Mais qu'il ait été condamné ou sous le règne d'Hérode le Grand, comme le prétendent les talmudistes, ou sous Hérode le Tétrar-

350

355

360

348-349 NM, W75G, K84: probable des chaos [K84E, K85: β]
356-357 NM, W75G, K: de sectes;
  359-361 XI: condamné sous Hérode le Grand ou sous Hérode le Tétrarque, cela est

[58] Dans le chapitre 36 du *Siècle de Louis XIV*, Voltaire parle de Jurieu et de ses adhérents en ces termes: 'Son école de prophétie s'était établie dans les montagnes du Dauphiné, du Vivarais et des Cévennes, pays tout propre aux prédictions, peuplé d'ignorants et de cervelles chaudes, échauffées par la chaleur du climat et plus encore par leurs prédicants' (*OH*, p.1057).

[59] Voltaire trahit ici la date de son ouvrage (voir notre introduction, p.308).

[60] Vers de Mme Deshoulières (*Poésies*, Paris 1725, i.106) dont Voltaire dit dans le catalogue des écrivains du *Siècle de Louis XIV* que de 'toutes les dames françaises qui ont cultivé la poésie, c'est celle qui a le plus réussi, puisque c'est celle dont on a retenu le plus de vers' (*OH*, p.1156).

que, comme le disent quelques Evangiles,[61] cela est fort indifférent. Il est avéré que ses disciples furent très obscurs jusqu'à ce qu'ils eussent rencontré quelques platoniciens dans Alexandrie qui étayèrent les rêveries des Galiléens par les rêveries de Platon.[62] Les peuples d'alors étaient infatués de démons, de mauvais génies, d'obsessions, de possessions de magie, comme le sont aujourd'hui les sauvages. Presque toutes les maladies étaient des possessions d'esprits malins. Les Juifs, de temps immémorial, s'étaient vantés de chasser les diables avec la racine barath,[63] mise sous le nez des malades, et quelques paroles attribuées à Salomon. Le jeune Tobie chassait les diables avec la fumée d'un poisson sur le gril.[64] Voilà l'origine des miracles dont les Galiléens se vantèrent.

Les gentils étaient assez fanatiques pour convenir que les Galiléens pouvaient faire ces beaux prodiges. Car les gentils croyaient en faire eux-mêmes. Ils croyaient à la magie comme les disciples de Jésus. Si quelques malades guérissaient par les forces

365

370

375

363 XI: qu'ils eurent rencontré
369 XI: sur le nez
372 XI: se vantent.
374-375 XI: les gentils, croyant en faire eux-mêmes, croyaient à la magie

[61] Hérode le Grand (73-74 avant J.-C.), fils d'Antipatros, roi des Juifs, avait quatre fils, dont Hérode Antipas (20 avant J.-C. - environ 39 après J.-C.), tétrarque de Galilée et de Pérée à partir de l'an 4 avant J.-C. C'est devant lui que Pilate renvoie Jésus (Luc xxiii.7-12; Actes iv.27). Voltaire venait de rendre compte, dans les *Lettres à Mgr le prince de* *** (lettre IX), de la dispute qui avait opposé le rabbin Zéchiel au dominicain Paul, dit Cyriaque, sur l'époque de la condamnation de Jésus (M.xxvi.517-18).
[62] Voir *L'Examen important* (Voltaire 62, p.222); *Dieu et les hommes*, ch.38, 'Chrétiens platoniciens' (M.xxviii.221-24).
[63] Voir Flavius Josèphe, *Antiquités judaïques*, VIII.2, cité par Calmet, *Dictionnaire*, article 'Exorcistes'. Voltaire écrit dans *La Philosophie de l'histoire*: 'il y avait alors chez les Juifs des exorcistes qui chassaient les diables; ils se servaient d'une racine qu'ils mettaient sous le nez des possédés, et employaient une formule tirée d'un prétendu livre de Salomon' (Voltaire 59, p.252). Voir aussi *L'Examen important*, ch.14 (Voltaire 62, p.241); les *Questions sur l'Encyclopédie*, article 'Démoniaques' (M.xviii.336); *Un chrétien contre six juifs*, ch.37 (M.xxix.535).
[64] Tobie vi.8, viii.2.

de la nature, ils ne manquaient pas d'assurer qu'ils avaient été délivrés d'un mal de tête par la force des enchantements. Ils disaient aux chrétiens, vous avez de beaux secrets, et nous aussi: vous guérissez avec des paroles, et nous aussi; vous n'avez sur nous aucun avantage. 380

Mais quand les Galiléens ayant gagné une nombreuse populace, commencèrent à prêcher contre la religion de l'Etat, quand après avoir demandé la tolérance ils osèrent être intolérants, quand ils voulurent élever leur nouveau fanatisme sur les ruines du fana- 385 tisme ancien, alors les prêtres et les magistrats romains les eurent en horreur. Alors on réprima leur audace. Que firent-ils? ils supposèrent, comme nous l'avons vu, mille ouvrages en leur faveur; de dupes ils devinrent fripons, ils devinrent faussaires, ils se défendirent par les plus indignes fraudes, ne pouvant employer 390 d'autres armes; jusqu'au temps où Constantin devenu empereur avec leur argent,[65] mit leur religion sur le trône. Alors les fripons furent sanguinaires. J'ose vous assurer que depuis le concile de Nicée jusqu'à la sédition des Cévennes,[66] il ne s'est pas écoulé une seule année où le christianisme n'ait versé le sang. 395

L'ABBÉ

Ah monsieur, c'est beaucoup dire.

M. FRÉRET

Non, ce n'est pas assez dire. Relisez seulement l'Histoire ecclésiastique; voyez les donatistes et leurs adversaires s'assommant

379-380   XI: secrets, et nous aussi: vous n'avez
388   XI: supposèrent mille
389   CUA: dupes ils devinrent faussaires, ils
395   XI, CUA: versé du sang.

[65] Détail noté par Voltaire dès 1756 (voir *Essai*, i.287). Plus tard, Voltaire précisera que les chrétiens 'prêtèrent des sommes immenses' à Constance Chlore, le père de Constantin (*Histoire de l'établissement du christianisme*; M.xxxi.87).
[66] C'est-à-dire de 325, date du premier concile de Nicée, jusqu'en 1702, début de la révolte des camisards.

à coups de bâton;[67] les athanasiens et les ariens remplissant
l'empire romain de carnage pour une diphtongue.[68] Voyez ces   400
barbares chrétiens se plaindre amèrement que le sage empereur
Julien les empêche de s'égorger et de se détruire.[69] Regardez cette
suite épouvantable de massacres; tant de citoyens mourant dans
les supplices, tant de princes assassinés, les bûchers allumés dans
vos conciles, douze millions d'innocents habitants d'un nouvel   405
hémisphère tués comme des bêtes fauves dans un parc, sous

[67] Cf. *L'Examen important*, ch.31: 'Donat succéda à Marjorin et forma le
premier des schismes sanglants, qui devaient souiller le christianisme. Eusèbe
rapporte qu'on se battait avec des massues' (Voltaire 62, p.313-14); Fleury,
Histoire écclésiastique, xv.xxxii (1722-1734, iv.67).

[68] Allusion à la querelle de l'*homoousios* (ὁμοούσιος). Au concile de Nicée
(325), le Christ fut proclamé 'consubstantiel' à son père, ὁμοούσιος (*homoousios*).
Mais Eusèbe de Nicomédie et les partisans d'Arius n'acceptaient que de le dire
'semblable à son père en substance', ὁμοιούσιος (*homoiousios*). Par la suite,
les partisans d'Athanase soutinrent l'*homoousie* (ὁμοούσια), contre les ariens,
qui soutenaient l'*homoiousie* (ὁμοιοούσια). On sait que la répression contre les
ariens fut très dure. Voir Fleury, *Histoire ecclésiastique*, xi (iii.128 ss); cf. CN,
iii.498. Ajoutons que Voltaire lui-même a proposé des transcriptions fantaisistes
dans ses carnets: 'Jesus est-il Omouzios ou Ommoozias?' ('Voltaire's notebooks',
éd. Th. Besterman, *Studies* 148, 1976, p.7; Voltaire 82, p.534).

[69] Allusion à la lettre du 1er août 362 adressée par Julien à la cité de Bostra,
qui venait d'être le théâtre d'affrontements entre chrétiens et païens. C'est un
texte que Voltaire propose volontiers comme une preuve de l'aversion du
tolérant Julien pour toute forme de persécution (voir Voltaire 62, p.323 et
M.xvii.318). Après s'y être étonné que 'les chefs des Galiléens' lui manifestent
si peu de reconnaissance pour l'amélioration de leur sort survenue sous son
règne, l'empereur s'indigne: 'Malgré cela, ces frénétiques en sont venus à un tel
excès de démence que, se voyant empêchés d'exercer leur tyrannie et de
continuer leurs violences, tout d'abord entre eux, puis contre nous qui servons
les dieux, ils s'exaspèrent; ils remuent ciel et terre; ils osent agiter les foules et
les ameuter, sans respect pour les dieux, sans égard pour nos ordonnances,
cependant si pleines d'humanité [...] Loin de s'estimer heureux de l'impunité
acquise à leurs méfaits passés, nos tyrans d'hier regrettent le temps de leur
domination; irrités de ne plus pouvoir rendre la justice, écrire des testaments,
s'approprier l'héritage d'autrui, tirer tout à eux, ils font jouer tous les ressorts
du désordre; ils versent du feu sur du feu, comme on dit, et, en poussant les
foules à la discorde, ils osent ajouter à leurs précédents méfaits des crimes plus
grands encore' (Julien, *Œuvres complètes*, trad. J. Bidez, Paris 1972, i.II.193-94),
(note de J.-M. Moureaux).

prétexte qu'ils ne voulaient pas être chrétiens; et dans notre ancien
hémisphère les chrétiens immolés sans cesse les uns par les autres,
vieillards, enfants, mères, femmes, filles expirant en foule dans
les croisades des Albigeois, dans les guerres des hussites, dans   410
celles des luthériens, des calvinistes, des anabaptistes, à la St
Barthélemi, aux massacres d'Irlande, à ceux du Piémont, à ceux
des Cévennes;[70] tandis qu'un évêque de Rome mollement couché
sur un lit de repos se fait baiser les pieds, et que cinquante châtrés
lui font entendre leurs fredons pour le désennuyer. Dieu m'est   415
témoin que ce portrait est fidèle, et vous n'oseriez me contredire.

L'ABBÉ

J'avoue qu'il y a quelque chose de vrai. Mais comme disait
l'évêque de Noyon,[71] ce ne sont pas là des matières de table; ce
sont des tables des matières. Les dîners seraient trop tristes si la
conversation roulait longtemps sur les horreurs du genre humain.   420
L'histoire de l'Eglise trouble la digestion.

LE COMTE

Les faits l'ont troublée davantage.

L'ABBÉ

Ce n'est pas la faute de la religion chrétienne, c'est celle des
abus.

412   NM, W75G, K84: d'Irlande, et ceux du [K84E, K85: β]
      XI: ceux de Piémond
418-419   XI: table, mais des tables

[70] Tout ce passage apparaît comme un sommaire du texte *Des conspirations
contre les peuples*, publié en 1767 (M.xxvi.1-15).
[71] François de Clermont-Tonnerre (1629-1701), évêque de Noyon, était
membre de l'Académie française. Il était célèbre par sa vanité et par ses bons
mots. L'éloge que lui consacra d'Alembert est, malgré les précautions prises,
d'une ironie cinglante (*Histoire des membres de l'Académie françoise*, Paris 1785-
1787, ii.9).

LE COMTE

Cela serait bon s'il n'y avait eu que peu d'abus.[72] Mais si les   425
prêtres ont voulu vivre à nos dépens depuis que Paul, ou celui
qui a pris son nom, a écrit, *ne suis-je pas en*[s] *droit de me faire nourrir
et vêtir par vous, moi, ma femme, ou ma sœur?*[73] Si l'Eglise a voulu
toujours envahir, si elle a employé toujours toutes les armes
possibles pour nous ôter nos biens et nos vies, depuis la prétendue   430
aventure d'Ananie et de Saphire,[74] qui avaient, dit-on, apporté
aux pieds de Simon Barjone le prix de leurs héritages, et qui
avaient gardé quelques drachmes pour leur subsistance;[t] s'il est
évident que l'histoire de l'Eglise est une suite continuelle de
querelles, d'impostures, de vexations, de fourberies, de rapines et   435
de meurtres; alors il est démontré que l'abus est dans la chose
même, comme il est démontré qu'un loup a toujours été carnassier,
et que ce n'est point par quelques abus passagers qu'il a sucé le
sang de nos moutons.

[s]   *I. aux Corinthiens, ch.* 9, v. 4 et 5.
[t]   *Actes des apôtres, ch.* 5.

428   XI: *ma femme et ma sœur?*
      XI: a toujours voulu
431   XI: d'Ananie et Saphire, [...] rapporté aux
432   XI: leur héritage
436-437   XI: démontré qu'un loup

[72] C'est l'argument des *Questions sur les miracles*, qui sont de 1765 (lettre III;
M.xxv.380-81).
[73] Cf. *L'Examen important*, ch.2, 'De l'établissement de la secte chrétienne, et
particulièrement de Paul' (Voltaire 62, p.226).
[74] L'histoire de la mort d'Ananie et de Saphire a particulièrement scandalisé
Voltaire qui la cite souvent; voir p. ex. *Questions sur les miracles* (M.xxv.367), *Les
Dernières paroles d'Epictète à son fils* (M.xxv.126-27), *L'Examen important*, ch.28
(Voltaire 62, p.298).

L'ABBÉ

Vous en pourriez dire autant de toutes les religions. 440

LE COMTE

Point du tout; je vous défie de me montrer une seule guerre excitée pour le dogme dans une seule secte de l'antiquité. Je vous défie de me montrer chez les Romains un seul homme persécuté pour ses opinions depuis Romulus jusqu'au temps où les chrétiens vinrent tout bouleverser. Cette absurde barbarie n'était réservée 445 qu'à nous. Vous sentez en rougissant la vérité qui vous presse, et vous n'avez rien à répondre.

L'ABBÉ

Aussi je ne réponds rien. Je conviens que les disputes théologiques sont absurdes et funestes.

M. FRÉRET

Convenez donc aussi qu'il faut couper par la racine un arbre 450 qui a toujours porté des poisons.

L'ABBÉ

C'est ce que je ne vous accorderai point; car cet arbre a aussi quelquefois porté de bons fruits. Si une république a toujours été dans les dissensions, je ne veux pas pour cela qu'on détruise la république. On peut réformer ses lois. 455

LE COMTE

Il n'en est pas d'un Etat comme d'une religion. Venise a réformé ses lois, et a été florissante. Mais quand on a voulu réformer le

440   XI: pourrez
442   XI: dans aucune secte
452   XI: vous accorde point

catholicisme, l'Europe a nagé dans le sang. Et en dernier lieu, quand le célèbre Loke voulant ménager à la fois les impostures de cette religion et les droits de l'humanité, a écrit son livre du Christianisme raisonnable, il n'a pas eu quatre disciples; preuve assez forte que le christianisme et la raison ne peuvent subsister ensemble.[75] Il ne reste qu'un seul remède dans l'état où sont les choses; encore n'est-il qu'un palliatif; c'est de rendre la religion absolument dépendante du souverain et des magistrats.[76]

460

465

M. FRÉRET

Oui, pourvu que le souverain et les magistrats soient éclairés, pourvu qu'ils sachent tolérer également toute religion, regarder tous les hommes comme leurs frères, n'avoir aucun égard à ce qu'ils pensent, et en avoir beaucoup à ce qu'ils font; les laisser libres dans leur commerce avec Dieu, et ne les enchaîner qu'aux lois dans tout ce qu'ils doivent aux hommes. Car il faudrait traiter comme des bêtes féroces des magistrats qui soutiendraient leur religion par des bourreaux.[77]

470

464-465   XI: la religion dépendante
472   G2, G3, X2, NM, W75G: qui soutiendront leur

---

[75] Sans doute une allusion à la controverse qu'a suscitée dès 1695 en Angleterre même *The Reasonableness of Christianity*. Voltaire possédait deux exemplaires du *Christianisme raisonnable* dans la traduction de Pierre Coste (1731: BV, no.2147; 1740: BV, no.2148), mais ne semble guère avoir apprécié l'ouvrage. Dans une note adressée à d'Argental et d'autres amis, il déclare: 'c'est un mauvais livre: il voulait laver la tête d'un âne' (M.xxxii.460); cf. 'Questions sur Platon' (1765; M.xx.230) et les carnets (Voltaire 81, p.67).

[76] 'Une bonne religion honnête, mort de ma vie! bien établie par acte de parlement, bien dépendante du souverain, voilà ce qu'il nous faut, et tolérons toutes les autres' (*L'A.B.C.*, 1768; M.xxvii.365). La nécessité d'assujettir fortement le clergé au pouvoir civil est affirmée plus d'une fois dans le *Dictionnaire philosophique*.

[77] Voltaire pense sans doute, entre autres, à Pasquier, conseiller au parlement de Paris, et au rôle qu'il a joué dans l'affaire du chevalier de La Barre (cf. ci-dessus, p.299 et 301).

SECOND ENTRETIEN

L'ABBÉ

Et si toutes les religions étant autorisées, elles se battent toutes
les unes contre les autres? si le catholique, le protestant, le Grec, 475
le Turc, le Juif se prennent par les oreilles en sortant de la messe,
du prêche, de la mosquée et de la synagogue?

M. FRÉRET

Alors il faut qu'un régiment de dragons les dissipe.

LE COMTE

J'aimerais mieux encore leur donner des leçons de modération
que de leur envoyer des régiments; je voudrais commencer par 480
instruire les hommes avant de les punir.

L'ABBÉ

Instruire les hommes! que dites-vous, monsieur le comte? les
en croyez-vous dignes?

LE COMTE

J'entends. Vous pensez toujours qu'il ne faut que les tromper:
vous n'êtes qu'à moitié guéri: votre ancien mal vous reprend 485
toujours.

LA COMTESSE

A propos, j'ai oublié de vous demander votre avis sur une
chose que je lus hier dans l'histoire de ces bons mahométans qui
m'a beaucoup frappée. Assan fils d'Ali étant au bain, un de ses
esclaves lui jeta par mégarde une chaudière d'eau bouillante sur 490
le corps. Les domestiques d'Assan voulurent empaler le coupable.
Assan, au lieu de le faire empaler, lui fit donner vingt pièces d'or.
Il y a, dit-il, *un degré de gloire dans le paradis pour ceux qui paient les*

484 XI: pensez qu'il ne faut pas les détromper:

services, un plus grand pour ceux qui pardonnent le mal, et un plus grand
encore pour ceux qui récompensent le mal involontaire.[78] Comment   495
trouvez-vous cette action et ce discours?

LE COMTE

Je reconnais là mes bons musulmans du premier siècle.

L'ABBÉ

Et moi mes bons chrétiens.

M. FRÉRET

Et moi je suis fâché qu'Assan l'échaudé, fils d'Ali, ait donné
vingt pièces d'or pour avoir de la gloire en paradis. Je n'aime   500
point les belles actions intéressées. J'aurais voulu qu'Assan eût
été assez vertueux et assez humain pour consoler le désespoir de
l'esclave, sans songer à être placé dans le paradis au troisième
degré.

LA COMTESSE

Allons prendre du café. J'imagine que si à tous les dîners de   505
Paris, de Vienne, de Madrid, de Lisbonne, de Rome et de Moscou,

500   XI: pour aller en paradis.
503   XI: placé au paradis dans le
505-506   NM, W75G, K: de Paris, de Madrid,
506   A2:   de Rome, d'Amsterdam et de Moscou

[78] Voltaire a consigné deux fois cette anecdote concernant Hassan, fils aîné
d'Ali et petit-fils de Mahomet, dans ses carnets (Voltaire 82, p.556 et 702).
D'Herbelot rapporte une version quelque peu différente: 'Un esclave ayant
versé sur lui un plat tout bouillant pendant qu'il étoit à table, se jetta aussi-tôt
à ses genoux, & lui dit ces paroles de l'Alcoran: *Le Paradis est pour ceux qui*
répriment leur colère. Hassan luy répondit: Je ne suis point en colère. L'esclave
poursuivit: *Et pour ceux qui pardonnent les fautes*. Je vous pardonne les vôtres, lui
dit Hassan, l'esclave acheva de dire le reste du verset qui porte que *Dieu aime*
surtout ceux qui font du bien à ceux qui les ont offensez, & Hassan conclut aussi:
Puisque cela est ainsi, je vous donne la liberté, & 400 drachmes d'argent'
(*Bibliothèque orientale*, Paris 1697, p.422-23).

on avait des conversations aussi instructives, le monde n'en irait que mieux.

TROISIÈME ENTRETIEN

Après dîner

L'ABBÉ

Voilà d'excellent café, madame, c'est du moka[1] tout pur.

LA COMTESSE

Oui, il vient du pays des musulmans; n'est-ce pas grand dommage?

L'ABBÉ

Raillerie à part, madame, il faut une religion aux hommes.

LE COMTE

Oui sans doute; et Dieu leur en a donné une divine, éternelle, gravée dans tous les cœurs; c'est celle que selon vous pratiquaient Enoch,[2] les Noachides[3] et Abraham; c'est celle que les lettrés   5

---

[1] Le substantif *moka*, qui ne figurait pas dans l'édition précédente du *Diction-naire* de l'Académie, a trouvé place dans *Académie 62* (il s'écrit alors *moca*): 'On appelle ainsi le café qui vient de Moca, ville d'Arabie. *Du café de Moca*, ou simplement, *Du Moca*'.

[2] Il s'agit d'Enoch, fils de Jared (Genèse v.18-21) et non d'Enoch, fils de Caïn (Genèse iv.17). Cf. *L'Examen important*: 'Les hommes sont bien aveugles et bien malheureux de préférer une secte absurde, sanguinaire […] à une religion simple et universelle, qui de l'aveu même des christicoles était la religion du genre humain du temps de Seth, d'Enoch, de Noé' (Voltaire 62, p.350-51).

[3] 'C'est le nom qu'on donne aux enfans de Noé, & en général à tous les hommes qui ne sont pas de la race choisie d'Abraham'. Selon la tradition rabbinique, Dieu donna à Noé et à ses fils huit préceptes 'qui comprennent […] le droit naturel commun à tous les hommes indifféremment, & dont l'observation seule peut les sauver' (Calmet, *Dictionnaire*, art. 'Noachides'). Dans les *Lettres à S. A. Mgr le prince de ***,* Voltaire écrit, à propos des *Lettres sur la religion essentielle à l'homme* de Marie Huber: 'cette religion essentielle est le pur théisme tel que les noachides le pratiquèrent avant que Dieu eût daigné se faire un peuple chéri' (M.xxvi.503).

390

chinois ont conservée depuis plus de quatre mille ans, l'adoration d'un Dieu, l'amour de la justice et l'horreur du crime.

LA COMTESSE

Est-il possible qu'on ait abandonné une religion si pure et si   10
sainte pour les sectes abominables qui ont inondé la terre?

M. FRÉRET

En fait de religion, madame, on a eu une conduite directement contraire à celle qu'on a tenue en fait de vêtements, de logements et de nourriture. Nous avons commencé par des cavernes, des huttes, des habits de peaux de bêtes et du gland. Nous avons eu   15
ensuite du pain, des mets salutaires, des habits de laine et de soie filées, des maisons propres et commodes. Mais dans ce qui concerne la religion, nous sommes revenus au gland, aux peaux de bêtes et aux cavernes.

L'ABBÉ

Il serait bien difficile de vous en tirer. Vous voyez que la   20
religion chrétienne, par exemple, est partout incorporée à l'Etat; et que depuis le pape jusqu'au dernier capucin, chacun fonde son trône ou sa cuisine sur elle.[4] Je vous ai déjà dit que les hommes ne sont pas assez raisonnables pour se contenter d'une religion pure et digne de Dieu.   25

---

9   XI: d'un seul Dieu
10   XI: si pure, si
12-13   XI: conduite toute opposée à
13   W75G, K: qu'on a eue en
       NM, W75G, K: de logement
16-17   XI: soie filée

---

[4] Cf. 'Quant au Chat, c'est sur nous qu'il fonde sa cuisine' (La Fontaine, 'Le cochet, le chat et le souriceau', *Fables*, vi.5).

LA COMTESSE

Vous n'y pensez pas; vous avouez vous-même qu'ils s'en sont tenus à cette religion pure du temps de votre Enoch, de votre Noé et de votre Abraham. Pourquoi ne serait-on pas aussi raisonnable aujourd'hui qu'on l'était alors?

L'ABBÉ

Il faut bien que je le dise: C'est qu'alors il n'y avait ni chanoine à grosse prébende, ni abbé de Corbie[5] avec cent mille écus de rentes, ni évêque de Wurtsbourg[6] avec un million, ni pape avec seize ou dix-huit millions. Il faudrait peut-être des guerres aussi sanglantes pour rendre à la société humaine tous ces biens, qu'il en a fallu pour les lui arracher.

LE COMTE

Quoique j'aie été militaire, je ne veux point faire la guerre aux prêtres et aux moines; je ne veux point établir la vérité par le meurtre, comme ils ont établi l'erreur; mais je voudrais au moins que cette vérité éclairât un peu les hommes, qu'ils fussent plus doux et plus heureux, que les peuples cessassent d'être superstitieux, et que les chefs de l'Eglise tremblassent d'être persécuteurs.

26 XI: qu'ils se sont
27 XI: pure, et du temps
30 XI: ni chanoines
31-32 G2, G3, XI, X2, CUA, NM, W75G, K: de rente

[5] Voltaire pense sans doute à l'évêque de Munster Christophe-Bernard Van Dalen, abbé de Corbie, qui avait assiégé sa propre ville, Munster, en 1661. Voir *Le Siècle de Louis XIV*, ch.10, passage ajouté précisément en 1768 (*OH*, p.710; voir aussi p.694).
[6] Les puissants évêques de Wurtzbourg portèrent le titre de ducs de Franconie, un des dix cercles de l'empire germanique.

TROISIÈME ENTRETIEN

L'ABBÉ

Il est bien malaisé (puisqu'il faut enfin m'expliquer) d'ôter à des insensés des chaînes qu'ils révèrent. Vous vous feriez peut-être lapider par le peuple de Paris si dans un temps de pluie vous empêchiez qu'on ne promenât la prétendue carcasse de Ste 45 Geneviève par les rues pour avoir du beau temps.[7]

M. FRÉRET

Je ne crois point ce que vous dites; la raison a déjà fait tant de progrès, que depuis plus de dix ans on n'a fait promener cette prétendue carcasse et celle de Marcel dans Paris.[8] Je pense qu'il est très aisé de déraciner par degrés toutes les superstitions qui 50 nous ont abrutis. On ne croit plus aux sorciers, on n'exorcise plus les diables; et quoiqu'il soit dit que votre Jésus ait envoyé ses

---

48   XI: depuis plus de trente ans, on n'a pas fait
52-53   XI: les diables; aucun prêtre parmi

---

[7] Sainte Geneviève, 'patronne' de Paris qu'elle passait pour avoir défendu contre Attila en 451, était l'objet d'un culte populaire. On promenait ses reliques en procession pour obtenir la pluie ou le beau temps, comme en témoignent Erasme, et Mme de Sévigné qui décrit longuement la procession du 19 juillet 1675 dans une de ses lettres (*Correspondance*, éd. R. Duchêne, ii.10-11). D'après Mme de Motteville, on promena aussi la châsse de sainte Geneviève en 1652, 'pour chasser le Mazarin et avoir la paix' (*Mémoires*, éd. Michaud et Poujoulat, Paris 1838, x.435). En 1768 précisément Voltaire ajoute le passage suivant au *Siècle de Louis XIV* (ch.5): 'y a-t-il rien de plus ridicule que de voir le grand Condé baiser la châsse de sainte Geneviève dans une procession, y frotter son chapelet, le montrer au peuple, et prouver par cette facétie que les héros sacrifient souvent à la canaille?' (*OH*, p.663-64; cf. Voltaire 81, p.209). Le mépris de Voltaire pour cette 'prétendue carcasse' se généralisa assez pour que, le 6 novembre 1793, la châsse fût enlevée et portée à la Monnaie; le 3 décembre suivant, les ossements furent brûlés et les cendres jetées à la Seine (voir Pierre Lefeuvre, *Courte histoire des reliques*, Paris 1932, p.171-73).

[8] Saint Marcel (mort vers 430), célèbre évêque de Paris et auteur d'un grand nombre de miracles selon la tradition légendaire. L'image en osier de saint Marcel était portée dans les rues à la fête des Rogations.

apôtres précisément pour chasser les diables,[a] aucun prêtre parmi nous n'est ni assez fou, ni assez sot pour se vanter de les chasser; les reliques de St François sont devenues ridicules,[9] et celles de St Ignace peut-être seront un jour traînées dans la boue avec les jésuites eux-mêmes. On laisse à la vérité au pape le duché de Ferrare qu'il a usurpé,[10] les domaines que César Borgia ravit par le fer et par le poison,[11] et qui sont retournés à l'Eglise de Rome pour laquelle il ne travaillait pas: on laisse Rome même aux papes, parce qu'on ne veut pas que l'empereur s'en empare:[12] on lui veut bien payer encore des annates,[13] quoique ce soit un ridicule honteux et une simonie évidente; on ne veut pas faire d'éclat pour

55

60

---

[a] *Matth. ch.* 10, v. 8. *Marc ch.* 6, v. 13.

---

n.*a* xi, note *a* absente
59 xi: à la ville de Rome
60 xi: même au pape

---

[9] Rappelons qu'après avoir écrit en 1761 au pape Clément xiii pour réclamer des reliques pour son église de Ferney, Voltaire avait reçu un morceau du cilice de saint François d'Assise (D9841, D11694).

[10] En 1771, Voltaire consacrera un article des *Questions sur l'Encyclopédie* à 'Ferrare' et à l'acquisition de ce duché par le pape Clément viii en 1597 (M.xix.105-107; cf. *Essai sur les mœurs*, ch.185).

[11] Sur César Borgia, 'le plus méchant homme de la chrétienté' (M.xv.483), et les crimes atroces commis à la conquête des fiefs de la Romagne qu'il fut obligé de céder à l'Eglise à la mort de son père, voir l'*Essai sur les mœurs*, ch.111 (*Essai*, ii.96-101). Voltaire reviendra à César Borgia quelques mois plus tard dans *Les Droits des hommes et les usurpations papales* (1768: M.xxvii.209-10).

[12] Allusion possible aux efforts de l'empereur germanique Frédéric ii (1194-1250) pour s'emparer de l'Italie. Cet épisode illustrant de façon particulièrement éclatante la lutte du sacerdoce et de l'empire a été rapporté avec soin au chapitre 52 de l'*Essai sur les mœurs* (*Essai*, i.543-50).

[13] Le droit d'annate permettait au pape de percevoir la première année du revenu de tous les bénéfices consistoriaux lors du décès des titulaires. Voltaire a maintes fois dénoncé cet abus: *Traité sur la tolérance* (1763; M.xxv.28); *André Destouches à Siam* (1766; Voltaire 62, p.124); *L'Homme aux quarante écus* (1768; M.xxi.346); 'Annates', *Questions sur l'Encyclopédie* (1770; M.xvii.259), etc. Les annates furent supprimées le 4 août 1789.

un subside si modique. Les hommes subjugués par la coutume
ne rompent pas tout d'un coup un mauvais marché fait depuis   65
près de trois siècles: mais que les papes aient l'insolence d'envoyer
comme autrefois des légats *a latere* pour imposer des décimes sur
les peuples, pour excommunier les rois, pour mettre leurs Etats
en interdit, pour donner leurs couronnes à d'autres, vous verrez
comme on recevra un légat *a latere*:[14] je ne désespérerais pas que   70
le parlement d'Aix ou de Paris ne le fît pendre.

LE COMTE

Vous voyez combien de préjugés honteux nous avons secoués.
Jetez les yeux à présent sur la partie la plus opulente de la Suisse,
sur les sept Provinces Unies aussi puissantes que l'Espagne, sur
la Grande Bretagne dont les forces maritimes tiendraient seules   75
avec avantage contre les forces réunies de toutes les autres
nations: regardez tout le nord de l'Allemagne, et la Scandinavie,
ces pépinières intarissables de guerriers, tous ces peuples nous
ont passé de bien loin dans les progrès de la raison. Le sang de
chaque tête de l'hydre qu'ils ont abattue a fertilisé leurs cam-   80
pagnes; l'abolition des moines a peuplé et enrichi leurs Etats: on
peut certainement faire en France ce qu'on a fait ailleurs; la France
sera plus opulente et plus peuplée.

65   XI: un bon marché
68   XI: mettre leur Etat
72   XI: combien de préjugés nous avons
73   XI: sur cette partie la

[14] Le légat *a latere* est celui que le pape choisit 'à côté' de lui (*latus*). C'est
donc un de ses familiers. Voltaire dénonce le principe des légats *a latere*, dont
l'autorité rattache le clergé au pape, au mépris des 'libertés de l'Eglise gallicane',
dans un passage ajouté dans l'édition de 1768 du *Siècle de Louis XIV* (ch.35):
'Certainement, aucun évangile n'a dit qu'un évêque de la ville de Rome pourrait
envoyer en France des légats *a latere*, avec pouvoir de juger, réformer, dispenser,
et lever de l'argent sur les peuples' (*OH*, p.1033).

L'ABBÉ

Eh bien, quand vous aurez secoué en France la vermine des
moines, quand on ne verra plus de ridicules reliques, quand nous   85
ne payerons plus à l'évêque de Rome un tribut honteux; quand
même on mépriserait assez la consubstantiabilité et la procession
du Saint-Esprit par le père et par le fils, et la transsubstantiation
pour n'en plus parler, quand ces mystères resteraient ensevelis
dans la Somme de St Thomas, et quand les contemptibles[15]   90
théologiens seraient réduits à se taire, vous resteriez encore
chrétiens; et c'est ce que vous n'obtiendrez jamais. Une religion
de philosophes n'est pas faite pour les hommes.

M. FRÉRET

Est quadam prodire tenus si non datur ultra.[16]

Je vous dirai avec Horace, votre médecin ne vous donnera   95
jamais la vue d'un lynx, mais souffrez qu'il vous ôte une taie des
yeux.[17] Nous gémissons sous le poids de cent livres de chaînes,
permettez qu'on nous délivre des trois quarts. Le mot de chrétien
a prévalu, il restera, mais peu à peu on adorera Dieu sans mélange,

84   K: vous auriez secoué
87   XI, LI, K85: consubstantialité
89   XI: mystères seraient ensevelis
92   K: chrétiens; vous voudriez en vain aller plus loin, c'est ce que
96   K: vue du lynx
96-97 W75G, K: une taie de vos yeux.

[15] *contemptible*: 'Vil & méprisable' (*Académie 62*, qui ajoute que le mot a vieilli);
il figure dans *Gargantua* (ch.32) dont Voltaire venait de s'occuper.
[16] Horace, *Epistulae*, I.i.32: 'Il est possible d'avancer jusqu'à un certain point,
s'il n'est pas donné d'aller au delà'.
[17] Adaptation des vers 28 et 29 de la même épître:
          Non possis oculo quantum contendere Lynceus
          Non tamen idcirco contemnas lippus inungui.
('Tu ne saurais prétendre à porter ton regard aussi loin que Lyncée: ce n'est
pas une raison pour dédaigner, si tu as une opthalmie, d'user d'un onguent',
traduction de François Villeneuve, Paris 1978, p.37-38).

sans lui donner ni une mère, ni un fils, ni un père putatif, sans 100
lui dire qu'il est mort par un supplice infâme, sans croire qu'on
fasse des dieux avec de la farine, enfin, sans cet amas de superstitions qui mettent des peuples policés si au-dessous des sauvages.
L'adoration pure de l'Etre suprême commence à être aujourd'hui
la religion de tous les honnêtes gens; et bientôt elle descendra 105
dans une partie saine du peuple même.

L'ABBÉ

Ne craignez-vous point que l'incrédulité (dont je vois les
immenses progrès) ne soit funeste au peuple en descendant
jusqu'à lui, et ne le conduise au crime? Les hommes sont assujettis
à de cruelles passions et à d'horribles malheurs; il leur faut un 110
frein qui les retienne, et une erreur qui les console.

M. FRÉRET

Le culte raisonnable d'un Dieu juste qui punit et qui récompense, ferait sans doute le bonheur de la société; mais quand cette
connaissance salutaire d'un Dieu juste est défigurée par des
mensonges absurdes et par des superstitions dangereuses, alors 115
le remède se tourne en poison; et ce qui devrait effrayer le crime,
l'encourage. Un méchant qui ne raisonne qu'à demi (et il y en a
beaucoup de cette espèce) ose nier souvent le Dieu dont on lui a
fait une peinture révoltante.

Un autre méchant qui a de grandes passions dans une âme 120
faible, est souvent invité à l'iniquité par la sûreté du pardon que
les prêtres lui offrent. *De quelque multitude énorme de crimes que vous
soyez souillé, confessez-vous à moi, et tout vous sera pardonné par les
mérites d'un homme qui fut pendu en Judée il y a plusieurs siècles.
Plongez-vous après cela dans de nouveaux crimes sept fois soixante et sept* 125

101   XI: mort pour un
115   XI: absurdes, par
117   G3, CUA: Un mécréant qui
124   G3: *mérites à un homme*

fois, et tout vous sera pardonné encore.[18] N'est-ce pas là véritablement induire en tentation? n'est-ce pas aplanir toutes les voies de l'iniquité? La Brinvilliers[19] ne se confessait-elle pas à chaque empoisonnement qu'elle commettait? Louis XI[20] autrefois n'en usait-il pas de même? 130

Les anciens avaient comme nous leur confession et leurs expiations, mais on n'était pas expié pour un second crime. On ne pardonnait point deux parricides. Nous avons tout pris des Grecs et des Romains, et nous avons tout gâté.

Leur enfer était impertinent, je l'avoue; mais nos diables sont 135 bien plus sots que leurs furies. Ces furies n'étaient pas elles-mêmes damnées; on les regardait comme les exécutrices, et non comme les victimes des vengeances divines. Etre à la fois bourreaux et patients, brûlants et brûlés comme le sont nos diables, c'est une contradiction absurde, digne de nous, et d'autant 140 plus absurde que la chute des anges, ce fondement du christianisme, ne se trouve ni dans la Genèse, ni dans l'Evangile. C'est une ancienne fable des brachmanes.[21]

---

131   XI: leurs confessions
135-136   NM, W75G, K: sont plus sots
143   G2, G3, CUA, NM, W75G, K84: de brachmanes. [K85: β]

---

[18] Ce passage est en italique. Voltaire l'a-t-il repéré dans un des nombreux ouvrages antichrétiens, manuscrits ou imprimés, qui lui passaient entre les mains dans cette année 1767? Ou est-ce lui-même qui se moque du célèbre passage de saint Matthieu (xviii.21-22)?

[19] Marie-Madeleine d'Aubray, marquise de Brinvilliers, célèbre empoisonneuse, exécutée en 1676. Voltaire raconte son histoire dans *Le Siècle de Louis XIV*, ch.26 (*OH*, p.923).

[20] 'Il y a peu de tyrans qui aient fait mourir plus de citoyens par les mains du bourreau, et par des supplices plus recherchés', constate Voltaire dans l'*Essai sur les mœurs*, ch.94, au sujet de Louis XI, premier roi de France à prendre en permanence le nom de Très-Chrétien (*Essai*, ii.5); cf. l'article 'Confession' du *Dictionnaire philosophique*, ajouté dans l'édition Varberg (1765), dans lequel sont associés les noms de Louis XI et de la Brinvilliers (éd. Benda et Naves, p.147).

[21] Cf. l'article 'Ange' du *Dictionnaire philosophique* (1764) et *La Philosophie de l'histoire*, ch.48 (1764). Ici Voltaire ajoute cependant une précision nouvelle: 'C'est une ancienne fable de brachmanes'. Serait-elle une conséquence de sa

Enfin, monsieur, tout le monde rit aujourd'hui de votre enfer, parce qu'il est ridicule; mais personne ne rirait d'un Dieu rémuné- 145 rateur et vengeur, dont on espérerait le prix de la vertu, et dont on craindrait le châtiment du crime, en ignorant l'espèce des châtiments et des récompenses, mais en étant persuadé qu'il y en aura, parce que Dieu est juste.

LE COMTE

Il me semble que M. Fréret a fait assez entendre comment la 150 religion peut être un frein salutaire. Je veux essayer de vous prouver qu'une religion pure est infiniment plus consolante que la vôtre.

Il y a des douceurs, dites-vous, dans les illusions des âmes dévotes; je le crois; il y en a aussi aux petites-maisons. Mais quels 155 tourments quand ces âmes viennent à s'éclairer! Dans quel doute et dans quel désespoir certaines religieuses passent leurs tristes jours! vous en avez été témoins, vous me l'avez dit vous-même; les cloîtres sont le séjour du repentir: mais chez les hommes surtout, un cloître est le repaire de la discorde et de l'envie. Les 160 moines sont des forçats volontaires qui se battent en ramant

144-146   XI: rit aujourd'hui d'un Dieu rémunerateur et vengeur,
146   XI: on espérait
     G2, G3, X2, CUA, NM, W75G, K: vertu, dont
147-148   XI: l'espèce de châtiments et de récompenses; mais étant
148   G2, G3, X2, CUA, NM, W75G, K84:   étant persuadés [K85: β]
151   XI: Je veux vous
158   L1, L2, L3, XI, CUA, NM, W75G, K: été témoin

découverte du Shasta, dont les chapitres 2 et 3 racontent la chute des mauvais anges? Dans une lettre du 8 décembre 1767 (D14579), Voltaire remercie un certain Peacock de lui avoir envoyé l'ouvrage de J. Z. Holwell, *Interesting historical events, relative to the provinces of Bengal, and the empire of Indoustan* (2e éd., London 1766-1767; BV, no.1666), qui donne une traduction et un commentaire du Shasta. Un signet annoté marque un endroit où il est parlé de la chute des mauvais anges (CN, iv.466); cf. *Essai sur les mœurs*, ch.3 (i.229-30), passage ajouté dans w68.

ensemble; j'en excepte un très petit nombre qui sont ou véritablement pénitents ou utiles. Mais en vérité Dieu a-t-il mis l'homme
et la femme sur la terre pour qu'ils traînassent leur vie dans des
cachots séparés les uns des autres à jamais? Est-ce là le but de la   165
nature? Tout le monde crie contre les moines; et moi je les plains.[22]
La plupart au sortir de l'enfance ont fait pour jamais le sacrifice
de leur liberté, et sur cent il y en a quatre-vingts au moins qui
séchent dans l'amertume. Où sont donc ces grandes consolations
que votre religion donne aux hommes? Un riche bénéficier[23] est   170
consolé sans doute, mais c'est par son argent, et non par sa foi.
S'il jouit de quelque bonheur, il ne le goûte qu'en violant les
règles de son état. Il n'est heureux que comme homme du monde,
et non pas comme homme d'Eglise. Un père de famille sage,
résigné à Dieu, attaché à sa patrie, environné d'enfants et d'amis,   175
reçoit de Dieu des bénédictions mille fois plus sensibles.

De plus, tout ce que vous pourriez dire en faveur des mérites
de vos moines, je le dirais à bien plus forte raison des derviches,
des marabouts, des faquirs, des bonzes. Ils font des pénitences
cent fois plus rigoureuses; ils se sont voués à des austérités plus   180
effrayantes; et ces chaînes de fer sous lesquelles ils sont courbés,
ces bras toujours étendus dans la même situation, ces macérations
épouvantables ne sont rien encore en comparaison des jeunes

162   XI: un petit nombre
162-163   CUA: sont véritablement
164   XI: leurs vies
168   L3: il y a quatre-vingt
179   CUA: faquirs et des bonzes
183-184   CUA: des femmes de

[22] 'Mot assez rare chez Voltaire', écrit Raymond Naves, 'mais qui fait voir
combien ses violentes satires relèvent de la polémique et combien il était capable
de comprendre et de sympathiser, même en présence des pires adversaires'
(*Dialogues et anecdotes philosophiques*, éd. Naves, Paris 1955, p.505).
[23] Un bénéficier est celui qui a un bénéfice, c'est-à-dire un 'titre, une dignité
ecclésiastique accompagnée de revenu' (*Académie 62*).

femmes de l'Inde qui se brûlent sur le bûcher de leurs maris,[24] dans le fol espoir de renaître ensemble.   185

Ne vantez donc plus ni les peines ni les consolations que la religion chrétienne fait éprouver. Convenez hautement qu'elle n'approche en rien du culte raisonnable qu'une famille honnête rend à l'Etre suprême sans superstition. Laissez-là les cachots des couvents, laissez-là vos mystères contradictoires et inutiles, l'objet   190 de la risée universelle. Prêchez Dieu et la morale; et je vous réponds qu'il y aura plus de vertu et plus de félicité sur la terre.

LA COMTESSE

Je suis fort de cette opinion.

M. FRÉRET

Et moi aussi sans doute.

L'ABBÉ

Eh bien, puisqu'il faut vous dire mon secret, j'en suis aussi.   195

Alors le président de Maisons, l'abbé de St Pierre, M. Du Fay, M. Du Marsai arrivèrent: et M. l'abbé de St Pierre lut selon sa coutume *ses pensées du matin*,[25] sur chacune desquelles on pouvait faire un bon ouvrage.

198   XI: on pourrait

[24] A rapprocher de ce que Voltaire a écrit, à cette même époque, au chapitre 29 du *Précis du siècle de Louis XV* sur la superstition mais aussi le courage qu'implique ce geste (M.xv.327).

[25] On pense à la description que fait d'Argenson des réunions du club de l'Entresol où 'l'abbé de Saint-Pierre est celui qui nous fournissaient le plus de lectures de son cru' (*Journal et mémoires*, éd. E. J. B. Rathéry, Paris 1859-1867, i.99).

La plupart des princes, des ministres, des hommes constitués en dignité, n'ont pas le temps de lire; ils méprisent les livres, et ils sont gouvernés par un gros livre qui est le tombeau du sens commun.[2]

* * *

S'ils avaient su lire, ils auraient épargné au monde tous les maux que la superstition et l'ignorance ont causés. Si Louis XIV avait su lire, il n'aurait pas révoqué l'édit de Nantes.

* * *

Les papes et leurs suppôts ont tellement senti que leur pouvoir n'est fondé que sur l'ignorance, qu'ils ont toujours défendu la lecture du seul livre qui annonce leur religion:[3] ils ont dit, voilà votre loi, et nous vous défendons de la lire; vous n'en saurez que ce que nous daignerons vous apprendre. Cette extravagante tyrannie n'est pas compréhensible; elle existe pourtant, et toute bible en langue qu'on parle, est défendue à Rome; elle n'est

5

10

2-3   XI: livres, ils
8   W75G, K: tellement cru que leur
      NM: ont tellement que leur
10   XI: annonce la religion
14-15   XI: est défendue. A Rome elle n'est permise

[1] Sur l'attribution de ces pensées à l'abbé de Saint-Pierre, voir l'introduction. Nous donnons en note les passages du texte des carnets de Voltaire qui s'y rapportent.
[2] Cf. 'La plupart des courtisans, et surtout les femmes, méprisent les livres; et cependant c'est le plus sot des livres qui les gouverne' (Voltaire 82, p.528).
[3] Voltaire avait déjà précisé en 1761, au chapitre 62 de l'*Essai sur les mœurs*, que cette défense fut faite par le concile de Toulouse en 1229 (*Essai*, i.631). Dans l'article 'Livres' destiné à l'*Opinion en alphabet*, il apportera des précisions sur les dispositions prises par la Congrégation de l'Index (M.xix.599).

permise que dans une langue qu'on ne parle plus.

* * *

Toutes les usurpations papales ont pour prétexte un misérable jeu de mots, une équivoque des rues, une pointe qu'on fait dire à Dieu et pour laquelle on donnerait le fouet à un écolier; *tu es Pierre, et sur cette pierre je fonderai mon assemblée.*[4]

* * *

Si on savait lire, on verrait avec évidence que la religion n'a 20 fait que du mal au gouvernement; elle en fait encore beaucoup en France par les persécutions contre les protestants, par les divisions sur je ne sais quelle bulle[5] plus méprisable qu'une chanson du Pont-Neuf, par le célibat ridicule des prêtres, par la fainéantise des moines, par les mauvais marchés faits avec l'évê- 25 que de Rome, etc.[6]

* * *

L'Espagne et le Portugal beaucoup plus abrutis que la France

17 XI: que l'on
20-21 CUA: que la religion sophistiquée n'a fait
26 XI: de Rome.//

[4] Matthieu xvi.18. Voltaire traduit le 'super hanc petram aedificabo ecclesiam meam' en donnant au mot latin 'ecclesia' le sens premier d'assemblée qu'il avait en grec; cf. l'article 'Pierre' (1764) du *Dictionnaire philosophique* où Voltaire observait que la puissance du pape était 'fondée sur un quolibet' (éd. Benda et Naves, p.348); voir aussi les carnets (Voltaire 82, p.609).

[5] La bulle Unigenitus, condamnation du jansénisme, enregistrée en France le 4 décembre 1720, malgré une vive résistance. Voltaire en parle dans l'*Histoire du parlement de Paris* (M.xvi.67), dans les *Questions sur l'Encyclopédie* (M.xviii.47), et l'avait déjà dénoncée longuement dans *Le Siècle de Louis XIV*, ch.37 (*OH*, p.1081).

[6] Cf. 'La religion n'a jamais fait que du mal au gouvernement. Elle en fait encore en France, en ce qu'elle empêche les mariages des protestants, encourage la fainéantise des cloîtres, nuit à la population, etc., entretient les divisions, dépend en partie d'un étranger, d'un arlequin, d'un pantalon' (Voltaire 82, p.527).

éprouvent presque tous ses maux, et ont l'Inquisition par-dessus;[7]
laquelle (supposé un enfer) serait ce que l'enfer aurait produit de
plus exécrable.   30

* * *

En Allemagne il y a des querelles interminables entre les trois
sectes admises par les traités de Vestphalie:[8] les habitants des
pays immédiatement soumis aux prêtres allemands, sont des
brutes qui ont à peine à manger.[9]

* * *

En Italie cette religion qui a détruit l'empire romain n'a laissé   35
que de la misère et de la musique, des eunuques, des arlequins
et des prêtres.[10] On accable de trésors une petite statue noire
appelée la Madone de Lorette;[11] et les terres ne sont pas cultivées.

* * *

La théologie est dans la religion ce que les poisons sont parmi
les aliments.[12]   40

* * *

28 W75G, K: tous ces maux
32 G2, G3, X2, CUA, NM, W75G, K: le traité de
35-36 XI: l'empire romain, ne laisse voir que de la misère
38 XI: appelée Madone

[7] Cf. 'elle en fait en Espagne par l'inquisition et la dépopulation, par la
superstition, par la plus crasse ignorance' (Voltaire 82, p.527).
[8] Les trois 'sectes' admises par le traité de Westphalie (1648): catholiques,
luthériens et calvinistes (cf. *Essai sur les mœurs*, ch.178; ii.649).
[9] Cf. 'en Allemagne, par les querelles continuelles des trois sectes, par la
pauvreté où sont réduits tous les habitants des états ecclésiastiques' (Voltaire
82, p.527).
[10] Cf. 'en Italie, misère et ridicule, après avoir contribué à la destruction de
l'empire romain' (Voltaire 82, p.527).
[11] Dans la *Relation du bannissement des jésuites de la Chine*, postérieure de
quelques mois au *Dîner*, la *Santa Casa* et la 'fable de Notre-Dame de Lorette'
(Voltaire 62, p.484) serviront de cible aux railleries de Voltaire (M.xxvii.5).
[12] Cf. 'La théologie est dans la religion ce que le poison est parmi les aliments'
(Voltaire 82, p.528).

Ayez des temples où Dieu soit adoré, ses bienfaits chantés, sa justice annoncée, la vertu recommandée: tout le reste n'est qu'esprit de parti, faction, imposture, orgueil, avarice, et doit être proscrit à jamais.[13]

* * *

Rien n'est plus utile au public qu'un curé qui tient registre des 45
naissances,[14] qui procure des assistances aux pauvres, console les malades, ensevelit les morts, met la paix dans les familles;[15] et qui n'est qu'un maître de morale. Pour le mettre en état d'être utile il faut qu'il soit au-dessus du besoin, et qu'il ne lui soit pas possible de déshonorer son ministère en plaidant contre son 50
seigneur et contre ses paroissiens, comme font tant de curés de campagne:[16] qu'ils soient gagés par la province selon l'étendue de leurs paroisses, et qu'ils n'aient d'autre soin que celui de remplir leurs devoirs.[17]

* * *

Rien n'est plus inutile qu'un cardinal. Qu'est-ce qu'une dignité 55

42   XI: la vertu récompensée
53   NM, W75G, K: leur paroisse
     XI, NM, W75G, K: d'autres soins

[13] Cf. 'il est utile qu'il y ait des temples où dieu soit adoré, ses bienfaits chantés, sa justice annoncée, la vertu recommandée; ce qui est au-delà, n'étant qu'impostures, factions, orgueil, avarice, doit être proscrit.' (Voltaire 82, p.528).

[14] Cf. 'Je connais bien à quoi sert un curé qui tient registre des naissances et des morts, qui ramasse des aumônes pour les pauvres, qui console les malades, qui met la paix dans les familles; mais à quoi sont bons les théologiens?' (*L'A.B.C.*, 1768; M.xxvii.364); voir aussi le credo de l'abbé de Saint-Pierre, article 'Credo' du *Dictionnaire philosophique*, ajouté en 1769 (éd. Benda et Naves, p.154).

[15] Cf. 'Rien n'est plus utile qu'un curé qui tient registre des naissances, qui en donne un double au magistrat, qui a soin des pauvres, qui met la paix dans les familles, etc. etc.' (Voltaire 82, p.528).

[16] Pierre Gros, curé de Ferney, avait été en procès avec Voltaire au sujet des dîmes attachées à la terre de Ferney.

[17] *L'Homme aux quarante écus* reprend les mêmes arguments en des termes semblables (M.xxvii.346-47).

étrangère, conférée par un prêtre étranger, dignité sans fonction, et qui presque toujours vaut cent mille écus de rente, tandis qu'un curé de campagne n'a ni de quoi assister les pauvres, ni de quoi se secourir lui-même?[18]

* * *

Le meilleur gouvernement est sans contredit celui qui n'admet   60
que le nombre des prêtres nécessaires, car le superflu n'est qu'un
fardeau dangereux: le meilleur gouvernement est celui où les
prêtres sont mariés, car ils en sont meilleurs citoyens;[19] ils donnent
des enfants à l'Etat, et les élèvent avec honnêteté; c'est celui où
les prêtres n'osent prêcher que la morale: car s'ils prêchent la   65
controverse, c'est sonner le tocsin de la discorde.[20]

* * *

Les honnêtes gens lisent l'histoire des guerres de religion avec
horreur; ils rient des disputes théologiques comme de la farce

57   XI: livres de rente
61   XI, K: le nombre de prêtres nécessaire; car
63   XI: car ils sont

[18] Cf. 'Rien n'est plus inutile qu'un cardinal: cette inutilité même va jusqu'au plus grand ridicule; car qu'est-ce qu'une dignité sans fonctions? dignité étrangère, conférée par un prêtre étranger; dignité pourtant égale, si on les en croit, à celle de nos princes du sang; dignité qui procure toujours au moins cent mille écus de rente pour sa portion congrue, tandis qu'un curé utile, et plus utile encore dans les campagnes que dans les villes, est réduit si à l'étroit, qu'il n'a ni de quoi faire du bien aux autres ni à soi-même.' (Voltaire 82, p.528).

[19] Cf. le credo de l'abbé de Saint-Pierre cité ci-dessus n.13: 'Je crois que tous les prêtres qui desservent une paroisse doivent être mariés, non seulement pour avoir une femme honnête qui prenne soin de leur ménage, mais pour être meilleurs citoyens, donner de bons sujets à l'Etat, et pour avoir beaucoup d'enfants bien élevés'.

[20] Cf. 'Le meilleur gouvernement, sans contredit, est celui où il n'y a que le nombre de prêtres nécessaire, où ces prêtres sont mariés et donnent des enfants à l'état, sont payés par l'état; où ils ne peuvent jamais remuer, car à la moindre dispute théologique le payeur leur déclare qu'il n'y a point d'argent dans la caisse. Il n'y a point de querelle théologique qui n'ait bouleversé quelque état.' (Voltaire 82, p.528).

406

italienne.[21] Ayons donc une religion qui ne fasse ni frémir, ni rire.

* * *

Y a-t-il eu des théologiens de bonne foi? Oui, comme il y a eu 70
des gens qui se sont crus sorciers.[22]

* * *

M. Deslandes, de l'Académie des sciences, qui vient de nous
donner l'Histoire de la philosophie, dit, au tome III page 299, *La
faculté de théologie me paraît le corps le plus méprisable du royaume.*[23]
Il deviendrait un des plus respectables s'il se bornait à enseigner 75
Dieu et la morale; ce serait le seul moyen d'expier ses décisions
criminelles contre Henri III et le grand Henri IV.[24]

* * *

73   G3, CUA: page 199
76   XI: ces décisions

[21] Cf. 'Dans ses *Annales de Louis XIV*, il [l'abbé de Saint-Pierre] dit que l'État
devrait bâtir des loges aux Petites-Maisons pour les théologiens intolérants, et
qu'il serait à propos de jouer ces espèces de fous sur le théâtre' (*Le Siècle de
Louis XIV*, paragraphe ajouté en 1768; *OH*, p.1204; *Annales politiques*, Londres
1757, ii.644).
[22] 'Y a-t-il parmi les prêtres des gens de bonne foi? Oui, comme il y a eu des
gens qui se croyaient sorciers.' (Voltaire 82, p.509, 589).
[23] C'est en 1737 qu'André-François Boureau-Deslandes (1690-1757) avait
publié son *Histoire critique de la philosophie où l'on traite de son origine, de ses progrès,
et des diverses révolutions qui lui sont arrivées jusqu'à notre temps* (Amsterdam 1737;
BV, no.517); le passage cité porte des traces de lecture dans l'exemplaire
personnel de Voltaire (CN, i.505, n.363: il s'agit bien de la page 299). Voltaire
cite la même phrase de l'ouvrage de Deslandes dans une lettre adressée à
Marmontel en date du 2 décembre 1767 (D17467). Était-il en train de composer
le *Dîner*? Voir pourtant D14044, en date du 16 mars, où figure la même citation.
[24] Le 7 janvier 1589, un décret de la Sorbonne avait déclaré Henri III déchu
de son droit à la couronne, et ses sujets dispensés du serment de fidélité. Bientôt
après, elle prononça un autre décret contre Henri IV dont elle méconnut
également les droits au trône (*Essai*, ii.526, 322); cf. les *Homélies prononcées à
Londres* (1767; Voltaire 62, p.454).

Les miracles que des gueux font au faubourg St Médard[25] peuvent aller loin, si M. le cardinal de Fleuri n'y met ordre. Il faut exhorter à la paix et défendre sévèrement les miracles. 80

* * *

La bulle monstrueuse *Unigénitus* peut encore troubler le royaume. Toute bulle est un attentat à la dignité de la couronne, et à la liberté de la nation.

* * *

La canaille créa la superstition, les honnêtes gens la détruisent.

* * *

On cherche à perfectionner les lois et les arts. Peut-on oublier 85 la religion?

* * *

Qui commencera à l'épurer? ce sont les hommes qui pensent. Les autres suivront.

* * *

N'est-il pas honteux que les fanatiques aient du zèle et que les sages n'en aient pas?[26] Il faut être prudent, mais non pas timide. 90

84 XI, omis
87-88 XI: qui pensent que les autres suivront.

[25] Voir ci-dessus, p.294.
[26] A rapprocher de la lettre à d'Alembert du [1er] décembre: 'Par quelle fatalité déplorable faut il que des ennemis du genre humain, chassés de trois royaumes et en horreur à la terre entière, soient unis entre eux pour faire le mal, tandis que les sages qui pourraient faire le bien sont séparés, divisés, et peut-être, hélas! ne connaissent pas l'amitié? Je reviens toujours à l'ancien objet de mon chagrin: les sages ne sont pas assez sages, ils ne sont pas assez unis, ils ne sont ni assez adroits, ni assez zélés, ni assez amis.' (D14562).

LISTE DES OUVRAGES CITÉS

L'Acte de la confédération des nobles & citoyens du grand deché [sic] *de Litvanie du rit grec & des dux* [sic] *confessions évangéliques fait à Sluck l'an 1766 le 20 de mars* (s.l. 1767).

Addison, Joseph, *Remarques sur divers endroits d'Italie* (Paris 1722).

Alembert, Jean le Rond d', *Histoire des membres de l'Académie françoise* (Paris 1785-1787).

– *Mélanges de littérature* (1767).

Almanach royal (1767, 1768).

Aquin de Château-Lyon, Pierre-Louis d', *Lettres sur les hommes célèbres dans les sciences, la littérature et les beaux-arts sous le règne de Louis XV* (Amsterdam, Paris 1752).

Argenson, Charles-Marc-René de Voyer, marquis d', *Journal et mémoires*, éd. E. J. B. Rathéry (Paris 1859-1867).

L'Avant-coureur (1760-1773).

Bachaumont, Louis Petit de, *Mémoires secrets pour servir à l'histoire de la république des lettres en France depuis 1762 jusqu'à nos jours* (Londres 1777-1789).

Barrême, Bertrand-François, *Les Comptes faits* (Paris 1742).

Barthe, Nicolas-Thomas, *Lettre de l'abbé de Rancé à un ami, écrite de son abbaye de la Trappe* (Genève 1765).

Batalden, Stephen K., *Catherine II's Greek prelate Eugenios Voulgaris in Russia 1771-1806* (New York 1982).

Bayle, Pierre, *Commentaire philosophique sur ces paroles de Jésus-Christ: contrains-les d'entrer* (Cantorbery 1686).

Beaumont, Christophe de, *Mandement de Mgr l'archevêque de Paris, portant condamnation d'un livre qui a pour titre Bélisaire* (Paris 1768).

Bengesco, Georges, *Voltaire: bibliographie de ses œuvres* (Paris 1882-1890).

Bibliothèque de Voltaire: catalogue des livres (Moscou, Leningrad 1961).

Bibliothèque nationale, *Catalogue général des livres imprimés de la Bibliothèque nationale: auteurs*, tome 214, Voltaire (Paris 1978).

Bingham, Alfred J., 'Voltaire et Marmontel', *Studies* 55 (1967), p.205-62.

Bolingbroke, Henry St John, *The Works* (London 1754).

Bordes, Charles, *Tableau philosophique du genre humain depuis l'origine du monde, jusqu'à Constantin* (Londres [Lyon] 1767).

Bouhier, Jean, *Correspondance du président Bouhier*, éd. Henri Duranton (Saint-Etienne 1982-1988).

Boulainviller, Henri, *Etat de la France* (Londres 1737).

– *Histoire de l'ancien gouvernement de la France* (La Haye, Amsterdam 1727).

– *Œuvres philosophiques*, éd. R. Simon (La Haye 1973-1975).

– *Réfutation des erreurs de Benoît de Spinosa*, éd. Lenglet Dufresnoy (Bruxelles 1731).

– *La Vie de Mahomet* (Londres, Amsterdam 1730).

Boureau-Deslandes, André-François, *Histoire critique de la philosophie où l'on traite de son origine, de ses progrès, et des diverses révolutions qui lui sont arrivées jusqu'à notre temps* (Amsterdam 1737).

Brown, Andrew, 'Calendar of Voltaire

manuscripts other than correspondence', *Studies* 77 (1970), p.11-108.

– et Kölving, Ulla, 'Voltaire and Cramer?', *Le Siècle de Voltaire: hommage à René Pomeau*, éd. C. Mervaud et S. Menant (Oxford 1987).

Brumfitt, J. H., 'Voltaire and Warburton', *Studies* 18 (1961), p.35-56.

Brunot, Ferdinand, *Histoire de la langue française* (Paris 1966-1968).

Bruys, François, *Histoire des papes, depuis St Pierre jusqu'à Benoît XIII inclusivement* (La Haye 1732-1734).

Calmet, Augustin, *Commentaire littéral sur tous les livres de l'Ancien et du Nouveau Testament* (Paris 1709-1734).

– *Dictionnaire historique, critique, chronologique, géographique et littéral de la Bible* (Paris 1730).

Candaux, Jean-Daniel, 'Précisions sur Henri Rieu', *Le Siècle de Voltaire: hommage à René Pomeau*, éd. C. Mervaud et S. Menant (Oxford 1987).

– *Répertoire des éditions de Voltaire antérieures à 1890 conservées à la Bibliothèque de Genève* (Genève 1978).

Candide en Dannemarc, ou l'optimisme des honnêtes gens (Genève 1767).

Carayol, Elisabeth, *Thémiseul de Saint-Hyacinthe (1684-1746)*, Studies 221 (1984).

Catherine II, *Déclaration de la part de sa majesté, l'impératrice de toutes les Russies à sa majesté le roi et à la république de Pologne* (Saint-Pétersbourg [1767]).

Caussy, Ferdinand, *Inventaire des manuscrits de la bibliothèque de Voltaire* (Paris 1913).

– 'Voltaire pacificateur de Genève', *Revue bleue* (4 janvier 1908), p.9-15.

Ceitac, Jane, *Voltaire et l'affaire des natifs* (Genève 1956).

Challe, Robert, *Difficultés sur la religion*, éd. F. Deloffre et M. Menemencioglu, Studies 209 (1982).

Chaponnière, Paul, *Voltaire chez les calvinistes* (Genève 1932).

Chassaigne, Marc, *Le Procès du chevalier de La Barre* (Paris 1920).

Châtillard de Montillet-Grenaud, Jean-François de, *Lettre pastorale de monseigneur l'archevêque d'Auch au clergé séculier et régulier de son diocèse* (s.l. 1764).

Chaudon, Louis-Mayeul, *Dictionnaire anti-philosophique, pour servir de commentaire & de correctif au Dictionnaire philosophique & aux autres livres, qui ont paru de nos jours contre le christianisme* (Avignon 1767).

– *Nouveau dictionnaire historique portatif* (1766).

Chaumeix, Abraham-Joseph, *Préjugés légitimes contre l'Encyclopédie* (Paris 1758).

Cherbuliez, J., 'Voltaire et les natifs de Genève', *Bibliothèque universelle de Genève* 23 (août 1853), p.441-62.

Chiniac de La Bastide, Pierre, *Nouveau commentaire sur le Discours de M. l'abbé Fleury, touchant les libertés de l'Eglise gallicane* (Paris 1767).

Clef du cabinet des princes de l'Europe (1704-1794).

Coger, François-Marie, *Examen du Bélisaire de M. Marmontel*, nouv. éd. (Paris 1767).

Collins, Anthony, *Discours sur la liberté de penser* (Londres [Paris] 1766).

Comparet, Jean-Antoine, *La Verité, ode à M. de Voltaire, suivie d'une dissertation historique et critique sur le gouvernement de Genève et ses révolutions* (Londres 1765).

Confédération faite par les dissidens du royaume de Pologne à Thorn le 20 mars de l'année 1767 (s.l. 1767).

Cornuaud, J., *Mémoires sur Genève et la Révolution* (Genève 1912).

Correspondances littéraires, érudites, philo-

sophiques, privées ou secrètes, éd. H. Duranton, Fr. Moureau et J. Schlobach (Paris, Genève 1987-).

Courier du Bas-Rhin (1767-1794).

Coward, D. A., 'Attitudes to homosexuality', *Journal of European studies* 10 (1980), p.231-55.

Crotus, Johannes, et Hutten, Ulrich von, *Epistolae obscurorum virorum* (Erfurt 1515).

Déduction fondamentale des libertés de religion, dont les luthériens, les réformés et les grecs doivent jouir dans le royaume de Pologne et le grand duché de Lithuanie, démontrées par les loix les plus anciennes de la république (s.l. 1764).

De Luc, Jacques-François, *Observations sur les savans incrédules, et sur quelques-uns de leurs écrits* (Genève 1762).

De Luc, Jean-André, *Lettres sur l'histoire physique de la terre, adressées au professeur Blumenbach* (Paris 1798).

Desfontaines, Pierre-François Guyot, *La Voltairomanie* (s.l. 1738).

Deshoulières, Antoinette Du Ligier de La Garde, Mme, *Poésies* (Paris 1725).

Desnoiresterres, Gustave, *Voltaire et la société française au dix-huitième siècle* (Paris 1871-1876).

Dictionnaire de l'Académie française (Paris 1762).

Dictionnaire universel françois et latin, 4e éd. (Paris 1743).

Diderot, Denis, *Correspondance*, éd. G. Roth et J. Varloot (Paris 1955-1970).

Dinouart, Joseph-Antoine-Toussaint, *Abrégé de l'embryologie sacrée ou traité du devoir des prêtres, des médecins et autres sur le salut éternel des enfans qui sont dans les ventres de leurs mères* (1762).

Diodore de Sicile, *Histoire universelle*, trad. J. Terrasson (Paris 1758).

Doutes sur la religion, suivis de l'analyse du traité théologi-politique de Spinosa. Par le comte de Boulainvilliers (Londres 1767).

Dubuisson, *Lettres du commissaire Dubuisson au marquis de Caumont*, éd. A. Rouxel (Paris 1882).

Dumarsais, César Chesneau, *Analyse de la religion chrétienne, par Dumarsais* (s.l.n.d.).

Du Peyrou, Pierre-Alexandre, *Recueil de lettres de J.-J. Rousseau et autres pièces relatives à sa persécution et à sa défense* (s.l.n.d.).

– *Seconde lettre relative à M. J.-J. Rousseau adressée à mylord comte de Wemyss* (s.l. 1765).

Dupin, Louis-Ellies, *Nouvelle bibliothèque des auteurs ecclésiastiques* (Paris 1690).

Encyclopédie ou dictionnaire raisonné des sciences, des arts et des métiers (Paris, Neuchâtel 1751-1772).

Epictète, *Le Manuel d'Epictète*, trad. André Dacier (Paris 1715).

Exposition des droits des dissidents, joints à ceux des puissances intéressées à les maintenir (Saint-Pétersbourg 1766).

Fabricius, Johann Albert, *Codex apocryphus Novi Testamenti* (Hamburgi 1719-1743).

Feller, François-Xavier de, *Entretien de Mr de Voltaire et de Mr P**, docteur en Sorbonne, sur la nécessité de la religion chrétienne et catholique par rapport au salut* (Strasbourg 1772).

– *Lettre de Mr de L** à Mr l'abbé D*** sur le Dîner du comte de Boulainvilliers*.

– *Opuscules théologico-philosophiques* (Malines 1824).

Ferrier, J.-P., 'Covelle, Voltaire et l'affaire de la génuflexion', *Bulletin de la Société d'histoire et d'archéologie de Genève* 8 (juillet 1945-juin 1946).

– 'L'interdiction de commerce et l'expulsion de France des Genevois en

1766', *Etrennes genevoises pour 1926* (Genève 1926).

Fleury, Claude, *Histoire ecclésiastique* (Paris 1719-1734).

Florida, R. E., *Voltaire and the socinians*, Studies 122 (1974).

Frédéric II de Prusse, *Politische Correspondenz Friedrichs des Grossen*, éd. J. G. Droysen *et al.* (Berlin 1879-1912).

Gaberel, J., *Voltaire et les Genevois* (Paris 1856).

Gagnebin, Bernard, 'Le médiateur d'une petite querelle genevoise', *Studies* 1 (1955), p.115-23.

Gargett, Graham, *Voltaire and protestantism*, Studies 188 (1980).

Gazette de Berne (1689-1798).

Grabe, Johann Ernst, *Spicilegium S.S. patrum, ut et haereticorum* (Oxoniae 1700).

Grimm, Friedrich Melchior, *Correspondance littéraire*, éd. J. Michaud et F. Chéron (Paris 1812-1813).

– *Correspondance littéraire*, éd. J. Taschereau (Paris 1829-1831).

– *Correspondance littéraire*, éd. M. Tourneux (Paris 1877-1882).

Grosley, Pierre-Jean, *Nouveaux mémoires, ou observations sur l'Italie et sur les Italiens* (Londres 1764).

Gueudeville, Nicolas, *Critique générale des aventures de Télémaque* (Cologne 1700).

Guyon, Claude-Marie, *L'Oracle des nouveaux philosophes* (Berne 1759-1760).

Haag, E., *La France protestante, ou vie des protestants français* (Paris 1846-1859).

Haller, Albrecht von, *Dissertation sur les parties irritables et sensibles des animaux*, trad. S. Tissot (Lausanne 1755).

Hayer, Jean-Nicolas-Hubert, *La Règle de foi vengée des calomnies des protestants* (1761).

– *La Spiritualité et l'immortalité de l'âme* (1757).

– et Soret, Jean, *La Religion vengée ou réfutation des auteurs impies* (1757-1761).

Heidenberg, Johannes, *Chronicon monasterii Hirsaugiensis* (Bâle 1559).

Herbelot, Barthélemy d', *Bibliothèque orientale* (Paris 1697).

The History of the man after God's own heart (London 1761).

Holbach, Paul-Henri Thiry, baron d', *Théologie portative, ou dictionnaire abrégé de la religion chrétienne. Par M. l'abbé Bernier, licencié en théologie* (Londres [Amsterdam, Marc-Michel Rey], 1768).

Holwell, J. Z., *Interesting historical events, relative to the provinces of Bengal, and the empire of Indoustan*, 2ᵉ éd. (London 1766-1767).

Horace, *Epîtres*, trad. François Villeneuve (Paris 1978).

Ivernois, F. d', *Tableau historique et politique des révolutions de Genève dans le dix-huitième siècle* (Genève 1782).

Jabłoński, D. E., *Jura et libertates dissidentium in religione christiana, in regno Poloniae, & M. D. Lituaniae* (s.l.n.d.).

Jean Damascène, *Sancti patris nostri Joannis Damasceni* [...] *opera omnia quae exstant*, éd. Michel Lequien (Paris 1712).

Jovicevich, Alexandre, *Jean-François de La Harpe, adepte et renégat des Lumières* (Seton Hall 1973).

Julien, *Œuvres complètes*, trad. J. Bidez (Paris 1972).

Kölving, Ulla, et Carriat, Jeanne, *Inventaire de la Correspondance littéraire de Grimm et Meister*, Studies 225-227 (1984).

La Harpe, Jean-François de, *Mélanie ou la religieuse* (Paris 1792).

– *Œuvres* (Yverdon 1777).

- *Œuvres* (Paris 1820).
La Mothe Le Vayer, François de, *De la vertu des païens* (1642).
Languet de Gergy, Jean-Joseph, *La Vie de la vénérable mère Marguerite Marie* (Paris 1729).
Larcher, Pierre-Henri, *Supplément à la Philosophie de l'histoire* (Amsterdam 1767).
Launay, Michel, *Jean-Jacques Rousseau, écrivain politique (1712-1762)* (Cannes, Grenoble 1972).
Leclerc de Montlinot, Charles-Antoine-Joseph, *Justification de plusieurs articles du Dictionnaire encyclopédique, ou préjugés légitimes contre A.-J. de Chaumeix* (Bruxelles, Paris 1760).
Lefeuvre, Pierre, *Courte histoire des reliques* (Paris 1932).
Le Franc de Pompignan, Jean-Georges, *Instruction pastorale sur la prétendue philosophie des incrédules modernes* (Puy, Lyon, Paris 1763).
Le Franc de Pompignan, Jean-Jacques, *Mémoire présenté au roi par M. de Pompignan, le 11 mai 1760* (s.l. 1760).
- *Poésies sacrées et philosophiques tirées des livres saints*, nouv. éd. (Paris 1763).
Legrand, Emile, *et al.*, *Bibliographie hellénique, ou description raisonnée des ouvrages publiés par les Grecs au dix-huitième siècle* (Paris 1918-1928).
Le Grand, Louis, *Censure de la faculté de théologie de Paris contre le livre qui a pour titre Emile* (Paris 1762).
- *Censure de la faculté de théologie de Paris contre le livre qui a pour titre Bélisaire* (Paris 1767).
L'Estoile, Pierre de, *Journal de Henri III* (La Haye 1744).
- *Journal du règne de Henri IV* (La Haye 1741).
Lettres écrites à M. Marmontel au sujet de Bélisaire (Paris 1767).
Lévesque de Burigny, Jean, *Examen critique des apologistes de la religion chrétienne. Par M. Fréret* (s.l. 1766).
- *Lettre de M. de Burigny à M. l'abbé Mercier, sur les démêlés de Voltaire avec M. de St Hyacinthe* (Londres, Paris 1780).
Locke, John, *Le Christianisme raisonnable*, trad. Pierre Coste (1731).
Longchamp, Sébastien G., et Wagnière, Jean-Louis, *Mémoires sur Voltaire et sur ses ouvrages* (Paris 1826).
Mannory, Louis, *Plaidoyers et mémoires, contenant des questions intéressantes, tant en matières civiles, canoniques et criminelles, que de police et de commerce* (Paris 1759-1766).
Marais, Matthieu, *Journal et mémoires [...] sur la régence et le règne de Louis XV, 1715-1737*, éd. M. de Lescure (Paris 1863-1868).
Marmontel, Jean-François, *Bélisaire* (Paris 1767).
- *Correspondance*, éd. J. Renwick (Clermont-Ferrand 1974).
- *Mémoires*, éd. J. Renwick (Clermont-Ferrand 1972).
Mazzolini, Renato, et Roe, Shirley, *Science against the unbelievers: the correspondence of Bonnet and Needham, 1760-1780*, Studies 243 (1986).
Mercure de France (1672-1794).
Mercure historique et politique (1686-1782).
Middleton, Conyers, *A free inquiry into the miraculous powers which are supposed to have subsisted in the Christian church from the earliest ages through successive centuries* (1747).
- *Letter from Rome* (1729).
Migne, Jacques-Paul, *Patrologiae cursus, series latina* (Parisiis 1844-1864).
Le Militaire philosophe, ou difficultés sur la religion proposées au R. P. Malebranche (Londres [Amsterdam, Marc-Michel Rey] 1768).

– nouv. éd. (Londres [Genève] 1768).

Misson, François-Maximilien, *Nouveau voyage d'Italie* (La Haye 1698).

The Monthly review (1767-1768).

Morellet, André, *Mémoire pour Abraham Chaumeix contre les prétendus philosophes Diderot et d'Alembert* (Amsterdam 1759).

Moréri, Louis, *Le Grand dictionnaire historique* (1740).

Motteville, Françoise Bertaut, Mme de, *Mémoires*, éd. Michaud et Poujoulat (Paris 1838).

Nonnotte, Claude-François, *Les Erreurs de Voltaire* (Paris, Avignon 1762).

Outrey, Amédée, 'Un épisode de la querelle de Voltaire et de Jean-Jacques Rousseau: la publication des *Lettres de Venise*', *Revue d'histoire diplomatique* 63 (1950), p.3-36.

Pachymère, George, *Histoire d'Orient*, trad. Louis Cousin (1673).

Palissot de Montenoy, Charles, *Etrennes à M. de La Harpe* (Paris 1802).

Panckoucke, A.-J., *Dictionnaire des proverbes français* (Paris 1758).

Panin, N. I., *Lettre de monsieur de Panin au prince de Repnin* (s.l. 1767).

Pascal, Blaise, *Œuvres complètes* (Paris 1957).

Passerani, Alberto Radicati, comte de, *Recueil de pièces curieuses sur les matières les plus intéressantes* (Londres 1749).

Peignot, G., *Dictionnaire critique, littéraire et bibliographique, des principaux livres condamnés au feu, supprimés ou censurés* (Paris 1806).

Perkins, Merle L., 'Voltaire and the abbé de Saint-Pierre', *French review* 34 (1960), p.152-63.

Pièces fugitives recueillies par un amateur (s.l.n.d.).

Pièces relatives à Bélisaire (Amsterdam 1767).

Pomeau, René, *La Religion de Voltaire* (Paris 1969).

Proschwitz, Gunnar et Mavis von, *Beaumarchais et le Courier de l'Europe*, Studies 273-274 (1990).

Regnault, Noël, *Les Entretiens physiques d'Ariste et d'Eudoxe, ou physique nouvelle en dialogues* (Amsterdam 1732-1733).

Renwick, John, *Marmontel, Voltaire and the Bélisaire affair*, Studies 121 (1974).

Représentations et écrits des années 1763 et 1765, et du mois de janvier 1766 et les réponses du Conseil (Genève 1766).

Ritter, Eugène, 'Voltaire et le pasteur Robert Brown', *Bulletin de la Société d'histoire du protestantisme français* 53 (1904), p.156-63.

Rocquain, Félix, *L'Esprit révolutionnaire avant la Révolution (1715-1789)* (Paris 1878).

Roe, Shirley, 'Voltaire versus Needham: atheism, materialism and the generation of life', *Journal of the history of ideas* (January-March 1985), p.65-87.

Rosselet, Claire, 'L'affaire Rousseau-Montmollin', *Musée neuchâtelois* (1934).

Roulet, L.-E., *Voltaire et les Bernois* (Berne 1950).

Rousseau, André-Michel, *L'Angleterre et Voltaire*, Studies 145-147 (1976).

Rousseau, Jean-Jacques, *Correspondance complète*, éd. Ralph A. Leigh (Genève, Banbury, Oxford 1965-).

– *Œuvres complètes*, éd. B. Gagnebin et M. Raymond (Paris 1959-).

Rovillain, Eugène, 'L'Angleterre et les troubles de Genève en 1766-1767, d'après les papiers du comte de Shelburne', *Revue d'histoire suisse* 8 (1927).

Saint-Pierre, Charles-Irénée Castel de, *Annales politiques* (Londres 1757).

Saint-Simon, Louis de Rouvroy, duc

de, *Mémoires*, éd. Yves Coirault (Paris 1983-1988).

Senebier, Jean, *Histoire littéraire de Genève* (Genève 1786).

Sheridan, Geraldine, *Nicolas Lenglet Dufresnoy and the literary underworld of the ancien régime*, Studies 262 (1989).

Simon, Renée, *Henry de Boulainviller, historien, politique, philosophe, astrologue (1658-1722)* (Paris 1941).

– *Nicolas Fréret, académicien*, Studies 17 (1961).

– *Un révolté du grand siècle, Henri de Boulainviller* (Garches 1948).

Thacker, Christopher, 'Son of Candide', *Studies* 58 (1967), p.1515-31.

Thémiseul de Saint-Hyacinthe, *Chef d'œuvre d'un inconnu, poème heureusement découvert et mis au jour avec des remarques savantes et recherchées par M. le docteur Chrisostome Matanasius* (La Haye 1714).

– *Lettres critiques sur la Henriade* (Londres, La Haye 1728).

Thiers, Jean-Baptiste, *Traité des superstitions*, 4e éd. (Paris 1741).

Thorel de Campigneulles, Charles-Claude-Florent de, *Candide ou l'optimisme, seconde partie* (s.l. 1760).

Todd, Christopher, 'La Harpe quarrels with the actors: unpublished correspondence', *Studies* 53 (1967), p.223-337.

Torrey, Norman L., 'Boulainvilliers: the man and the mask', *Studies* 1 (1955), p.159-73.

Traité d'amitié perpetuelle et de garantie de la part de la Russe entre Catherine [...] et Stanislas-Auguste [...] signé à Varsovie le 24/13 février 1768, avec des observations par un confédéré de Bar (Cracovie, Paris 1769).

Trousson, Raymond, 'L'abbé F.-X. de Feller et les "philosophes"', *Etudes sur le XVIIIe siècle* 6 (1979), p.103-15.

Turgot, Anne-Robert-Jacques, *Les Trente-sept vérités opposées aux trente-sept impiétés de Bélisaire censurées par la Sorbonne* (Paris 1767).

Vernet, Jacob, *Lettres critiques d'un voyageur anglois sur l'article Genève du Dictionnaire encyclopédique* (Genève 1761).

Vernière, Paul, *Spinoza et la pensée française avant la Révolution* (Paris 1954).

Viret, Louis, *Le Mauvais dîner, ou lettres sur le Dîner du comte de Boulainvilliers* (Paris 1770).

– *Réponse à la Philosophie de l'histoire. Lettres à M. le marquis de C**** (Lyon 1767).

Voltaire, *Corpus des notes marginales de Voltaire* (Berlin, Oxford 1979-).

– *Correspondence and related documents*, éd. Th. Besterman, Voltaire 85-135 (1968-1977).

– *Dialogues et anecdotes philosophiques*, éd. Naves (Paris 1955).

– *Dictionnaire philosophique*, éd. J. Benda et R. Naves (Paris 1967).

– *Essai sur les mœurs*, éd. R. Pomeau (Paris 1963).

– *L'Examen important de milord Bolingbroke*, éd. R. Mortier, Voltaire 62 (1987), p.127-362.

– *Notebooks*, éd. Th. Besterman, Voltaire 81-82 (1968).

– *Œuvres complètes*, éd. Clogenson (Paris 1824-1832).

– *Œuvres complètes*, éd. A. J. Q. Beuchot (Paris 1829-1834).

– *Œuvres complètes*, éd. L. Moland (Paris 1877-1885).

– *Œuvres complètes / Complete works* (Genève, Banbury, Oxford, 1968-).

– *Œuvres historiques*, éd. R. Pomeau (Paris 1957).

– *La Philosophie de l'histoire*, éd. J. Brumfitt, Voltaire 59 (1969).

– *La Pucelle*, éd. J. Vercruysse, Voltaire 7 (1970).
– *Les Questions de Zapata*, éd. J. Marchand, Voltaire 62 (1987), p.363-407.
– *Recueil des facéties parisiennes pour l'an 1760* (s.l.n.d.).
– *Recueil nécessaire* (Leipsik [Genève, Cramer] 1765).
– 'Voltaire's notebooks: thirteen new fragments', éd. Th. Besterman, *Studies* 148 (1976).
Wade, Ira O., *The Clandestine organization and diffusion of philosophic ideas in France between 1700 and 1750* (Princeton 1938).

– *The search for a new Voltaire*, Transactions of the American philosophical society (Philadelphia 1958).
Warburton, William, *The Divine legation of Moses demonstrated in nine books*, 4ᵉ éd. (London 1765).
Waterman, Minna, 'Voltaire and Firmin Abauzit', *Romanic review* 33 (1942), p.236-49.
Wirz, Charles, 'L'Institut et musée Voltaire', *Genava* n.s. 27 (1979).
– 'L'Institut et musée Voltaire en 1984', *Genava* n.s. 33 (1985).
– 'L'Institut et musée Voltaire en 1985', *Genava* n.s. 34 (1986).

INDEX

Abauzit, Firmin, 228, 237

Abbeville, xxv, 299*n*

Abdias, disciple prétendu de Jésus, *Histoire apostolique*, 374

Abingdon, Willoughby Bertie, 4ᵉ comte de, 119-22, 124, 126, 127, 138

Abraham, 318, 390, 392

Académie des inscriptions et belles-lettres, 131*n*, 213, 226*n*, 305

Académie des sciences, 369, 407

Académie française, 131*n*, 147*n*, 182*v*, 184, 186, 187

L'Acte de la confédération [...] *Sluck* (*Confédération*), 250, 282*n*, 283*n*

Adam, Antoine, xxiv

Addison, Joseph, *Remarques sur divers endroits d'Italie*, 364*n*

Adélaïde, épouse de Gejza Iᵉʳ, 273*n*

Adrien IV, pape, 184*n*

Africains, 204, 265, 266

Agathe, Mlle, *voir* Perrachon

Agnelin, Pierre (*Guerre*), 91, 139

Aix, parlement, 395

Aix-la-Chapelle, 214*n*

Albéric II, pape, fils de Marozie, 269

Alberoni, Giulio, cardinal, 138

Albigeois, 207*n*, 279, 383

Alcibiade, 87

Alcine, *voir* Alcinoé

Alcinoé, 110

Alecto, furie, 125

Alecton, *voir* Alecto

Alembert, Jean Le Rond d', xxii, xxiv, 32, 35, 44, 75*n*, 105, 131*n*, 145*n*, 164, 165, 194, 195, 197, 212, 213*n*, 224*n*, 294, 296, 300, 310*n*, 383*n*, 408*n*; 'Genève', 88; *Lettre à M.* ***, xxvii, xxix; *Seconde lettre à M.* ***, xxix; *Sur la destruction des jésuites*, xxviii, xxix

Alexandre, saint, 354*n*

Alexandre VI, pape, 148, 270

Alexandre le Grand, roi de Macédoine, 87, 376

Alexandrie, 267, 380

Ali, père de Hassan, 387-88

Allemagne, Allemands, 96*n*, 102, 137, 151*n*, 253, 269, 270, 283, 395, 404

Almanach royal, 72, 73

Alpes, 111, 112

Ambroise, saint, 181, 378*n*

Amédée VIII, duc de Savoie, dernier antipape, 101

Amérique, Américains, 204, 311

Amiens, évêque d', *voir* La Motte

Amnon, frère de Thamar, 310*n*, 360

Amos, prophète, 367

Amphitrite, déesse de la mer, 108

Amsterdam, 48, 169, 227, 303, 326, 388*v*

anabaptistes, 378, 383

Ananie, 311, 384

André, saint, 266

anges, chute des, 310*n*, 398, 399*n*

Angleterre, 102, 105, 119, 120*n*, 122, 137, 147, 270, 273, 276, 303, 386; primat d', 182

Anio, rivière, 272

annates, 394

Anne, sœur de Basile II, 273*n*

Annecy, 71

Anquetil, Louis-Pierre, *L'Esprit de la Ligue*, xxx

Antéchrist, 362

Antin, Louis-Antoine de Montespan, duc d', 306*n*

Antioche, 267

Antipatros, roi des Juifs, 380*n*

Antoine, saint, 311, 364

439